Stad Wipperfürth Cantons orth

Mairie Wipperfürth.

Bugholz
Stelberg
Feld
Steinenbruch
Hodegasse
Öhl
Honigkiefer
Feilingsdorff
Frauenkirchen
Cantons ort Lindlar
Kirschbaum
Klaus
Kulle
Leppersjagd
Bergheiden
Albach
Engelskirchen
Acher fluß

Sieg-Département

Cantons ort Gummersbach

Litra A. zeigt an den Weg vom Cantons ort Gummersbach nach der Agger Fluß, über den Cantons ort Lindlar nach Bensberg und dem Rhein. Dieser Weg bleibt fast überall auf der alten Linie, ausgenommen bei Lindlas wo er um unnöthige Krümmungen zu umgehen in gerader Linie ziehen könnte, wobei sich aber außer dem Christ. Müller der auf noch Jahre in Pachtgewinnt, sehr gern zufrieden erklärt. N°1 zeigt, so an die vorherigen Krümmungen, die verlegt nach derselben, zu rechnen, mit und der rechte und linke Seite wegen, und bei dem nemlichen Zustand gesetzt.

Dieße nöthige Communications Strasse von Wipperfürth nach Sieburg geht, über Lindlar S. Rochus und Hohenkeppel auf Hochkeppel. auf dieser Linie müsste man dem untern alten weg Litra B. verlassen, dieser geht durch das angenehme Vitzthal, und der Berg Hosen ganz hinein, nie bei N°2. ad 27½ Grad steigend. Dagegen geht, auch in alten weg bei Litra C. über einen außerordentlich hohen Berg und Weg über 9 Grad den schon ohne vorspann nicht befahren werden.

Litra D. ist der weg von Lindlar nach Engelskirchen, und dem Sieger land, alsoso die hiesigen Schmutzhütten ihre Kohlen hieher, und der Grafschaft Mark eisern müßen hier, von man angenommen auf der alten weg Linie zu bleiben.

Wurzweisch Lindlar den 3ten Nov. 1811.

Joh. Seb Landmesser

900 Jahre Lindlar
Eine Zeitreise in Wort und Bild

900 Jahre Lindlar
Eine Zeitreise in Wort und Bild

herausgegeben im Auftrag
der BGWmbH der

Gemeinde Lindlar

von

Gabriele Emrich

mit Beiträgen von

Thomas Becker, Lutz Blumberg, Albrecht Brendler, Elisabeth Broich,
Anka David, Petra Dittmar, Alois Döring, Gabriele Emrich, Konrad Heimes,
Christa Joist, Michael Kamp, Ulrike Marski, Michaela Paus, Anne Scherer,
Bernd Schiffarth, Veronika Schmidt, Gisela Schwarz, Guido Wagner,
Robert Wagner, Dieter Wenig, Andreas Witt

unter Mitarbeit von

Josef Krämer, Esther Barde, Isabelle de Rochette, Nathalie Steffens,
Taida Valentić, Nicole Rüggeberg, Anouk Winkler, Annabelle Walter

mit Fotos von Ernst Nolden

🇬🇧 Summary in English language leading into each chapter
🇫🇷 Résumé en langue française devant chaque chapitre
🇭🇷 Sažetak na hrvatskom jeziku prije svakog poglavlja

Lindlar 2009

900 JAHRE LINDLAR
traditionell jung

Umschlagseite vorne:
Kirche und Altes Amtshaus (Foto: Ernst Nolden)
Bahnhof Lindlar (GVR, Bildarchiv)

Umschlagseite hinten:
Arbeiter im Steinbruch (GVR, Bildarchiv)
kleine Fotos v. li. n. re: Kolonialwarenladen (Foto: Bernd Steinbach)
Arbeiten im Hammerwerk (Foto: Chr. Höver & Sohn), Apfelernte
(GAL Fotoarchiv), Herstellung eines Stahlrings (Foto: Ernst Nolden)

Innenseiten:
vorne: »Geometrischer Plan über die Weege Verbesserung im Canton Lindlar«, 1811
(LAVR Bestand Ghzgt. Berg Nr. 11312, Bl. 54a).
hinten: Lindlarer Ortsplan (Rheinisch-Bergischer-Stadtplanverlag,
Horst Rosenauer, Odenthal)

Herausgegeben im Auftrag der BGWmbH der Gemeinde Lindlar
von Gabriele Emrich
Redaktion: Gabriele Emrich, Michael Kamp, Robert Wagner
Layout, Grafik und Druck: Druck & Grafik Siebel, Lindlar

ISBN: 978-3-00-026379-8
© Gemeinde Lindlar 2009

Alle Rechte vorbehalten

Wir danken folgenden Firmen für Ihre Unterstützung

artgenossen GmbH, Lindlar

Druck & Grafik Siebel, Lindlar

Schmidt + Clemens + Co. KG, Edelstahlwerk, Kaiserau

Heinrich Quirrenbach, Naturstein Produktions- und Vertriebs GmbH, Eremitage

Gebrüder Ahle GmbH Co., Karlsthal

Otto Schiffarth Steinbruch GmbH & Co. KG, Eremitage

Johann Peffeköver GmbH & Co. KG, Hartegasse

Leppe-Edelstahl Chr. Höver & Sohn GmbH & Co. KG, Lindlar

Holz-Richter GmbH, Lindlar

Lang Audiovision GmbH, Lindlar

FLEMMING Automationstechnik GmbH, Lindlar

Vorwort

Auf einer Generalsynode des Erzbischofs Friedrich I. von Schwarzenburg in Köln im Jahre 1109 wurde beschlossen und in aller Form schriftlich festgehalten: Die Kathedralsteuer der dem Severinsstift in Lindlar gehörenden Kirche wird zur Entlastung der ortsansässigen Bevölkerung von zwölf auf zehn Schillinge ermäßigt. Diese erste urkundliche Erwähnung liegt nunmehr 900 Jahre zurück.

Wir freuen uns, dieses Jubiläum im Jahr 2009 begehen zu können. Zu den Jubiläumsfeierlichkeiten ist ein umfangreiches Festprogramm aufgelegt worden. Hierzu zählt neben zahlreiche Veranstaltungen, die vor allem von den ortsansässigen Vereinen, Nachbarschaften und sonstigen Initiativen getragen werden, auch die Herausgabe des nunmehr vorliegenden Buches: »900 Jahre Lindlar – eine Zeitreise in Wort und Bild«. Es zeigt, wie aus einer dünn besiedelten Gegend eine aufstrebende, lebens- und liebenswerte Gemeinde mit aktuell rund 22.500 Einwohnern in sechs lebendigen Kirchdörfern geworden ist.

Die Geschichte Lindlars ist geprägt von allgemeinen natürlichen und technischen Umwelteinflüssen und den Entwicklungen in unserem Staatswesen insgesamt. So ergeben sich Parallelen zu vielen anderen Orten in der Umgebung. Die Geschichte Lindlars hat aber eben auch ganz individuelle Züge und Eigenheiten, sie ist besonders und unverwechselbar. Geschichte ist eben nicht nur der Wandel von technologischen Entwicklungen, politischen und wirtschaftlichen Systemen, sondern – wie in dem vorliegenden Buch für Lindlar sehr deutlich wird – vor allem auch eine Geschichte der Geschicke der Menschen vor Ort: Eine Geschichte der Menschen, die das Land urbar machten, die Höfe, Weiler und Dörfer aufbauten, die ihren alltäglichen, oft beschwerlichen Aufgaben nachgingen, die drangsaliert wurden und sich dagegen zur Wehr setzten, die Not und Entbehrungen ertrugen, die auch Fehler gemacht haben, aber schließlich ihr Leben gemeistert, sich für andere eingesetzt und ihre Welt gestaltet haben.

Dr. Hermann-Josef Tebroke
Bürgermeister der Gemeinde Lindlar

Wenn wir also die Jubiläumsfeierlichkeiten 2009 unter das Motto stellen »900 Jahre Lindlar – traditionell jung«, dann deswegen, weil wir uns im Rückblick dieser Leistungen und Errungenschaften unserer Vorfahren und der Traditionen, die noch heute unser Zusammenleben prägen, bewusst sind. Das Motto soll aber für Lindlar auch eine auf Zukunft gerichtete Lebenseinstellung zum Ausdruck bringen, die durch jugendliche Frische, Offenheit für das Neue, Gestaltungswillen und Zuversicht geprägt ist.

In diesem Sinne führt uns der vorliegende Jubiläumsband über ausgewählte Etappen durch die Lindlarer Geschichte bis in unsere heutige Zeit. Das Buch ist ein echtes Gemeinschaftswerk, das über zwei Jahre hinweg durch den ehrenamtlichen Einsatz zahlreicher Personen entstanden ist. Mit Engagement, Kompetenz und Sorgfalt sind die einzelnen Textbeiträge verfasst, illustriert und das Buch gestaltet worden. Ein großartiges Geschenk zum Jubiläum der Gemeinde Lindlar! Allen

Mitwirkenden, die geschrieben, fotografiert, recherchiert, informiert, gestaltet, übersetzt und organisiert haben, sei darum an dieser Stelle ganz herzlich gedankt, insbesondere Frau Gabriele Emrich als Herausgeberin. Ich wünsche dem Buch eine weite Verbreitung und Beachtung, den Autorinnen und Autoren die ihnen gebührende Anerkennung.

Ihnen, liebe Leser, wünsche ich eine anregende Lektüre. Lassen Sie sich mitnehmen auf eine Zeitreise durch die spannende Geschichte Lindlars in Wort und Bild, von Hohkeppel bis Scheel, von Steinbach bis Burg, weit zurück in die Vergangenheit bis hinein in unsere Gegenwart …

Auf eine glückliche Zukunft für Lindlar!

Ihr

Dr. Hermann-Josef Tebroke
Bürgermeister

Einführung

Als im Juli 2005 Überlegungen angestellt wurden, wie ein Buch zum 900. Geburtstag Lindlars aussehen könnte, war man sich rasch einig über das Konzept einer solchen Publikation:

- Das Buch von Gert Müller von 1976, »Lindlar – eine Bergische Gemeinde erzählt« gilt als abgeschlossen und sollte nicht »fortgeschrieben« werden.

- Die Gemeinde Lindlar sollte nach Möglichkeit in einer Art »Zeitreise« mit einem Zugang über Themen und Standorte erschlossen werden.

- Gewünscht wurde eine Kombination von Chronik und Bildband.

- Möglichst viele Autoren und Institutionen sollten in das Projekt einbezogen werden.

In dem vorliegenden Buch »Lindlar – eine Zeitreise in Wort und Bild« scheinen diese Vorstellungen durch abwechslungsreiche Beiträge realisiert worden zu sein, wofür den Autoren an dieser Stelle recht herzlich gedankt wird. Dabei reicht die Zeitreise weit über die erste urkundliche Erwähnung Lindlars im Jahre 1109 zurück. Sie beginnt in einem Erdzeitalter, in dem menschliche Existenz auf diesem Globus noch undenkbar erschien, andererseits aber bereits das Gestein entstand, das für die Existenz der Menschen in Lindlar in der Neuzeit so bedeutsam sein würde.

Gabriele Emrich M. A.
Historikerin und Herausgeberin

Die weitere Zeitreise in historischen Zeiten gleicht einer Spurensuche: Sie beginnt stets an einem heute noch existierenden Punkt, sei es an einem Gebäude oder einer Siedlung, einem Denkmal oder einer Formation im Gelände, einem Foto oder einer Archivalie, einem Kunstwerk oder einem überkommenen Brauchtum. Gleichzeitig aber führt uns diese Zeitreise – fast flächendeckend – durch alle Kirchdörfer, zahlreiche Orte, Ortschaften und Gehöfte der Gemeinde.

Nicht einfach war die Zuordnung eines jeden Kapitels zu einem bestimmt Zeitschnitt, und dennoch markieren die Meilensteine ein ganz besonderes und konkretes Ereignis, das Ausgangspunkt für das jeweilige Thema ist. Dabei sind die Kapitel in sich abgeschlossen und können einzeln gelesen werden. Eingestreute Sonderseiten erzählen zudem von Teilaspekten, Personen, Sachverhalten oder Begebenheiten zum jeweiligen Kapitel.

Um Zusammenhänge aufzudecken und deutlich zu machen, führt die geschichtliche Reise oft genug aber auch zurück, bisweilen aber auch vorwärts, zum Teil bis in unsere Zeit. So lässt sich beispielsweise das Ringen um die Zugehörigkeit von Remshagen während der kommunalen Gebietsreform nur erklären, wenn man um die Probleme der Grenzziehung zwischen dem Herzogtum Berg und der Grafschaft Mark Jahrhunderte vorher weiß.

Aber nicht nur Schaubilder, Zeichnungen und Fotos erleichtern das Verständnis der historischen Zusammenhänge: An zahlreichen Stellen des Buches wird die Dokumentation der Lokalgeschichte ergänzt dadurch, dass die Ereignisse in die »große Geschichte« eingebettet werden. Für den allzu belesenen Amateurhistoriker erscheinen diese Passagen vielleicht als überflüssige Belehrung. Sie sind jedoch wichtig, um für jedermann und jedefrau die Lektüre zu einem Vergnügen zu machen, das nicht dauernd durch Nachschlagen in Lexika und Weltchroniken unterbrochen werden muss. Manch einer mag die obligatorischen Fußnoten vermissen, sie wurden weggelassen, um das Buch »lesbarer« zu machen. Aufgefangen wird diese Entscheidung durch ein ausführliches Literaturverzeichnis am Ende des Bandes.

Das Buch erhebt nicht den Anspruch einer vollständigen Chronik. Es bleibt eine Zusammenstellung von Beispielen, von »Meilensteinen« aus der Geschichte der Lindlarer Dörfer und Ortschaften. Es mag für manchen enttäuschend sein, einen ihm bedeutend erscheinenden Namen, einen ihm doch noch wichtigen Ort oder eine nach seiner Meinung unbedingt erwähnenswerte Vereinigung nicht wiedergefunden zu haben. Zu ergänzen, zu forschen und zu publizieren könnte also eine Aufgabe der Lindlarer Bürger in den nächsten Jahrzehnten sein – ob im Freundeskreis, einer Bürgervereinigung oder in einem vielleicht noch zu gründenden Geschichtsverein.

Lindlar, im März 2009

Ihre

Gabriele Emrich M. A.
als Herausgeberin

Inhaltsverzeichnis

Annäherung an Lindlar — 15

Aus Meer wird Stein – vom Stein lebt Lindlar — 23
Lindlarer Sandstein – aus dem Meer entstanden — 26
Steinabbau durch die Jahrhunderte — 30
Das Denkmal — *35*

Die Anfänge links und rechts von Sülz und Lennefe — 43
Lindlars Eintritt in die Geschichte — 46
Der Weg Caesars oder des Kaisers? — *49*
Erläuterungen zur Urkunde von 1109 — *52*
Der Lindlarer Fronhofsverband — 54

Unter bergischer Herrschaft — 63
Das Amt Steinbach — 66
Burg Neuenberg — 69
Das Galgenböschelchen — *75*

Alte Grenzen – neue Grenzen — 77
Die spätmittelalterliche Landwehr in Horpe und Remshagen — 80
Der Streit um Remshagen — 84
Grenzen in unserer Zeit – die Kommunale Neugliederung 1975 — 86

Pestilenz und Krieg — 93
Die Pest erreicht Lindlar — 96
Fromme Stiftungen in bewegter Zeit — 98
Der Lindlarer Kapellenkranz — *100*
Ein uraltes Gasthaus auf der Höhe — *102*
Der Große Krieg — 104

Zeugnisse alter Adelskultur — 109
Die Lindlarer Rittersitze und ihr Schicksal — 111
Die Schlösser Georghausen und Heiligenhoven — 115

An der Schwelle zur Moderne — 121
Eine Gemeinde entsteht in Frielingsdorf — 123
Sankt Apollinaris – Symphonie aus Licht und Raum — 129
Im Katzenloch — *133*

***Ex ruinis renovata* – der Neubau der Severinskirche** — 135
In allen Theilen dauerhaft und fehlerfrei — 138

Abwandern – Auswandern – Niederlassen 145
Steinscheid – eine verlassene Siedlung wird Museum 148
Vom Ohio River an den Lenneferbach 152
Aus dem Winkel bis nach Übersee *158*

Industrialisierung im Leppetal 161
Eine Rose aus Edelstahl 164
Die Handelsmetropole am Main *167*
Ringe für die Schwerelosigkeit 168
Aus der Tiefe des Höllenschlunds *170*
Große Last auf schmaler Spur 172
Hammertradition in Oberleppe zwischen Berg und Mark 174
Federn für hohe Ansprüche aus Karlsthal 176

Handel und Handwerk entwickeln sich 179
Linde – ein bergisches Dorf in agrarischem Umfeld 181
Ein besonderer Einkauf *184*
Milch und Obst für den Markt 185
Vom Kappenmacher zum Kaufherrn 189

Ein Dorf verändert sein Gesicht 193
Wo Arme und Kranke Wohnung und Behandlung finden sollten 196
Ein Haus des Rechts für Lindlar 198
Von der Amtsstube zum Rathaus 201
Ein Ausbildungsort für junge Landleute 203

Von der Mühsal der Verkehrserschließung in der Provinz 207
Die Eisenbahn kommt und neue Straßen entstehen 209
Ein preußischer Eisenbahnminister *218*

Frauen in Lindlar 221
Vielseitig veranlagt und tatkräftig: Carola Lob und Luise Kremer 223
Wichtige Hilfe für Lindlars Frauen: Ottilie Frielingsdorf 226

Feste und Feiern in Lindlar 229
Schützenfest in Lindlar 231
Hahneköppen als Nachbarschaftsfeier 235

Leben unterm Hakenkreuz 239
Zwischen Machtübernahme und Krieg 242
Die Zeit des Krieges 246
Eine Zeitzeugin aus Polen 251

Schmitzhöhe – Strukturwandel und Neubeginn 253
»Anfangs sehr fremd« – die Integration der Heimatvertriebenen nach 1945 255
Interviews mit Zeitzeugen 258
Ein Haus des Herrn entsteht 262

Lindlars Kunst im öffentlichen Raum 265
Aus Lindlars Mitte und von weither 267

Aus dem Bergischen in die weite Welt 277
Das LVR-Freilichtmuseum Lindlar – beliebt in der Region, ausgezeichnet von der UNESCO 279
Lindlar International: Städtepartnerschaften mit (Süd-) Ost und West 282
Hinter modernen Fassaden: die Gemeindeverwaltung im Aufwind 285
Der Industriepark Klause: Landwirtschaft weicht Weltwirtschaft 287
Beispiele aus dem Industriepark Klause 290

Ausblick 293

Anhang 305
Glossar 307
Abkürzungsverzeichnis 311
Quellen- und Literaturverzeichnis 313
Abbildungsverzeichnis 317
Autorenverzeichnis 319

Ortsplan (Innenseite hinten)

🇬🇧 From Cologne to Lindlar

In 2009, the city of Lindlar celebrates the 900th anniversary of its founding, according to a document that proves the age-long dependance of the community on St. Severin Church in Cologne. But the countryside around Lindlar is much older as show the quarries around:

🇫🇷 De Cologne à Lindlar

La localité de Lindlar fête ses 900 ans d'existence, anniversaire ayant pour source un document témoignant de l'appartenance sur plusieurs centenaires du Lindlar actuel à la paroisse St Severin à Cologne. La topographie autour de Lindlar est par contre beaucoup plus ancienne comme en témoignent les carrières qui s'y trouvent tout autour.

🇭🇷 Od Kölna do Lindlara

Mjesto Lindlar slavi 2009. g. svojih 900 godina postojanja, počevši od pisane povelje koja potvrđuje stogodišnju ovisnost današnje općine u regiji Berg od kelnske crkve Sv. Severin. Okolica Lindlara je mnogo starija, a to nam govore kamenolomi u blizini Lindlara.

Kapitel 1

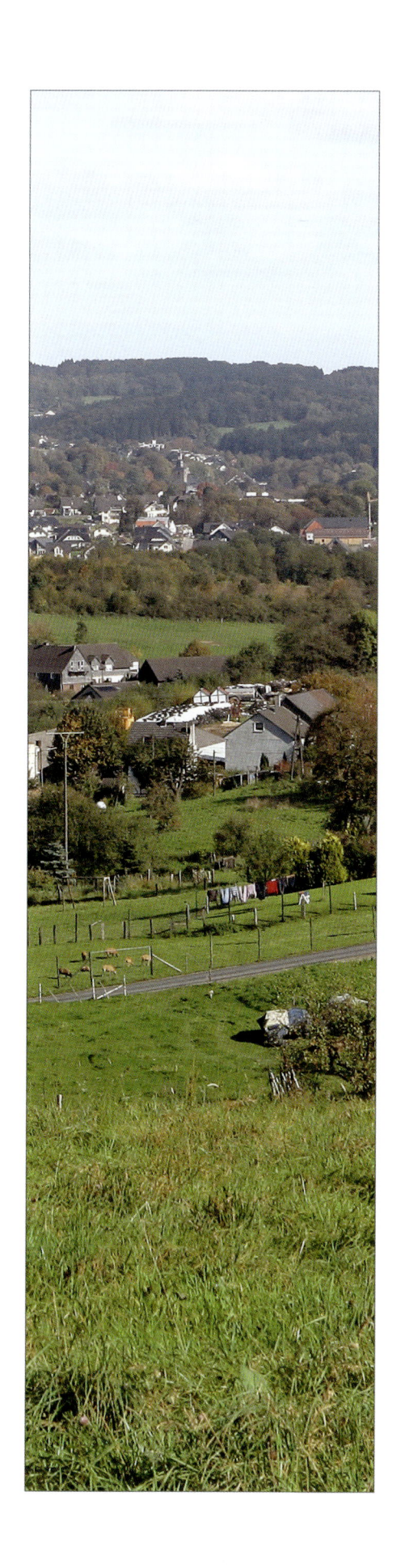

Annäherung an Lindlar

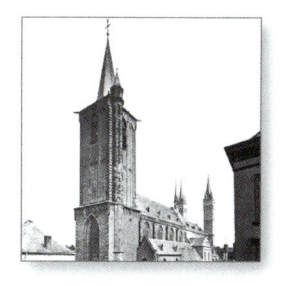

Eine Zeitreise in die Lindlarer Geschichte beginnt.

Annäherung an Lindlar

Wir treten aus der Stille der Kölner Severinskirche auf den belebten Platz. Die Helligkeit empfängt uns und die Geräusche der Großstadt Köln dringen bis zum Portal. Warum sind wir hier? Ein historisches Foto hat uns hergeführt. Wir wollen erfahren, was dieser Ort in früheren Zeiten mit Lindlar im westlichsten Teil des Oberbergischen Kreises zu tun hatte, aus dem wir heute gekommen sind.

Mehr als ein Menschenalter bevor das unten stehende Foto der Kirche Sankt Severin im Jahr 1906 aufgenommen wurde, zerbrachen in der napoleonischen Ära überkommene Institutionen und Abhängigkeiten. Sie hatten den abgebildeten Sakralbau über Generatio-

Die Kollegiat- und Stiftskirche Sankt Severin in Köln im Jahr 1906

Stadtansicht Kölns mit »Fliegender Brücke«, Kupferstich, um 1720

nen mit Lindlar verknüpft. Es ist die Beziehung des Gotteshauses, das dem heiligen Severin geweiht ist, und des zugehörigen früheren Stiftes zu Lindlar, welche unsere Neugierde weckt. Diese Verbindung bestand bis zum Jahr 1802, als das Stift aufgehoben wurde.

Eine alte Straße führt zum Rhein

Zu dieser Landschaft und zur Gemeinde Lindlar treten wir nun im 21. Jahrhundert eine Reise an. Wir tun dies mit modernen Fortbewegungsmitteln auf den Spuren derer, die früher beschwerlichere Wege als die heutigen mit Karren befuhren. Die Menschen kamen von den Höhen in die Stadt am Fluss. Sie führten Güter mit sich, um Abgaben zu entrichten, kamen, um ihre Geschäfte zu tätigen oder waren vielleicht froh, da sie als Bürger der Stadt zurückkehren konnten in den Schutz und die Urbanität der reichen Handels- und Hansestadt.

Die erste Erwähnung Lindlars datiert aus dem Jahr 1109. Lindlar wird hierbei in dieser Urkunde als der Kollegiatkirche in der heutigen Kölner Südstadt zugehörig erwähnt. Einige Jahrzehnte später, im Jahr 1174, fand der Fronhof in Lindlar Berücksichtigung. Damit ist ein Herrenhof des Severinstifts nachgewiesen, auf dessen Grund und Boden zuvor die heutige katholische Pfarrkirche oberhalb des Bachufers errichtet wurde.

Für die Versorgung der Kanoniker oder Stiftsherren in der freien Reichsstadt Köln wurde durch das Vermögen der Kirche, bestehend in Grundbesitz und *Gefällen* (Einkünften), gesorgt. So besaß das Stift grundherrliche Höfe, wie etwa in Lindlar, zudem Kirchen und Kapellen von den rheinwärts gelegenen Ausläufern der Höhenzüge bis ins Grenzgebiet zum Sauerland. Im Spätmittelalter waren jährliche Abgaben von den hier lebenden Menschen in Geld und Naturalien zu den Stiftsgebäuden nach Köln zu liefern. Zu diesem Zweck benutzten die Lindlarer vermutlich den alten Höhenweg – im Jahr 1549 erstmals als *Colsche straissen* (Kölner Straße) genannt. Sie verlief von der Ortsmitte über Kemmerich, Waldbruch, Fahn, Kalkofen sowie Brombach bis nach Immekeppel und weiter über Bensberg zum Rhein. Es ist die Verbindung, die noch heute in Teilen die Bezeichnung »Rheinstraße« trägt.

Kölns »Fliegende Brücke«

Verlassen wir nun heute die Severinsstraße in der Kölner Innenstadt, so wird die Annäherung an Lindlar eine Entdeckungstour in die Vergangenheit. Begeben wir uns auf die angrenzende Severinsbrücke, machen wir uns bewusst, dass es den Übergang an dieser Stelle erst seit Ende der 50er Jahre des 20. Jahrhunderts gibt. Seit dem Mittelalter bis ins 19. Jahrhundert hinein besaß Köln nur eine »Fliegende Brücke« – eine Fähre –, auf der alleine man außer mit Booten den Strom überwinden konnte.

Fahren wir auf der heutigen Bundesstraße B 55 durch Deutz, Kalk und Brück bis nach Bensberg, so folgen wir damit dem Verlauf der alten Straße, wie sie schon 1715 auf der Karte des Amtes Porz von Erich Philipp Ploennies zu sehen ist. Heute ist kaum noch bekannt,

Zweirädriger mittelalterlicher Handelskarren, Holzschnitt, um 1475

Am Höhenweg von Köln nach Lindlar liegt in Falkenhof das »Frauenhäuschen«. Es wird in einer Schenkung von 1519 erwähnt. Jährlich erhielten die Lindlarer Armen am Kirmestag beim »Frauenhäuschen« Brot und Fleisch. Die Stiftung bestand bis 1923. Radierung von Erich Fuchs, um 1951

dass einige der rechtsrheinischen Orte auf Kölner Stadtgebiet, die wir passieren, bis 1806 auf dem Territorium des Herzogtums Berg lagen. In der preußischen Ära gehörten sie dann zum Landkreis Mülheim und wurden zu Ende des 19. Jahrhunderts bis zum Ersten Weltkrieg in die Stadt Köln eingegliedert. So war auch lange Zeit nicht Köln ein bedeutender Warenumschlagplatz des Bergischen Landes, sondern die rechtsrheinische, bergische Stadt Mülheim, die als »Freiheit« landesherrliche Privilegien besaß. Die Bewohner von Lindlar, die in vorpreußischer Zeit nach Köln aufbrachen, passierten somit eine Landesgrenze.

Über die Höhen

Von Bensberg aus geht es über den Schlossberg, Moitzfeld und Herweg hinunter ins Sülztal. Wir wählen den direkten Weg über Immekeppel und nicht den der ehemaligen uralten Heidenstraße über Steinenbrück hinauf nach Hohkeppel. Sie führte überörtlich bis ins Sauerland und weiter nach Kassel. In Immekeppel zweigte eine unbefestigte Verbindung nach Lindlar ab. Sie verlief längs des »Kirchbergs«, an dessen Fuß heute der so genannte Sülztaler Dom steht, und – wie überall im Bergischen Land – oberhalb der feuchten Talaue. In der Ansiedlung Ufer, nördlich von Obersteeg, querte sie sodann die Sülz. Brücken – zumal steinerne – gab es bis circa 1850 nur an wenigen Plätzen. Dafür gab es schmale Holztritte und Stege, vor allem für Fußgänger. Sie konnten somit trockenen Fußes weiterwandern. Im Jahr 1837 ist ein hölzerner Übergang in Bilstein belegt, vermutlich gab es ebenfalls welche in Ober- und Mittelsteeg.

Auch heute windet sich die moderne Straße in Serpentinen den Brombacher Berg hinauf, eine weitere Steigung in Kalkofen schafft unser Fahrzeug ohne Schwierigkeiten. Noch bis zur Mitte des 19. Jahrhunderts war die Straße nicht ausgebaut, der steile Auf- bzw. Abstieg bei Kalkofen für Mensch und Tier eine große Anstrengung. Lediglich die Strecke auf dem Höhenrücken zwischen Sülz- und Lennefetal war relativ eben und somit leichter zu bewältigen. Vorbei an den Kapellen in Schmitzhöhe und Waldbruch nähern wir uns heute Lindlar. Rechts des Weges erkennt das geübte Auge die Spuren der alten Straße im Gehölz, die einst von eisenbereiften Wagenrädern zerfurcht wurde. Eine scharfe Kurve folgt und kurz darauf sehen wir ein Naturdenkmal vor uns: eine große Linde als Schattenspender an Sommertagen für ein Wegekreuz aus dem Jahr 1893. Es lud in früheren Zeiten und lädt auch heute die Menschen zu einer kurzen Rast und einem Gebet ein.

Der Hauptort unserer Gemeinde präsentiert sich von hier oben eingebettet in einer offenen Landschaft. Er liegt in der flachen grünen Mulde des Hochtales der Lennefe, heute eingefasst von Waldsäumen im Norden, Osten und Süden, während bis zum Beginn des

19. Jahrhunderts kaum Wälder vorhanden waren. Wir erkennen in der Ferne, im Mittelpunkt der Talsohle, den romanischen Kirchturm mit seiner *Welschen Haube*. Wir sehen, wie die moderne Bebauung der letzten Jahrzehnte langsam die umgebenden Hügel erobert. Linker Hand von uns liegt die Anhöhe des »Falkemich«, direkt dahinter ist der »Brungerst« mit seinen Steinbrüchen erkennbar. Die Straße führt vor uns hinab und wird in ihrem weiteren Verlauf flankiert durch die weiße Kapelle am Ortsausgang von Kemmerich. Das strohgedeckte Kapellchen bei Falkenhof jedoch, das Frauenhäuschen, das wir gleich ebenfalls passieren werden, ist noch nicht sichtbar. Nur eine kurze Strecke trennt uns noch vom Gotteshaus in Lindlar. Es ist als jahrhundertelanger Besitz des Stiftes genauso dem heiligen Severin geweiht wie der bedeutendere Sakralbau in Köln, der Ausgangspunkt unserer Fahrt in das Bergische Land war. Wir sind am Ziel und doch am Anfang. Denn wir wollen Zusammenhänge kennen lernen, die in den zurückliegenden 900 Jahren diese Region und die Menschen in ihr prägten und noch heute prägen. Die Reise in die Geschichte Lindlars kann beginnen.

Gabriele Emrich

🇬🇧 Sea became stone – Lindlar lives on stone

380 million years ago: The Lindlar sandstone is formed and was mined much later.

In a time that geology calls the Devonian period waves broke at a sandy shore of a subtropical sea in the area of today's Lindlar. Many coral reefs existed in the warm and shallow water and ferns, horsetails and lycopods grew at the coasts and wetlands. The sedimented sand uplifted through the movement of the lithospheric plates and instead of the sea mountains emerged – possibly alpine high mountains with peaks of about 1,000 metres. As a result of 300 million years of alteration and erosion, the Bergisches Land evened to "hill" of about 100 metres and those hills form the landscape of contemporary Bergisches Land around Lindlar.

In the 17th century we will learn more about the mining of the sandstone, also called greywacke which sedimented in the Devonian Sea.

🇫🇷 De l'eau à la pierre – la pierre a une importance vitale pour Lindlar

Il y a 380 millions d'années le grès de Lindlar se forme et ne sera exploité que beaucoup plus tard

A l'époque géologique du Devon il y a 380 millions d'années, les vagues d'une mer tropicale venaient se briser sur une plage sableuse sur le site de Lindlar. Des récifs de coraux se formèrent dans cette mer chaude au fond plat; des fougères, de la prèle et des lycopodes poussaient sur les côtes et les dépressions. Vers la fin de l'ère du Devon, les dépôts de minéraux des fonds de la mer furent repoussés par les mouvements tectoniques des couches terrestres: la mer disparut, remplacée par un massif montagneux de genre alpin avec des sommets de plusieurs milliers de mètres. Suite à l'érosion et aux intempéries durant les 300 millions d'années suivantes, le Bergisches Land s'est aplani et ne comprend plus que des collines d'une centaine de mètres de hauteur, paysage que l'on peut maintenant admirer autour de Lindlar. L'exploitation du grès («Grauwacke») n'a débuté que vers la fin du 17ème siècle.

🇭🇷 Od mora postaje kamen – od kamena živi Lindlar

Prije 380 milijuna godina: nastaje lindlarski pješčenjak, a mnogo kasnije se iskopava

U geološkom periodu devona prije 380 godina su na području današnje općine Lindlar valovi subtropskog mora udarali o pješčanu plažu. U plitkom, toplom moru rasli su brojni koraljni grebeni, a na rubovima obale i vlažnim nizinama – paprati i travke. Stijene koje su nastale u moru, su se krajem devona nabirale pokretima zemljinih ploča tako da je ovdje umjesto nekadašnjeg mora nastalo gorje. Radilo se o alpskim visokim planinama s tisuću metara visokim vrhovima. Zbog posljedica 300 milijuna godina djelovanja vanjskih procesa dolazi do snižavanja i izravnavanja tog prostora, te nastaju 100 metara visoki »brežuljci« koji su i danas dio krajolika bergske regije oko Lindlara. O iskapanju pješčenjaka nazvanog još i »siva sedra« koji je nastao u devonskom moru, doznajemo tek kasnije, u 17. stoljeću.

Kapitel 2

Aus Meer wird Stein – vom Stein lebt Lindlar

Lindlarer Sandstein – aus dem Meer entstanden

Steinabbau durch die Jahrhunderte

Das Denkmal

vor 380 Mio. Jahren

Der Lindlarer Sandstein entsteht und wird später abgebaut.

Aus Meer wird Stein – vom Stein lebt Lindlar

Lindlar sei der Ort, *daselbst schöne stein zu platten sich finden*, schrieb Erich Philipp Ploennies im Jahr 1715, als er im Auftrag des Kurfürsten Johann Wilhelm seine landeskundliche Beschreibung und Vermessung des Herzogtums Berg vorlegte. Über das Kirchspiel Lindlar sagte er außerdem in dieser »Topographia Ducatus Montani«, dass dort viele Steinhauer wohnten. Das war zutreffend, denn neun Jahre zuvor, am 7. Januar 1706, hatte sich in Lindlar am Namenstag des heiligen Reinoldus Steinhauer die Sankt Reinoldus-Steinhauergilde gegründet.

»Steinreich« war und ist Lindlar, begünstigt durch erdgeschichtliche Entwicklungen, die vor 380 Millionen Jahren im Mitteldevon stattfanden. Die Steinbrüche Lindlars sind ein Archiv eigener Prägung, das in Abdrücken von Pflanzen und Tieren – Fossilien – ein Bild vom Leben der Vorzeit bewahrt hat. Anhand der Versteinerungen vergangener Lebewesen lässt sich eine Vorstellung gewinnen, wie vor langer Zeit das Klima beschaffen war, ob da, wo wir heut leben, Land oder Wasser vorherrschten, wie aus Meer Stein wurde. Eine Besonderheit ist der fast horizontale Verlauf der Gesteinsschichten an Lindlars Hausberg, dem Brungerst. Er ist mit 353 Metern die höchste Erhebung des Hauptortes Lindlar. Hier konnten die schönen Steine, von denen Ploennies sprach, obertägig gewonnen werden.

Die Geschichte der Steinbearbeitung reicht lange zurück und wird in Erzählungen und Mundartstücken wachgehalten. So verfasste die in Lindlar unvergessene Carola Lob als Heimatdichterin in der ersten Hälfte des 20. Jahrhunderts zwei Mundartstücke, die auch

Im Februar 1949 führte die Laienspielgruppe des »Vereins für Kultur und Heimatpflege, Lindlar« das Theaterspiel »Lenkeln 1848« von Carola Lob auf. In der vorderen Reihe sind zu sehen von links nach rechts: Paul Klein, Manfred Bosbach, Karl Quabach, Siegfried Schmal, Hermann Lob, Ernst Schiffarth. In der hinteren Reihe stehen von link nach rechts: Otto Kesseler, Carola Lob als Autorin, Agnes Kesseler, Fritz Hoemann als Spielleiter, Josef Bosbach, Maria Kürten, Hans Antweiler, Marianne Steinbach, Friedel Schmal, Walter Hammerschlag als Komponist, Elisabeth Pfeifer, Zita Homberg, Josef Schiffarth, Magdalene Höller als Souffleuse, Walter Häger, Norbert Kohlhas und Leo Zens.

heute noch am Reinoldusfest der Steinhauer zur Aufführung gelangen. Die Theaterspiele bezeugen die Verbundenheit der Menschen in Lindlar mit den Brüchen am Berg, mit ihrer Geschichte und ihren Geschichten, die vom Broterwerb unter harten Bedingungen und vom frühen Tod der dort Beschäftigten erzählen. Nicht umsonst war Lindlar im 19. Jahrhundert in der Einschätzung seiner Einwohner das »Dorf der Witwen und Waisen«. Die riesigen Abraumhalden, verfallenen Arbeitshütten und Felswände entlang des Steinhauerpfades geben uns eine Ahnung davon, wie Lindlar vom Stein lebte. Die tiefen modernen Abbaue an der Eremitage und westlich davon Richtung Altenlinde zeigen, wie es noch heute davon lebt. Allerdings sind von den ehemals unzähligen kleinen Betrieben nur drei große übrig geblieben. Sie sind wichtig für Lindlar, da sie mit ihrer Produktion eine lange Tradition verkörpern.

Auf diesem Luftbild aus dem Jahre 2002 ist das Steinbruchareal am Brungerst zu sehen. In der Bildmitte führt die Brungerststraße in das Gelände der Firma BGS, am oberen rechten Rand sind die beiden Firmen Schiffarth und Quirrenbach an der Eremitage zu erkennen.

Lindlarer Sandstein – aus dem Meer entstanden

Vor etwa 380 Millionen Jahren, in einer Zeit, die in der Geologie als Devon bezeichnet wird, schlug hier, wo wir heute leben, die Brandung eines subtropischen Meeres gegen einen sandigen Strand. In dem flachen, warmen Meer wuchsen zahlreiche farbenfrohe Korallenriffe, zwischen denen Stachelhaie Jagd auf Beute machten. Das Land war kaum besiedelt. Säugetiere, Reptilien und Vögel gab es ebenso wenig wie Bäume und Wälder. In den Küstensäumen und feuchten Niederungen wuchsen nur Farne, Schachtelhalme und Bärlappe. Im Norden und Westen gab es größere Landmassen, im Süden einige Inseln.

Durch Flüsse wurden von den Landmassen ständig sandige und tonige Abtragungen ins Meer gespült. Dieser »Schutt« sank dort ab, die schweren Körner (Sand) landnah, die leichteren (Ton) landfern. Das Gewicht der sich so anhäufenden Massen presste das noch vorhandene Wasser aus den tiefer liegenden Schichten heraus. So verfestigten sich die Ablagerungen im Laufe vieler Jahrmillionen zu Sand- und Tonsteinen. In den Lindlarer Steinbrüchen finden wir heute vor allem den so genannten Mühlenberg-Sandstein als Anzeichen der ehemals landnahen Ablagerung. Auffällig in diesem Sandstein sind die häufig vorkommenden Reste von Seelilien. Diese Meerestiere, Verwandte der Seesterne, sind jedoch am Untergrund verankert. Deren Überreste sind immer nur zerbrochen und in größeren Anhäufungen vorhanden. Man erklärt dies durch heftige Stürme, die das Meer aufwühlten und die Seelilien von ihrem Untergrund abrissen. Sie trieben gegen die Küste, wurden dort in der Brandung zerschlagen und anschließend durch Strömungen in Vertiefungen des Meeresbodens zusammengeschwemmt. Was damals geschah, ist heute noch aufgrund von Abdrücken der Seelilien im Gestein erkennbar. Auch finden sich in den Sandsteinen kreuz- und wellenförmige Strukturen, wie sie Wattenmeere aufweisen. Aus all diesen Spuren entsteht das Bild des Lebensraumes in und um Lindlar zu der Zeit, als das Meer zu Stein wurde.

Korallen des Mitteldevon sind auch in den Lindlarer Sandsteinen zu finden.

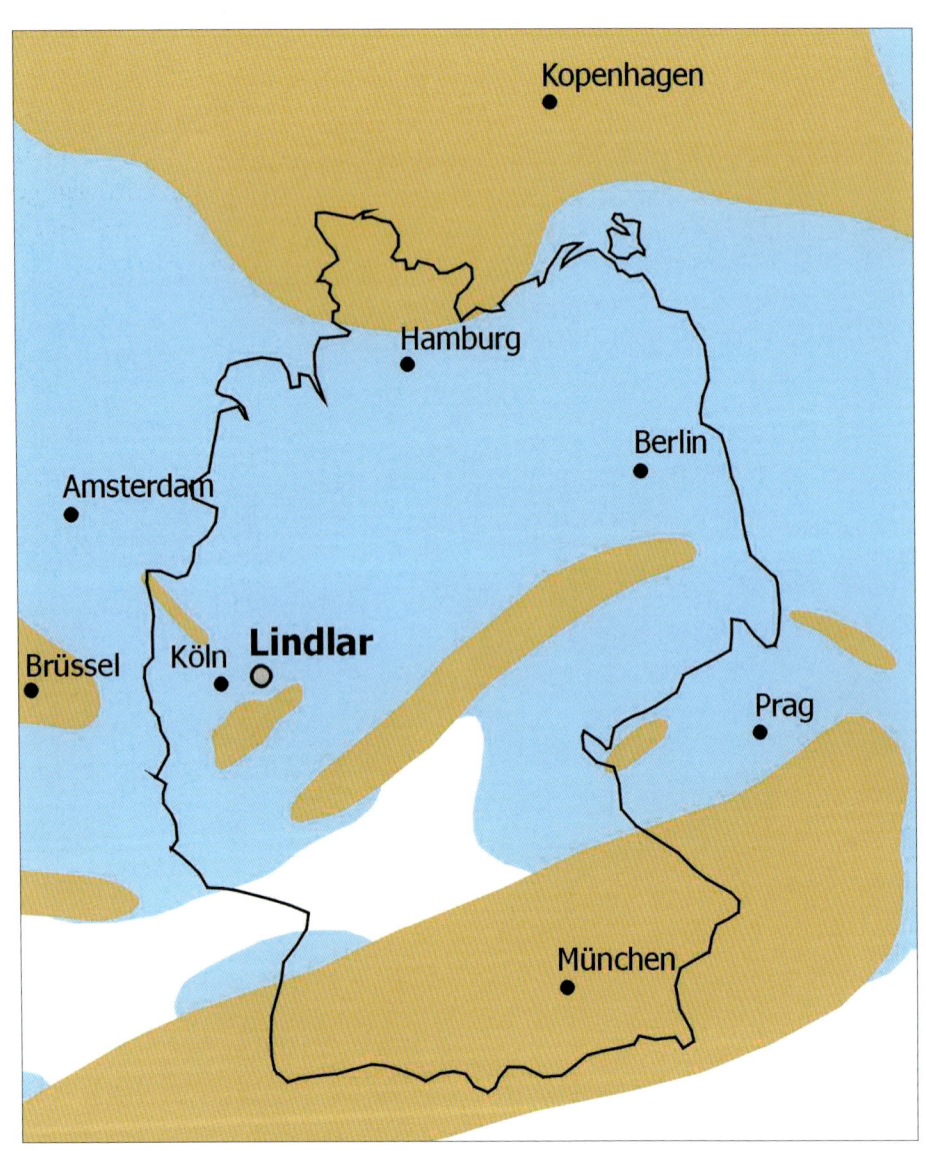

Verteilung von Land (braun) und Meer (blau) in Mitteleuropa zur Zeit des Mitteldevon

Riffe, Seelilien und Fische

Die Tierwelt zur Zeit des Devon beschränkte sich noch mehr oder weniger auf das Wasser, das voller Leben war. Die riffbildenden Lebewesen waren dabei vor allem Korallen und Algen (Stromatoporen). In den Riffen und deren Umgebung lebten aber auch Muscheln, Schnecken, Seelilien und Armfüßer. Dies sind muschelähnliche Lebewesen, die häufig in den Lindlarer Sandsteinen zu finden sind und wegen ihrer Form von den Steinbrucharbeitern als »Nüsschen« bezeichnet werden.

Zwischen den Klippen lebten viele Fische, deren Entwicklung im Devon gewaltige Fortschritte machte, weshalb man auch vom »Zeitalter der Fische« spricht. Dazu zählten vor allem die Panzerfische, deren Vorderkörper durch große Knochenplatten geschützt waren. Daneben gab es auch Knorpelfische (Stachelhaie) und einige wenige Knochenfische, die Vorfahren der meisten heute lebenden Fische. Der gefährlichste und größte Raubfisch in den devonischen Meeren war der bis zu acht Meter lange Dinichthys, deutsch »Schreckens- oder Horrorfisch«. Gegen Ende des Devon, also einige Millionen Jahre später, sollten sich die ersten Knochenfische (Quastenflosser) zu Amphibien weiterentwickeln, anschließend das Land erobern und so den Ursprung für die Entwicklung der Landwirbeltiere und damit auch des Menschen bilden.

Das Land war im Mitteldevon bereits sehr vielfältig durch Pflanzen besiedelt. Bäume und Blütenpflanzen gab es allerdings noch nicht. Die Vegetation an den Ufern unseres subtropischen Meeres bestand vielmehr aus höchstens zwei bis drei Meter hohen Farnen, Bärlappen und Schachtelhalmgewächsen. Nach deren Absterben wurden Teile dieser Pflanzen durch Flüsse in das Meer transportiert und dort in die Packlagen gedrückt. Somit blieben sie uns als Pflanzen-Fossilien erhalten.

Der gefährlichste und größe Raubfisch in den devonischen Meeren war der bis zu acht Meter lange »Dinichthys«, der »Schreckens- oder Horrorfisch«. Die Abbildung verdeutlicht das Größenverhältnis zwischen Schädel und präparierendem Wissenschaftler.

»Cephalaspis« und »Bothriolepis«
sind die lateinischen Bezeichnungen für die beiden Panzerfische des Devon, die hier abgebildet sind. Sie besaßen zum Schutz und zur Körperstabilisierung große Knochenplatten an Kopf und Rumpf. Ihre Größe dürfte einige Meter betragen haben. Sie waren Fleischfresser und ihre Nahrung bestand aus anderen Fischen und Weichtieren.

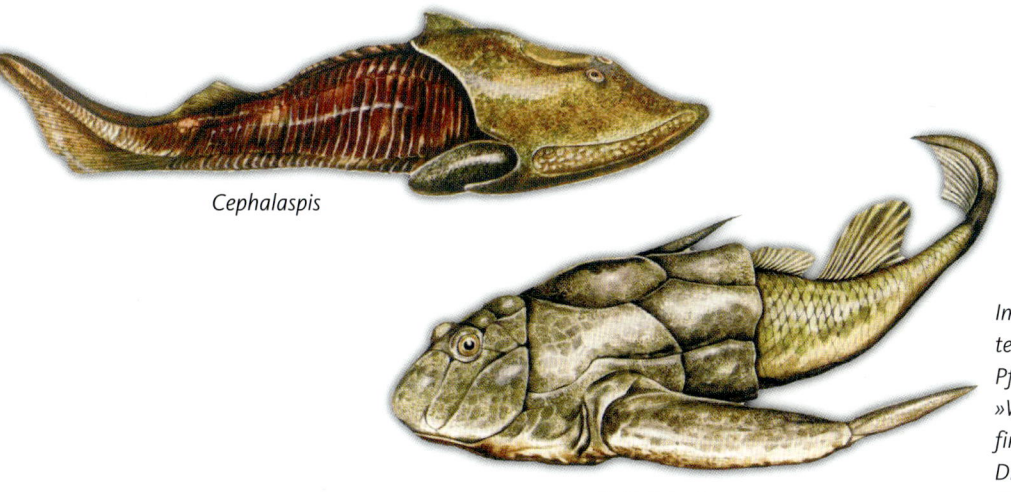

Cephalaspis

Bothriolepis

Im Steinbruch der Firma Schiffarth entdeckten Geologen Bruchstücke einer versteinerten Pflanze des Mitteldevon mit dem Namen »Weylandia rhenana«, die nur in Lindlar zu finden ist. Sie wurde ca. einen Meter hoch. Die unverzweigten Äste trugen 2 cm lange Kurztriebe.

Aus der Meerestiefe zu Gipfelhöhen

Lange schon gibt es in Lindlar kein tropisch warmes Meer mit Sandstrand mehr, sondern die für das Bergische Land so typische sanftwellige Mittelgebirgslandschaft. Wie ist es dazu gekommen? Die in unserem Meer abgelagerten Gesteine wurden gegen Ende des Devon, also einige Millionen Jahre später, durch Bewegungen der Erdplatten aufgefaltet, sodass hier anstelle des einstigen Meeres ein Gebirge entstand. Es hat sich dabei wohl um ein alpines Hochgebirge mit mehreren tausend Meter hohen Bergen gehandelt. Als Folge der nun fast 300 Millionen Jahre andauernden Verwitterung und Abtragung ist das Bergische Land mittlerweile bis auf einige 100 Meter hohe »Hügel« eingeebnet und bildet die Landschaft, in der wir heute leben. So ist der Sandstein von Lindlars »Hausberg«, dem Brungerst, nichts anderes als ehemaliger versteinerter Meeressand.

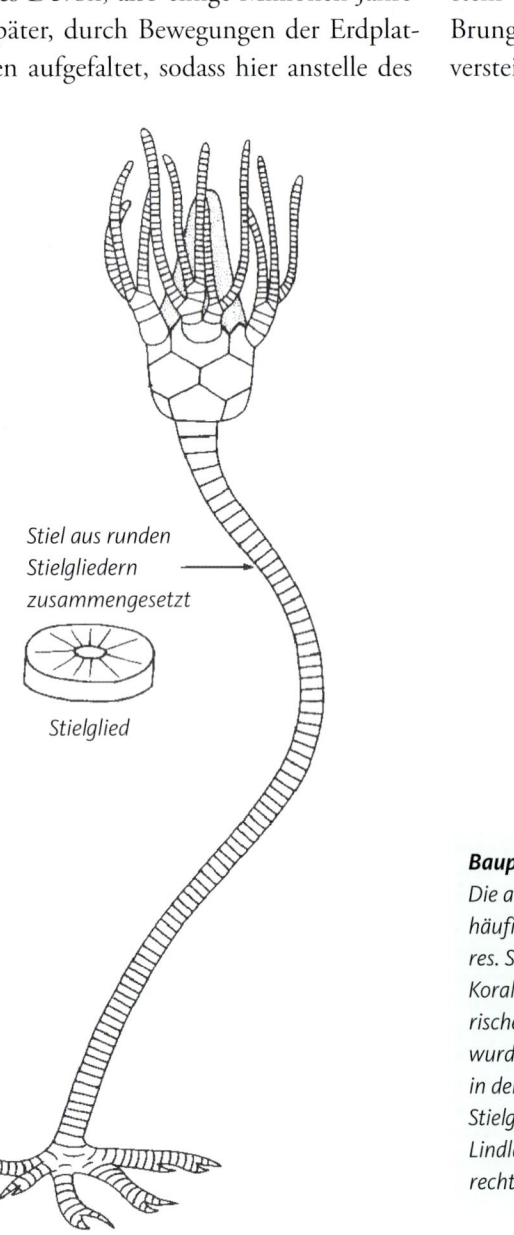

Stiel aus runden Stielgliedern zusammengesetzt

Stielglied

Bauplan einer Seelilie:
Die am Boden festgewachsenen Tiere waren häufige Bewohner des Lindlarer Devonmeeres. Sie lebten im unmittelbaren Umfeld der Korallenriffe und bildeten große, untermeerische »Wälder«. Durch tropische Stürme wurden sie vom Untergrund abgerissen und in der Brandung zerschlagen. Die einzelnen Stielglieder sind häufig als Fossilien in den Lindlarer Sandsteinen zu finden, wie auf der rechten Abbildung zu sehen ist.

Älter als die Schichten am Brungerst ist das abgebildete Gestein – mächtige Vulkanfelsen, die im Bahneinschnitt der alten Bahntrasse im Gebiet von Georghausen und Welzen als Felsklippen aufragen. Diese Schmelztuffe (Ignimbrite) entstanden vor 385 Millionen Jahren, als bei einer gewaltigen Explosion Vulkanschloten eine Glutwolke entquoll und das vulkanische Material dort, wo sich heute das Bergische Land befindet, am Grund eines Flachmeeres absetzte.

Erdzeitalter	Beginn vor Millionen Jahren	Periode	Epoche
Känozoikum	1,5–2	Quartär	
	24,6	Tertiär	Neogen
	65		Ober-Kreide
Mesozoikum	97,5	Kreide	Ober-Kreide
	144		Unter-Kreide
	163	Jura	Malm
	188		Dogger
	213		Lias
	243	Trias	Keuper
	248		Buntsandstein
Paläozoikum	258	Perm	Ober-Perm
	286		Unter-Perm
	333	Karbon	Ober-Karbon
	360		Unter-Karbon
	374	Devon	Ober-Devon
	387		Mittel-Devon
	408		Unter-Devon
	438	Silur	
	505	Ordovizium	
	590	Kambium	
Proterozoikum	2500		
Archaikum			

Steinabbau durch die Jahrhunderte

Steigen wir von Schloss Heiligenhoven aus Richtung Vossbruch hinauf, so liegt uns Lindlar im weiten Tal der Lennefe zu Füßen. Wir schauen auf den Ort hinunter und erkennen auf der anderen Seite der Talmulde das dunkle Grün eines Berges. Er liegt rund 1.000 Meter Luftlinie oberhalb der Kirche mit ihrem mächtigen Turm und wendet dem Dorf seine offene Flanke zu – der Brungerst.

Schon sein Name gibt Rätsel auf, lässt seine Herkunft nicht eindeutig erkennen. Der Wortstamm *brûn* war im Mittelhochdeutschen die Bezeichnung für »braun, dunkelfarbig«, aber auch »glänzend, funkelnd«, wie es uns noch in dem alten Begriff *Brünne* für den Brustharnisch der Ritterrüstung begegnet. *Brunst* oder *bruns* hatte aber auch die Bedeutung von »brennen, glühen«, schließlich kennen wir die Feuersbrunst oder einen inbrünstig betenden Gläubigen.

Vielleicht hilft uns hier die Endung *Rijs, Reis* oder *Horst* in *Bruynrijs* oder *Brunhorst* weiter, wie der Brungerst vor Jahrhunderten hieß. *Ris, rijs, riz* ist auch heute noch als Reisig die Benennung für »Gestrüpp«, »dünnes Astwerk« oder »Zweige«. Übersetzt man das Wort mit Gebüsch, findet es seine Entsprechung im »Horst«. Dieser ist als mittelhochdeutsches *hurst, harst* nichts anderes als ein »Krüppelholz«, »niedriges Gestrüpp« oder eine »Hecke«. Sowohl die Endung -rijs als auch -horst zeigen deutlich, dass der Brungerst einst von niederem Gehölz bedeckt gewesen sein muss, wahrscheinlich von »Haubüschen«. Diese bestanden als Niederwaldfluren aus *boeken* und *eiken*, aus (Hain)Buchen und Eichen, die in einem bestimmten Turnus direkt über der Erde abgeschnitten wurden. Die dann aus dem Wurzelstock nachwachsenden Schößlinge oder *Heister* erreichten nur noch Armdicke. Sie konnten so besser für Brennholz oder das Verkohlen in Kohlenmeilern geschlagen werden.

Der Brungerst als Steinlieferant

Als Busch wird der Brungerst auch noch 1633 in der ersten Erwähnung des Steinabbaus in Lindlar bezeichnet,

Wie eine offene Wunde überragen die Steinbrüche am Brungerst weithin sichtbar den Ort Lindlar.

denn das Material für den Wiederaufbau der Kirche sollte *in dem Busch* gehauen und zugerichtet werden. Es waren unruhige Zeiten mitten im Dreißigjährigen Krieg, als dies beschlossen wurde. Acht Jahre zuvor – 1625 – war am Gotteshaus ein *erbermlicher schade* durch marodierende Soldaten entstanden. Ein Jahr danach, im Dezember 1626, brannte der Turm drei Tage lang, sodass die Glocken schmolzen. Auch die Sakristei wurde beschädigt. 1630 gab es zwar erste Reparaturen, trotzdem waren vermutlich weitere notwendig. Ein Fachmann eilte herbei, Meister Merten aus dem Umkreis von Marienheide. Er war Dachdecker, vermutlich verfügte er auch über Fähigkeiten als Maurer oder Steinhauer. Adelssitze, Amtsgebäude und Kirchen besaßen nicht die üblichen Strohdächer, sie wurden mit Schiefer oder steinernen Platten versehen, »Lei« oder »Leie« genannt. Kleinere Dächer, wie etwa das des Beinhäuschens auf dem Lindlarer Kirchhof, konnten auch mit Blei gedeckt werden.

Die zunächst vermutlich nur mündlich abgeschlossene Übereinkunft zum Wiederaufbau der Kirche wurde 1633 umfassend aufgezeichnet. Es zeigt sich darin auch die Zunahme von Schriftlichkeit im ländlichen Alltagsleben in der frühen Neuzeit. Hier fixierte kein klösterlicher Verfasser mehr wie im Mittelalter die Abgaben lehnsabhängiger Bauern an das ferne Severinsstift in Köln, auch wurde nicht ein Pachtkontrakt mit einem adeligen Pächter abgeschlossen. Die örtlichen Vertreter des Pfarrsprengels, Pfarrer und Kirchmeister, brachten eine Rechtshandlung mit einem auswärtigen Handwerker zu Papier.

Im Jahr 2007 entdeckten Arbeiter der Firma BGS unter einer Abraumhalde zwei Schleifsteine. Sie sind vielleicht schon zweihundert Jahre alt. Einer davon schmückt heute den Kreisel in Lindlar-Ost.

Die Pfarrkirche sollte, wie die Urkunde festhält, *mit braiden Stainen* errichtet und diese entweder ortsnah *in dem Brunhorst* oder da, *wo solche gut undt aufrecht zu finden* seien, gebrochen werden. Es gab somit auch noch andere Stellen der Gewinnung. Meister Merten sollte die Steine in dem Busch zuhauen und sie nachfolgend zum Eindecken des Daches verwenden, die Dachlatten dafür anschlagen und über die Kirche ein aufrecht stehendes Dachwerk anbringen, damit weder Regen noch Schnee hindurch dringen könnten. Schon im Mittelalter hatte das Stift Sankt Severin, dem das Dorf Lindlar mitsamt dem Fronhof und der Kirche gehörte, oberhalb des Ortes Wald- und Buschgelände besessen. Auch standen dem Pastor um 1810 auf der Südseite des Brungerst in der Nähe der *Eisenerzgrube Gottesgabe* Felder und Gehölze zu. Der jeweilige Ortsgeistliche war sogar noch im Jahr 1872 in diesem Areal Nutznießer eines verpachteten Plattensteinbruchs. Für die wenigen festen Gebäude früherer Zeit wurde der Rohstoff aus gut und schnell zu erreichenden Aufschlüssen geholt. Die schwierigen Wegeverhältnisse ließen nichts anderes zu. So dokumentiert der Vertrag von 1633 eine übliche Vorgehensweise der Gewinnung von Baumaterial aus einem nicht weit entfernten Steinbruch im Eigentum der Kirchengemeinde oder des Pastorats.

Rund fünfzig Jahre zuvor, 1582, erfolgten am Gotteshaus ebenfalls Instandsetzungen. Turm, Beinhäuschen und die Kirchhofsmauer wurden von *Meister Gerhart in der Würden* neu aufgemauert. Hierfür verkauften Lindlarer Einwohner wie *Johann im Pollerhoff, Tilman im Fronhoff* und *Gerhard Schinckern* mehrere hundert Fuhren mit Steinen an die Kirchengemeinde. Es kann nur vermutet werden, dass sie den Werkstoff am Brungerst besorgten.

Was Kirchenbücher uns berichten

Auch die frühen Kirchenbücher geben uns nur dürftige Auskünfte über Menschen, welche in der Steinbearbeitung tätig waren, hier heirateten, ihre Kinder in der Pfarrkirche taufen ließen und die

Erste Urkunde von 1633 über den Steinabbau am Brungerst im Archiv der Kirchengemeinde in Lindlar

später zu Grabe getragen wurden. Wie die Archivalie von 1633 den Abbau am Brungerst nur schlaglichtartig beleuchtet, fließen auch die Informationen aus den Kirchenbüchern im 17. und 18. Jahrhundert spärlich. Erst für 1660, 1664 und 1672 gibt es Taufeintragungen, in denen von Meistern die Rede ist. Diese stammten aus so weit auseinander liegenden Orten wie Linde-Bruch und Brochhagen oder aus dem Dorfe Lindlar.

Waren es allesamt Steinhauer? Versuchen wir, die Frage unter Hinzuziehung weiterer Quellen zu beantworten: In den Kirchenbüchern von Sankt Nikolaus in Bensberg vermerkte der Pfarrer – anders als in Lindlar – Berufsbezeichnungen. Hier lebten Meister als Zimmerleute, Tuchweber, Abdecker, Kannenbäcker oder Schuhmacher. Ein ähnliches, allerdings kleineres gewerbliches Spektrum, dürfte es auch in Lindlar gegeben haben. Hier kann als erster Laurenz Steinhawer, dessen Sohn 1687 getauft wurde, aufgrund seines Namens und des Zusatzes Meister dem Steinhauergewerbe direkt zugeordnet werden. Immerhin passt in die Zeit, dass auf Friedhöfen der Umgebung – in Sand, Refrath oder Wipperfeld und Kürten, ja sogar in Burg an der Wupper – noch Grabmäler des 17. und 18. Jahrhunderts erhalten sind. Diese wurden aus Andesit und Basaltlava aus dem Drachenfelsgebiet oder eben aus Lindlarer Sandstein gefertigt. Grab- und Wegekreuze, Fußfälle sowie Architekturteile als Bauzier waren relativ kleine Objekte, die aus Sandstein bestanden und in Teilen zerlegt auf den unbefestigten Straßen über eine gewisse Distanz transportiert werden konnten. In Rheinnähe, etwa in Porz, Rath-Heumar oder Urbach, herrschte im 17. Jahrhundert der Trachyt vom Drachenfels oder der Wolkenburg vor.

Dass schon Grabmäler im Umkreis von Lindlar anfertigt wurden, bevor Meister Merten 1633 den Kontrakt mit der Kirche abschloss, zeigt ein Fragment an der Lindlarer Kirche. Eine Inschrift wird hier von einem Flechtband eingefasst. Sie trägt die Jahreszahl 1615. War es ein Steinmetz aus der Fremde, der diese Platte bearbeitete oder hatte ein Einheimischer auf der Wanderschaft spezielle Fertigkeiten erworben? Wie häufig wurden in dieser unruhigen Zeit in Lindlar Kreuze hergestellt, wo üblicherweise der Totengräber die Leichname aus Platznot nach kurzer Liegefrist ausgrub und die Gebeine im Beinhaus aufschichtete? Auch der Lindlarer Kirchhof in der Dorfmitte besaß ein solches Gebäude, wo Knochen und Schädel der Verstorbenen aufbewahrt wurden. Aus Rechnungen des 18. Jahrhunderts im Pfarrarchiv ergibt sich, dass vermögenslose Tote nur einfache Särge durch den Armenprovisor erhielten, sicherlich keine Steinkreuze.

Auswärtige Steinhauermeister in Lindlar

Ab Ende des 17. Jahrhunderts fließen die Informationen etwas reichlicher. Es kamen Wanderarbeiter aus allen Himmelsrichtungen vermutlich von jenseits des Rheins oder längs des Stromes auch nach Lindlar. Aus der Diözese Lüttich kamen beispielsweise Wallonen. Der Name Leonhard Gutherr, später auch Gouther oder Guther geschrieben, erscheint 1692 erstmals mit dem Zusatz *Steinhawer* in den Lindlarer Kirchenbüchern. Ein Jahr später ließ er einen Sohn taufen, dem weitere Kinder folgten. Leonhard Gutherr ist vielleicht identisch mit dem Steinhauer Leonhard Goidhaire, der 1724 verstarb und in der Refrather Taufkirche beigesetzt wurde. Noch 1872 taucht der Name, hier *Gutger* geschrieben, in einem Verzeichnis der Lindlarer Brüche auf. Auch die Marcellis sind über lange Zeit in unserer Region belegt. Schon 1666 war in Bensberg Meister Stephan Marcella, der *den KirchenThurn* in Bensberg *verbeßert* hatte, verstorben. Er könnte aus Italien gekommen sein, wie jener Carl Francichina, der aus einem Ort bei Mailand stammte. 1696 heiratete ein anderes Mitglied der Sippe Marcelli oder Mar-

Auf dem Friedhof der Taufkirche in Refrath steht dieser Grabstein des 18. Jahrhunderts aus Lindlarer Sandstein, wie sich an kleinen Stielabdrücken erkennen lässt.

Diese Grabplatte von 1615 befindet sich heute an der Außenseite des Chores der Lindlarer Kirche.

cello in Bensberg. Auch in Lindlar ließ sich ein Familienmitglied gleichen Namens nieder. Er ließ mindestens zwei seiner Kinder, 1693 und 1706, in der hiesigen Kirche taufen. Bis zu Beginn des 19. Jahrhunderts sind Angehörige der Marcelli in Lindlar nachzuweisen. Weitere Zuwanderer folgten bis ins 19. Jahrhundert hinein, deren Nachkommen heute alteingesessene Lindlarer sind.

Die Gründung der Steinhauerzunft

Als am 7. Januar 1706 die *löbliche Steinhäwerzunft* am Patronatsfest des heiligen Reinoldus in Lindlar *aufgerichtet* wurde, konnten die Beteiligten nicht ahnen, dass noch dreihundert Jahre später das Gründungsdatum der Gemeinschaft gefeiert werden würde. Steinbergwerksordnungen und -innungen gab es an anderen Orten schon seit dem frühen 17. Jahrhundert. Es spricht somit einiges dafür, dass diese Organisation gegründet wurde, als die Abbautätigkeit in Lindlar und Umgebung einen größeren gewerblichen Umfang angenommen hatte.

Die Wende zum 18. Jahrhundert war die Zeit des Kurfürsten Johann Wilhelm II. von Pfalz-Neuburg, volkstümlich bekannt als Jan Wellem. Er war in zweiter Ehe mit der kunstsinnigen Anna Maria Luisa von Medici verheiratet. Beide wurden die Erbauer des neuen Bensberger Schlosses. Erst im Jahr vor der Gründung der Lindlarer Zunft – 1705 – war nach Vorarbeiten der Grundstein für diesen fürstlichen Bau gelegt worden. Es war eine politisch unruhige,

Die Darstellung eines mittelalterlichen Baubetriebes in der Weltchronik des Rudolf von Ems stammt zwar aus der Zeit um 1350, die Bauarbeiten an dem renovierungsbedürftigen Lindlarer Kirchturm 1582 dürften jedoch ähnlich vonstatten gegangen sein.

Das Denkmal

Der Hofbildhauer Gabriel de Grupello schuf 1711 das Standbild des Kurfürsten Johann Wilhelm auf dem Marktplatz in Düsseldorf. Die Tuschzeichnung eines unbekannten Künstlers aus der 2. Hälfte des 18. Jh. zeigt noch den ursprünglichen Sockel, der später ersetzt wurde.

Das Reiterstandbild heute. Der Sockel aus Ratinger Blaustein und das Schutzgitter kamen nach den Plänen Adolf von Vagedes neu hinzu. Die Inschrift lautet: »Errichtet von der dankbaren Bürgerschaft 1711. Erneuerung des Sockels 1831«.

Seit fast dreihundert Jahren reitet der ehemalige jülisch-bergische Landesvater und Kurfürst Johann Wilhelm, auch Jan Wellem genannt, hoch über dem Marktplatz von Düsseldorf. Schon Heinrich Heine hat die kolossale Reiterstatue beschrieben. Aber nicht erst der große Dichter, schon der Reiseliterat Johann Hermann Dielhelm schilderte in seinem Werk »Denkwürdiger und nützlicher Rheinischer Antiquarius« Mitte des 18. Jahrhunderts die Wirkung, welche der Herrscher mit mächtiger Allongeperücke auf den Betrachter erzeugte:

Vor dem Schlosse und zwar mitten auf dem Markt steht die Ehrensäule des Churfürsten Johann Wilhelms von gelbem Kupfer oder Metall, welche denselben in völligem Harnisch und mit dem Churhut zu Pferde vorstellt …

Er fährt fort: *Das ganze Werk ruhet auf einem Fussgestell von grauem Marmor, so etwas grob, auch sonst schlecht und mit keiner Beschriftung oder Zierath versehen ist.*

Was hat dies alles mit Lindlar zu tun?

Zu Beginn des 19. Jahrhunderts fertigte der damalige Lindlarer Bürgermeister Alexander Court einen Bericht über die Bürgermeisterei Lindlar. In seiner Beschreibung steht zu lesen, dass *in Lindlar vordem viel Marmor mit der Hand geschnitten und geschliffen* worden sei. Und weiter: *Der große Marmorstein, worauf das Pferd in Düsseldorf steht, ist hier auf dem Hof Böhl gebrochen und bearbeitet worden.* Soweit der Bürgermeister. Mehr Belege für die Geschichte gibt es nicht.

Bevor sich jetzt aber Lindlarer Bürger nach Düsseldorf begeben, um den Stein aus unserer Gegend zu bewundern, sei bemerkt, dass dieses Podest – wohl aufgrund der oben beschriebenen mangelnden Qualität – schon 1831 durch einen Sockel aus Ratinger Blaustein ersetzt wurde, wie in goldenen Lettern eingemeißelt steht.

Gabriele Emrich

In dem Feldzuge von 1813-15:
Heinrich Windgassen,
Heinr. Wilh. Buchholz,
Peter Obernier.
Während und nach
dem Feldzuge von 1866:
Lt. Carl Langenberg 1866 gef.
Carl Dahlhaus 1866,
August Graf 1866,
Albert Wirth 1867,
Carl Aug. Pixberg 1868.

Mitten auf dem Etapler Platz in Hückeswagen steht ein Kriegerdenkmal als Zeugnis Lindlarer Steinmetzkunst. Errichtet wurde es 1875, gefertigt hat es der größte Steinbruchbesitzer Lindlars seiner Zeit, Hubert August Lob.

Undatiertes Doppelbildnis des Kurfürstenpaares Johann Wilhelm und Anna Maria Luisa von Jan Frans van Douven (1656 bis 1727), »Cabinetsmaler« am Hofe des Kurfürsten in Düsseldorf

wirtschaftlich schwierige und klimatisch ungünstige Zeit. Das Bergische Land wurde in der zweiten Hälfte des 17. und zu Beginn des 18. Jahrhunderts durch schwere Konflikte im Zusammenhang mit den Eroberungszügen Ludwigs XIV. von Frankreich in Mitleidenschaft gezogen. So ist im Bensberger Kirchenbuch dokumentiert, dass 1702 im Spanischen Erbfolgekrieg der Küster der Pfarre Sankt Nikolaus *bei der französischen Landtplünderung* erschossen wurde. Zu Ende des Krieges, 1712, waren es wiederum französische Truppen, von denen die Bevölkerung der Herrschaft Gimborn-Neustadt drangsaliert wurde. Erst nach und nach erholte sich das Bergische Land wirtschaftlich. Es überwand die Depressionsphase erst vollends 1763 nach dem Ende des Siebenjährigen Krieges.

Klimatisch war gerade die Periode zwischen 1684 und 1700 bestimmt durch eine drastische Abkühlung, die alle Jahreszeiten betraf, mit strengen Wintern und hohen Niederschlägen. Vor diesem Hintergrund vollzogen sich vor rund dreihundert Jahren die Arbeiten am Brungerst.

Kunstfertiges aus Lindlarer »Marmor«

Bedeutend für Lindlars Ruf war neben dem Sandstein der Abbau so genannten Marmors, eines schleifbaren *Kalksteins*, der in einiger Mächtigkeit in Einschlüssen zwischen den Sandsteinschichten anstehen konnte. Der kostbar wirkende Stein schmückt teilweise bis heute die Innenräume der umliegenden Schlösser wie Ehreshoven, Georghausen und Heiligenhoven. Ein weiteres schönes Ausstattungsstück ist der rötliche, weiß geäderte Taufstein in der evangelischen Kirche von Volberg. Es ist ein achtseitiges Becken, das 1703 ein Steinmetz namens Lehnert (Leonhard Gutherr) aus Lindlar fertigte. Um die überregionale Verwendung des Kalksteins ranken sich Geschichten. Wie der Overather Heimatforscher Franz Becher berichtete, brachen Dienstleute des Kirchspiels Overath 1692 *Marmelstein* in Lindlar für die Burg Hambach. Der Sockel des Jan-Wellem-Denkmals in Düsseldorf sowie die Stiege der Kapelle auf dem Kreuzberg in Bonn sollen ebenfalls aus diesem Werkstoff hergestellt worden sein. Nachweisen lässt es sich heute nicht mehr.

Die Steinindustrie im 19. und 20. Jahrhundert

Auch aus Sandstein wurden beachtenswerte Werkstücke gearbeitet. So finden sich aus der ersten Hälfte des 19. Jahrhunderts eindrucksvolle Zeichen meisterlicher Kunstfertigkeit auf dem neuen Friedhof, der 1804 vom Ortszentrum Lindlars an den Rand der Ansiedlung, zum *Hasenkamp*, verlegt wurde.

Bedeutend, aber starken Schwankungen unterworfen war der Abbau im 19. Jahrhunderts. Er entwickelte sich verstärkt erst nach dem Ausbau des Straßennetzes um 1850. Nahezu 40 Steinbrüche vermerkt eine Aufstellung von 1872 für die Gemeinde Lindlar, von denen sechs Jahr später jedoch nur noch 21 mit insgesamt 155 Beschäftigten und sieben fest angestellten Fuhrleuten bestanden. Der größte Unternehmer im Lindlar jener Zeit hieß Hubert August Lob. Auch nannte er einen Drehkran und zwei Kabelwinden sein Eigen. Er war der Vater von Carola Lob, die später nach seinem Tode gemeinsam mit ihrer Mutter die Geschäfte fortführte und zur Lindlarer Heimatdichterin avancierte.

Ab 1885 entwickelte sich nach dem Bau der Eisenbahn durch das Aggertal die Steinindustrie mit der Herstellung von Grauwacke-Pflastersteinen in Felsenthal und gelangte nach Fertigstellung der Leppetalbahn 1897 zu immer größerer Bedeutung. Schotter und Kleinschlag für den Schwellenbau der Bahn und für den Straßenbau wurde in mächtigen Mahlwerken gebrochen. Diese Produktion löste das vormals an dieser Stelle betriebene traditionelle Hammerwesen ab.

Im Gegensatz dazu erlitt der Werk- und Hausteinbetrieb oberhalb des Lindlarer Ortskerns aufgrund der immer noch schlechten verkehrsmäßigen Anbindung empfindliche Absatzeinbußen. Auch hier stellte sich die Steinindustrie

Die zweiflügeligen Türen des Ehreshovener Vestibüls weisen profilierte Rahmen, reich verzierte Architrave und Segmentgiebel aus Lindlarer Marmor auf.

Schloss Ehreshoven ist eines der bedeutendsten Bauwerke des Oberbergischen. Die Eingangshalle ist mit Platten aus Lindlarer Marmor gefliest. Türgewände und Türstürze sind aus dem gleichen Material gefertigt.

auf die Herstellung von Pflastersteinen um. 1888 waren neben 100 Arbeitern in der Steinhauerei bereits 40 bis 50 Leute mit der Produktion von Pflastersteinen beschäftigt. Die fertigen Steine mussten mühsam zur Bahn nach Engelskirchen transportiert werden. Dies änderte sich erst mit dem Ausbau der Eisenbahnstrecke durch das Sülztal über Immekeppel bis Lindlar, die 1912 eröffnet wurde.

Während vor fünfzig Jahren noch in neun unterschiedlich großen Betrieben am Brungerst dem traditionellen Gewerbe nachgegangen wurde, so sind heute durch Schrumpfungs- und Konzentrationsprozesse drei große Gesellschaften übrig geblieben, die mit modernsten Maschinen der Steingewinnung und -bearbeitung nachgehen: an der Straße Eremitage die Brüche der Firmen »Otto Schiffarth Steinbruch GmbH & Co. KG« und »Heinrich Quirrenbach Naturstein Produktions- und Vertriebs GmbH« sowie westlich davon das Gelände der Firma »Bergische Grauwacke Steinbruchbetrieb GmbH« (BGS). Letzterer Abbau gehörte vormals zur Linzer Basalt AG.

FAZIT

Der aus dem Meer der Urgeschichte entstandene Gesteinsschatz wurde im Dorf Lindlar seit Jahrhunderten ausgebeutet. Davon zeugen heute – wie überall im Bergischen Land – unzählige Kuhlen und tiefe Löcher. Konkret nachweisen lässt sich der Abbau jedoch für die Zeit vor dem 18. Jahrhundert nur spärlich, ebenso wenig wie der Umfang der Tätigkeit. Jedoch hatten die Geschichten von der Bedeutung der Steinbrucharbeiten am Brungerst und in seiner Umgebung und dessen überregionale Bedeutung seit dem Beginn des 19. Jahrhunderts eine identitätsstiftende Kraft. Die Kunde von der gewerblichen Produktion reich weiter zurück, als den schriftlichen Quellen definitiv entnommen werden kann. Durch diese zieht sich vielmehr bis in die jüngere Zeit hinein die immer gleiche Klage über die ungünstigen Wegeverhältnisse, die dem Aufschwung des Gewerbes in dieser strukturschwachen Gegend entgegenstanden. Erst heute ist es den verbliebenen Unernehmen durch Innovationen möglich, den Lindlarer Stein nicht nur ins Inland, sondern auch in die europäischen Nachbarländer zu exportieren, demnächst vielleicht sogar in die ganze Welt.

Gabriele Emrich und Bernd Schiffarth

Der quarzitische Sandstein – auch Grauwacke genannt – steht in Lindlar in unterschiedlichen, bis zu sechs Meter dicken Bänken an. Abgebaut wird der Stein heute mit moderner Technik: bei der Firma Schiffarth mithilfe eines Tieflöffelbaggers (Bildmitte), einer Bohrlafette mit Spaltzylindern und der Seilsäge. Er findet nicht nur in traditioneller Weise im Außenbereich Verwendung, denn die Unternehmen gehen neue Wege: Der Stein wird – hoch veredelt, gesägt, geschliffen – ebenfalls für den Wohnbereich, in Bad und Küche oder als Kaminfassung genommen. Erfolge erzielt die Firma BGS (Diamantsäge, oben links) neuerdings mit Platten, die millimeterdünn geschnitten sind. Sogar die Medaillen, die beim ersten Lindlarer Ortskernlauf »Lindlar läuft« 2008 den Teilnehmern ausgehändigt wurden, bestehen aus Lindlarer Grauwacke. Sie wurden auf einer computergesteuerten CNC-Maschine der Firma Quirrenbach (oben rechts) speziell zugerichtet.

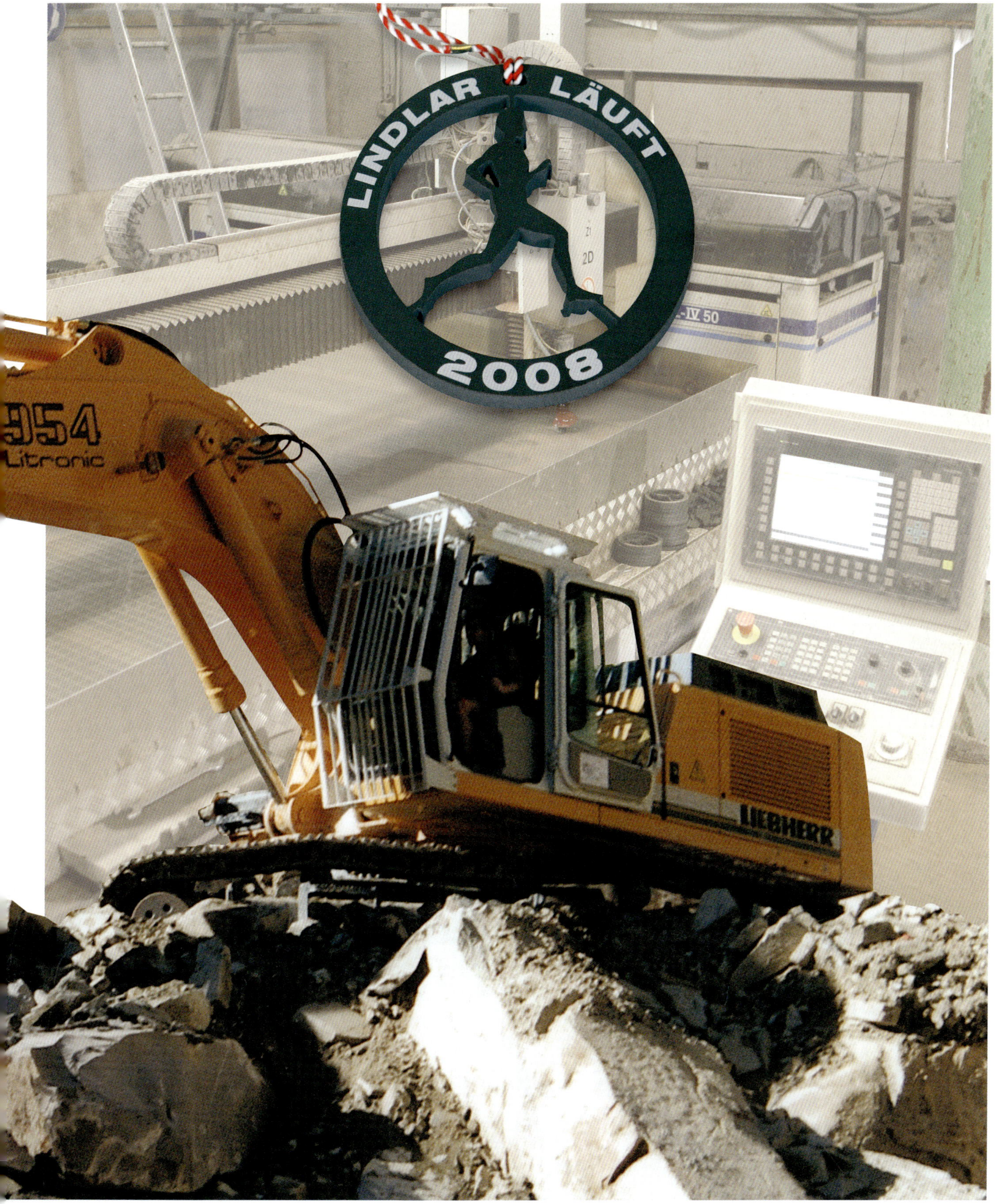
LINDLAR LÄUFT
2008
954
Litronic
LIEBHERR

🇬🇧 The beginnings left and right of the rivers Sülz and Lennefe

1109: Lindlar appeared for the first time in a document but is probably far older

The important "Fronhof" – the manor house of the St. Severin Church in Cologne was located between Kamper- and Eichenhofstreet from the High Middle Ages and its properties ranged to the Brungerstreet. There are no documents and it is hardly imaginable how the rural settling around the Fronhof looked like in the medieval times and in the early modern period. The scattered half-timbered houses had a thatched roof. The settling possessed a fortification, very likely with a rampart made of thorny bushes and palisades and a ditch. The alley "Am Falltor" reminds us of the two gates that the St. Severin monastery built at the streets leading to Cologne and Gummersbach.

🇫🇷 Les premiers pas sur les berges des rivières Sülz et Lennefe

1109: Lindlar est mentionné pour la première fois dans un document officiel mais son origine est probablement plus ancienne

La ferme du Fronhof est importante pour Lindlar car c'était une métairie appartenant au couvent St Severin à Cologne et elle devait se situer entre la Kamper Strasse et la Eichenhof Strasse actuelles. Son existence peut remonter jusqu'au haut moyen-âge et ses terres s'étalaient jusqu'au mont du Brungerst. Il y a peu de documents attestant de la structure du village qui se trouvait autour de la ferme du Fronhof: au moyen-âge et au début des temps modernes, les maisons isolées devaient être bâties en colombages et avoir des toits de chaume. De plus, le village avait des fortifications, probablement un remblai composé de buissons épineux ou de palissades, devant lesquels se trouvait un fossé. La ruelle actuelle «Am Falltor» (La Herse) nous rappelle que deux portes, qui avaient dû être posées par la congrégation de St Severin, délimitaient le village au niveau des chemins menant à Cologne et Gummersbach.

🇭🇷 Lindlar između dvije rijeke Agger i Sülz

1109.: Lindlar se u pisanoj povelji spominje po prvi put, iako se pretpostavlja da je i mnogo stariji

Za Lindlar važan feudalni posjed kelnske zadužbine Sv. Severina nalazio se vjerojatno između današnjih ulica Kemper i Eichenhof. Njegovo postojanje seže do kasnog srednjeg vijeka, a zemljišta su se protezala sve do Brungersta. Teško je zamisliti izgled seoskog naselja oko feudalnog posjeda u srednjem vijeku i ranom novom vijeku. Pojedinačne kuće bile su vjerojatno od drvene rešetkaste građe i prekrivene slamom. Osim toga selo je bilo utvrđeno bedemom od trnovitog žbunja ili zašiljenih kolaca s jarkom ispred. Današnja ulica »Am Falltor« podsjeća na oba vrata koja je sagradila zadužbina Sv. Severina, a od kojih su vodile ceste prema Kölnu i Gummersbachu.

Kapitel 3

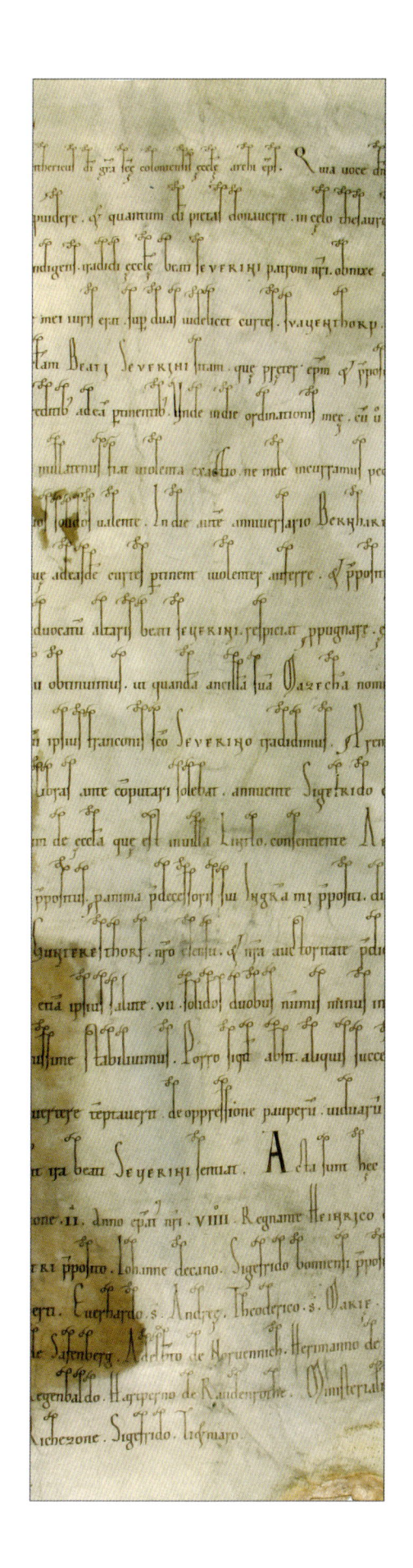

Die Anfänge links und rechts von Sülz und Lennefe

Lindlars Eintritt in die Geschichte

Der Weg Caesars oder des Kaisers?

Der Lindlarer Fronhofsverband

1109

Lindlar wird urkundlich erstmals erwähnt, ist vermutlich jedoch viel älter.

Die Anfänge links und rechts von Sülz und Lennefe

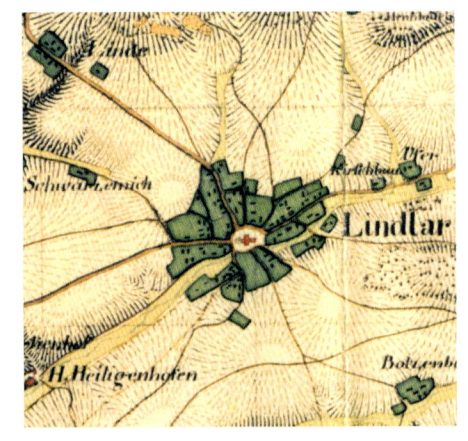

Eine preußische Karte aus dem Jahr 1825 stellt den Ort Lindlar in seiner charakteristischen Ausprägung dar, wie sie bis heute trotz moderner Neubebauung noch erkennbar ist: Im Mittelpunkt der Ansiedlung und der zusammenlaufenden Straßen liegt die Kirche Sankt Severin, die vom jahrhundertealten Friedhof umgeben ist. Er wurde bereits 1804 aufgegeben und an den nordöstlichen Dorfrand zum »Hasenkamp« verlegt.

Die erste genaue Karte des Ortszentrums von Lindlar, die so genannte Urkarte, erschien 1832 und besagt, dass die nördlich der Kirche anschließenden Gebäude »Am Markt« standen. Die etwas weiter östlich gelegenen Parzellen trugen die Bezeichnung »Im Frohenhof«. Der für Lindlar bedeutende Fronhof, das heißt der Herrenhof des Kölner Stiftes Sankt Severin, müsste demnach im Bereich der Einmündung der heutigen Eichenhofstraße, nördlich des gotischen Chores und des östlichen Kirchenschiffs gestanden haben. Er reichte zeitlich bis in das Hochmittelalter zurück, und seine Ländereien erstreckten sich hinauf bis an den Brungerst.

Kaum belegt und vorstellbar ist das Aussehen der Ansiedlung im Spätmittelalter und der frühen Neuzeit. Die vereinzelt stehenden Häuser dürften aus Holz(fachwerk) bestanden haben und waren mit Stroh gedeckt. Außerdem verfügte das Dorf wahrscheinlich über eine Befestigung. Wir dürfen sie uns nicht als wehrhafte Mauer vorstellen, sondern vielleicht als Wall, mit dornigem Buschwerk oder Palisaden bestanden, und einem Graben davor. Zumindest ergibt sich aus einem Register der Stiftskämmerei des Jahres 1413, welches im Historischen Archiv der Stadt Köln aufbewahrt wird, ein vages Bild des mittelalterlichen Lindlars.

Nach diesem Verzeichnis fiel dem Stift die Aufgabe zu, zwei – vermutlich hölzerne – Tore an den beiden nach Lindlar führenden Straßen zu erstellen. Hingegen mussten die Bewohner für die Umzäunung, für die Pfosten der Durchlässe und deren eiserne Angeln sorgen. Die Urkunde vermerkt, dass diese Eingänge in der Mundart der Bewohner *valdoer* hießen. Die heutige Gasse »Am Falltor«, die von der Hauptstraße zum Lindlarer Friedhof führt, erinnert an eine jener Vorrichtungen, die das Fronhofsland von den Straßen abschotteten, die von Köln nach Lindlar und von Lindlar nach Gummersbach führten.

Die frühen Phasen der Lindlarer Geschichte sollen im Folgenden angesprochen werden. Dabei müssen viele Fragen unbeantwortet bleiben und können häufig nur Mutmaßungen geäußert werden. Die nur spärlich und fragmentarisch vorhandenen Quellen lassen nichts anderes zu.

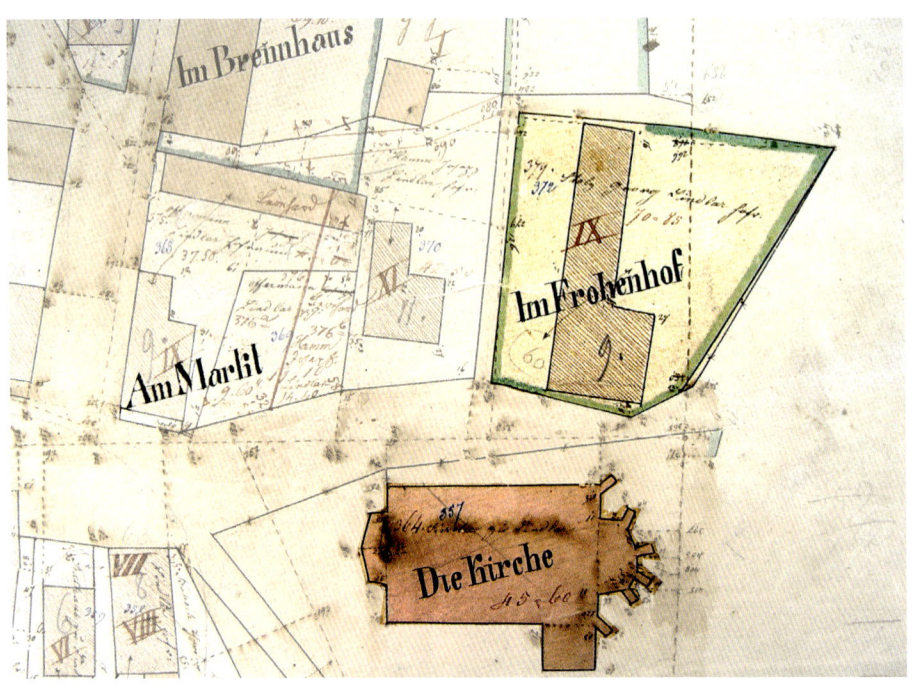

Die Kartenaufnahme von 1840 zeigt das Dorf Lindlar, dessen Häuser sich um die Kirche scharen. Zwischen dem Ort und den umgebenden kleineren Siedlungen, wie Kirschbäumchen und Ufer, Falkenhof oder Heiligenhoven, sind größere siedlungsleere Räume vorhanden.

Auf der »Preußischen Urkarte« von 1832 ist nördlich der Kirche das Flurstück »Im Frohenhof« zu erkennen, die den Standort des ersten, mittelalterlichen Fronhofgebäudes markieren dürfte.

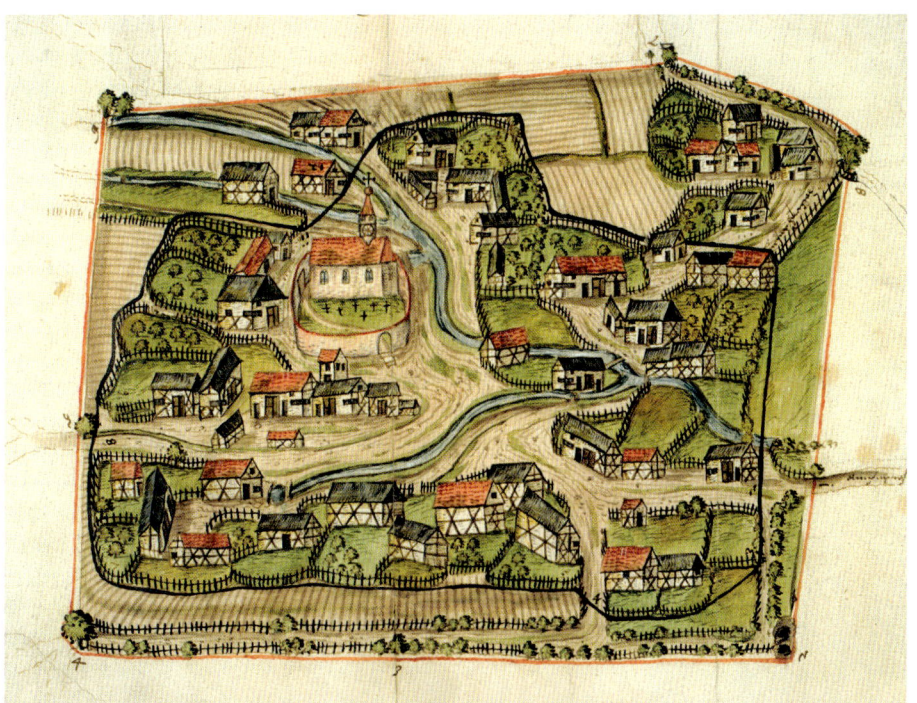

Eine Umzäunung schützt das Dorf

Bis auf wenige Sätze aus dem Jahre 1413 haben wir keine Hinweise auf das Aussehen des Dorfes Lindlar im Mittelalter und in den späteren Jahrhunderten. Es könnte ähnlich ausgesehen haben wie dieses süddeutsche Dorf auf der Karte links des 16. Jahrhunderts mit seiner Umzäunung. Dass es Dorfeinfriedungen im Oberbergischen gab, auch noch bis in die Zeit vor dem Zweiten Weltkrieg, belegt das Foto oben. Die Aufnahme aus den Jahren um 1930 zeigt spielende Kinder vor den Resten eines Tores und einer Bruchsteinmauer aus Grauwacke, die den Weiler Niederelben bei Nümbrecht umgab.

Lindlars Eintritt in die Geschichte

Im Jahr 1109 fand Lindlar unter dem Namen »Lintlo« erstmals in einer historischen Urkunde Erwähnung, die im Jahr 2009 der Anlass des Jubiläums zum 900-jährigen Bestehen ist. Sie wird heute im Archiv des Erzbistums in Köln aufbewahrt. In diesem wichtigen Dokument wurde eine vertragliche Vereinbarung über die Minderung der Abgaben festgehalten, welche die Kirche in Lindlar, die dem Stift Sankt Severin in Köln gehörte, an den Bischofssitz in Köln leisten musste. Um den darin genannten Zins überhaupt entrichten zu können, musste das Lindlarer Gotteshaus über Einnahmen verfügen. Diese bezog es vermutlich auch aus der Bewirtschaftung eines zugehörigen Fronhofes, der in dieser Niederschrift jedoch nicht aufgeführt ist.

Das Datum 1109 lässt den Ort schlaglichtartig hervortreten, doch repräsentiert es damit nicht dessen Gründung, sondern eine erste fassbare Rechtstätigkeit, bei der die Ansiedlung schon Bestand gehabt haben dürfte. Die mittelalterliche Besiedlung ist also deutlich früher anzusetzen, doch schweigen hier die schriftlichen und archäologischen Quellen.

Mittelalterliche Rodungstätigkeit und steinzeitliche Funde

Wer waren die Wegbereiter und was fanden sie vor, als sie um die Jahrtausendwende nach Lindlar kamen? Bedingt durch verschiedene Faktoren wie Bevölkerungszunahme und Erschließung von Rohstoffen und Bodenschätzen, etwa Holz und Erzvorkommen, wurde das Bergische Land von Westen immer weiter gerodet und in Besitz genommen. Dabei ist nicht bekannt, wer die Siedler waren. Vegetationsgeschichtliche Untersuchungen legen nahe, dass das Bergische Land vor der Landnahme weitgehend mit Wald, meist Eichen- und Buchenbeständen, bedeckt war. Inwieweit die Ableitung des Namens für das Dorf Lindlar von einem besonderen Lindenbaumbestand in diesem Bereich möglich ist, muss offen bleiben, da Orte gelegentlich zu einem späteren Zeitpunkt umbenannt wurden. Dies ist zum Beispiel für das benachbarte Immekeppel belegt, das in seiner Frühzeit »Sulsen« hieß.

Sicher ist, dass die mittelalterlichen Siedler nicht die ersten Bewohner im heutigen Gemeindegebiet waren. In Fenke und Kemmerich kamen Steinbeile zutage, also Werkzeuge der Bauern aus der Jungsteinzeit (5500 bis 2000 v. Chr.). In Kemmerich wurden sogar zehn solcher Beile entdeckt. Diese Gerätschaften könnten ihren Besitzern abhanden gekommen oder absichtlich als Opfer niedergelegt worden sein. Dagegen deutet eine kleine Anzahl von Steinartefakten aus Lindlar-Steinscheid auf eine Ansiedlung hin, von der bei Ausgrabungen allerdings keine direkten Spuren, wie etwa Gruben oder Pfostenlöcher von Gebäuden, gefunden werden konnten. Ebenfalls weisen bei Schmitzhöhe Abfälle der Feuersteinbearbeitung auf einen Wohnplatz hin. Manche dieser Stücke sind so gearbeitet, dass sie vielleicht sogar noch älter sind und in die Mittelsteinzeit (8500 bis 6000 v. Chr.) gehören.

Nicht nur die Steinzeit schlägt sich in Funden nieder. Eine einzelne römische Münze belegte die Anwesenheit von Menschen am Ende des 2. Jahrhunderts n. Chr. im Bereich der Klause östlich von Lindlar – leider ist diese Münze heute verloren, sodass eine weitere Deutung nicht möglich ist.

Alle archäologischen Überreste zeigen, dass bereits früh Menschen durch den

Silberner Denar oder Pfennig des Kölner Erzbischofs Friedrich I. von Schwarzenburg (1100–1131). Die Vorderseite zeigt das Bild des Bischofs mit Krummstab und Buch.

Steinbeil der Jungsteinzeit

Blick in das Lindlarer Kirchenschiff vom Obergeschoss des Westturms aus, mit den beiden Säulen aus Kalksinter im Vordergrund. Auf ihren mächtigen Kämpferplatten ruhen die Bogenöffnungen der Empore.

Raum Lindlar streiften. Ob sie sich hier auch niederließen, bleibt unbekannt, ist aber nicht unwahrscheinlich, kennen wir doch aus den Nachbargemeinden Overath oder Bergisch Gladbach Siedlungsplätze dieser Zeiten.

Ist Hohkeppel älter als Lindlar?

Das auf der Höhe zwischen Lenneferbach und Agger gelegene Hohkeppel ist der Ort in der Gemeinde Lindlar, der vermeintlich am frühesten in einer Urkunde im Jahr 958 bezeugt ist. Nach dem Inhalt dieser Urkunde schenkten zwei Brüder aus ihrem Eigenbesitz die Kirche Kaldenkapelle, später Hohkeppel genannt, dem Severinstift in Köln. Jedoch stammt dieser erste Beleg sehr wahrscheinlich nicht aus dem 10. Jahrhundert, sondern ist aufgrund seiner Schriftmerkmale zweihundert Jahre jünger. Seit neuestem wird in der Forschung angenommen, dass die Mönche des Stiftes mit einer weit zurückdatierten Fälschung versucht haben könnten, ihr Recht auf die Kirche in Hohkeppel zu untermauern.

Trotzdem dürfte Hohkeppel älter sein. Im Jahr 2003 konnten in der Kirche Sankt Laurentius bei der Heizungserneuerung archäologische Untersuchun-

In dieser Kiste, aus einem einzigen Eichenstamm gefertigt, versehen mit Eisenbeschlägen und Schlössern, wurden seit dem 15. Jahrhundert wichtige Urkunden aufbewahrt. So befand sich auch das 1567 erstellte Verzeichnis über die Kirchengüter »in der Kirchkist«.

Ansicht der Hohkeppeler Kirche mit ihrem romanischen Turm und dem Kirchenschiff aus dem 19. Jahrhundert.

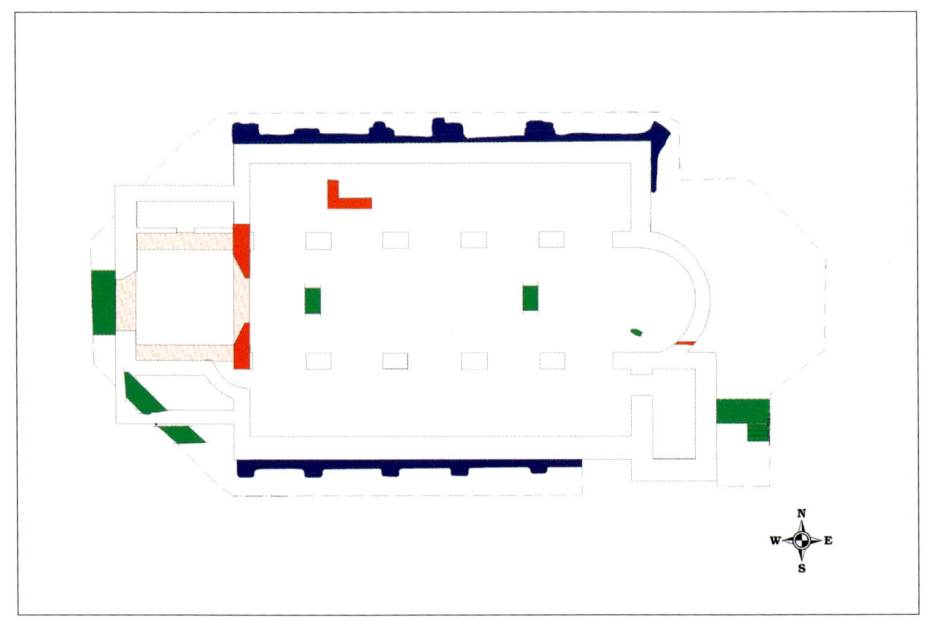

Übersicht über die archäologischen Untersuchungen in der Hohkeppeler Sankt Laurentiuskirche (rot: romanische Mauern; orange: romanischer Fußboden; blau: Fundamentreste der 1835 abgerissenen Kirche; grün: undatierte Baureste)

gen durchgeführt werden. Sie zeigten, dass der Kirche des 12. Jahrhunderts – von dieser ist noch heute der romanische Turm zu sehen – ein Vorgängerbau vorausging, dessen Bauzeitpunkt aber nicht näher bestimmt werden konnte. Von dieser frühen Kirche fanden sich Reste eines Fußbodens, der unter romanischen Tonfliesen zum Vorschein kam.

Obwohl die Archäologie hier kein Datum liefert, welches die erste urkundliche Aufführung bestätigt oder korrigiert, zeigt sie doch, dass sich in Hohkeppel schon vor dem 12. Jahrhundert Siedler niederließen. Dafür sprechen einzelne Keramikscherben, die im Bereich des nordöstlich der Kirche gelegenen Burghofes aufgelesen werden konnten und grob in das 10. bis 11. Jahrhundert zurückreichen. Damit kann allerdings nicht zweifelsfrei belegt werden, dass Hohkeppel älter ist als Lindlar, jedoch lässt sich darüber trefflich spekulieren.

Der Grund für diese frühe Entstehung Hohkeppels ist sicherlich in seiner Lage zu suchen. Es erstreckt sich entlang der ehemaligen »Heidenstraße«, die als alter Naturweg fast ohne Talquerungen das Bergische Land von Köln nach Kassel durchzog und schon sehr früh als Verkehrsverbindung genutzt wurde. Dies belegt der an ihrem Verlauf getätigte römische Münzfund von der Klause bei Lindlar genau wie die knapp einen Kilometer westlich von Hohkeppel auf Overather Gebiet befindliche Abschnittsbefestigung mit Namen »Burg«. Hier konnten Funde geborgen werden, die in die römische Kaiserzeit (1. bis 3. Jahrhundert n. Chr.) gehören.

Das romanische Taufbecken in der Lindlarer Kirche aus dem frühen 13. Jahrhundert mit einem Durchmesser von 1,30 Metern ist aus Trachyt gefertigt und zeigt einen zwölfseitigen Kessel, gestützt von sechs Säulchen. Den oberen Abschluss bildet ein Rankenfries. Ein ähnlicher Taufstein findet sich in Gummersbach, aber auch in Andernach.

Der Weg Caesars oder des Kaisers?

»Otto Primus Theutonicorum Rex« ist diese Mailänder Buchmalerei des 12. Jahrhunderts überschrieben. Sie zeigt den ersten deutschen König und römischen Kaiser aus der sächsischen Dynastie.

Viele Reisende zogen auf der Heidenstraße durch Hohkeppel. Darunter mag sich so manche bekannte Persönlichkeit befunden haben, was aber wegen fehlender schriftlicher Überlieferungen nicht belegt werden kann. Doch lässt sich vor dem Hintergrund historischer Gegebenheiten zumindest darüber nachdenken: So könnte lange vor der Gründung Hohkeppels Gaius Julius Caesar, der bekannte römische Feldherr, bei seiner ersten Rheinquerung 55 v. Chr. im Bereich von Lennefe und Sülz gewesen sein. Die neuere Forschung weist zumindest nach, dass dieser Übergang in der Nähe von Bonn stattgefunden haben muss. Caesar blieb dann 18 Tage im Rechtsrheinischen. Dabei nutzte er wahrscheinlich die beiden alten Wegstrecken durch das Bergische Land, die Heidenstraße und die Nutscheidstraße.

Wenn nicht Caesar, ritt dann vielleicht der deutsche Kaiser Otto I. (912 bis 973 n. Chr.) mit seinem Gefolge durch Hohkeppel? Von ihm sagen die Schriften, er habe bis zum 13. Juni 958 in Köln Hof gehalten, um dann bereits am 25. Juni des gleichen Jahres in Paderborn zu sein. Innerhalb der dazwischen liegenden zwölf Tage legte er folglich die Distanz zwischen dem Machtzentrum des Kölner Erzbischofs und Herzogs von Lothringen und der Kaiserpfalz am Rande des Teutoburger Waldes zurück. Dem Herrscher standen dafür zwei Reisewege zur Verfügung: von Köln rheinabwärts bis Duisburg und dann über den Hellweg bis Paderborn oder die Heidenstraße durchs Bergische Land bis Grevenbrück, um sodann dem Römerweg nach Norden zu folgen. Letztgenannte Strecke hat die kürzere Entfernung, bei der erstgenannten konnte man per Schiff bis Duisburg reisen. Welchen Weg Otto jedoch letztlich genommen hat, bleibt im Dunkel der Geschichte.

Thomas Becker

Die Heidenstraße

Ungefährer Verlauf der Heidenstraße, auf der Kaiser Otto I. gezogen sein könnte, mit der Lage Lindlars und Hohkeppels sowie der Verteilung der vorzeitlichen Fundstellen im Lindlarer Gemeindegebiet: ▢ Steinzeit, ● Kaiserzeit (Ende 2. Jh. n. Chr.)

51

Erläuterungen zur Urkunde von 1109:

Dieser Urkunde des Erzbischofs von Köln verdanken der Hauptort der Gemeinde Lindlar und die oberbergische Kreisstadt Gummersbach ihre erste schriftliche Erwähnung im Jahre 1109.

Wie in der Datumszeile im letzten Abschnitt der Urkunde ausgewiesen, wurde diese im vierten Jahr nach dem Regierungsantritt des letzten deutschen Königs aus dem Haus der Salier, Heinrich V., ausgestellt. Dieser hatte 1105 seinen Vater Heinrich IV. gewaltsam vom Thron verdrängt, was vielen Zeitgenossen als untrügliches Zeichen für den moralischen Verfall und das nahe Ende der Welt erschien.

Der Aussteller der Urkunde, der Kölner Erzbischof Friedrich I. von Schwarzenburg, war als einer der wichtigsten Reichsfürsten in die Turbulenzen seiner Zeit tief verstrickt. Bei den beginnenden Auseinandersetzungen zwischen Heinrich IV. und Heinrich V. hatte ihn der alte Kaiser noch 1104 zu dem rebellierenden Sohn geschickt, um eine Versöhnung anzubahnen. Als der Sohn jedoch seinen Vater hinterging, ihn gefangen setzte und zur Abdankung zwang, schlug sich Erzbischof Friedrich ohne Skrupel auf die Seite des jungen Königs.

Erzbischof Friedrich I. wird zu den einflussreichsten und machtorientierten Inhabern des Kölner Erzstuhls im Hohen Mittelalter gerechnet. Während seiner Amtszeit sind auch erste Ansätze einer kölnischen Territorialbildung auszumachen.

Die Urkunde von 1109 entstand in der Ausübung bischöflicher Amtspflichten: auf einer Generalsynode in Köln, an der nach Ausweis der Zeugenliste viele wichtige Würdenträger der Diözese teilnahmen. Empfänger der Urkunde war das Kölner Severinstift, dem verschiedenartige Vergünstigungen gewährt wurden. Nach dem Eingeständnis der Urkunde lag aber der Grund für die Absenkung der erzbischöflichen Steuer vor allem darin, dass der Steuersatz überhöht war und die Abgaben deshalb vermutlich vom Severinstift nicht eingetrieben werden konnten.

Wegen der offenbar anhaltenden Schwierigkeiten übertrug der Probst später, im Jahr 1174, die Steuereintreibung in Gummersbach dem Grafen Engelbert von Berg als Vogt der Kirche – natürlich gegen Zahlung einer stattlichen Pauschale. Interessant ist die Begründung, die der verärgerte Propst für seine Schwierigkeiten fand: die *naturgegebene Härte*, die Verstocktheit, der Geiz der dortigen Bevölkerung, die in Lindlar nicht anders gewesen sein dürften. Engelbert von Berg nutzte die ihm zugefallenen Vogtei- und Besteuerungsrechte als willkommenen Hebel für seine territoriale Machterweiterung.

Erläuterungen nach Klaus Pampus, abgedruckt mit freundlicher Genehmigung des Bergischen Geschichtsvereins e. V., Abt. Oberberg

Nachdem Erzbischof Friedrich die Steuer der Kirche in Gummersbach reduzierte, geschah dies gleichlautend für die Kirche in Lindlar. Der entscheidende lateinische Satz der Urkunde lautet: »Similiter censum de ęcclesia, quę est in villa Lintlo, consentiente Arnoldo maiores ęcclesię preposito, de integra libra ad decem solidos redigi.« (Auf ähnliche Weise habe ich den Zins der Kirche in Lindlar mit Zustimmung des Dompropstes Arnold von einem Pfund auf zehn Schillinge ermäßigt.)

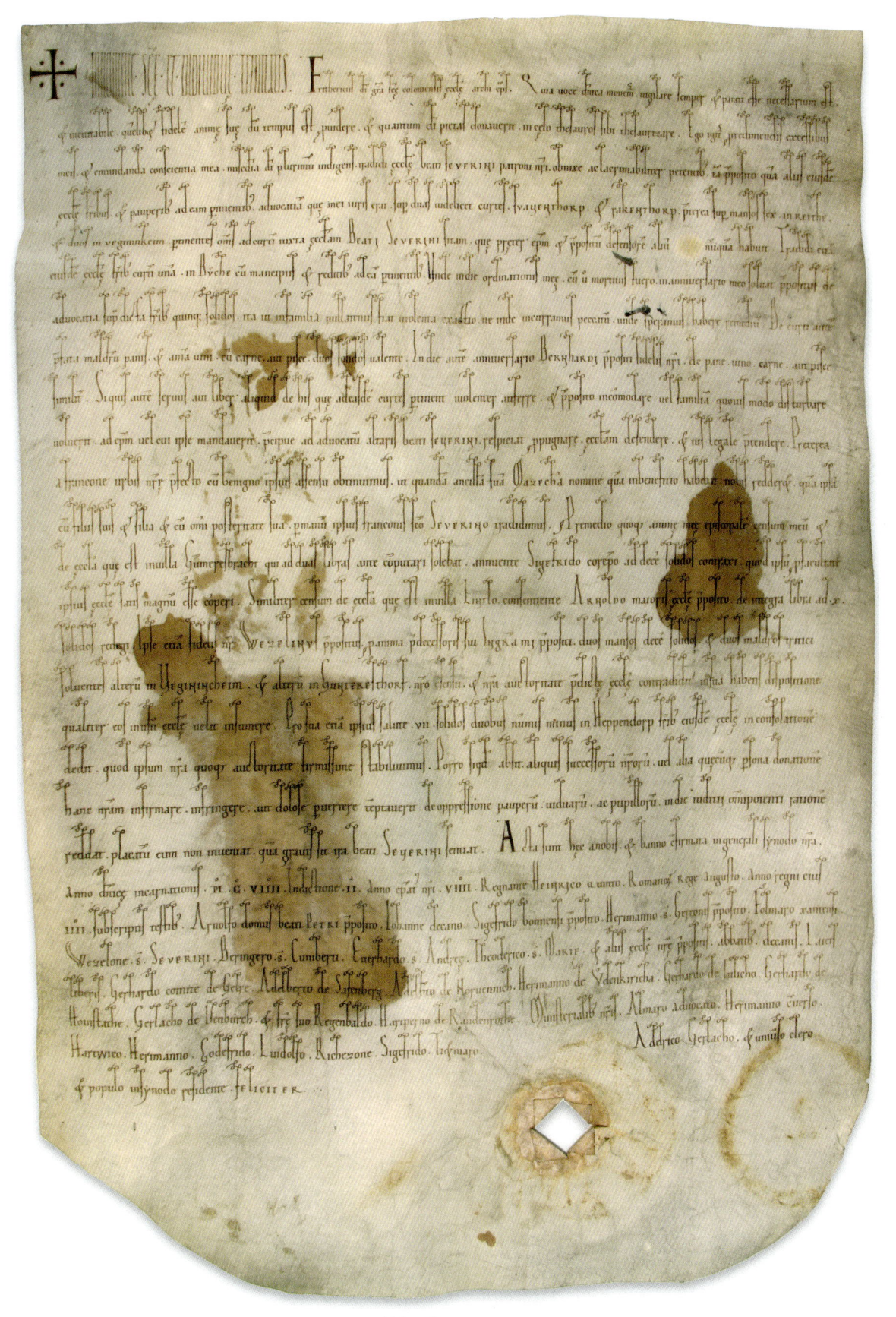

Urkunde von 1109

Der Lindlarer Fronhofsverband

Eine ältere Aufnahme im Bildband »Bilder aus vergangenen Tagen« der Gemeinde Lindlar zeigt die ehemalige Gaststätte Dobberstein in der Hauptstraße 7 dort, wo heute Dienstleistungsfirmen ihre Büroräume haben. Die zugehörige Bildunterschrift besagt, dieser Gasthof habe »Zum Fronhof« geheißen, als Hinweis auf das älteste Wohnhaus in Lindlar, welches vor etwa 1.000 Jahren dort schon gestanden hätte. Welche Bedeutung kam diesem Hof zu, auch wenn wir nicht wissen, ob er sich erst vor neunhundert oder tatsächlich schon vor 1.000 Jahren mitten in Lindlar befand? Wie wir oben bereits erfahren haben, trat die Lindlarer Kirche im Jahr 1109 erstmalig ins Licht der Geschichte. Daneben bestand vermutlich ein Herrenhof, auf dessen Land die spätere Pfarrkirche errichtet wurde. Der früheste schriftliche Hinweis auf diesen Hof des Kölner Severinstiftes findet sich jedoch erst in einer Urkunde aus dem Jahr 1174 und damit 65 Jahre nach der ersten Nennung des Gotteshauses.

Der Lindlarer Fronhof war der herrschaftliche und wirtschaftliche Mittelpunkt eines Hofverbandes abhängiger Bauerngüter, einer Organisationseinheit im Rahmen der Grundherrschaft. Das Stift besaß als Grundherr nicht nur weiterhin die Eigentumsrechte am überlassenen Boden, sondern übte gleichzeitig Herrschaft über die Leute auf den Parzellen aus. Sein Einfluss zeigte sich gleichfalls in der Ausübung der Gerichtsgewalt und darin, dass die zum Hofverband zählenden Hörigen dessen Rechtsbereich nicht verlassen durften. Der Anbau auf ihren »Hufen« oder »Mansen«, so hießen die Siedlerstellen, verpflichtete die untergebenen Bauern außerdem zu Abgaben von ihren Fluren und zu Diensten auf den Flächen, die den Haupthof umgaben. Hingegen gewährte der Grundherr den Abhängigen wirtschaftliche Unterstützung und Hilfe bei Krankheit, Unglücksfällen und Katastrophen.

Altes Fronhofsgebäude, um 1957

Der Gasthof Dobberstein, auch »Zum Fronhof« genannt, um 1930

Ein Tischtuch für den Kellermeister

Im Vergleich zu anderen Hofverbänden des Bergischen Landes zeichnet sich Lindlar durch eine recht reichhaltige Quellenüberlieferung aus. Bis auf das beginnende 13. Jahrhundert geht das 30 Blätter enthaltende »Alte Register« des Severinstiftes zurück. Es regelte die Verteilung der Einkünfte unter die Stiftsangehörigen und führte damit indirekt die Leistungen auf, welche die Bauern auf den Fronhöfen des Stiftes zu erbringen hatten. Die Eintragungen stammen aus unterschiedlichen Zeitschichten. Nach den ältesten Vermerken hatte der Lindlarer Fronhofsverwalter, der Meier (Verwalter), jährlich am Tag des Stiftspatrons, des heiligen Severin (23. Oktober), als Hauptabgabe zwei Mark zu entrichten. Dies entsprach dem nicht unerheblichen baren Gegenwert von 48 Schafen oder sechs Kühen, der aus den Kulturflächen zu erwirtschaften war.

Am Severinstag musste der Meier darüber hinaus Sachleistungen erbringen. Zu diesem Datum hatte der Stiftskoch in Köln Anspruch auf zwei Küchenbeile sowie zwei lange Messer und der Kellermeister von Sankt Severin jedes zweite Jahr auf ein Tischtuch von 32 Ellen, das sind etwas mehr als zwölf Meter. Der Hinweis auf die Lieferung von Metallwaren verdient besonderes Interesse, darf er doch als früher Beleg für die lokale Eisenverarbeitung gelten. Weitere Leistungen verteilten sich über das ganze Jahr.

Neben den Einkünften aus dem Hof beanspruchte das Stift den Zehnten in der gesamten alten Großpfarre Lindlar, zu der bis in das 14. Jahrhundert hinein die Filialkirche Hohkeppel und bis 1554 Engelskirchen gehörten. Er wurde von Getreide und vor allem von Kleinvieh erhoben. Seit der fränkischen Zeit schuldeten ihn die Laien der bischöflichen Kirche, in erster Linie zum Unterhalt des Pfarrers, später gelangten ebenfalls die grundherrlichen Eigenkirchen wie die Kirche in Lindlar in seinen Genuss. In der Anfangszeit war Lindlar zudem der Sammelpunkt für die entsprechenden Einkünfte aus der benachbarten Großpfarre Gummersbach.

Das Kämmereiregister des Severinstifts in Köln von 1413 (im Hintergrund) enthält eine Auflistung über die Stift-Zehnten der Pfarre Lindlar, zu der noch Engelskirchen gehörte.

Die Zehntzahlungen erwiesen sich, da sie für die Pfarrkinder eine erhebliche Belastung darstellten, über Jahrhunderte hinweg als schier unerschöpfliche Quelle von Streitigkeiten.

Wein und Weißbrot für den Meier

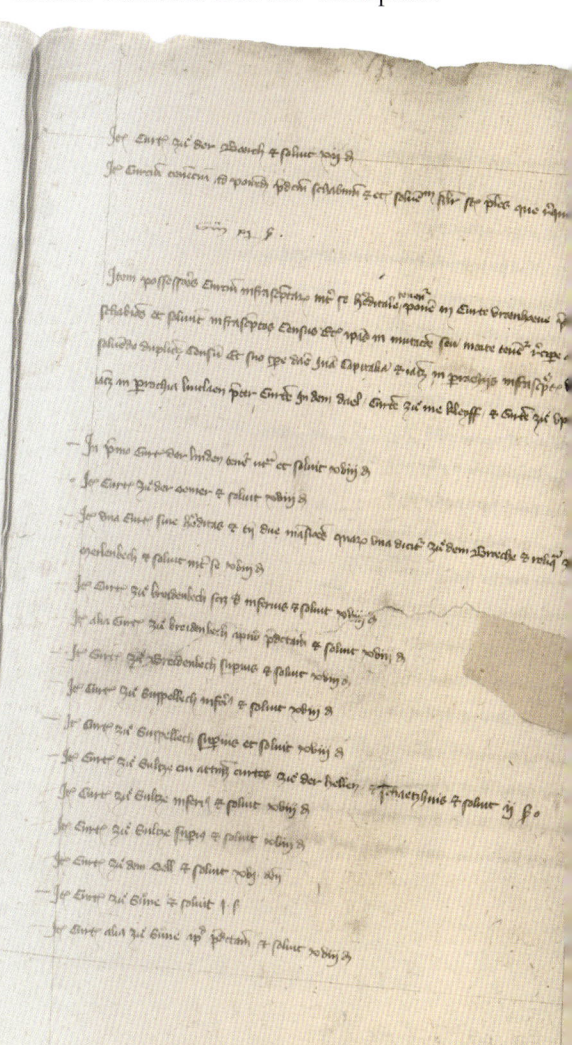

Nicht nur die Stiftsherren, auch der Meier hatte Ansprüche auf Leistungen. So erhielt er am Severinstag vom Stift unter anderem Weizen, Wein und Weißbrot als Nahrungs- und Genussmittel, mit denen das karge mittelbergische Hügelland nicht aufwarten konnte. Selbst zur Zeit der Warmphase des »Mittelalterlichen Klimaoptimums« zwischen dem 9. und 14. Jahrhundert gedieh auf den Höhen um Lindlar recht wenig. Die in den mittelalterlichen Schriftquellen unseres Raumes genannten Getreideabgaben lassen den Schluss zu, dass zumeist der als Pferde- und Viehfutter oder für die üblichen Breimahlzeiten verwendete Hafer gesät wurde. Ebenfalls dürfte Roggen als Brotkorn angebaut worden sein. Daneben wurden Gerste als Braugetreide und Flachs gezogen. Letzterer fand für die Herstellung von Leinen Verwendung. Viel mehr gaben die nährstoffarmen Böden nicht her.

Eine umso größere Bedeutung dürfte der Aufzucht von Nutztieren zugekommen sein. Es finden sich Hinweise auf die Haltung von Schweinen, Schafen und Hühnern. Das Zuchtvieh – Stier, Eber und Schafbock – hatte das Herrengut für die Lindlarer Einwohnerschaft bereitzustellen. Um den Aufwand für Stallfütterung so gering wie möglich zu halten, trieben die Hirten die Schweine im Herbst zur Eichel- und Bucheckernmast in die umliegenden Wälder. In der näheren Umgebung von Lindlar lagen zwei Forsten, die 1413 zuerst bezeugt sind: der »Sankt-Severins-Wald« und der nur teilweise in Stiftsbesitz befindliche »Brungerst«.

Das Ende des stiftischen Eigenbesitzes

Die Verwaltung des Lindlarer Fronhofes bereitete den Stiftsherren in Köln schon früh Unannehmlichkeiten. Einerseits wegen der urkundlich belegten Hartköpfigkeit der Einwohner, andererseits

Vor einer Schlosskulisse sind vier Landleute bei der Heuernte zu sehen. Im Hintergrund schärft einer der Schnitter mit dem Wetzstein sein Sensenblatt. Monatsbild »Heuernte« aus dem »Breviarium Grimani«, um 1510

sicher auch wegen der räumlichen Entfernung zwischen der Domstadt und dem bergischen Hinterland. Um die Mitte des 13. Jahrhunderts befand sich das Amt des Meiers in den Händen einer ortsansässigen ritterbürtigen Familie. Sie geriet nicht nur mit der Entrichtung der Abgaben an die Stiftsinsassen in Köln in Rückstand, sondern machte zudem Erbansprüche auf das Verwalteramt – und damit auf den Fronhof – geltend. Die Kanoniker in Köln wussten sich nicht anders zu helfen, als eine Strafe über die Lindlarer Pfarrkirche zu verhängen. Gottesdienste, Sakramentempfang und kirchliche Begräbnisse waren damit untersagt. Wohl unter dem Druck der Pfarrangehörigen, die um ihr Seelenheil fürchteten, gab der

Bauer mit Beetpflug, unerlaubt einen fremden Acker pflügend. Daher pfändet der Fronbote (Mitte) das Pferdegespann. In der »Heidelberger Bilderhandschrift«, einer der vier überlieferten Handschriften des Sachsenspiegels, Anfang des 14. Jahrhunderts entstanden, finden wir die Spuren bäuerlichen Lebens abgebildet.

Fronhofsinhaber, Suitker von Lindlar, schließlich nach. Anfang 1247 willigte er darin ein, die Schuldsumme innerhalb von drei Monaten zu begleichen und von jeglicher Forderung nach Erblichkeit des Meieramtes abzurücken.

Die Eigenbewirtschaftung des Fronhofes wurde im Lauf der Zeit immer unrentabler und durch Pachtverträge abgelöst. Vom 15. Jahrhundert an traten vorwiegend niederadlige Familien aus dem Lindlarer Einzugsbereich als Pächter in Erscheinung – etwa die von Landsberg zu Olpe, die von Waldenburg genannt Schenkern zu Unterheiligenhoven sowie die von Steinrath zu Oberheiligenhoven. Unter Entrichtung eines jährlichen Pachtzinses hatten diese Familien den Fronhof auf Lebenszeit des Pächters oder auf Zeit inne. Aus politischen und wirtschaftlichen Gründen stand sodann 1663 die Veräußerung des Hofes an. Entwicklungen innerhalb des Kölner Stiftes dürften ebenfalls zum Verkauf beigetragen haben. Mit der Übertragung der Gebäude und Ländereien an Johann Adolf Schenk von Nideggen zu Oberheiligenhoven endet am 6. August 1663 die vielhundertjährige grundherrliche Präsenz des Stiftes Sankt Severin in Lindlar.

Bäuerliche Tätigkeiten im Monat Dezember zeigt dieser Holzschnitt zu den »Georgica-Gedichten« der Straßburger Vergil-Ausgabe von 1502: Früchte werden im Ofen gedörrt, die Pflugschar geschärft (vorne rechts), Tröge aus Bäumen gezimmert (Mitte links), Vieh gezeichnet (darüber), Zäune gesetzt (vordere Mitte) und die Herde im Fluss gebadet (Bildmitte).

Vom Einzelgehöft zum Dorf

Näheres über den Umfang des Lindlarer Hofverbandes erfahren wir aus dem bereits genannten Register des Stiftskämmerers, Wilhelm von Campen, von 1413. In diesem Verzeichnis werden mehr als 30 abgabenpflichtige Güter im Kirchspiel Lindlar erwähnt, die sich auf einen Bereich von Breun im Norden bis Ober- und Unterschümmerich im Süden und von Linde im Westen bis Kuhlbach im Osten konzentrierten. Hinzu kommen sechs Höfe im Kirchspiel Hohkeppel, fünf im Kirchspiel Ründeroth und als Streubesitz noch je einer in den Kirchspielen Kürten, Wipperfürth und Gummersbach. Der Schwerpunkt der Grundherrschaft lag damit im Lindlarer Pfarrbezirk, den die Lehngüter zu einem guten Teil ausfüllten. Nach und nach durchlief der Hofverband einen für das spätmittelalterliche Rheinland insgesamt typischen Wandel: Die Eigenwirtschaft auf den Ländereien des Fronhofs hatte derart an Bedeutung verloren, dass Teile seines Kulturlandes an Neuansiedler – wohl Landarbeiter und Handwerker – ausgegeben wurden, die sich in der Nachbarschaft der Pfarrkirche niederließen. Auf diesem Wege entwickelte sich die zuvor nur aus einigen wenigen Gebäuden bestehende

»Von schmaler Nahrung« ist dieser Holzschnitt des Petrarca-Meisters der Zeit um 1520 betitelt. Gezeigt wird die Hütte eines einfachen Mannes mit Kachelofen, vor dem auf einer Stange die Kleider hängen. Davor auf der Bank liegt eine Axt, und im umzäunten Hof sind Reisigbündel aufgestellt. Der Mann isst mit dem Holzlöffel den Brei aus der Pfanne. Ein Stück Brot, Rüben und Zwiebeln ergänzen das karge Mahl.

Kirchsiedlung Lindlar langsam zu einer geschlossenen Ortschaft, einem Dorf. Die Bauern auf den hofhörigen Ackerstellen wiederum waren jetzt persönlich frei; de facto verfügten sie über dauerhafte, erbliche Nutzungsrechte an dem ihnen überlassenen Land.

Die im südlichen Bergischen Land bevorzugte Realteilung, der Grundsatz der Gleichberechtigung aller Kinder bei der Vererbung, führte zu einer enormen Zersplitterung des bäuerlichen Besitzes. In Lindlar wird diese Entwicklung in Quellen des 16. Jahrhunderts deutlich greifbar. In zunehmendem Maß bestimmten nun nicht mehr Einzelgehöfte, sondern kleinbäuerliche Weiler das Siedlungsbild – ein Siedlungsbild, das heute noch, trotz der baulichen Expansion der Nachkriegszeit, für große Teile der Gemeinde Lindlar charakteristisch ist.

Häuser bestanden im Mittelalter in den meisten Fällen aus Holz; die frühesten datierten Fachwerkgebäude stammen aus dem 13. Jahrhundert. Das Skelettgerüst wurde auf dem Bauplatz zugerichtet, dann aufgestellt und die Gefache mit einem Stroh-Lehmgemisch gefüllt. Holzschnitt, um 1520

Ein Mann schneidet mit der Sichel Korn. Heidelberger Bilderhandschrift, Anfang des 14. Jahrhunderts

Landwirtschaftliches Arbeiten um das Jahr 1023:

Der 844 verfasste Traktat »De universo« des späteren Erzbischofs von Mainz, Hrabanus Maurus, beschäftigt sich unter anderem mit dem Ackerbau und setzte ihn in Beziehung zur Bibel. Die hier wiedergegebenen Illustrationen entstammen einer um 1023 in dem berühmten Benediktinerkloster Montecassino gefertigten Abschrift des Traktatus. Zu sehen sind folgende Arbeitsgänge: Ein Bauer hackt den Boden, ein zweiter treibt die beiden Ochsen im Nackenjoch mit der Peitsche an, die Äste eines Baumes werden gekappt.

FAZIT

Die Existenz des Fronhofes in Lindlar schon vor 1.000 Jahren kann nicht mit Bestimmtheit nachgewiesen werden. Die frühesten Schriftquellen lassen uns jedoch wissen, dass der Hof eine besondere wirtschaftliche Funktion für die Kanoniker des Kölner Stiftes Sankt Severin besaß.

Ein Indiz für die Bedeutung des großen Lindlarer Pfarrbezirkes, der ursprünglich auch Engelskirchen und Hohkeppel umfasste, sind die Säulen des 12. Jahrhunderts im oberen Turmgeschoss der Kirche. Der Werkstoff wurde aus dem Kalksinter der römischen Wasserleitung gebrochen und aus der Eifel hierher geschafft. Zudem unterstreicht ein noch vorhandenes prächtiges Messbuch den Eindruck der Wohlhabenheit der Kirche im 15. Jahrhundert.

Der Fronhof mit seinen fast 150 Morgen Ländereien ging 1786 in die Hände von vier bürgerlichen Eigentümern über und verlor damit Bestand und Zusammenhalt. Heute erinnern nur noch Straßenbezeichnungen wie »Am Fronhofsgarten« und »Im Obsthof« an die bedeutende Keim- und Siedlungszelle Lindlars.

Die letzten Bindungen zwischen der Lindlarer Pfarrkirche und dem Stift in Köln verschwanden mit dessen Aufhebung im Jahr 1802. An die uralte Beziehung erinnert heute nur noch der heilige Severin als Patron der Lindlarer Kirche.

Thomas Becker, Albrecht Brendler und Gabriele Emrich

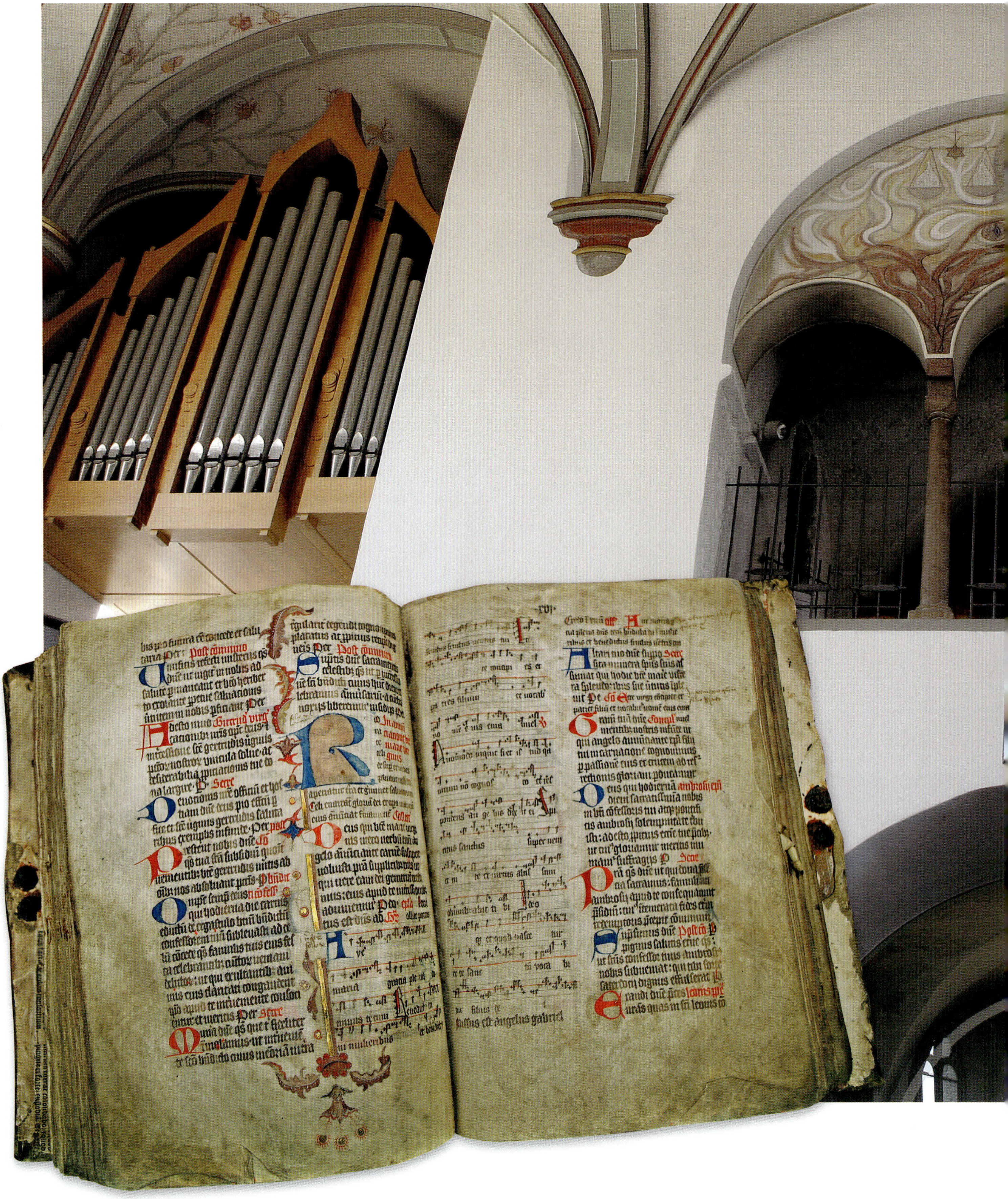

Die Kalksintersäulen der Turmempore mit der modern bemalten Drillingsarkade im Bogenfeld des Rundbogens gehören der Zeit 1140–1180 an. Ihre Kapitelle finden sich vergleichbar in Brauweiler und Maria Laach. Das prächtige Missale (vorne links) des 15. Jahrhunderts aus dem Kirchenschatz verdeutlicht die Bedeutung der Lindlarer Severinskirche im Mittelalter.

🇬🇧 Under the rule of the Counts of Berg

1363: Lindlar belongs to the Counts of Berg's department Steinbach

Very early in time the ecclesiastic settling was under protection of the Counts of Berg. They represented the clergy in secular interests, mainly before court and made sure the peasants' safety. The Bergs' medieval territory was roughly located between the rivers Rhine, Ruhr and Sieg, and today this territory is still named after the medieval state and is called Bergisches Land. Their name "Berg" (German word for mountain) had nothing to do with the numerous mountains in their territory, but is due to the name of their castle. Already in 1363 they divided their territory in departments; Lindlar belonged to the department Steinbach. The most important archaeological evidence for the rule of the Counts of Berg on Lindlar's municipal area is the Burg Neuenburg, first mentioned in 1433 and till its destruction at the end of the 17th century it served as fortification and administrative centre.

🇫🇷 Sous la domination des Comtes de Berg

1363: Lindlar se trouve sous la juridiction de Steinbach

La fondation ecclésiastique fut placée très tôt sous la protection des Ducs de Berg qui devaient représenter les hommes d'église dans les affaires civiles, en particulier au tribunal, et assurer la sécurité des paysans indépendants. Les Comtes – plus tard les Ducs de Berg – qui ne doivent pas leur nom au relief montagneux de leur domaine seigneurial qui s'étendait du Rhin à la Ruhr et Sieg, (Berg = montagne) mais à leur lieu d'origine, le château de Berg dans la vallée de la Dhünn, avaient en 1363 déjà divisé leurs terres en plusieurs secteurs administratifs. Lindlar est tombé sous la juridiction de Steinbach. Le témoignage le plus important de la domination des Ducs de Berg sur le territoire de Lindlar reste les ruines du château Neuenberg, mentionné pour la première fois en 1433 et qui servit jusqu'à sa destruction à la fin du 17ème siècle de siège administratif et de limite frontalière.

🇭🇷 Pod bergskom vladavinom

1363.: Lindlar pripada bergskoj upravi Steinbach

Već rano je crkveni posjed došao pod zaštitu grofova od Berga. Oni su zastupali kelnsko svećenstvo u svjetovnim poslovima, posebno pred sudom te se brinuli o zaštiti njihovih kmetova. Grofovi – kasnije »vojvode od Berga« –, koji su svoje ime dobili ne samo po brojnim brežuljcima (Berg – brežuljak) na svojim posjedima između Rajne, Ruhra i Siega nego i po njihovom izvornom sjedištu, dvorcu »Berg« u dolini Dhünn. Podijelili su već 1363. g. svoju grofoviju na uprave tako da je Lindlar pripadao upravi Steinbach. Najvažniji svjedok vladavine grofova od Berga na području lindlarske općine su ruševine dvorca Neuenberg, koji se po prvi put spominje 1433. g. i koji je do svog uništenja u 17. stoljeću služio kao granična utvrda i sjedište vladavine.

Kapitel 4

Unter bergischer Herrschaft

Das Amt Steinbach

Burg Neuenberg

Das Galgenböschelchen

Lindlar gehört zum bergischen Amt Steinbach.

Unter bergischer Herrschaft

Für den unbefangenen Beobachter scheint der Begriff »Bergisches Land« direkt an die Bodengestalt dieser Mittelgebirgslandschaft anzuknüpfen. Und doch trägt das Bergische seinen Namen nicht aufgrund der zahlreich vorhandenen Berge, sondern nach den Grafen (seit 1380 Herzögen) von Berg. Diese brachten im Laufe des Mittelalters fast die gesamte Region zwischen Rhein, Ruhr, Sieg und rheinisch-westfälischer Wasserscheide unter ihre Herrschaft. Die Dynastenfamilie, die 1080 ins Blickfeld der Geschichte trat, benannte sich nach ihrem Stammsitz bei Altenberg, der Burg »Berg« an der Dhünn, den sie schon 1133 aufgab, um wenig später mit Schloss Burg an der Wupper ein neues Machtzentrum zu errichten.

Im Lindlarer Raum fassten die Grafen von Berg im 12. Jahrhundert Fuß, und zwar als Schirmvögte, das heißt als Schutzherren des Kölner Severinstiftes für dessen Besitzungen an Sülz und Agger. Hierbei hatten sie die Kölner Geistlichen in weltlichen Belangen zu vertreten, vor allem vor Gericht, und für den Schutz der Stiftshintersassen – der abhängigen Bauern – zu sorgen. Neben Eigenbesitz, Hochgerichtsbarkeit sowie Forst- und Jagdrechten gilt die Vogteigewalt als entscheidender Baustein für den Aufbau flächenhafter Herrschaftsgebiete.

Einen Meilenstein auf dem Weg zum Territorialstaat bildete die durchgehende Einteilung der Grafschaft Berg in Ämter, wie sie erstmals für 1363 bezeugt ist. An der Spitze dieser Verwaltungsbezirke stand ein weisungsgebundener Amtmann. Lindlar war dem Amt Stein-

Der erste bergische Herzog, Wilhelm I. (1380–1408), stiftete zwischen 1386 und 1397 das große Westfenster im Altenberger Dom, das unlängst restauriert wurde und nun in neuer Pracht erstrahlt. Das erste Herzogspaar, Wilhelm von Berg und Anna von Bayern, wird dabei als kniende Stifterfiguren in der mittleren Fensterzone dargestellt, hier: Herzog Wilhelm.

bach zugeordnet, das sich von Wipperfürth-Kreuzberg im Norden bis nach Overath im Süden, von Bechen im Westen bis nach Lindlar-Scheel im Osten erstreckte.

Der Steinbach, ein kleiner Quellbach oder Siefen, entspringt beim Lindlarer Ortsteil Obersteinbach, durchfließt Mittel- und Untersteinbach und mündet in Heibach in die Lindlarer Sülz. Dass sich, wie von so manchem Historiker behauptet, in Untersteinbach eine Burg befunden hat, ist eher zweifelhaft. Wie wir sehen werden, gibt es eine andere Möglichkeit für die Herleitung des Amtsnamens.

Das wichtigste Zeugnis für die Herrschaft der Berger auf Lindlarer Gemeindegebiet sind sicherlich die Ruinen der Burg Neuenberg, deren älteste Erwähnung von 1433 datiert. Bis zu ihrer Zerstörung im ausgehenden 17. Jahrhundert diente sie als Grenzfeste sowie als Verwaltungssitz. Ihre Überreste haben die Phantasie zahlreicher Autoren beflügelt. Die Quellen sprechen indes eine viel nüchternere Sprache.

Der Limburger Löwe im Bergischen Land

Mit der Ermordung Erzbischof Engelberts von Berg 1225 fiel die Grafschaft Berg an seinen Schwager, Herzog Heinrich IV. von Limburg (ca. 1200–1247). Er führte als Wappen den aufsteigenden heraldisch nach rechts gerichteten doppelgeschwänzten Löwen (Abb. oben), der mit goldenen Krallen bewehrt war, eine goldene Zunge besaß und eine goldene Krone trug.

Das altbergische Wappen hatte ausgedient, und der Limburger Löwe wurde nunmehr – allerdings mit blauen Krallen, blauer Zunge und Krone – zum Bergischen Löwen. Das Wandbild des 19. Jahrhunderts im Ahnensaal von Schloss Burg zeigt unterhalb des Löwen den leicht veränderten Schlachtruf »Haya Berge romerike«, d. h. »Heia, ruhmreicher (Graf von) Berg«, mit dem das bergische Fußvolk 1288 in der Schlacht bei Worringen siegreich blieb gegen den Erzbischof von Köln.

Das Amt Steinbach

In Untersteinbach, einem unscheinbaren Weiler wenige Kilometer nördlich von Lindlar, waren noch bis Anfang der sechziger Jahre des 20. Jahrhunderts auf einer Wiese am südlichen Ortsausgang, unweit der Einmündung eines kleinen Quellbaches in den Steinbacher Siefen, Holz- und Mauerreste sichtbar, die dann bei Erdarbeiten beseitigt wurden.

Damit verschwand ein archäologisches Denkmal, das in den »Kunststätten der Rheinprovinz« aus dem Jahr 1900 als *kleiner runder Hügel mit Fundamentmauerwerk von 10–15 m Durchmesser* beschrieben wird.

Lange Zeit ist die historische Forschung davon ausgegangen, dass es sich um Überbleibsel jener Burganlage handelte, nach der das bergische Amt Steinbach benannt wurde. Als untrügliches Indiz dafür galt die Erwähnung einer »Veste Steinbach« in Urkunden des 14. und 15. Jahrhunderts. Ein Irrtum, denn anders als heutzutage, wo der Begriff »Feste« tatsächlich stets einen Wehrbau meint, wurde der Terminus im späten Mittelalter oft im Sinne von Gerichtsplatz oder -bezirk gebraucht oder als Synonym für den Amtssprengel.

Tatsächlich lassen alte Flurbezeichnungen erkennen, dass sich bei Obersteinbach eine Richtstätte befunden haben könnte. Auf dem preußischen Urkataster von 1832 sind zwischen Ommerborn und Obersteinbach die Flurnamen »In der Fest« und »Auf der Fest« eingetragen. Wie der Gründer des Eucharistiner-Klosters Ommerborn, Hermann Joseph Ommerborn, in einem 1928 erschienenen Beitrag berichtete, war seinerzeit ein nahegelegenes Wäldchen unter den Einheimischen als »Galgenböschelchen« bekannt. Laut einer Anfang des 20. Jahrhunderts noch lebendigen Volksüberlieferung soll hier der Galgen des Steinbacher Distriktes gestanden haben.

Überlieferung und Wahrheit

Darf man dieser Tradition Glauben schenken? Anders gefragt: Ist der Amtsname möglicherweise auf ein Hochgericht zurückzuführen? Leider geben die Schriftquellen keinerlei Hinweise, ebenso liegen bisher keine archäologischen Funde vor. Möglich wäre dies aber, denn in Berg, wie in anderen niederrheinisch-westfälischen Territorien, bildete die Gerichtsorganisation das Fundament für die Verwaltungseinteilung.

In einer für die bergische Geschichte höchst bedeutsamen Urkunde von 1363 werden die acht Bezirke, in die der Kernbereich des bergischen Territoriums untergliedert war, jeweils durch die Aufzählung der zugehörigen Ortsgerichte umschrieben. Zum Amt Steinbach gehörten demnach diejenigen in Bechen, Engelskirchen, Hohkeppel, Kürten, Lindlar, Olpe, Overath, Wipperfeld und Wipperfürth.

Bei diesen später als »Landgerichte« bezeichneten Institutionen könnte es sich um Abspaltungen eines ursprünglich weit größeren, auf das Blutgericht zu Steinbach hin orientierten Sprengels gehandelt haben, der den räumlichen Zuschnitt für das Amt lieferte. Letztlich müssen diese Überlegungen jedoch Spekulation bleiben.

In dieser Wiese in Untersteinbach, die vom Steinbach durchflossen wird, sollen noch bis zu Beginn der 1960er Jahre die Reste der »Burg« Untersteinbach vorhanden gewesen sein.

Der Amtmann als Vertreter des Landesherrn

Anfangs war es eine der vornehmsten Pflichten des Amtmanns, den Vorsitz in den Landgerichten seines Bezirks zu führen, in denen bäuerliche Schöffen über Zivil- und Kriminalangelegenheiten einschließlich der Blutgerichtsbarkeit urteilten. Spätestens seit dem Beginn des 15. Jahrhunderts übernahm aber der Schultheiß als Amtsrichter diese Aufgabe. Die Zahl der Landgerichte im Amt Steinbach verringerte sich bis zur Mitte des 16. Jahrhunderts durch Zusammenlegung auf vier (Kürten, Lindlar, Overath, Wipperfürth). In den Jahren nach 1555 fusionierten schließlich noch die Gerichte in Lindlar und Overath.

Neben seiner gerichtlichen Tätigkeit, bei der ihm ein Landschreiber zur Hand ging, war der Richter oder Dinger auch für die Einziehung der Steuern verantwortlich, welche die Schatzboten als Steuerempfänger in den neun Kirchspielen des Amtes eintrieben. Dank der beschriebenen Aufgabenteilung konnte sich der Amtmann auf seine militärischen und administrativen Funktionen – allen voran den Friedens- und Landesschutz – konzentrieren. So oblag es ihm, die Bevölkerung durch Glockenschlag kirchspielsweise zur Verbrechensbekämpfung oder zur Landesverteidigung aufzubieten. Angefangen mit Heidenreich von Ehreshoven im Jahr 1313, rekrutierten sich die Amtleute durchweg aus dem landsässigen Niederadel. Über ihre Tätigkeit hatten sie dem Landesherrn jährlich Rechenschaft zu geben.

Eine befestigte Hofanlage

Einem der ganz wenigen erhaltenen Rechenschaftsberichte, nämlich dem des Wilhelm von Bellinghausen aus den Jahren 1470 bis 1472, verdanken wir die einzige historische Beschreibung der Baulichkeiten der vermeintlichen Burg Steinbach. Der Ort bildete damals den Mittelpunkt eines im Besitz des bergischen Herzogs befindlichen Hofverbandes, zu dem unter anderem die benachbarten Güter Ommerborn, Peffekoven, Hollinden, Dörpe und Hembach gehörten.

Die Erträge dieser Domanialgüter, das heißt dem Landesherrn gehörenden Liegenschaften, flossen direkt in die herzogliche Kasse. Unter der Ausgabenrubrik verzeichnet der Amtmann den Lohn für einen Maurer namens Rembolt, der *das Haus, das innerhalb der Gräben zu Steinbach liegt*, untermauert hatte, nachdem es abgesunken war. Ferner war die (Zug-)Brücke erneuert worden.

Auf den ersten Blick scheinen diese Einträge auf eine Burganlage hinzudeuten, zumal daneben von einem *berchfred* (Bergfried) die Rede ist. Mit letzterem Begriff wurden aber im Bergischen, wie überhaupt im Rheinland, ursprünglich die Türme auf den ehedem erstaunlich zahlreichen befestigten Bauernhöfen benannt, die bei Überfällen als Zufluchtsstätte dienten. Erst die Burgenkunde des 19. Jahrhunderts bezeichnete den unbewohnten Hauptturm einer Burg als »Bergfried« und begründete damit den heute gängigen Sprachgebrauch. Dass es sich in Steinbach um einen Verteidigungsturm bäuerlicher

Ein Gerichtssiegel im Amt Steinbach
Im unteren Wappenschild ist eine Waage als Sinnbild für die Gerichtsbarkeit zu erkennen. Zu beiden Seiten des Wappenschildes ist die Jahreszahl 1636 zu lesen. Die Umschrift lautet: »Der Scheffen Sigel zv Keppel«, da das mit Overath fusionierte Landgericht zu Lindlar zeitweise in Hohkeppel tagte.
In Anlehnung an dieses Siegel führt die Gemeinde Lindlar seit 1935 ebenfalls den Bergischen Löwen und die Waage in ihrem Wappen als Hinweis auf die lange Gerichtstradition vor Ort, die erst 1975 mit der Auflösung des Amtsgerichts Lindlar endete.

Art handelte, zeigt die Tatsache, dass für 1470/1472 die Verbretterung des Bergfrieds in Rechnung gestellt wurde. Dieser bestand also wenigstens teilweise aus Fachwerk. Ähnliche Fachwerktürme mit Bretterverschalung gab es nachweislich ebenso auf den Nachbarhöfen Hembach und Hollinden, die sich wohl – wenn überhaupt – nur durch die fehlende Wasserumwehrung vom Steinbacher Gut unterschieden.

Die Bedeutung des Hofes

Welche Rolle spielte dieser Hof nun innerhalb des Amtsgefüges? Für die in der Literatur immer wieder aufgestellte Behauptung, Steinbach habe vor der Erbauung der Burg Neuenberg als Amtshaus gedient, gibt es keine Anhaltspunkte. Die ersten Verwalter werden sich vorzugsweise auf ihren Stammsitzen aufgehalten haben. Genauso wenig ist zu belegen, dass sich hier der Sitz der Wirtschaftsverwaltung, der so genannten Kellnerei, befunden hat.

Der Kellner, in anderen Territorien auch »Schlüter« oder »Rentmeister« genannt, hatte sich vor allem um die grundherrlichen Rechte des Landesherrn zu kümmern, wie etwa Pacht- und Lehnzinsen sowie Mühlengerechtsame, wobei den Einnahmen aus den verpachteten Domanialhöfen das größte Gewicht zukam. Die frühesten in Berg bezeugten Kellner waren auf Burgen tätig – so in Hückeswagen (1298), auf Schloss Burg (1301) und in Bensberg (1324). Für das Amt Steinbach hören wir von solchen Amtsträgern nicht vor dem 15. Jahrhundert. Eine eigenständige Wirtschaftsverwaltung scheint sich hier erst im Zusammenhang mit der Errichtung der Burg Neuenberg ausgebildet zu haben.

Von all den Funktionen, die dem Untersteinbacher Anwesen zugeschrieben wurden, ist somit lediglich eine einzige, zudem noch recht bescheidene, eindeutig nachweisbar: Bis zum Ende der bergischen Zeit lag hier die Abgabenzentrale eines kleinen Hofverbandes und vermutlich zusätzlich die Tagungsstätte des Hofgerichts, dessen Sitzungsprotokolle leider nur bruchstückhaft überliefert sind. Gegenüber den umliegenden abgabepflichtigen Gütern nahm der Hof Steinbach außerdem durch seine Steuerfreiheit eine privilegierte Stellung ein. Er bestand im 18. Jahrhundert aus Wohnhaus, Schuppen, Backhaus und einer Scheune. 1763 ist von zwei steuerfreien Höfen zu Untersteinbach die Rede. Inwieweit sie in Kontinuität mit der 1470/1472 beschriebenen Hofanlage standen, muss offen bleiben. Unter preußischer Verwaltung dürften sie in den Besitz ihrer Pächter übergegangen sein.

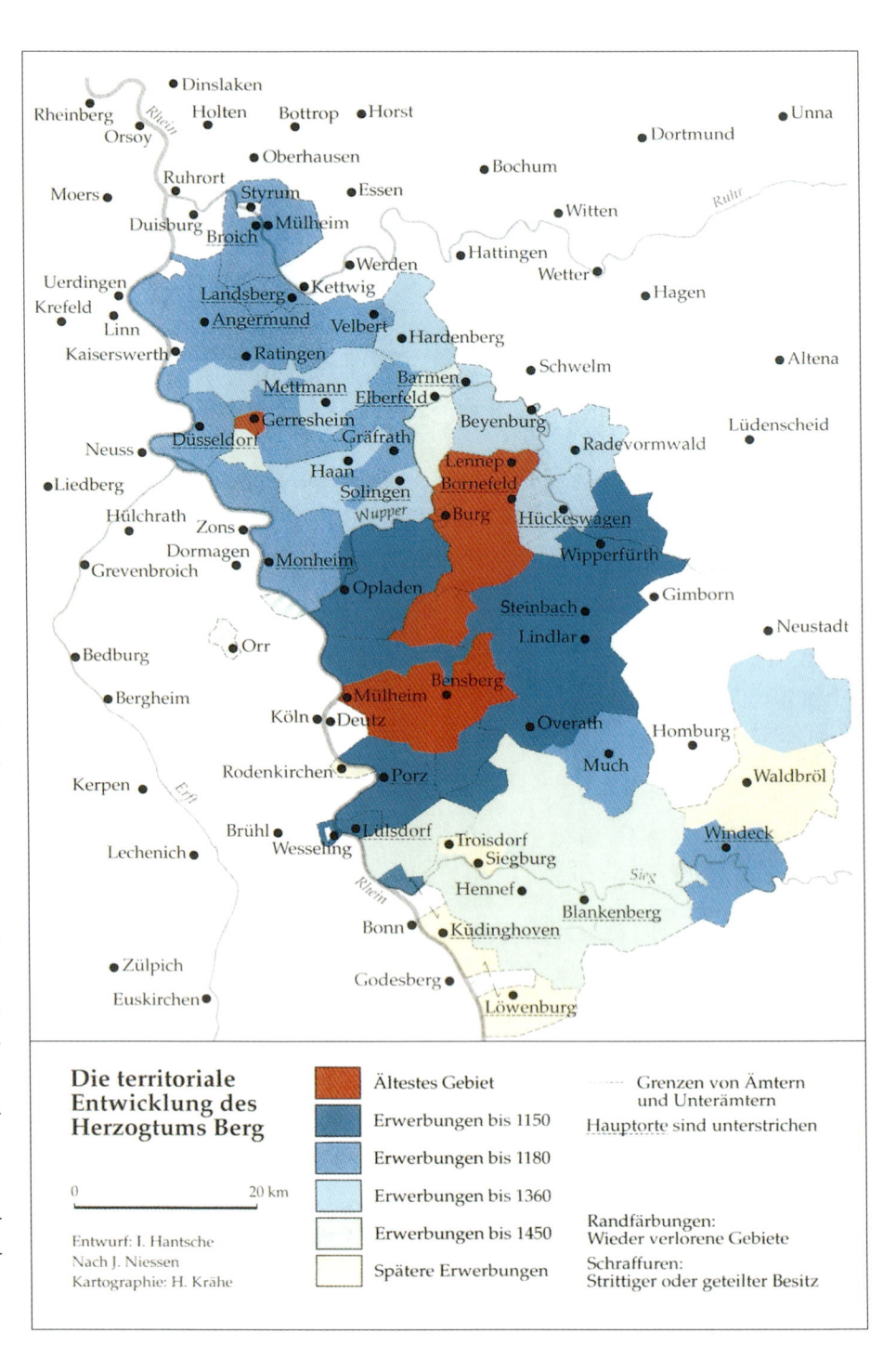

Das Amt Steinbach mit seinem Hauptort Lindlar gehörte mit zu den ältesten Amtsbezirken des Herzogtums Berg. Es wird 1363 erstmals erwähnt.

Burg Neuenberg

Unter den bergischen Landesburgen ist Burg Neuenberg diejenige, von der wir am spätesten hören, erscheint sie urkundlich doch erst im Jahr 1433. Damals ging Herzog Adolf von Jülich-Berg (1408 bis 1437) ein Schutzbündnis mit dem Landgrafen Ludwig von Hessen ein. Wie im Spätmittelalter bei derartigen Abkommen üblich, sicherten sich die beiden Vertragspartner gegenseitig zu, im Bedarfsfall grenznah gelegene Burgen zu öffnen, das heißt als militärische Operationsbasis zur Verfügung zu stellen.

So versprach Herzog Adolf, dem Landgrafen die *slosse* Windeck, Denklingen und Neuenberg *aufzutun*.

Heutzutage verstehen wir unter einem Schloss eine nachmittelalterliche Anlage, deren Wehrcharakter eindeutig hinter Repräsentation und Wohnkultur zurücktritt. In den Quellenzeugnissen des 14. und 15. Jahrhunderts umschreibt dieser Begriff jedoch entweder die befestigte Stadt oder – wie im vorliegenden Falle – die größere, meist landesherrliche Burg.

Sagenhafte Frühzeit

Über die näheren Umstände der Gründung von Burg Neuenberg ist nichts bekannt, umso größer ist die Zahl der Legenden, die sich um die Frühzeit der Feste ranken. In ihrer Mehrheit gehen sie auf das beginnende 19. Jahrhundert zurück, als man sich im Zeichen eines romantischen Geschichtsverständnisses mit wachsender Begeisterung den verwitternden mittelalterlichen Burgruinen zuwandte. Als die Bensberger Domänenkammer im Jahre 1823 die Trüm-

Wenig ist geblieben von der Burganlage Neuenberg oberhalb von Scheel. Von den Gebäuden ragt nur noch der ehemalige Torturm in die Höhe. Kurz bevor Lindlar zum Oberbergischen Kreis kam, genehmigte 1973 der Rheinisch-Bergische Kreis den Betrag von 21.000 DM zur Sicherung der Ruine.

In der ersten Hälfte des 18. Jahrhunderts fertigte der aus Spa gebürtige Renier Roidkin (1684–1741) eine Tuschzeichnung von dem zerstörten Amtshaus Neuenberg und der unterhalb gelegenen Wasserburg Eibach. Zu erkennen ist bei der Ruine noch das aufgehende Mauerwerk von Torturm und Palas.

mer des Baus mitsamt den umgebenden Gründen an den Schlossherrn von Gimborn, den Grafen Paul von Merveldt, zu veräußern gedachte, schritt das preußische Regierungspräsidium in Köln ein. Die Reste des Schlosses Neuenberg seien zwar *nichts als ein Steinhaufen*, gleichwohl handele es sich um *die erste Residenz der Grafen von Berg*. Die Transaktion wurde erst genehmigt, nachdem sich der Käufer zu Erhalt und Instandsetzung der Ruinen bereit erklärt hatte.

Ein Pionier der rheinischen Burgenkunde, der Freiherr Friedrich Everhard von Mering, beschrieb die baulichen Reste 1837 als ein *Denkmal aus der grauesten Vorzeit*, das den Grafen von Berg seit dem 12. Jahrhundert als Residenz gedient habe; Graf Engelbert I. von Berg habe es 1160 wiederhergestellt und hier, an seinem bevorzugten Aufenthaltsort, die Hochzeit mit Margaretha von Geldern gefeiert. Im selben Jahr 1837 veröffentlichte der Schlebuscher Notar und Literat Vincenz von Zuccalmaglio unter dem Pseudonym Montanus den ersten Band seines Werkes »Die Vorzeit der Länder Cleve-Mark, Jülich-Berg und Westphalen«, eine bunte Mischung von Fakten und Hypothesen, Volkssagen und selbst erfundenen Geschichten. Auch dem Neuenberg widmete er einige Zeilen, wobei er die schon bei von Mering anzutreffenden Mutmaßungen um den Hinweis ergänzte, Herzog Wilhelm I. von Berg (1380 bis 1408) sei im Jahre 1403 hier von seinem Sohn Adolf gefangen gehalten worden. Nichts von alledem ist richtig.

Die Annahmen der preußischen Beamten wie die der beiden Autoren beruhten auf der Verwechslung mit Schloss Burg an der Wupper, das bis zum Ausgang des 14. Jahrhunderts in den Schriftquellen unter dem Namen »Novum Castrum« beziehungsweise *Nuwerburch* (Neuenburg) erscheint – zwecks Unterscheidung von der 1133 aufgegebenen Stammburg (Alten-)Berg im Tal der Dhünn. Wenn schon die Vertreter der schreibenden Zunft zum Fabulieren neigten, so erzählte man sich unter den Einwohnern der umliegenden Höfe erst recht allerlei Sagenhaftes. Irgendwo im Burgbering, so ging das Gerücht, sollte ein Schatz vergraben sein. In einem Schriftwechsel mit dem Kölner Regierungspräsidium beklagte sich 1859 der damalige Besitzer der Ruine über die Schäden, welche durch nächtliche Schatzsuche entstanden waren.

Grenzfeste und Amtsburg

Die historische Wirklichkeit sieht leider weniger glanzvoll aus: Burg Neuenberg, als Grenzfeste erbaut und als Amtsburg genutzt, hat den bergischen Landesherren zu keinem Zeitpunkt als Residenz gedient. Und das Baudatum fällt keineswegs in die »grauste Vorzeit«, sondern dürfte vielmehr nicht allzu lange vor der Erstnennung von 1433 anzusetzen sein.

Betrachten wir zunächst die politischen Gegebenheiten: In eine Grenzlage ist der Raum um Lindlar, das spätere Amt Steinbach, erst im Jahre 1274 geraten, als die Grafen von Berg ihren märkischen Standesgenossen ihr gesamtes Erb- und Eigengut um Gummersbach verpfändeten. Auf dem Pfandbesitz gründeten die Märker 1301 eine befestigte Stadt, die Neustadt (das heutige Bergneustadt), ein deutliches Zeichen, dass sie ihre Erwerbung nicht mehr herauszugeben gedachten. Tatsächlich wurde das Pfand nicht wieder eingelöst. Dessen ungeachtet unterhielten die Grafen von Berg bis ins ausgehende 14. Jahrhundert gute Beziehungen zu den märkischen Nachbarn. So sah man auf bergischer Seite wohl zunächst keine Notwendigkeit, mit der Anlage einer eigenen Grenzfeste zu reagieren, zumal das mauerumwehrte Wipperfürth als östlicher Eckpfeiler des Bergischen Landes die Aufgabe der Grenzsicherung gegenüber der Grafschaft Mark wahrnahm.

Im Gefolge der Erhebung der Grafschaft Berg zum Herzogtum im Jahr 1380 kam es jedoch zu wachsenden Spannungen zwischen Berg und Mark, die sich schließlich in einem Krieg entluden. 1397 erlitten die Berger in der Schlacht bei Kleverhamm nordöstlich von Kleve eine vernichtende Niederlage. Für das Herzogtum Berg brachen nun turbulente Jahre an. Das gilt nicht zuletzt für das Amt Steinbach, von dem aus Jungherzog Adolf, der Sohn des am Niederrhein unterlegenen Herzogs Wilhelm I. von Berg, einen Kleinkrieg führte, um das in den Grenzgebieten zu Mark verlorene Terrain zurückzugewinnen. Sollte die Burg Neuenberg zu dieser Zeit bereits bestanden haben, wäre es doch sehr verwunderlich, dass sie in den Nachrichten über die Kampfhandlungen nicht erwähnt wird. Wipperfürth hingegen wurde im November 1405 von einem feindlichen – in diesem Fall kölnischen – Heer belagert und eingenommen, um bei der Rückeroberung durch bergische Truppen in Flammen aufzugehen. Es mögen die Erfahrungen aus dieser fehdereichen Zeit gewesen sein, die Adolf dazu bewogen, irgendwann nach seinem Regierungsantritt im Jahre 1408 die Errichtung einer Burg auf der 326 Meter aufragenden Höhe oberhalb von Scheel in Auftrag zu geben. Für die Jahre 1436 bis 1439 sind bauliche Erneuerungsarbeiten belegt. Die Burg schirmte einen der wichtigsten Zugänge aus dem märkischen ins bergische Gebiet ab: die »Frielingsdorfer Pforte«, die sich zwischen den Bergkegeln des Löhbergs und des Hohen Steins zu einem schmalen Durchlass verengt. Hier vereinigten sich der aus dem Sauerländischen kommende Fernweg Kassel-Köln, die »Heidenstraße«, und eine von Gimborn nach Altenberg und Düsseldorf führende Wegeverbindung.

Spärliche Reste im Buchenwald

Angesichts der noch immer sehenswerten, insgesamt aber doch spärlichen baulichen Reste im Dunkel des Hochwaldes, erfordert es einige Phantasie, sich das Aussehen der spätmittelalterlichen Anlage vorzustellen. Die meterdicke Ringmauer aus flach geschichteten Bruchsteinen, die ein unregelmäßiges Sechseck von etwa 55 Metern Länge und 40 Metern Breite umschloss, ist noch in einer Höhe von bis zu drei Metern erhalten. Umzogen wird das Terrain von einem bis zu zehn Meter tiefen und fünf Metern breiten Wallgraben, der mit beträchtlichem Aufwand in den Felsen hineingearbeitet wurde. Die Nordseite der Mauer wurde in der Mitte durch eine hufeisenförmige Bastion, an ihrer östlichen Ecke durch einen Rundturm von etwa fünf Metern Durchmesser gesichert. Diese Türme erlaubten wohl eine Kontrolle der am Fuße des Berges vorbeiführenden Heidenstraße.

Der Zugang zur Burg erfolgte im Nordwesten durch einen Torturm, von dem

Deutlich erkennbar ist der Aufbau der Ringmauer einer Burg: Sie besteht aus einem äußeren und einem inneren aus Bruchsteinen errichteten Schalenmauerwerk, während der Zwischenraum mit schlechtem Steinmaterial und Gussmauerwerk ausgefüllt ist.

heute noch eine Ecke aufrecht steht. Neben dem Torturm sind Rudimente eines Brunnens und eines kleineren Gebäudes zu erkennen. Ein weit größeres, trapezförmiges Bauwerk dürfte sich nach Ausweis von Grundmauerresten an die südliche Ringmauer angelehnt haben – wahrscheinlich der Palas, das Wohngebäude. Ansonsten sind im Innern keinerlei Spuren einer Bebauung mehr auszumachen. Insbesondere ein Bergfried konnte bisher, anders als es ein unlängst filmisch präsentiertes Rekonstruktionsmodell suggeriert, nicht nachgewiesen werden. Auf einem westlich der Umwehrung gelegenen Geländeplateau wird die Vorburg, der Wirtschaftsteil der Burg, vermutet. Als Kuriosum bleibt zu vermerken, dass man im Trass und Kalk des Mörtels den fehlenden Sand notdürftig durch Schlacken früher Hochöfen ersetzt hat, die bei der Eisenproduktion im Umland angefallen waren.

In ihrer Gesamtanlage wirkt die Burg Neuenberg recht altertümlich. Dementsprechend wurde gerade von kunsthistorischer Seite eine frühe Entstehungszeit (12. bis 13. Jahrhundert) postuliert. Allerdings muss man sich vor Augen halten, dass sich das Bergische Land über Jahrhunderte hinweg durch eine eher konservative Baugesinnung auszeichnete. Um nur ein Beispiel aus der nächsten Nachbarschaft zu nennen: Noch 1610, so dokumentieren es erhaltene Handwerkerrechnungen, entstand beim Ausbau des alten Rittersitzes Gimborn zum Schloss ein archaisch anmutender Turm, der bis in die jüngste Zeit als mittelalterliches Bauwerk eingestuft wurde.

Vor Ausbruch des Dreißigjährigen Krieges hielt Jordan von der Weye 1610 diese Ansicht der Burg Neuenberg im noch intakten Zustand fest.

Zweifellos war die Burg Neuenberg unter verteidigungstechnischen Gesichtspunkten aufgrund der rasch fortschreitenden Entwicklung von Feuerwaffen schon wenige Jahrzehnte nach ihrer Gründung überholt – ein Schicksal, das sie mit dem Gros der stolzen Höhenburgen teilte. Andererseits behielt sie selbstverständlich ihren Wert als Bollwerk gegen umherstreifende, leichter

Der vergrößerte Ausschnitt aus der Urkarte zeigt die Ruine Neuenberg noch mit geschlossener Ringmauer und Torturm. Auch die Bastion im Norden und der Brunnen sind eingezeichnet, während vom Palas 1832 nur noch ein Mauerzug vorhanden war.

bewaffnete Truppen wie auch als Ausgangsbasis für militärische Operationen. Von der Burgmannschaft begegnen allein die Türwärter häufiger in den Quellen, ein *Hannes, portzener van dem nowe berghe*, wurde zwischen 1534 und 1550 in die Lindlarer Bruderschaft aufgenommen.

Verwaltungszentrale und Domizil des Amtmannes

Mindestens ebenso wichtig wie die strategisch-militärische Rolle der Burg war ihre Funktion als Verwaltungszentrale für das Amt Steinbach. Bei Amtsantritt wurden die Steinbacher Amtleute dazu verpflichtet, auf der Feste Wohnung zu nehmen, deren Name folglich Eingang in ihre Titulatur fand; als Erster tritt 1438 Dietrich von Bourscheid als Amtmann *zo dem Nuwenberg und in der Vesten van Steinbach* auf. Freilich konnten sich die adligen Amtleute auf die Dauer nicht mit dem mangelnden Wohnkomfort hinter den Burgmauern anfreunden.

Im Jahre 1545 erhielt Wilhelm von Neuhof gen. Ley, der Spross einer einflussreichen, im bergisch-märkischen Grenzgebiet reich begüterten Familie, die Steinbacher Amtmannstelle. Zum Besitz dieses Geschlechts gehörte der 1352 erstmals genannte Hof Eibach am Fuß des Neuenbergs. Laut einem Mitte des 18. Jahrhunderts verfassten, durchaus glaubwürdigen Bericht soll besagter Wilhelm den Ausbau des Hofes zu einer standesgemäßen Wasserburg in die Wege geleitet und schließlich sein Domizil dorthin verlegt haben. Wilhelms gleichnamiger Sohn und Amtsnachfolger, der es bis zum Marschall von Berg brachte, wohnte ebenfalls in Eibach, wenn er sich um die Steinbacher Angelegenheiten zu kümmern hatte.

Auch die folgenden Amtleute aus anderen Familien dürften zumeist ihren eigenen Burgen und Schlössern den Vorzug gegeben haben. Die Burg Neuenberg blieb aber weiterhin Sitz der

Kellnerei und als solcher Sammelstelle und Aufbewahrungsort für grund- und gerichtsherrschaftliche Abgaben. Laut einer Nachricht von 1497 befand sich hier das Amtsgefängnis.

Entgegen den Behauptungen Vincenz von Zuccalmaglios ist die Burg im Verlauf des Dreißigjährigen Krieges zwar beschädigt, aber nicht völlig zerstört worden. Ihr damaliger Inhaber, Graf Johann Adolf von Schwarzenberg (1641 bis 1683), berichtete in einem Schreiben an den Landesherren, dass *Neuenbergh an verscheidenen Ortheren mercklich ruiniert und verwustet sei*. In den Jahren 1652 und 1653 ließ Johann Adolf umfangreiche Ausbesserungsarbeiten durchführen. Diese erstreckten sich auf die Reparatur von Mauern, Fenstern und Dächern sowie auf die Wiederherstellung von Scheunen und Ställen. Eine Fehlinvestition, denn schon 1654 wurde dem Schwarzenberger die Burg entzogen, und der bergische Amtmann Wilhelm von Wylich nahm sie wieder in Besitz.

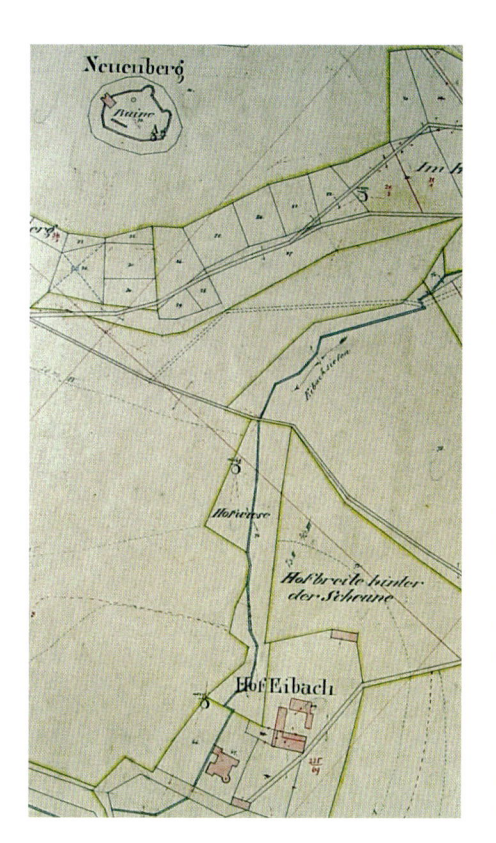

Das Ende der stolzen Feste

Die bergische Regierung in Düsseldorf hatte keine Verwendung mehr für das betagte Gemäuer, außerdem wünschten die Untertanen im näheren Umkreis wegen diverser Dienst- und Abgabeverpflichtungen den Abbruch. Es kam hinzu, dass sie die Besetzung durch fremde Kriegsvölker fürchteten. 1663 wurde dem Antrag der Ritterbürtigen und Eingesessenen des Steinbacher Distriktes stattgegeben, gegen Zahlung von 4.000 Reichstalern an die Staatskasse die Burg Neuenberg zu schleifen. Die alte Feste fiel somit nicht etwa der Kriegsfurie zum Opfer, sondern wurde mitten im Frieden niedergelegt; die Steine fanden als Baumaterial Verwendung. 1691 berichtete der Kellner des Amtes Steinbach, auf dem Burggelände gebe es *anitzo nichts dann einige alte Stück des Mauerwerks*. Zum neuen Verwaltungssitz des Amtes avancierte nun endgültig Lindlar. Hier stand damals bereits das Amts- oder Gerichtshaus (Hinterhaus des Gebäudes Hauptstraße 10), in dem die Verhandlungen des Lindlarer beziehungsweise Hohkeppeler Landgerichts abgehalten, Gerichtsakten aufbewahrt und Delinquenten eingesperrt wurden. Um die Mitte des 18. Jahrhunderts wurde ein Haus für den Schultheißen, heute Hauptstraße 12, und ein weiteres für den Kellner, heute Hauptstraße 20, errichtet, die zu den stattlichsten Gebäuden des Lindlarer Zentrums zählen.

Die Überreste der Burg Neuenberg befinden sich heute im Eigentum des Freiherrn von Fürstenberg zu Gimborn. Nach langen Jahren des Verfalls wurden sie 1973, kurz vor der kommunalen Neugliederung, bei der Lindlar zum Oberbergischen Kreis kam, unter der Ägide des Rheinisch-Bergischen Kreises gesichert und teilweise instand gesetzt; eine genauere archäologische Untersuchung ist leider unterblieben.

Ausschnitt aus der Urkarte der Gemeinde Breun, Flur 12 von 1832 mit den Ruinen der beiden Burgen Neuenberg und Eibach

FAZIT

Zusammenfassend lässt sich sagen, dass wir es in Steinbach so wenig mit einer zinnenbewehrten Burg zu tun haben wie im Falle von Neuenberg mit einem Wohnsitz der Grafen und späteren Herzöge von Berg. In Steinbach dürfte eher ein befestigter Einzelhof, der von einem Pächter bewirtschaftet wurde, gestanden haben, die Burg Neuenberg wiederum hatte zusätzlich zu ihrer Wehrfunktion eine andere, bedeutende Aufgabe. Neben den Residenzorten des Landesherrn als Kristallisationspunkten der Macht waren die Ämter die Basis der Herrschaft. Amtsgebäude wie die Burg Neuenberg dienten dabei als Instrument und sichtbares Zeichen landesherrlicher Gewalt.

Albrecht Brendler

*Am Fuße eines flachen Hügels steht dieser Baum als Relikt des kleinen Wäldchens,
das sich wohl im 19. Jh. auf der Parzelle des ehemaligen Blutgerichts bei Ommerborn befand.*

Das Galgenböschelchen

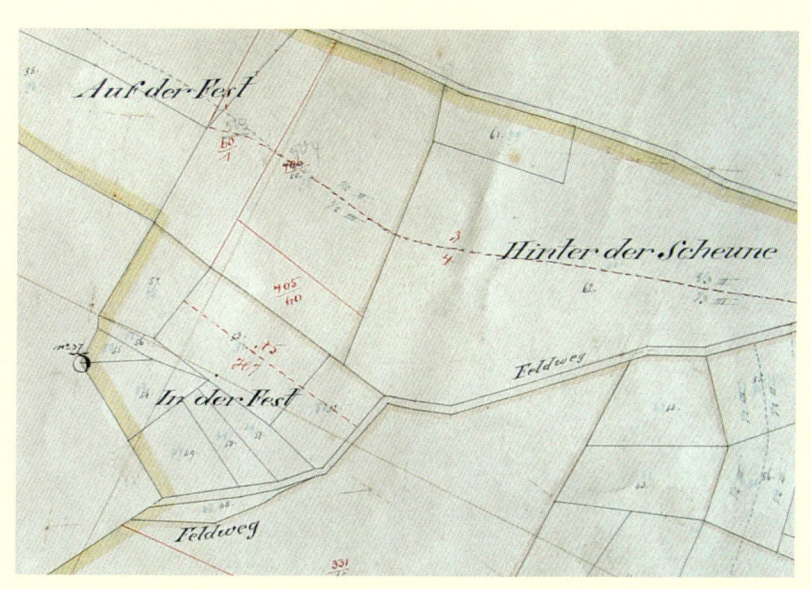

Urkarte der Gemeinde Breidenbach, Flur 6 von 1832 mit der Flurbezeichnung »In der Fest« für den vermuteten Richtplatz

In Obersteinbach zweigt ein alter Weg mit tiefer Fahrspur von der Straße ab und führt hinauf zum Kloster Ommerborn. Er verliert sich im sachte ansteigenden Gelände längs vorhandener Weideflächen nahe einer Kuppe. Auf deren halber Höhe steht ein einsamer Baum, daneben ein Fußfall, die Bank davor lädt zur Rast ein. Von hier aus schweift der Blick ins Tal des Kurtenbachsiefens, während jenseits des Hügels die Straße nach Peffekoven und weiter nach Jörgensmühle oder Wipperfürth verläuft.

Nicht immer war dieser Aussichtsplatz nur eine Kuhweide. Bis in die 30er Jahre des 20. Jahrhunderts erzählten sich die Menschen der umliegenden Höfe, dass dies ein verwunschener Ort sei, ein Galgenplatz, an dem Übeltäter gerichtet wurden.

Der Henker verscharrte sie vermutlich hier in ungeweihter Erde. Daher blieb die Parzelle verfemt, noch lange nach der letzten Exekution, die vielleicht um das Jahr 1800 geschah. So überdauerte das Gebüsch, im Volksmund Galgenböschelchen genannt, die Zeiten bis in das 20. Jahrhundert hinein, wurde später jedoch abgeholzt.

Es sind nur spärliche Angaben zu Hinrichtungen im Amt Steinbach mit seinem Hauptort Lindlar bekannt. Kein Schriftstück und kein Augenzeugenbericht gibt Kunde davon, wo der Henker die Vollstreckung der Todesurteile vollzog. Lediglich eine Karte von 1832 nennt den Namen der Flur dort oben bei Ommerborn: In der Fest.

Er deutet – wie die Lage auf dem höchsten Punkt in Sichtweite der Straße – auf einen Gerichtsort hin. Auch trennte lediglich eine Entfernung von fünf Kilometern den mutmaßliche Richtplatz vom Turmgefängnis in Lindlar.

Das Gefängnis des Amtes Steinbach befand sich seit dem 17. Jahrhundert in der Ortsmitte Lindlars, in Nähe des Marktplatzes, der vor dem Westturm der Kirche lag. Es ist bis heute im rückwärtigen Teil des Hauses Pfeifer in der Hauptstraße 10 mit seinen starken Mauern erhalten geblieben.

Wie viele Menschen in diesem Kerker zubrachten und von hier aus ihren letzten Weg antraten, ist nicht überliefert. Belegt ist nur für das Jahr 1701 die Fahrt eines Unglücklichen auf dem Schinderkarren, unter Beistand des Pfarrers, vorneweg mit dem Scharfrichter und eskortiert von Landschützen. Und so stellen wir uns den Wagen vor, wie er von einer alten Mähre gezogen den Weg entlang rumpelt auf des Delinquenten letzter Fahrt zum Galgenberg.

Gabriele Emrich

🇬🇧 Old borders – new borders

1570: A Landwehr between Duchy of Berg and the County of Mark was mentioned

Not far east of Lindlar there lay the borders of the Duchy of Berg and the County of Mark. Due to the departments of the two territories, the borders' importance began to grow. A sign for the growing importance of the border between the department of the Berg – Steinbach – and the Mark department Berg-Neustadt was the establishment of a Landwehr in the 14th century. Some remains can still be found near Horpe and Remshagen. The more the territories sealed off from each other, the more problems evolved at the borders. A striking example is the longtime conflict between Berg and Mark because of the Honschaft Remshagen. Originally part of the parish Lindlar, in 1630 Remshagen was merged to Mark department Gimborn-Neustadt. Not until 1st January 1975 and the local reorganisation Remshagen became part of Lindlar again.

🇫🇷 Anciennes frontières – Nouvelles frontières

1570: où l'on évoque une fortification entre le Duché de Berg et le Comté de la Marck sur le territoire de Lindlar

Depuis la fin de 13ème siècle les frontières entre le duché de Berg et le comté de la Marck passaient sur le territoire de Lindlar, à l'est du village. Les administrations qui agissaient respectivement sur les deux territoires seigneuriaux ont contribué à définir de plus en plus précisément les limites territoriales. Le signe visible de cette frontière entre les villes administratives de Steinbach (Berg) et de Berg-Neustadt (Marck) est la fortification érigée au 14ème siècle (dont les vestiges sont aujourd'hui encore présents), entre Horpe et Remshagen. Plus les territoires s'isolaient les uns des autres, plus les problèmes frontaliers étaient nombreux. Un exemple significatif est le vieux différend opposant les deux seigneuries quant à l'appartenance de Remshagen. A l'origine, ce village faisait partie de la paroisse de Lindlar mais fut annexé en 1630 au territoire impérial de Gimborn se trouvant alors sous le contrôle administratif de Neustadt- comté de la Marck. Ce n'est seulement que le 1er janvier 1975, grâce à une nouvelle restructuration des communes, que Remshagen retourna dans le giron de Lindlar.

🇭🇷 Stare granice – nove granice

1570.: Spominje se sukob vojvoda od Berga i grofovije Mark na području današnje općine Lindlar

Krajem 13. stoljeća graničile su istočno od Lindlara vojvodina Berg i grofovija Mark. Uprave koje su nastajale na tim područjima vladavine pridonijele su stvaranju jasnih teritorijalnih granica. Vidljivi znak granice između bergske uprave Steinbach i markske uprave Berg-Neustadt je bila obrambena linija utvrđena u 14. stoljeću, čiji ostaci još postoje kod Horpea i Remshagena. Kako su se teritoriji sve više približavali, sve je češće dolazilo do graničnih problema. Jasan primjer za to je dugogodišnja svađa između Berga i Marka oko Remshagena. Remshagen koji je izvorno pripadao crkvenoj župi Lindlara biva 1630. godine pridružen carskom posjedu Gimborn-Neustadt, koji je nastao iz plemićke uprave Neustadt. Tek je 1. siječnja 1975. g. Remshagen podjelom nove lokalne samouprave ponovno vraćen Lindlaru.

Kapitel 5

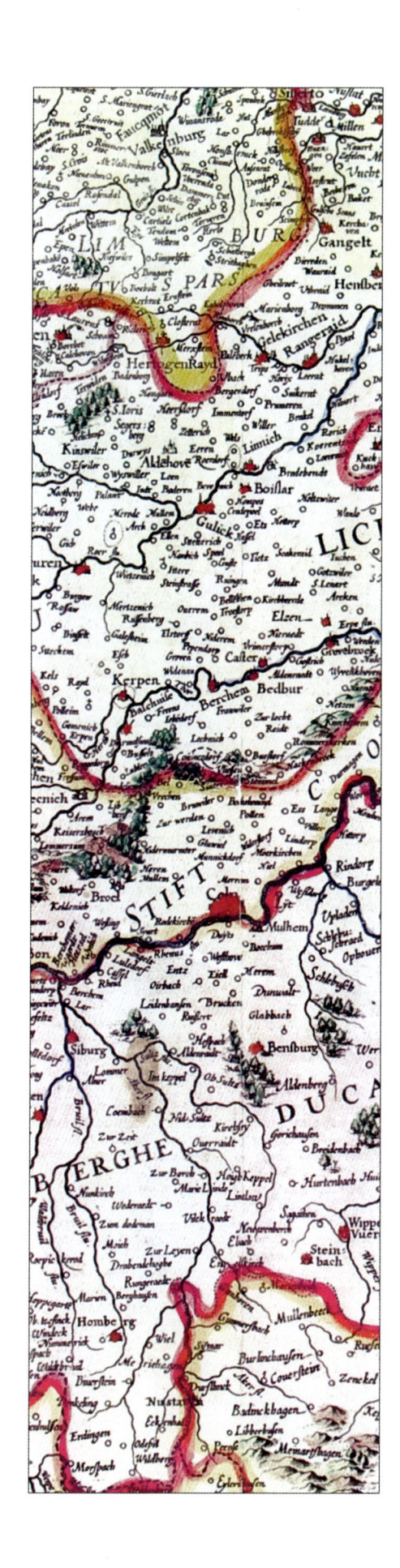

Alte Grenzen – neue Grenzen

Die spätmittelalterliche Landwehr in Horpe und Remshagen

Der Streit um Remshagen

Grenzen in unserer Zeit – die Kommunale Neugliederung 1975

1570

Eine Landwehr zwischen Berg und Mark im heutigen Gemeindegebiet wird erwähnt.

Alte Grenzen – neue Grenzen

Lineare Grenzen, wie wir sie heute als klar gezogene Trennlinien zwischen unterschiedlichen Hoheits- oder Verwaltungsbereichen kennen, sind ein vergleichsweise junges Phänomen. Ihre Ursprünge sind in der spätmittelalterlichen Territorialentwicklung zu suchen.

Unweit östlich von Lindlar stießen seit dem Ende des 13. Jahrhunderts die Grafschaft (ab 1380 Herzogtum) Berg und die Grafschaft Mark aneinander. Etwa um diese Zeit begann in beiden Herrschaftsgebieten die Untergliederung in Verwaltungseinheiten (Ämter), die sich weitgehend an die schon bestehenden Kirchspiele anlehnten. Gerade die Ämterbildung trug dazu bei, dass die territorialen Grenzen in den folgenden Jahrhunderten eine immer deutlichere Gestalt gewannen.

Sichtbares Zeichen der Grenze zwischen dem bergischen Amt Steinbach und dem märkischen Amt (Berg-)Neustadt war die wohl größtenteils im 14. Jahrhundert errichtete Landwehr. Reste dieser aus Erdwällen und dichten Gehölzstreifen bestehenden Verteidigungsanlage sind heute noch bei Horpe und Remshagen vorhanden. Eine starre Demarkationslinie bildete die Landwehr freilich nicht, da sie sich nur grob an der Grenze orientierte und häufig einige Kilometer weiter im Hinterland verlief.

Je mehr sich die Territorien gegeneinander abschlossen, desto häufiger rückten Grenzprobleme auf die Tagesordnung. Ein markantes Beispiel dafür ist der langjährige Streit zwischen Berg und Mark um die Honschaft Remshagen. Ursprünglich Teil des Kirchspiels Lindlar, wurde Remshagen in den 1630er Jahren der aus dem märkischen Amt Neustadt erwachsenen Reichsherrschaft Gimborn-Neustadt zugeschlagen. Mehr als drei Jahrhunderte später sollten die traditionellen Bindungen Remshagens an Lindlar dann wieder eine Rolle bei der Neuordnung unseres Raumes im Zuge der Gemeinde- und Gebietsreform spielen. In Nordrhein-

Westfalen gab es Anfang der 1960er Jahre noch 566 Gemeinden mit weniger als 500 Einwohnern. Weitere 451 Gemeinden hatten unter 1.000 Einwohner. Diese Kleinräumigkeit vergangener Jahrhunderte erwies sich als überholt. Landtag und Landesregierung beschlossen daher im Jahre 1965, überall im Lande nach und nach eine kommunale Neuordnung durchzuführen.

Auch die am 1. Januar 1975 in Kraft getretene »Kommunale Neugliederung« des gesamten links- und rechtsrheinischen Kölner Raumes aufgrund des vom Landtag in Düsseldorf am 5. November 1974 verabschiedeten »Köln-Gesetzes« hat im Rheinisch-Bergischen und im Oberbergischen Kreis dann vielerorts neue Grenzen entstehen lassen. Fast 2.000 kleinere Gemeinden verschwanden zwischen 1967 und 1977 von der Landkarte; von den ehemals 38 Kreisen blieben 23 übrig. Die heutige Gemeinde Lindlar gehörte zweifelsfrei zu den Gewinnern dieser Neugliederung. Sie wurde am 1. Januar 1975 über Nacht um eine Fläche von rund 20 Quadratkilometer größer, und die Einwohnerzahl stieg von gestern auf heute von etwa 13.000 auf circa 16.000 Einwohner.

Leider wurden in dieser Zeit hier und da auch bisher zusammenhängende religiöse Gemeinschaften sowie kleinteilige und historisch gewachsene kommunale Strukturen getrennt oder beseitigt. Dass dabei auch manch wertvolle kommunale Errungenschaft verloren ging, etwa das Wir-Gefühl und damit die Bereitschaft, sich für sein kleines überschaubares Dorf einzusetzen, nahm der Gesetzgeber billigend in Kauf.

Die kolorierte Landkarte aus dem Jahr 1610 »De Hertochdommen Gulick Cleve Berghe en de Graefschappen van der Marck en Ravensbergh« (Die Herzogtümer Jülich, Kleve, Berg und die Grafschaften Mark und Ravensberg) fertigte der Kartograph Gerritsz (1582–1652). Sie ist noch nicht wie moderne Karten nach Norden ausgerichtet, sondern nach Westen, das heißt, der obere Kartenrand zeigt in westliche Richtung.

Die spätmittelalterliche Landwehr in Horpe und Remshagen

Zwischen dem Lindlarer Ortsteil Weyer und dem Industrie-Gewerbepark Klause stößt man im dichten Fichtenhochwald auf zwei Erdwälle, die sich über gut 400 Meter, bis zu einem Steinbruch, verfolgen lassen. Ihre Breite beträgt etwas mehr als einen Meter an der Krone und fünf Meter an der Basis, an beiden Seiten sind ihnen Gräben vorgelagert. Südlich davon schließen sich links und rechts der Umgehungsstraße K 19 einige weitere Anlagen dieser Art an.

Diese auf den ersten Blick eher unauffälligen Bodendenkmäler zählen zu den interessantesten Geschichtszeugnissen der Gemeinde Lindlar. Es handelt sich um Überreste der Landwehr, eines mehrfach gestaffelten spätmittelalterlichen Verteidigungssystems, das die Randgebiete des Bergischen Landes gegen feindliche Überfälle schützen sollte.

Ein Schulrektor schreibt Geschichte

Die Rekonstruktion der einzelnen bergischen Landwehrzüge verdanken wir einem Heimatforscher: Der Remscheider Schulrektor Wilhelm Engels (1873 bis 1953) hat in den 1930er Jahren unermüdlich das bergisch-märkische Grenzland durchwandert, die überkommenen Relikte dieser Erdwerke erfasst und ihren genauen Verlauf ermittelt.

Bei Horpe weist die Straßenbezeichnung »Am Schlagbaum« und die vorhandene Wall-Graben-Anlage darauf hin, dass sich hier ein Durchlass durch die mittelalterliche Landwehr befand. Östlich Remshagen sind nur noch wenige Spuren der Landwehrlinie parallel zur Kreisstraße (K 19) im Wald zu finden.

Der Lindlarer Raum wurde von zwei fast parallel ausgerichteten Landwehrstrecken in Nord-Süd-Richtung durchquert. Die erste nahm ihren Anfang an der Bevertalsperre im Radevormwalder Ortsteil Stoote, erreichte das heutige Gemeindegebiet in Oberhabbach an der Lindlarer Sülz und verlief weiter über Oberbrochhagen, Holl, Klause und Weyer, um im Tal des Horpebachs zu enden. Eine zweite, vom Ibachtal bei Wipperfürth-Dahl kommende Linie begleitete die bergisch-märkische Grenze, ohne ihr überall konsequent zu folgen. Sie verließ bei Orbach das Tal der Sülz, zog über Oberlichtinghagen westlich an Neuenberg und Eibach vorbei, verharrte zwischen Dassiefen und Kuhlbach im Grund des Leppetals, führte in einem Bogen östlich um Remshagen herum und stieg schließlich über den Memichsiefen wieder zur Leppe hinab. Ähnlich wie in Horpe und Weyer, hat sich auch in Remshagen ein Teilstück erhalten, ein einzügiger, von zwei Gräben eingefasster Wall von bis zu 1,80 Metern Höhe und 4,50 Metern

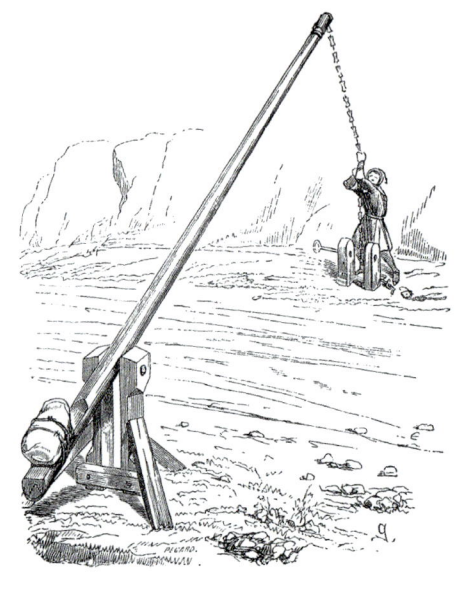

Ein mittelalterlicher Schlagbaum mit Gegengewicht, wie er sogar bis in das 19. Jh. hinein vorkommen konnte.

Breite; weitere Abschnitte sind leider 1982 dem Bau der Mülldeponie Leppe zum Opfer gefallen. Ergänzt wurden die beiden großen Linien durch einen kurzen Wall zwischen Frielingsdorf und Scheel, der zur zusätzlichen Absicherung eines der wichtigsten Einfallstore ins Bergische Land, der »Frielingsdorfer Pforte«, bestimmt war.

Es ist das Verdienst Wilhelm Engels', den Thesen von einem frühmittelalterlichen oder gar antiken Ursprung der bergischen Landwehren den Boden entzogen zu haben. Für seine Beweisführung spielte der Raum um Lindlar eine entscheidende Rolle. Hier hatte sich erst mit der Verpfändung des benachbarten, ehemals bergischen Bereichs um Gummersbach an die Grafen von der Mark im Jahre 1274 eine Grenzsituation ergeben, die sich im Verlauf des 14. Jahrhunderts allmählich stabilisierte und zur Errichtung der Landwehren zwischen Sülz und Leppe führte. Jüngst hat eine gründliche Untersuchung der in einem besonders guten Erhaltungszustand befindlichen Erdwälle um Radevormwald die von Engels vorgenommene zeitliche Einordnung bestätigt.

Eine lebende Hecke, »Gebück« oder »Landhecke«, deren dornenbewehrte Ableger in die Erde abgesenkt wurden, führte zu einem schwer zu durchdringenden Dickicht für Raubgesindel, Landstreicher und marodierende Soldaten.

Dornenhecken als Abwehrhindernis

Werfen wir nun einen Blick auf die Bauweise der Landwehren: Eine einheitliche Form zeigten sie nicht, wie schon aus den für das Lindlarer Umland angeführten Beispielen hervorgeht. Die Zahl sowohl der Wälle als auch der Gräben konnte variieren. Zwar überwogen Strecken mit einem Wall und zwei Gräben, an exponierten Abschnitten waren aber nicht selten mehrere Wälle hintereinander zu finden. Letztere waren in der Regel mit dem so genannten Gebück bepflanzt – einem schier undurchdringlichen Gewirr aus in Mannshöhe gekappten Hainbuchen und Dornensträuchern aus Brombeeren, Heckenrosen, Schwarz- und Weißdorn, das regelmäßiger Pflege bedurfte. In unwegsamen Waldgegenden sowie in sumpfigen Bach- und Flusstälern legte man nicht selten lediglich eine derartige Landhecke an und verzichtete auf das Aufwerfen eines Walles – so im Sülztal zwischen Leiberg und Orbach und im engen Kerbtal des Memichsiefens südlich von Remshagen.

Stellen, an denen Straßen die Landwehr kreuzten, wurden oft mit Schlagbäumen gesichert. Eine solche Sperre befand sich unter anderem dort, wo die Heidenstraße (Kassel–Marienheide–Köln) und der Fernweg Gimborn–Düsseldorf gemeinsam auf die an der »Frielingsdorfer Pforte« errichtete Wallanlage trafen. Ein weiterer Schlagbaum unterbrach im Zuge der Horper Landwehr den Weg von Remshagen nach Lindlar. Sobald Kriegswolken am Horizont aufzogen, wurden diese Vorrichtungen abends geschlossen; kam es zu offenen Feindseligkeiten, wurden die Durchgänge ganz versperrt und zusätzlich bewacht.

Raubgesindel und streifende Horden

Gewiss waren die Landwehren nicht imstande, größere Heere aufzuhalten; aber dazu waren sie ohnehin nicht gedacht. Sie sollten vielmehr streitlustigen Rittern sowie Plünderern und Viehräubern aller Couleur das Handwerk erschweren. Mochte es auch nicht immer gelingen, das Eindringen übelwollender Gesellen in das geschützte Gebiet zu verhindern, so konnte man ihnen doch, wenn sie beutebeladen heimzogen, an den Landwehrdurchlässen den Rückweg verlegen. *Raub und Brand*, so die

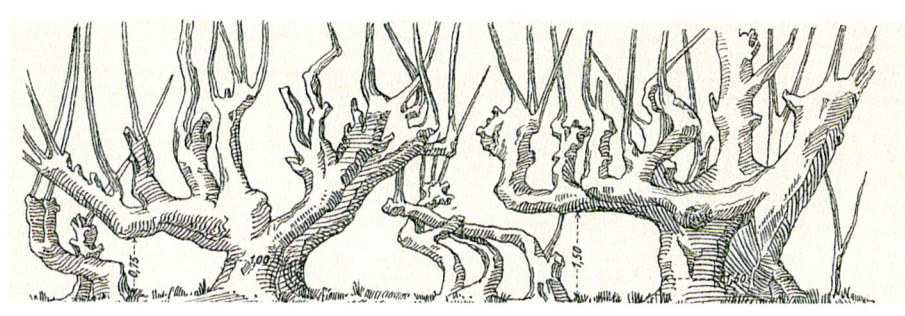

August von Cohausen stellte 1898 in seiner Abhandlung über die Befestigungsweisen in der Vorzeit und dem Mittelalter die Gebückanlagen im Rheingau zeichnerisch dar.

gängige Formel in den zeitgenössischen Quellen, waren Begleiterscheinungen des mittelalterlichen Fehderechts, das im römisch-deutschen Reich erst 1495 durch den unter Kaiser Maximilian I. verkündeten *Ewigen Landfrieden* abgeschafft wurde. Bis dahin galt die adelige Fehde, sofern bestimmte äußere Formen gewahrt blieben, als legitimes Mittel zur Durchsetzung von Rechtsansprüchen. Sie zielte im Regelfalle nicht darauf ab, den Gegner zu bestrafen oder gar zu vernichten, sondern vielmehr zum Einlenken und zur Anerkennung des eigenen Rechtsstandpunkts zu zwingen. Dies geschah vor allem mittels des *Schadentrachtens*, der Schädigung des Befehdeten durch Plünderungen, Zerstörungen und Menschenraub. Die Bestrebungen der Landesherren gingen zwar dahin, die Fehdepraxis einzudämmen und deren Folgen – nicht zuletzt durch den Bau von Landwehren – zu mildern, trotzdem hatte zuallererst die ländliche Bevölkerung unter den Territorialkonflikten zu leiden.

Landesherrlicher Holzeinschlag

Die Landwehren standen im Besitz des Landesherrn, sodass etwa die Einnahmen aus dem Holzeinschlag im Gebück der herzoglichen Kasse zuflossen. Ihre Anlage und Unterhaltung oblagen indes den Anwohnern, die vermutlich in den einzelnen Kirchspielen durch Glockenschlag zu den Schanzarbeiten mobilisiert wurden. Solange sie sich einen konkreten Nutzen davon versprachen, dürften die Untertanen ihren Landwehrdiensten nicht allzu widerstrebend nachgekommen sein. Als aber auf die fehdereiche Zeit des Spätmittelalters

Remshagens Lage war im 18. Jh. wiederholt Streitobjekt zwischen dem Herzogtum Berg und der Reichsherrschaft Gimborn-Neustadt. Der »Situations-Plan« von 1805, den der Geometer

im 16. Jahrhundert eine längere friedliche Phase folgte, versuchten sie, sich der lästigen Pflicht häufiger zu entziehen. Darauf deuten die zahlreichen damals ergangenen herzoglichen Gebote zur Wiederherrichtung der Landwehren hin. Selbst unter geänderten Rahmenbedingungen – längst bestimmten

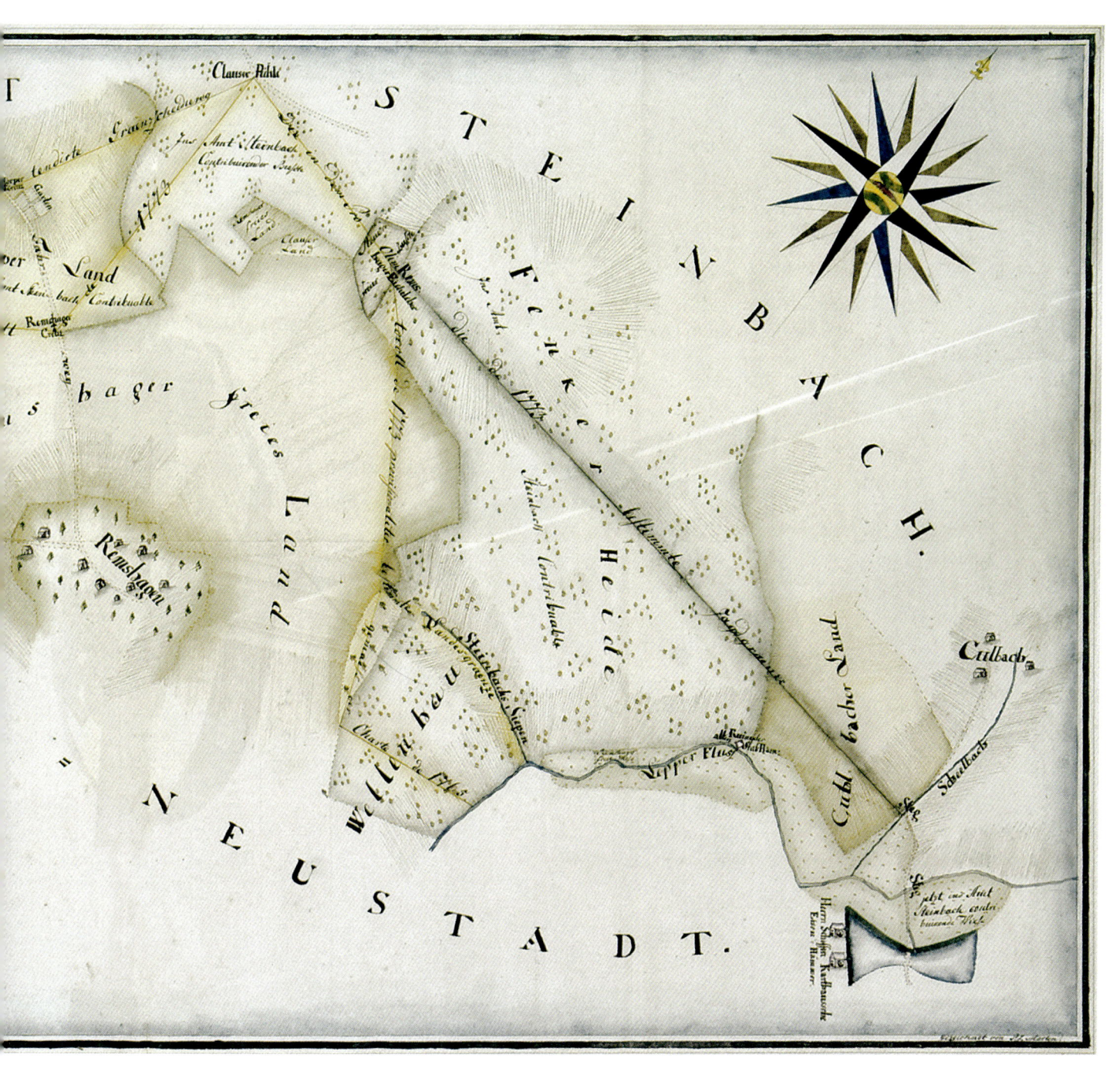

Peter Joseph Herten und der Landmesser Joh. Lob aufnahmen, berichtet von einem neu gesetzten Grenzstein und der Landesgrenze »hinter den Grünenwegen vom alten Scheidungsgraben, bis zum Cuhlbacher Steg, oder an die Scheelbach.«

große Söldnerheere das Bild – hielt die Düsseldorfer Regierung an den aus dem Mittelalter stammenden Anlagen fest.

Um die Wende des 18. Jahrhunderts begann dann aber ein beschleunigter Abbau der bergischen Landwehren. Den Schlussakkord setzte die preußische Regierung, die 1826 die Pachtstücke den Nutznießern gegen eine Ablösesumme als freies Eigentum übertrug.

Der Streit um Remshagen

Mochten die Landwehren auch häufig nahe der Grenze verlaufen, so fielen sie doch nur selten mit ihr zusammen. Eben weil sie die Grenzlinie nicht genau markierten, wurden sie bei unübersichtlichen Verhältnissen rasch zum Zankapfel zwischen benachbarten Territorien. So auch ein Abschnitt des Landwehrzugs Ibachtal–Leppe, die Remshagener Landwehr, die in einer zwischen dem bergischen Amt Steinbach und dem märkischen Amt (Berg-)Neustadt strittigen Zone lag.

Im Jahre 1570 berichtete der Steinbacher Amtmann Wilhelm von Waldenburg genannt Schenkern nach Düsseldorf, der Neustädter Vogt (Richter) habe das Holz auf der *Bergischen Landwehr* abhauen und unter bewaffnetem Schutz *in landesfriedensbrecherischer Weise* auf die Burg Neustadt bringen lassen. Die daraufhin durch den märkischen Amtmann Jakob von Neuhof zusammengerufenen Zeugen betonten demgegenüber, die Landwehr sei *von uralten Zeiten bis an die Höhe von Remshagen durch die neustädtischen Amtleute und Befehlshaber zu hauen und zu legen von alters her verwaltet.*

Wem gehört die Landwehr?

Die Auseinandersetzung um die Besitzrechte an der Landwehr war nur eine weitere Episode in einem langjährigen Grenzstreit, der sich um die Frage der kirchlichen und politischen Zuordnung des Remshagener Gebietes drehte. Betrachtet man das einschlägige Quellenmaterial, so kann kaum ein Zweifel daran bestehen, dass Remshagen ursprünglich zum Kirchspiel Lindlar und damit zum Amt Steinbach gehört hat. Im Kämmereiregister des Kölner Severinstifts von 1413 wird unter den zehntpflichtigen Höfen und Siedlungen der Großpfarre Lindlar das »Dorf« (villa) Remshagen aufgeführt. Als 1481 Herzog Wilhelm III. von Berg die Zehntstreitigkeiten zwischen Lindlar und Hohkeppel schlichtete, war auch von der Lindlarer Honschaft Remshagen die Rede. Zu dieser Honschaft – einer Selbstverwaltungseinheit unterhalb der Kirchspielsebene – gehörten laut einem jüngeren Verzeichnis neben Remshagen die Höfe Leppe, Fenke, Horpe und Rübach. Für eine Zugehörigkeit zu Berg spricht schließlich der Verlauf der Landwehr, die so um Remshagen herumgeführt wurde, dass der Ort auf der bergischen Seite verblieb.

Remshagen auf einer Ansichtskarte von 1926

Die »Freileute« von Remshagen

Einer vollständigen Integration in das bergische Territorium stand nun aber die Tatsache entgegen, dass es in Remshagen eine ganze Reihe von Freileuten gab, die in bestimmten Angelegenheiten der Gerichtsbarkeit des märkischen Freigrafen in Neustadt unterworfen waren, wohin sie zudem Geld- und Haferabgaben zu leisten hatten. Diese althergebrachten Bindungen erschwerten die seitens der Berger angestrebte Bildung eines einheitlichen Untertanenverbandes. An der doppelten Belastung der Freileute, die im 15. Jahrhundert zunehmend als bergische Untertanen zur Steuer veranlagt wurden, entzündete sich 1469 der Konflikt um Remshagen.

Eindrücke von Remshagen auf einer Ansichtskarte aus dem Jahr 1900

Als die *vrylude* (Freileute) in jenem Jahr die Zahlung der ihnen durch den Steinbacher Amtmann Wilhelm von Bellinghausen auferlegten Abgaben verweigerten, schritt dieser zur Pfändung, obwohl die Neustädter Amtsträger dagegen Einspruch erhoben hatten. Herzog Johann von Kleve-Mark reagierte mit einem geharnischten Protest. Tatsächlich wurde die Pfändung wieder rückgängig gemacht; ansonsten beharrten die Berger jedoch auf ihrem Rechtsstandpunkt. Die märkische Partei verschärfte jetzt den Tonfall und stellte offen die Zugehörigkeit von Remshagen zum Kirchspiel Lindlar in Frage. So behauptete man, das strittige Areal sei Bestandteil des 1274 von Berg an Mark verpfändeten Gummersbacher Distrikts gewesen.

Ein Konflikt wird beigelegt

Eine abschließende Regelung fand der schwelende Streit um Remshagen erst am 13. September 1631, als Pfalzgraf Wolfgang Wilhelm den Grafen Adam von Schwarzenberg mit den Höfen und Gütern *uffm Rembshagen* belehnte. Schwarzenberg hatte zuvor eine Herrschaft aufgebaut. Diese lag auf märkischem Territorium im Umkreis des Schlosses Gimborn und war mit dem früheren Amt Neustadt räumlich nahezu deckungsgleich. Die Erhebung zur freien Reichsherrschaft durch den Kaiser erfolgte 1636. Mit dem Lehensakt war die Abtrennung des Remshagener Gebiets von Berg besiegelt, denn die Vertragskonstruktion, dass das Lehen weiterhin den Grenzen des Herzogtums *incorporiert undt eingeschloßen* bleiben sollte, war rein theoretischer Natur. Faktisch blieb Remshagen von da an bis zur napoleonischen Zeit Teil der Reichsherrschaft Gimborn-Neustadt. Es gehörte ab der preußischen Ära zur Gemeinde Gimborn und fiel erst im Zuge der kommunalen Neugliederung zum 1. Januar 1975 an die Gemeinde Lindlar.

Grenzen in unserer Zeit – die Kommunale Neugliederung 1975

Die Grenzziehungen des Spätmittelalters sind nicht die einzigen, die das Verhältnis Lindlars zu seinen östlichen Nachbargemeinden bestimmten. Auch im 20. Jahrhundert wechselten politische und verwaltungsmäßige Zugehörigkeiten. Seit dem 1. Januar 1975 gehört die Gemeinde Lindlar nicht mehr zum Rheinisch-Bergischen, sondern zum Oberbergischen Kreis

Gemeinden werden aufgelöst

Am 14. März 1967 teilte der Oberkreisdirektor des Oberbergischen Kreises, Herr Dr. Goldenbogen, dem Lindlarer Gemeindedirektor, Herrn Richard Fabritius, in einem Gespräch mit, dass im Rahmen der bevorstehenden kommunalen Neugliederung eine Auflösung der Gemeinde Gimborn wohl nicht mehr zu vermeiden sei. Die zukünftige gemeindliche Zugehörigkeit der Leppeindustrie trat somit in den Mittelpunkt des Interesses von Rat und Verwaltung der Gemeinde Lindlar.

Die Edelstahlfirmen im Leppetal – die in Kaiserau teils zur Gemeinde Lindlar und teils zu Gimborn gehörten – trugen im erheblichen Umfange zum Gewerbesteueraufkommen beider Kommunen bei. Es war also für die Finanzkraft Lindlars von entscheidender Bedeutung, alle vier Betriebe, »Gebrüder Ahle«, »Christoph Höver«, »Schmidt und Clemens« sowie »Gebrüder Höver«, einzugemeinden.

Erste Anzeichen einer Neugliederung im Raume Lindlar gab es bereits 1966, obwohl diese tatsächlich erst am 1. Januar 1975 vollzogen wurde. Die bis 1975 im Osten des Rheinisch-Bergischen Kreises gelegene Gemeinde Lindlar hatte an ihrer Westgrenze Hohkeppel mit 2.300 Einwohnern als Nachbarn. Hohkeppel hatte zwar einen eigenen Gemeinderat, jedoch keine eigene Verwaltung. Das Dorf unterstand der so genannten Amtsverwaltung in Engelskirchen. Mangels größerer bzw. ertragsstarker Gewerbetriebe war die eigene Finanz- und Steuerkraft der Gemeinde schwach, die Siedlungsstruktur sehr weit gestreut und kleinteilig. Der historisch bedeutsame Ort Hohkeppel, der unstreitig als kultureller, gesellschaftlicher und religiöser Schwerpunkt galt, entwickelte sich baulich nicht weiter. Größere Bebauungspläne bestanden lediglich für Schmitzhöhe und Brombach. Nennenswerte gewerbliche Ansiedelungen gab es nur im Ortsteil Hommerich.

Dr. Friedrich Wilhelm Goldenbogen (1914–1982) stand dem Oberbergischen Kreis 1946–1979 vor. Er hatte maßgeblichen Einfluss darauf, dass Lindlar 1975 zum Oberbergischen Kreis kam.

Hohkeppel orientiert sich nach Westen

Die überwiegende Anzahl der Hohkeppler Ratsmitglieder hatte die geringe Chance auf Erhalt ihrer kommunalen Eigenständigkeit bereits in den späten 1960er Jahren schmerzlich erkannt. Das Gemeinwesen Hohkeppel, mit dem allseits anerkannten Bürgermeister Johann Breidenaßel, funktionierte zwar zwischenmenschlich und im Bereich der Zusammenarbeit von weltlichen

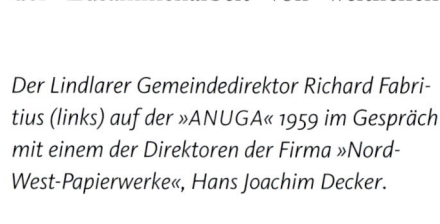

Der Lindlarer Gemeindedirektor Richard Fabritius (links) auf der »ANUGA« 1959 im Gespräch mit einem der Direktoren der Firma »Nord-West-Papierwerke«, Hans Joachim Decker.

Johann Breidenaßel (1901–1978) war 1945–1974 Bürgermeister der Gemeinde Hohkeppel. 1974 erhielt er die Ehrenbürgerwürde noch der alten Gemeinde Hohkeppel.

und kirchlichen Vereinen, wies jedoch eine finanziell sehr schwache Leistungsfähigkeit auf.

Eine Eingemeindung nach Lindlar, dem größeren kommunalen Nachbarn im Osten, wollten die Hohkeppler dennoch zunächst verhindern. Der Rat bevorzugte vorrangig ein Aufgehen der Gemeinde in der Stadt Bensberg und nur hilfsweise in Lindlar. Letztlich war dann die Zusammenlegung der Städte Bensberg und Bergisch Gladbach ein entscheidender Grund für das Einordnen größerer Teile des Ortes nach Lindlar. Dadurch reichte das Gemeindegebiet Lindlars von Schmitzhöhe-Kalkofen im Westen bis zur Leppe im Nordosten. Dieser kleine Fluss, der mittig durch die großen Edelstahlfirmen »Schmidt und Clemens« und die Firma »Gebrüder Höver« ging, stellte sowohl die kommunale Grenze zwischen Lindlar und Gimborn als auch die Kreisgrenze zwischen dem Oberbergischen und dem Rheinisch-Bergischen Kreis dar.

Ein Gespräch zwischen dem Chef der Firma »Schmidt und Clemens«, Christoph Schmidt-Krayer, und Gemeindedirektor Richard Fabritius im Februar 1967 erbrachte, dass dem Unternehmen bei einer eventuellen Auflösung der Gemeinde Gimborn die kommunale Zuordnung letztendlich gleich sei. Allein entscheidend sei, dass das Stahlwerk weiterhin zum Oberbergischen Kreis gehöre. Herr Fabritius wiederum brachte seinerseits zum Ausdruck, dass Lindlar die Firma »Schmidt und Clemens« in jedem Falle benötige, um seine Finanzkraft zu erhalten, denn es würde wahrscheinlich sehr bald die äußerst finanzschwache Gemeinde Hohkeppel aufnehmen und eingemeinden müssen.

Diese Vorstellungen des Gemeindedirektors Fabritius wurden vom gesamten Lindlarer Gemeinderat geteilt. Auch für Regierungspräsident Heidecke in Köln und Innenminister Weyer in Düsseldorf waren die Kopplung – Eingemeindung der Gemeinde Hohkeppel im Westen und der gesamten Leppetalindustrie im Osten – von Anfang an überzeugend und einsichtig.

Remshagen kehrt nach Lindlar zurück

Regierungspräsident Heidecke sprach sich zudem schon 1967 dafür aus, den an der Ostgrenze von Lindlar gelegenen Weiler Remshagen ebenfalls dorthin einzuordnen, weil die Bewohner in mehrfacher Hinsicht in Richtung Lindlar orientiert seien. Die Gemeinde war mit der Eingliederung des Weilers einverstanden, weil es schon über mehrere Jahrhunderte sehr viele schulische und kirchliche Beziehungen zwischen Lindlar und Remshagen gegeben hatte und schon immer gute verkehrsmäßige Verflechtungen bestanden. Remshagen gehörte im Übrigen wie Lindlar in früheren Jahrhunderten noch zum Herzogtum Berg.

Drei oberbergische Landtagsabgeordnete, Dr. Sohlbach (SPD), Dr. Waffenschmidt (CDU) und Herr Kienbaum (FDP), setzen sich für den Erhalt der Gemeinde Gimborn ein. Dazu sollten die gesamte Leppetal-Industrie, Brochhagen, Frielingsdorf, Scheel, Lichtinghagen, Fenke, Rübach, Eichholz und Burg zu Gimborn gehören. Diese Auffassung der Oberbergischen Landtagsabgeordneten fand sogar im Sonderausschuss der Gemeinde Lindlar für die »Kommunale Neugliederung« am 25. Februar 1969 in einer Besprechung im Rathaus Unterstützung durch Herrn Konstantin Habernickel aus Frielingsdorf. Laut seiner Aussage hätten sich Frielingsdorfer Einwohner sehr wohl einen Anschluss an die Gemeinde Gimborn und damit auch an den Oberbergischen Kreis vorstellen können. Er wiederholte damit einen schon 1947 erstmals von etlichen Frielingsdorfer Bürgern unterstützten Antrag der Firma »Schmidt und Clemens«, den der Oberbergische Kreistag am 14. Februar 1947 in einer Sitzung in Gummersbach behandelt hatte.

Lindlar muss sich entscheiden

Ein gleichzeitiger Verlust der Leppetalindustrie und des gesamten Pfarrbezirkes Frielingsdorf hätte zu einer doppelten Schwächung der Gemeinde Lindlar geführt. Dies konnten Rat und Verwaltung der Gemeinde Lindlar auf keinen Fall hinnehmen. Zur Beruhigung der Lindlarer Gemeindevertreter erklärte

Roggenernte um 1948 im ländlich geprägten Hohkeppel

Aufgrund neuer strategischer Überlegungen beim Kreis in Bergisch Gladbach besprachen die Gemeindedirektoren von Lindlar und Overath am 26. Februar 1973 erstmals eine Aufteilung der Gemeinde Hohkeppel (etwa zwei Drittel nach Lindlar und ein Drittel nach Overath).

Grenzen verschieben sich

Am 5. November 1974 beschloss sodann der Landtag:

- Das Leppetal (der Industriebereich mit den vier Firmen) soll insgesamt der Gemeinde Lindlar zugeschlagen werden.
- Die bisherige Gemeinde Hohkeppel – mit Ausnahme des westlichen Bereichs Brombach und Brombacher Berg – soll zu Lindlar kommen.
- Die derart neu strukturierte und vergrößerte Gemeinde Lindlar solle dann dem Oberbergischen Kreis eingegliedert werden.

die Bezirksregierung sehr schnell, dass weder der Regierungspräsident noch der Innenminister die Gemeinde Gimborn bei ihren Bestrebungen unterstützen würden. Anders als vom Regierungspräsidenten vorgesehen, wollte jedoch die Gemeinde Lindlar im Rheinisch-Bergischen Kreis verbleiben.

Den Kampf zwischen Gimborn und Lindlar um die Firmen im Leppetal und den Pfarrbezirk Frielingsdorf hat Lindlar letztlich gewonnen. Der Preis dafür bestand jedoch in einer Zuordnung der neu gegliederten Gemeinde Lindlar zum Oberbergischen Kreis. Hierfür waren vor allem die Forderungen der vier Stahlfirmen im Leppetal und das geschickte Agieren des Oberkreisdirektors des Oberbergischen Kreises entscheidend.

Bei einer von der Gemeinde Lindlar einberufenen Versammlung aller Lindlarer Firmenvertreter am 10. Dezember 1968 erklärten die meisten Gewerbetreibenden aus dem Raume Frielingsdorf, keine Schwierigkeiten mit der Angliederung der Gemeinde Lindlar an den Oberbergischen Kreis zu haben. Die übrigen Firmenvertreter aus den anderen Gemeindeteilen hatten hingegen keine Bedenken gegen einen Verbleib Lindlars beim Rheinisch-Bergischen Kreis.

Arbeiter der Gemeinde Hohkeppel, 1958

Das Industriegebiet der Gemeinde Hohkeppel in Hommerich auf einer Aufnahme von 1957. In der Bildmitte der Betrieb der »Milchwerke Köln–Wuppertal« (»Tuffi«), links das Gebäude der alten Molkerei Müller und im Bild rechts das Gelände der Firma »Quirrenbach Baustoffe GmbH & Co KG«.

Diese Zuordnung zum Oberbergischen Kreis wurde über viele Jahre und Jahrzehnte hinweg in Lindlar und Hohkeppel als emotionaler Tiefschlag empfunden. Die alteingesessenen Einwohner fühlten sich durch ihre Mentalität und ihre katholische Konfession sehr verschieden von den mehrheitlich protestantischen Oberbergern. Lindlars Bürgermeister, Josef Bosbach (1956–74), beschrieb die unterschiedlichen Lebensarten folgendermaßen: »Beim Reukaffee (dem gemeinsamen Kaffeetrinken nach einer Beerdigung) wird in Hohkeppel mehr gelacht als auf einer Karnevalsfeier in Gummersbach, soweit es dort solche Feiern überhaupt gibt.«

Aufgrund der seit Jahren zunehmend stärkeren Ausrichtung des Oberbergischen Kreises zur Rheinschiene, vor allem zur Großstadt Köln hin, sind derartige Vergleiche inzwischen überholt. Bei einer emotionslosen und sachlichen Betrachtungsweise hat sich aus kommunaler Sicht die Zugehörigkeit zum Oberbergischen Kreis für das Gemeinwesen Lindlar in vielfältiger Weise als günstig erwiesen: Es gehören alle Gewerbesteuer starken und Arbeitsplätze sichernden Leppetalfirmen zur Gemeinde Lindlar, die Kreisstraßen – etwa von Kuhlbach nach Lindlar oder von Lindlar nach Schmitzhöhe – wurden ausgebaut, und die Gemeinde erhielt mit der nördlich von Remshagen verlaufenden Kreisstraße eine direkte Anbindung an die Autobahn A 4. Mithilfe der Oberbergischen Aufbaugesellschaft konnte der Industriepark Klause durch den Autobahnanschluss deutlich besser ausgebaut werden. Seit 1975 wuchs die Einwohnerzahl in Lindlar von 16.000 auf gut 22.500. Damit einher ging eine erhebliche Steigerung der zuvor relativ schwachen eigenen Finanz- und Steuerkraft. Heute verfügt Lindlar über alle Schulformen mit vielen neuen Schulgebäuden und Sportstätten.

Im April 1977 übergab Dr. Orth von der »Oberbergischen Aufbau-GmbH« dem Lindlarer Gemeindedirektor Fabritius den fertigen 1. Bauabschnitt des Industriegeländes Klause.

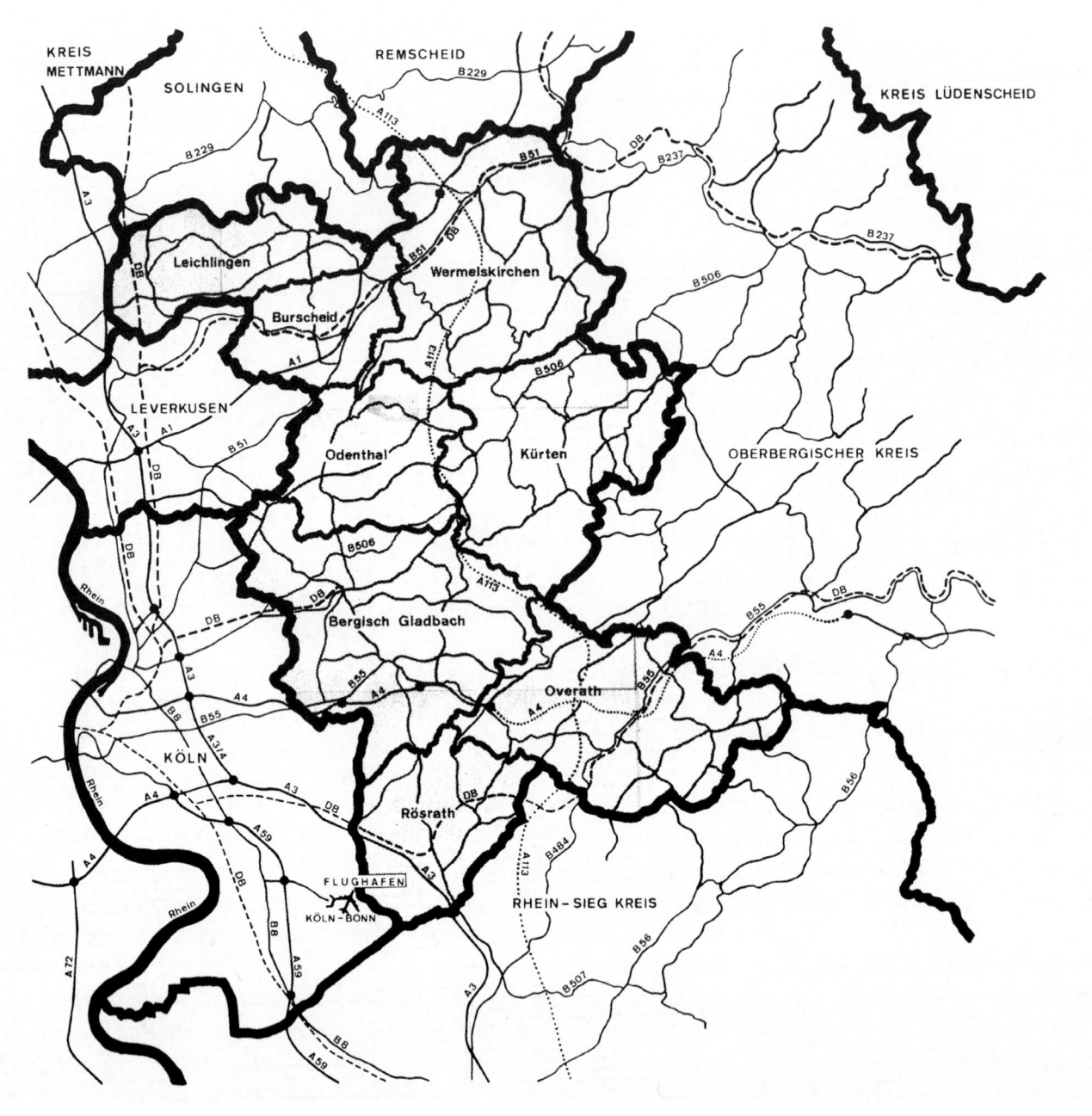

Karte oben: Im »Rheinisch-Bergischen Kalender 1975« wurde diese Karte des »Amtes für Planung und Raumordnung« veröffentlicht. Sie zeigt die Grenzveränderungen zwischen dem Rheinisch-Bergischen Kreis, dem aufgelösten Rhein-Wupper-Kreis und dem Oberbergischen Kreis durch das »Köln-Gesetz« vom 5. November 1974: Engelskirchen, Hohkeppel, Klüppelberg, Lindlar und Wipperfürth gehörten fortan zum Oberbergischen Kreis. Hohkeppel verlor dabei wie die oberbergische Gemeinde Gimborn seine Selbständigkeit, beide gehörten nun in großen Teilen zur Gemeinde Lindlar.

Aus dem ehemaligen Rhein-Wupper Kreis kamen ebenfalls die Städte Hückeswagen und Radevormwald. zum Oberbergischen Kreis. Neben den östlichen Gemeinden, die der Rheinisch-Bergische Kreis abgab, wurde auch sein westlichster Vorposten, die Stadt Porz mit ihren 90.000 Einwohnern, Köln zugeschlagen. Hingegen erweiterte er sich nach Norden um die Städte Burscheid, Leichlingen und Wermelskirchen.

Karte rechts: Diese Skizze aus dem Jahr 1968 zeigt den Rheinisch-Bergischen Kreis in seinen alten, bis Ende 1974 bestehenden Grenzen. Geplante Grenzkorrekturen und Gebietsveränderungen sind markiert.

Tatsächlich wurden die Gemeinde- und Stadtgrenzen dann sechs Jahre später wesentlich weit reichender verändert, als dieser Plan vermuten lässt: Zusätzlich erfolgte 1975 die Eingliederung der östlichen Orte Engelskirchen, Lindlar, Klüppelberg und Stadt Wipperfürth in den Oberbergischen Kreis.

ERLÄUTERUNGEN:

— Neue bzw. bestehenbleibende Gemeindegrenzen
••••••• Fortfallende Gemeindegrenzen
|||||||| Ins Gewicht fallende Gebietsänderungen
░░░░ Grenzkorrekturen

FAZIT:

Somit stellen sich die in diesem Kapitel thematisierten Grenzziehungen bei der »Kommunalen Neuordnung« anders dar als im Mittelalter, als sie keine festen Linien scharf voneinander getrennter Herrschaftsräume waren, sondern veränderliche Grenzsäume. Dadurch konnten – wie im Falle Remshagens – infolge unklarer Verläufe leicht Streitigkeiten entstehen.

Demgegenüber waren es 1975 die »Grenzen in den Köpfen«, die es zu überwinden galt. Für die Alt-Lindlarer entfallen und verwischen sie sich seitdem mehr und mehr; für Neuzugezogene dürften sie erst gar nicht bestanden haben. Bleibt zu hoffen, dass diese Trennlinien durch den Zusammenschluss von Oberberg und Rheinberg auch offiziell sehr bald ganz vergessen sind und nur noch historisch erwähnt werden müssen.

Albrecht Brendler und Konrad Heimes

🇬🇧 Black Death and war

1634: the Great Plague returned to the country and imperial forces seized Lindlar

Since the 14th century the Black Death swept across Europe and returned in nearly every generation. It reached Lindlar and the situation worsened in the Thirty Years' War. Already in 1626 marauding soldiers set fire to the church spire and in 1634 imperial forces seized Lindlar. One year later, Priest Curmann died of plague in Lindlar as well as Canon Steinrath three decades later. His tomb slab can be found in the hall of Lindlar's church spire. Due to the returning plague epidemics Lindlar's citizens erected three chapels at the Höhenstraße.

🇫🇷 Epidémies et guerre

1634: la peste se propage à travers le pays et les troupes impériales occupent Lindlar

A partir de la moitié du 14ème siècle, le fléau de la peste fit des ravages à intervalles réguliers en Europe parmi les populations et frappa aussi Lindlar où il fut particulièrement destructeur durant la guerre de Trente Ans. En 1626 des soldats en maraude mirent le feu au clocher de l'église. En 1634 les troupes impériales occupèrent encore une fois le territoire de Lindlar. Un an plus tard, le curé Curmann mourut victime de la peste, ainsi que trois décennies plus tard le chanoine Steinradt, dont la dalle funéraire se trouve dans l'entrée du clocher de l'église de Lindlar. Les épidémies consécutives ont incité la construction de trois chapelles de commémoration dans la Hohe Strasse.

🇭🇷 Kuga i rat

1634.: Kuga kruži regijom i carske trupe zauzimaju Lindlar

Nakon što je pošast kuge u Europi od sredine 14. stoljeća u pravilnim razmacima neprestano ugrožavala stanovništvo, ova je epidemija zahvatila i Lindlar, a posebno je jaka bila za vrijeme Tridesetogodišnjeg rata. Godine 1626. su u pljačkaškim pohodima vojnici zapalili crkveni toranj, a carske trupe su 1634. g. zauzele lindlarsko područje. Godinu dana kasnije umire od kuge pastor Curmann u Lindlaru, a tri desetljeća kasnije i kanonik Steinradt čija se nadgrobna ploča nalazi u lindlarskoj crkvi. Za vrijeme trajanja zaraze sagrađene su tri kapele u ulici Höhenstraße.

Kapitel 6

Pestilenz und Krieg

Die Pest erreicht Lindlar

Fromme Stiftungen in bewegter Zeit

Ein uraltes Gasthaus auf der Höhe

Der Große Krieg

1634

Die Pest zieht immer wieder durch das Land und kaiserliche Truppen besetzen Lindlar.

Pestilenz und Krieg

Die Geißel der Pest (lat. pestis = Seuche) suchte die Menschen in Europa seit der Mitte des 14. Jahrhunderts in regelmäßigen Abständen immer wieder heim. Allerdings war nicht jede ansteckende Pestilenz, welche die Chronisten verzeichneten, tatsächlich auf die Pest zurückzuführen. Andere schwere Infektionskrankheiten wie Typhus, Ruhr oder Fleckfieber konnten sich gleichfalls hinter diesem Begriff verbergen.

Neben Seuchen waren es Kriege – und nicht nur der *Teutsche oder Dreyßigjährige Krieg* –, welche die Menschen an der Wende vom 16. zum 17. Jahrhundert bedrängten. Im Jahr 1582 beabsichtigte der Kölner Erzbischof, Gebhard Truchseß von Waldburg, das evangelische Stiftsfräulein Agnes von Mansfeld zu ehelichen und zum Protestantismus überzutreten. Ein Jahr später kam es deshalb zum »Kölner« oder »Truchsessischen Krieg«, der bis 1589 dauerte. Das Bergische Land war in diesen Auseinandersetzungen Durchmarschgebiet zwischen den rheinischen und westfälischen Besitzungen Kurkölns. Die Spanier, die gegen Erzbischof Gebhard kämpften, hielten sich 1585 in einigen bergischen Ämtern und der Herrschaft Homburg auf, 1589 plünderten sie Waldbröl.

Zu den Gefechten des Kölner Krieges kam der spanisch-niederländische Krieg hinzu. Die reformierten Niederlande gehörten zum katholischen Spanien, das von einer Linie der Habsburger regiert wurde. Der achtzigjähriger Unabhängigkeitskampf der Niederländer führte ab 1585 immer wieder zu schweren Kämpfen auf der linken Rheinseite, die auch auf rechtsrheinisches Gebiet übergriffen.

Seit langer Zeit also war das gesamte Rheinland von Kriegslärm und Durchmärschen erfüllt, als 1609 der letzte jülich-klevische Herzog Johann Wilhelm kinderlos verstarb. Als Erben in weiblicher Linie konnten sich der Pfalzgraf Wolfgang Wilhelm von Neuburg an der Donau und der brandenburgische Kurfürst Johann Sigismund aus dem Hause Hohenzollern durchsetzen.

Der Vertrag von Xanten teilte 1614 die niederrheinischen Herzogtümer vorläu-

Kupferstiche des Kölner Erzbischofs Gebhard Truchseß von Waldburg (geb. 1547) und der Agnes von Mansfeld (1551 bis 1637). Er trat 1582 zum Protestantismus über und ehelichte die Stiftsdame des Kanonissenstifts Gerresheim ein Jahr später. Damit löste er den »Kölner Krieg« aus und starb 1601 als protestantischer Domdechant in Straßburg.

fig bei formeller Oberhoheit beider Fürsten auf: Jülich-Berg sollte vom Haus Pfalz-Neuburg, die Territorien Kleve, Mark, Ravensberg und Ravenstein hingegen vom Hause Hohenzollern regiert werden. Kurz zuvor waren der lutherische Kurfürst Johann Sigismund und der ebenfalls lutherische Pfalzgraf Wolfgang Wilhelm konvertiert. Der Brandenburger trat zum reformierten Bekenntnis über, der Pfalz-Neuburger zum Katholizismus. Vier Jahre nach dem Xantener Vertrag begann 1618 in Böhmen der Dreißigjährige Krieg.

links: Arzt in Pestschutzkleidung: Eine mit Kräutern gefüllte Schnabelmaske, ein langer Mantel und Handschuhe sowie Brillengläser sollten vor Ansteckung bewahren, mit dem langen Stab berührte und untersuchte er die Kranken. Colorierter Kupferstich, um 1720

unten: Die kriegerischen Ereignisse auf der linken Rheinseite bestimmten ab den 1580er Jahren auch das Leben der Menschen im Bergischen Land. Truppendurchzüge, Einquartierungen und Plünderungen setzen sich später im Dreißigjährigen Krieg fort. Abzug der spanischen Truppen aus Holland 1632. Kupferstich von Jan de Jonge, um 1632

Die Pest erreicht Lindlar

In der Turmhalle der Lindlarer Kirche fällt eine Grabplatte aus Schiefer in den Blick, die in früheren Jahrhunderten eine Gruft im Kirchenschiff überdeckte. Der Stein zeigt mehrere Wappenreihen und hält die Erinnerung an Mitglieder der Familie von Steinradt oder Steinrath von der Burg Oberheiligenhoven wach. Im oberen Drittel lässt sich der Name STEINRADT entziffern, ebenso QUI FUGIT HIC und PESTEM MORTE. Entschlüsseln wir den gesamten lateinischen Text, so stellen wir fest, dass ein Angehöriger jener Familie, Adam Adolf von Steinrath, Kanonikus an Sankt Andreas in Köln, vor der Pest floh und ihr in Lindlar trotzdem erlag. Dies geschah im Jahr 1666.

Die Ursache der Krankheit – zuerst die Ansteckung durch die mit dem Pestfloh infizierte Hausratte – war bis zum Ende des 19. Jahrhunderts unbekannt. Man vermutete jedoch schon im Mittelalter einerseits Schmutz und Unrat als Krankheitsquelle, andererseits aber auch so genannte »Miasmen«, das heißt in der Luft schwebende Ausdünstungen. Zwei Formen der Pest sind bekannt: die Lungen- und die Beulenpest. Letztere Krankheitsform führt zum Auftreten starker Lymphdrüsenschwellungen (Pestbeulen), insbesondere in der Leistengegend. Im Verlauf der Erkrankung färbt sich die Haut blau-schwarz; was im Mittelalter zu der Bezeichnung »Schwarzer Tod« führte.

Geißel der Menschen

Die 1665 in Köln aufgetretene Pestepidemie, in deren Verlauf der Kanoniker Steinradt die Stadt verließ, breitete sich rasch aus. Als erste Vorsichtsmaßnahme vertrieb man die Schweineherden aus den Straßen der Stadt. Die Stadtbediensteten beseitigten zudem die vielen Misthaufen, schlossen die Badestuben und untersagten den Handel mit Altkleidern. Der Handelsverkehr erlahmte, und die Stadttore wurden besonders bewacht. Die Häuser der Infizierten kennzeichneten die Totengräber mit Pestkreuzen, die Wohnungen bereits Verstorbener wurden mit Wacholder ausgeräuchert und gekälkt. Den vermeintlichen Zorn Gottes, der sich in der Seuche zu äußern schien, versuchten die Gläubigen durch Gebet zu besänftigen, indem sie die beiden Pestheiligen Sebastianus und Rochus anriefen.

Grabplatte der Familie Steinrath oder Steinrad aus Schiefer im Turm der Lindlarer Kirche, 17. Jh.

Schon die Griechen gingen davon aus, dass schlechte Dünste und Verunreinigungen (Miasmen) zur Krankheitsverbreitung beitrügen. Die reinigende Kraft des Feuers sollte die Pest vertreiben. Diese Lehre hatte in der Medizin Bestand bis zum Ende des 18. Jh. Titelkupfer der Gesammelten Werke des Hippokrates, Venedig 1588.

Ein Hort der Zuflucht

Verzweifelte, die wie Adam Adolf von Steinrath in Panik aufs Land flohen, gaben die Krankheit weiter. Die örtliche Volksüberlieferung im Raume Lindlar und Hohkeppel berichtet vom Aussterben vieler Höfe durch die Seuche während des Dreißigjährigen Krieges und ebenfalls zwischen 1665 und 1679. Genaues ist allerdings nicht überliefert.

Nachweislich raffte die Pest den Lindlarer Pastor Curmann rund drei Jahrzehnte vor dem Kanoniker Steinradt hinweg. Curmann starb 1635 infolge einer der schwersten Krankheitswellen, welche nicht nur das Bergische Land, sondern nach 1630 weite Teile Mitteleuropas erfasste. Ansonsten liegen spärliche Angaben über das Wüten der Pest in unserer ländlichen Region vor. Trotzdem dürfen Krankheitsfälle auf dem dünn besiedelten Lande – wie etwa in Lindlar – prozentual nicht niedriger angesetzt werden als in den Städten. Eine höhere Dichte an infizierten Ratten aufgrund von Kornspeichern und Getreidevorräten dürfte dazu beigetragen haben.

Krisen und Leidenszeiten regten dazu an, Stiftungen für das eigene Seelenheil oder das der Angehörigen zu begründen. Dem heiligen Sebastianus mit seinen Attributen, den Pfeilen seines ersten Martyriums, wurden Kapellen und Altäre gewidmet. Geweihte Nachbildungen der Sebastianspfeile trugen die Frommen gegen die Pest als »anfliegende« Krankheit. Der zweite Heilige war Rochus von Montpellier (1295 bis 1327), der – so die Legende – auf seiner Pilgerfahrt nach Rom Pestkranke umsorgte und heilte. Selbst an der Pest erkrankt, wurde er von einem Hund mit Brot gestärkt und von einem Engel gesund gepflegt.

Sandsteinrelief des heiligen Rochus mit Pestbeule und Hund über dem Eingangsportal der Kapelle in Schmitzhöhe, um 1700

»Der Triumph des Todes« heißt diese Giovanni di Paolo di Grazia (1403–1482) zugeschriebene Miniatur aus der Bibliotheca Communale in Siena. Der Künstler stellt die Pest als Ungeheuer dar, das Pfeile abschießt.

Fromme Stiftungen in bewegter Zeit

Schmitzhöhe, Waldbruch und Kemmerich: Wie aufgereiht auf einer Schnur liegen die drei Gotteshäuser an der alten Höhenstraße nach Lindlar, die deshalb auch die Kapellenstraße genannt wird. Die drei Gebetsstätten sollen nach Erzählungen in der Heimatgeschichte mit den Schreckenszeiten der Pest in Verbindung zu bringen sein.

Innenansicht St. Rochus-Kapelle in Schmitzhöhe

Als erste Kapelle auf der Straße aus dem Sülztal hinauf in Richtung Lindlar liegt rechter Hand diejenige in Schmitzhöhe. Ein Bethaus soll nach einem Bericht des Hohkeppler Pfarrers bereits 1646 erbaut und den Seuchenheiligen Rochus und Sebastianus geweiht worden sein. Das heutige Gebäude ist indessen nicht dasjenige aus dem 17. Jahrhundert. Dieses befand sich bis zu seinem Abbruch im Jahr 1923 auf der gegenüberliegenden Seite der Straße, am alten Weg nach Georghausen und am »Berghauser Kirchweg« auf der Parzelle »An der Rochuskapelle«. Erst am 20. Januar 1926, dem Fest des heiligen Sebastianus, wurde die heute vorhandene neue Gebetsstätte ihrer Bestimmung übergeben.

Die Entstehungszeit der nächsten so genannten Pestkapelle in Waldbruch mit ihrem Erweiterungsbau von 1913 liegt im Dunkeln. Edmund Renard, der im Jahr 1900 für »Die Kunstdenkmäler der Rheinprovinz« den damaligen Kreis Wipperfürth beschrieb, hielt die kleine Kirche noch für rund hundert Jahre älter als Kunsthistoriker späterer Jahrzehnte; er datierte sie zusammen mit der Holzfigur des Antonius über dem Altar ins 16. Jahrhundert. Renard erwähnte auch eine heute nicht mehr vorhandene Glocke der Seuchenzeit mit der Prägung AN[N]O 1668. Sie trug zudem eine Stiftungsinschrift des Freiherrn von Waldenburg gen. Schenkern zu Heiligenhoven, zu dessen Besitz die Kapelle gehörte. Im Jahr 2006 feierte

Holzfigur des heiligen Antonius Eremita mit T-Kreuz und Buch über dem Altar der Kapelle in Waldbruch, 16. Jh.

Inneres der Kapelle in Waldbruch mit Altar und Nischenfigur des hl. Antonius Eremita

die Gemeinde mit einer Festmesse die Sanierung und Renovierung des Gotteshauses.

Pest und »Heiliges Feuer«

Die Erbauer vermutlich des 16. Jahrhunderts weihten das Kapellchen in Waldbruch dem heiligen Antonius Eremita oder Antonius Abbas (251 bis 356 n. Chr.). Seine Darstellung erfolgte wie häufig mit einem T-förmigen Kreuz, auch Antoniuskreuz genannt. Der Kreuzstab diente dem Heiligen und den Angehörigen des Antoniter-Ordens als Krücke oder – wie die Legende besagt – zur Heilung Pestkranker. Die Antoniter pflegten seit dem 11. Jahrhundert zunächst in Frankreich kranke Pilger im Andenken an den heiligen Antonius. Auch in Köln gab es eine solche Mönchsgemeinschaft; ihre ehemalige Kirche befindet sich noch heute in der Schildergasse. Antonius Eremita wurde durch die karitative Tätigkeit des nach ihm benannten Ordens auch als Heiler vom »Heiligen Feuer« oder »Antoniusfeuer« angesehen. Außerdem half er gegen Erkrankungen des Viehs.

Beim »Antoniusfeuer« handelte es sich um eine schwere Vergiftung, die in feuchten und kühlen Notjahren durch den Mutterkornpilz verursacht wurde, der sich am Roggengetreide bilden kann. Die Erkrankung führt zu massiven Verstümmelungen der Gliedmaßen und zu Krampfanfällen bis hin zum Tode. Somit können wir heute nicht mehr sagen, gegen welches Übel – Antoniusfeuer, Pest oder Viehseuche – der Heilige in Waldbruch in erster Linie helfen sollte.

St. Rochus-Kapelle in Kemmerich

Ein besonderer Brauch ist in Waldbruch seit langer Zeit lebendig: Am Namenstag des Heiligen (17. Januar) wird Brot an die Armen verteilt. Das so genannte »Antoniusbrot« ist jedoch allgemein dem Wirken des heiligen Antonius von Padua (1195 bis 1231) zuzuordnen.

Es sind also genau genommen zwei Heilige mit Namen Antonius, deren in dieser Kapelle gedacht wird.

Die letzte Pestkapelle an der Straße nach Lindlar ist das 1668 in Kemmerich dem heiligen Rochus geweihte »Lobbenhäuschen«, benannt nach seinem Stifter, Peter Lob. Eine Baumaßnahme führte 1876 zur Verlängerung des Langhauses, 1907 errichtete die Gemeinde sodann die Sakristei. Das Häuschen besitzt eine Heiligenfigur aus Holz des 17. Jahrhunderts und eine Nischenfigur aus Sandstein über dem Eingangsportal.

Der Lindlarer Kapellenkranz:

Das Kirchdorf Lindlar wird von acht Kapellen umgeben:

1. Sankt Antonius in Waldbruch, errichtet im 16. oder frühen 17. Jh., mehrere Stiftungen für die Armen ab 1628, Instandsetzung 2006

2. Sankt Rochus in Kemmerich, 1668 gestiftet von Peter Lob, Instandsetzung 2008

3. Unserer Lieben Frau (Frauenhäuschen) in Falkenhof, erscheint 1490 erstmals in Kirchenrechnungen, gehörte zur Burg Mittelheiligenhoven

4. Sankt Lucia in Klause mit den Nebenpatronen Maternus, Agatha und Wendelinus, erste Nachrichten von 1490, Bauwerk vermutlich aus dem 15. Jh., 1834 teilweise abgebrochen

5. Ökumenische Schöpfungskapelle in Remshagen, von 2000 bis 2002 von der Dorfgemeinschaft Remshagen nach einer Idee des Lindlarer Pfarrers Josef Rottländer erbaut, Innengestaltung durch die in Lindlar lebende Künstlerin Christiane Tyrell

6. Sankt Marien in Burg, erbaut 1954 durch Otto und Maria Heller aufgrund eines Testaments der Maria Wurtscheid zu Burg, errichtet an Stelle eines Wegekreuzes von 1756

7. Sankt Johannis in Oberheiligenhoven, vor 1658 entstanden

8. Dreifaltigkeitskapelle in Unterheiligenhoven aus dem 17. Jh., genannt 1705 im *liber pastoralis*, Instandsetzung 1720

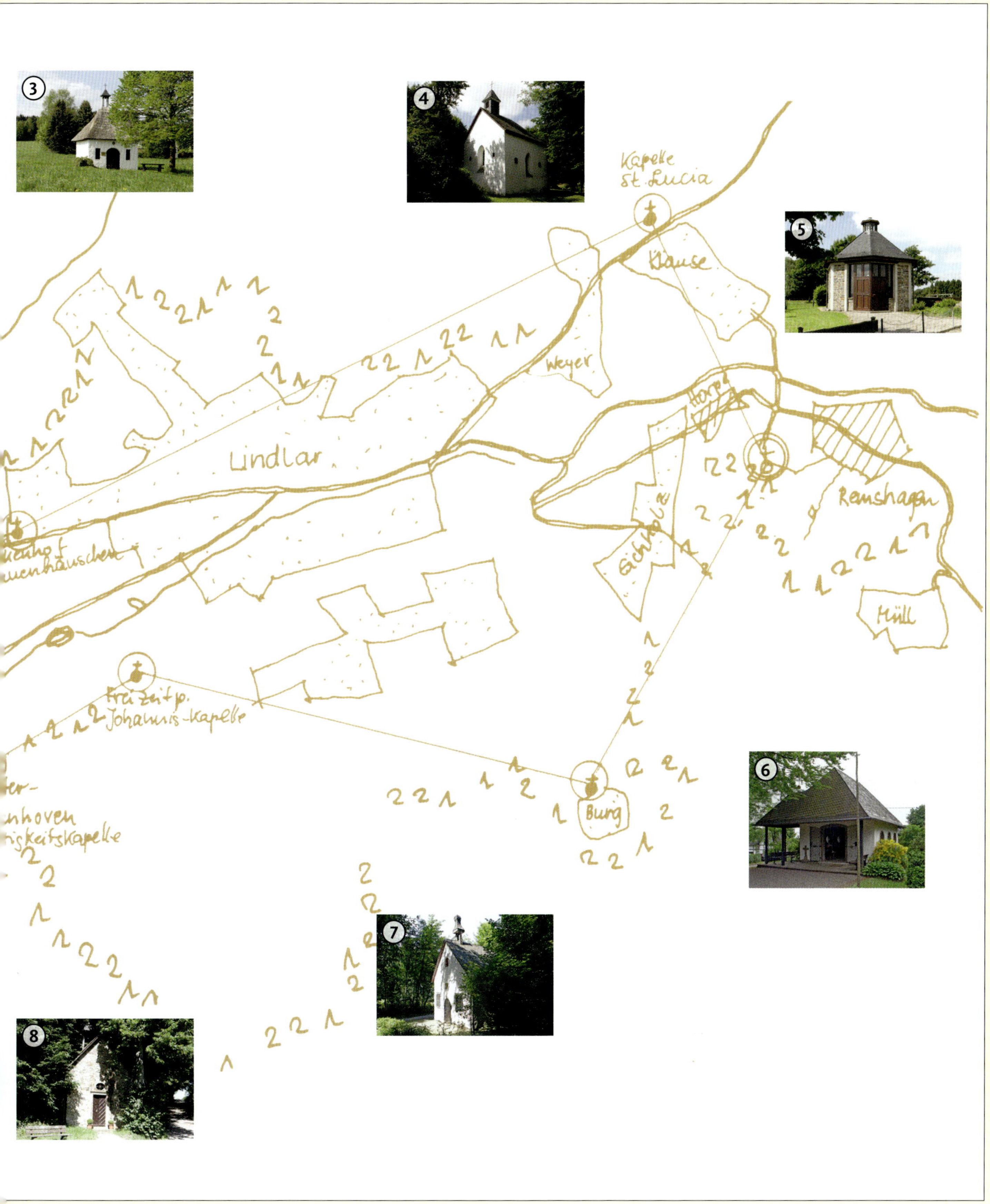
3
4
5
6
7
8
Kapelle St. Lucia
Klause
Weyer
Lindlar
Remshagen
Müll
Burg
Freizeitp. Johannis-Kapelle

Ein uraltes Gasthaus auf der Höhe

Nur wenige Jahre vor Ausbruch des Großen Krieges wurde ein Fachwerkhaus im Ortskern Hohkeppels errichtet, das noch heute die Blicke der Feriengäste und Besucher auf sich zieht. Bei genauerer Betrachtung erkennt man von der Laurentiusstraße aus auf der Giebelseite eine Balkeninschrift: DIES: HAVS: STEHET: IN GOTTES HAND: IM WEISSEN PFERT: IST ES GENANDT: ANNO 1612

Das fast 400 Jahre alte Gebäude erhielt 1688 einen Erweiterungsbau, wie der Balken über der zweigeteilten Eingangstür zeigt. Sie ist eine typisch bergische »Klöntür«. Das Innere betritt man über einen mit Steinplatten ausgelegten Raum, der noch ein Stück einer geschwärzten Bruchsteinwand aufweist – ein eindeutiger Hinweis auf die ehemalige Herdstelle mit dem offenen Feuer. Rechts an der östlichen Außenseite ist ein zehn Meter tiefer, in Stein gesetzter Brunnenschacht mit einer neuen Pumpe zu sehen. Früher war im Steinboden ein Becken eingelassen, ein Loch in der Grundmauer diente als Wasserabfluss nach draußen. Auf der linken Seite befindet sich ein mit einer Theke und Holzschlagladen abgetrennter schmaler Raum, der so genannte Schankraum.

In dem anschließenden kleinen Flur ist eine Besonderheit zu bewundern – ein doppelter Abort mit gegenüberliegenden Sitzen, der außen als kleiner Vorbau sichtbar ist. Der an den Flur anschließende Raum diente früher als Stall. Darüber lag die Heubühne. Die Räume im Obergeschoss sind niedrig; man muss sich bücken, um nicht an die Balkendecke zu stoßen.

Das »Weiße Pferdchen« in der Laurentiusstraße in Hohkeppel

Name, Ausstattung und Lage des Bauwerkes lassen auf seine Bedeutung als ehemalige Fuhrmannsherberge schließen, denn es liegt direkt an einer uralten Wegeverbindung nach Köln, deren Verlauf bereits im Kapitel über die Erstbesiedlung aufgeführt wird. Viele Händler mit Pferdekarren sowie Kiepenträger werden diesen Weg benutzt haben, um in der Handelsmetropole Köln ihre Waren wie Butter, Eier, Geflügel oder Schinken auf den Markt zu bringen und ihrerseits Waren für den eigenen Bedarf zu kaufen, die sie nicht selbst erwirtschaften oder herstellen konnten.

Neben dem Gütertransport waren ebenso Reisende und Pilger unterwegs. Sie besuchten nicht nur Hohkeppel als Wallfahrtsort, um zum heiligen Laurentius zu beten, sondern auch die besonders verehrten Reliquien und Gräber in Köln und Aachen. Eines der Wipperfürther Stadttore war bis zu seiner Niederlegung zu Beginn des 18. Jahrhunderts das Siegburger Tor, von wo aus die Gläubigen über Lindlar und Hohkeppel nach Siegburg zum Grab des heiligen Anno auf Wallfahrt gingen. Der Weg über Vellingen durch Hohkeppel wird zudem als Nebenzweig des Pilgerweges nach Santiago de Compostela zum Grab des heiligen Jakobus interpretiert. Was lag da näher, als in Hohkeppel Station zu machen, um am nächsten Tag seine Reise fortzusetzen?

War der Reisende mehrere Tage unterwegs, fand er an den Wegen bestimmte Orte mit Herbergen. Eine solche Bleibe war das »Weiße Pferdchen« in Hohkeppel, dessen Name seine Bedeutung unterstrich. Hier konnte man sich am Brunnen erfrischen und kühles Wasser trinken, der Kessel über dem offenen Feuer hielt eine warme Mahlzeit bereit und der Schankraum bot Proviant für die Weiterreise. Als Schlafgelegenheit dienten vermutlich die oberen Wohnräume. Das Pferd ließ sich im Stall unterbringen, und gab es Probleme mit dem Hufeisen eines Tieres, oder hatte etwa der Karren bei den schlechten Wegen ein Rad gebrochen, so ließ sich in der benachbarten Schmiede, die für das Jahr 1666 erwähnt ist, der Schaden beheben.

Die ehemalige Fuhrmannsherberge »Weißes Pferdchen« aus den Jahren 1612 und 1688 mit Holzverkleidung als Witterungsschutz, um 1950

Umfangreiche Restaurierungsmaßnahmen in den Jahren 1961–1963 mit Freilegung und teilweiser Erneuerung des Fachwerks

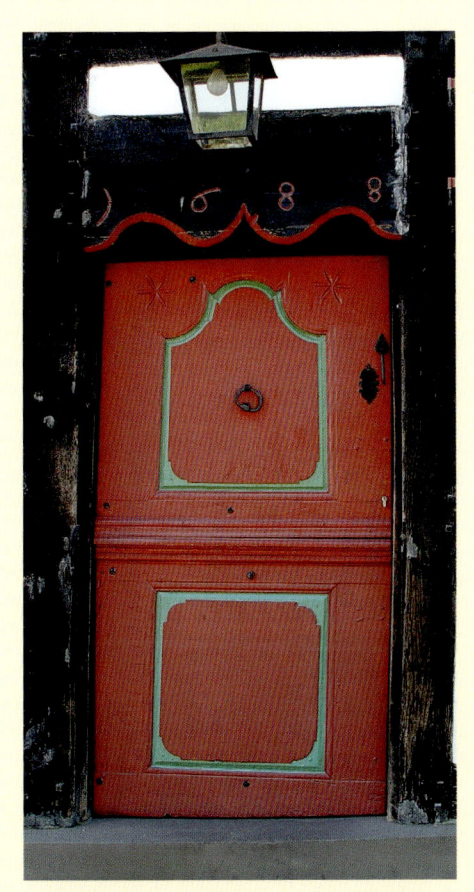

Wie lange das »Pferdchen« als Wirtshaus diente, ist nicht überliefert. Möglicherweise machte ihm der 200 Meter westlich davon im Jahr 1784 bis 1785 entstandene Neubau mit großen Stallungen, heute der »Hohkeppler Hof«, Konkurrenz. Als 1823 bis 1836 durch Erschließung der Täler die preußische Staatsstraße von Köln nach Olpe – die heutige Bundesstraße 55 – entstand, wurde das Reisen leichter, und die Herberge auf der Höhe verlor gänzlich ihre Bedeutung.

1825 gelangt das »Pferdchen« durch eine private Stiftung in Kirchenbesitz. Lange diente der denkmalgeschützte Bau als Pfarrheim der katholischen Kirchengemeinde und Bücherei. Es wurde für Veranstaltungen der Ortsvereine genutzt und konnte für private Feiern gemietet werden. Aufgrund der Sparmaßnahmen des Erzbistums Köln gelangte das Gebäude im Jahr 2008 durch Tausch mit der katholischen Kirchengemeinde Sankt Laurentius an die Zivilgemeinde Lindlar. Diese schloss mit dem »Heimatverein Hohkeppel 1954 e. V.« einen Mietvertrag, um die bisherige Nutzung auch weiterhin sicher zu stellen. So besteht Hoffnung, dass das stattliche Haus dem Dorf und dessen Bewohnern erhalten bleibt und als eine architektonische und historische Besonderheit auch in Zukunft das Dorfbild prägen wird.

Anne Scherer

»Klöntür«: Der obere Teil lässt sich im offenen Zustand mit einem Haken an der Wand befestigen, und die untere Hälfte kann geschlossen bleiben. Dadurch kamen frei laufende Tiere nicht über die Schwelle, durch die Öffnung fiel Licht in die Diele, konnte der Rauch des Herdfeuers entweichen und vermochten die Vorbeigehenden mit den Bewohnern ein Schwätzchen zu halten, mundartlich »klönen« genannt.

Die ehemalige Herdmauer des »Weißen Pferdchens«

Der Große Krieg

Schon die Zeitgenossen empfanden das 17. Jahrhundert als eine Zeit des immerwährenden Krieges. Wir dürfen uns den Dreißigjährigen Krieg, den »Krieg der Kriege« (Johannes Burkhardt), freilich nicht als Abfolge zusammenhängende Gefechte und Kampfhandlungen vorstellen.

Zunächst einmal blieben die Rheinlande verschont, denn das Bergische Land wurde erst nach 1620 vom Dreißigjährigen Krieg berührt und recht spät im »Hessenkrieg« ab 1638 als Nebenkriegsschauplatz in den gesamteuropäischen Konflikt hineingezogen.

Allerdings kam es zuvor schon zu Kriegsgräueln, da sich in unserer Region zerstörerische Kräfte verzahnten: der niederländisch-spanische Krieg, der zwischen 1609 und 1621 durch einen Waffenstillstand unterbrochen wurde, und der nicht abschließend geklärte jülich-klevische Erbfolgestreit zwischen dem Kurfürsten von Brandenburg und dem Pfalzgrafen von Pfalz-Neuburg.

Hinter den Niederlanden stand im niederländisch-spanischen Krieg Frankreich als einflussreicher Verbündeter, hinter Spanien das Haus Habsburg. Auch die Schwiegersöhne des verstorbenen Herzogs Johann Wilhelm von Jülich-Berg als designierte Erbfolger, Pfalzgraf Wolfgang Wilhelm und Kurfürst Johann Sigismund, lehnten sich zur Durchsetzung ihrer eigenen Ansprüche an die größeren Mächte an. Wolfgang Wilhelm rief als Herzog von Jülich-Berg spanische Truppen, sodass etwa Wipperfürth, Radevormwald und Lindlar 1622 spanisches Fußvolk als katholische Verbündete aufnehmen mussten. Johann Sigismund als Herr über die Grafschaft Mark verschuldete sich hin-

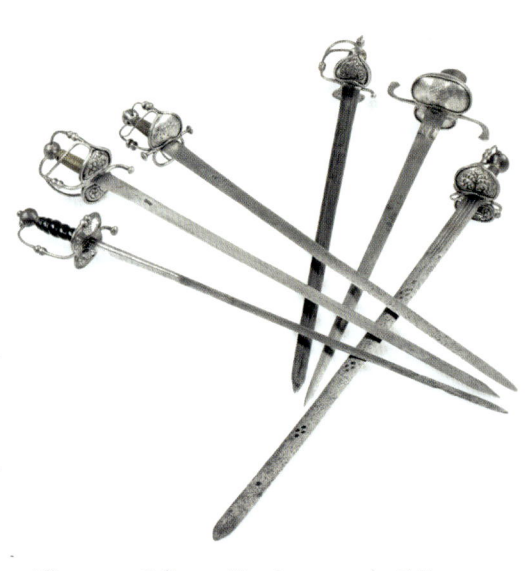

Klingen aus Solingen: Haudegen aus der Zeit des Dreißigjährigen Krieges, um 1635

Landsknechte, angeworbene Fußsoldaten, zogen plündernd und mordernd durch das Land. Flugblatt mit Darstellung der Brutalität der Landsknechte, betitelt »Bauernschinderischer Marter-Hansen unehrlicher Anfang ...«, 1618/1648

gegen bei den protestantischen Niederländern. Die Einlagerung kaiserlicher Truppen nach 1623 im Herzogtum Berg bot schließlich brandenburgischen und niederländischen Truppen die Möglichkeit zu Vergeltungsschlägen.

Plündern und *fouragieren*

Die Auseinandersetzungen der beiden Erbberechtigten arteten im Verlauf der Jahre – nach den Worten des Historikers Stefan Ehrenpreis – immer mehr zu einem Privatkrieg aus. So stellte der brandenburgische Kurfürst und Graf von der Mark eine kleine Beuteeinheit auf. Die Truppe überfiel am 24. November 1624 Siegburg und plünderte am 17. Dezember 1625 die Lindlarer Kirche. Anschließend brannte sie diese nieder. Drei Tage lang wüteten die Flammen,

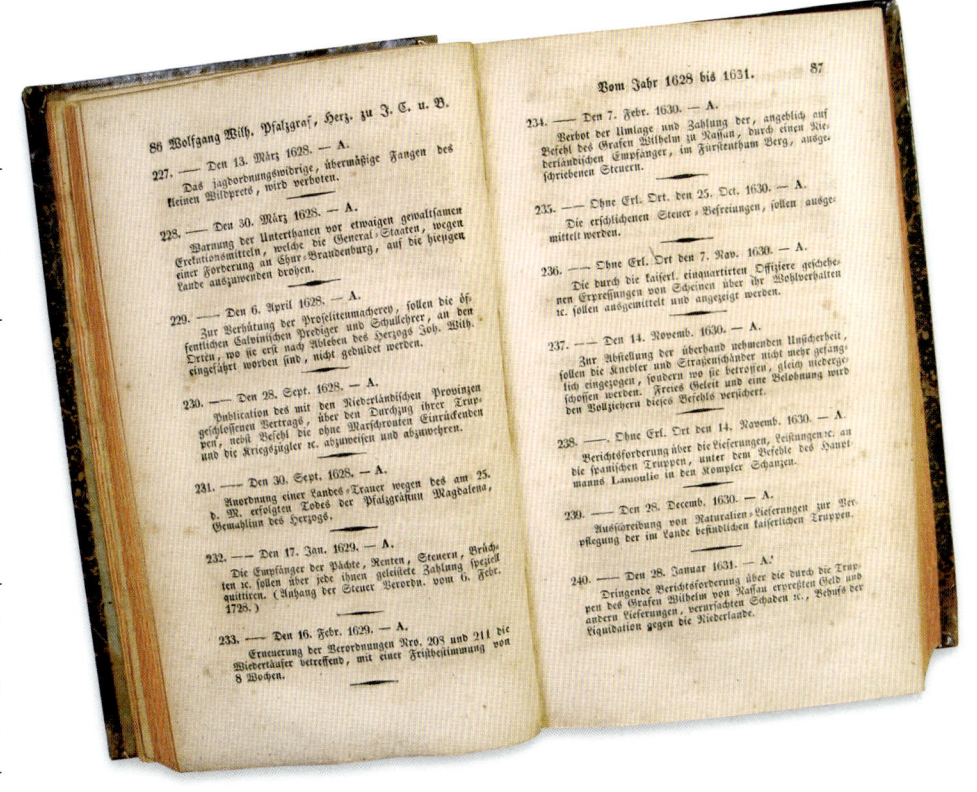

In der »Sammlung der Gesetze und Verordnungen« des Herzogtums Berg können wir einem Erlass vom 14. November 1630 entnehmen, dass »Knebler und Straßenschänder nicht mehr gefänglich eingezogen«, sondern an Ort und Stelle niedergeschossen werden sollten. Belohnung und freies Geleit wurden den Vollziehen zugesagt.

»Die Brandschatzung eines Klosters«. Der aus Nancy gebürtige Grafiker Jacques Callot (1592–1635) schuf 1633 in 18 Blättern eine der eindrücklichsten Radierfolgen zu den Schrecken des Dreißigjährigen Krieges.

Ein berittener Soldat misshandelt Bauern, Radierung von Hans Ulrich Franck, 1643

Turm und Sakristei wurden schwer beschädigt. Ein Verzeichnis im Lindlarer Pfarrarchiv berichtet noch vom Raub wertvoller Messgeräte, der Kelche, Monstranzen und Chorgewänder.

1626 tauchten erstmals hessische Soldaten auf. Im Frühjahr 1632 suchten dagegen kurkölnische Verbände das Amt Steinbach heim, im Sommer lag schwedisches Militär auf der Burg Neuenberg und im Dezember nahmen schwedische Regimenter in Siegburg Quartier. Diese betrieben im Amt Steinbach zur Eintreibung von Geld, Lebensmitteln, Hafer, Heu und Stroh das so genannte Fouragieren als gewaltsame Selbstversorgung. 1634, und nochmals im Jahr darauf, folgte eine weitere Heimsuchung in Gestalt von kaiserlichen Truppen, die in das Kirchspiel Lindlar und weitere Pfarrgemeinden einfielen.

Der Lindlarer Pastor Curmann (1604 bis 1635) wurde um 1630 vermutlich durch niederländisch-brandenburgische Truppen mehrfach ausgeplündert und gefangen fortgeführt, sodass er sich loskaufen musste. Auch seinen Nachfolger verschleppten niederländische Truppen 1642 zusammen mit dem Pfarrer von Kürten nach Neuss, da die Kirchspiele keine Kontribution mehr zahlen wollten und konnten.

Konfessionelle Streitigkeiten

Der Dreißigjährige Krieg war nicht ausschließlich, aber auch ein Konfessionskrieg. Protestantische Gemeinden existierten um das Jahr 1600 in größerer Zahl im Bergischen Land: als alleinige Gemeinden, neben katholischen Gemeinden oder aber nur heimlich. Nach dem Aussterben des Hauses Jülich-Berg im Mannesstamm erhielten die Protestanten unter den neuen Territorialherren 1609 zunächst die gleichberechtigte Religionsausübung zugesichert.

Doch ab 1614 versuchte Pfalzgraf Wolfgang Wilhelm unter dem Schutze Spaniens, die Vorrangstellung des Katholizismus mit militärischen Mitteln wieder auszubauen. Protestantische Beamte in Jülich-Berg verloren ihre Posten. 1622 erließ der Pfalzgraf ein scharfes Edikt gegen Wiedertäufer, das er 1624 und 1637 wiederholte; in seiner Formulierung war es auch gegen Calvinisten / Reformierte gerichtet. Ende der 1620er Jahre existierten kaum noch reformierte Gemeinden, nur die Lutheraner blieben vorerst verschont.

Das Pfarrwesen in Hohkeppel und Lindlar

Lindlar und Hohkeppel blieben nicht unberührt von reformerischen und reformatorischen Bestrebungen. Anlässlich der Visitation von 1626 wurde deutlich, wie sehr das Pfarrwesen daniederlag. Jodokus Lourwaldt, Pastor in Hohkeppel (1599 bis 1650), besaß keine Bestätigung seiner Amtseinsetzung, hielt den Zölibat nicht, verkehrte wohl im Wirthaus und hörte die

»Der Überfall auf ein Gasthaus«, Radierung von Jacques Callot, 1633

Beichte in der Küche seines Hauses. Lourwaldt beerdigte Andersgläubige – deren Existenz somit in Hohkeppel zu vermuten ist – auf dem Kirchhof. Er war 1650 immer noch in der Gemeinde tätig. In Hohkeppel konnte der Friedhof 1626 ebenfalls von der örtlichen protestantischen Gemeinde simultan genutzt werden. Auch Pastor Curmanns Amtsführung (1604 bis 1635) in Lindlar führte zu ähnlichen Klagen. Sein erwünschter Nachfolger wurde Kaplan Heinrich Brunswicker, der wieder im Sinne des alten Glaubens tätig war.

In der darauf folgenden Zeit blieb Lindlar katholisch, wie überhaupt das gesamte Amt Steinbach. Eine Ausnahme bildete die reformierte Enklave, die in der Delling bei Kürten-Olpe ihre geistliche Heimat besaß. Erst nach dem Zweiten Weltkrieg entstand in Lindlar eine eigene evangelische Gemeinde.

FAZIT

Die Erfahrungen der Pest und der kriegerischen Auseinandersetzungen haben die Menschen in der nachfolgenden Phase des Wiederaufbaus bis in das 18. Jahrhundert hinein geprägt. Die noch erhaltenen Pestkapellen sind ein sichtbares Zeichen für die Frömmigkeit in dieser schweren Zeit. In Lindlar trat die Pest nach 1679 wohl nicht mehr auf. In Europa verschwand sie unter nicht geklärten Umständen zu Beginn des 18. Jahrhunderts. Allerdings gibt es heute weltweit immer noch einzelne Pestherde.

Im Zuge des Dreißigjährigen Krieges kam es unter dem Schutze Spaniens vermehrt zu gegenreformatorischen Maßnahmen im Herzogtum Berg und erst 1672 zu einem Religionsfriedensvertrag zwischen dem Pfalzgrafen und dem Kurfürsten von Brandenburg.

Der Dreißigjährige Krieg war in seiner vollen Härte vor allem in seiner Endphase zu spüren.

Das Oberbergische verlor rund 20 bis 30 Prozent der Bevölkerung durch direkte und indirekte Kriegseinwirkungen. Die kriegerischen Auseinandersetzungen waren für die Bevölkerung des Bergischen Landes mit den Friedensschlüssen von Münster und Osnabrück 1648 nicht beendet. Sie setzten sich bis in das 18. Jahrhundert hinein mit den Eroberungszügen Ludwigs XIV. von Frankreich fort.

Gabriele Emrich

🇬🇧 Evidence of ancient nobility

1702: Castle Georgshausen was redesigned in a baroque style

The baroque redesigning of existing castle buildings such as Georgshausen in 1702 and Heiligenhoven in the middle of the 18th century was a visible sign of the recovering of cultural life after the hardships of the war in the 17th century. After dissolving the Holy Roman Empire in 1806 aristocratic privileges were eliminated. The Rittergut manors had to sell their properties to peasant landowners, their estates were divided and parcelled.

🇫🇷 Témoignages d'une ancienne culture aristocratique

1702: le château de Georgshausen fut remodelé dans le style baroque

Un signe extérieur d'une renaissance culturelle après les ravages de la guerre au 17ème siècle, fut la transformation des châteaux-forts déjà existants en bâtisses de style baroque, Georgshausen en 1702 et Heiligenhoven dans la deuxième moitié du 18ème. Après la fin de l'ancien empire en 1806, entrainant la perte d'anciens privilèges des domaines seigneuriaux, les ventes de terrains au profit de propriétaires terriens de provenance rurale se multlipièrent. Les anciens domaines furent partagés et parcellés.

🇭🇷 Svjedočanstva stare plemićke kulture

1702.: Dvorac Georgshausen se uređuje u baroknom stilu

Vanjski znak ponovnog procvata kulturnog života, nakon ratnih stradanja u 17. stoljeću, je barokna preobrazba postojećih dvoraca, kao što su Georghausen 1702. i Heiligenhoven kasnije, sredinom 18. stoljeća. Nakon pada njemačkog carstva 1806. g. koji je za viteške posjede značio gubitak starih privilegija, učestala je prodaja zemljišta seoskim vlasnicima, a posjedi su se dijelili i usitnjavali.

Kapitel 7

Zeugnisse alter Adelskultur

Die Lindlarer Rittersitze und ihr Schicksal

Die Schlösser Georghausen und Heiligenhoven

Schloss Georghausen wird barock umgestaltet.

Zeugnisse alter Adelskultur

Die Gemeinde Lindlar schmückt sich mit einer ganzen Reihe von Burgen und Schlössern, wobei die Palette von der spätmittelalterlichen Burgruine bis zum barocken Wasserschloss reicht – historische Kulminationspunkte in einer sich rasch verändernden Kulturlandschaft.

Abgesehen von der Landesburg Neuenberg, die bereits an anderer Stelle ausführlich beschrieben wurde, handelte es sich dabei durchweg um Wohnsitze des landsässigen Adels. Im Gegensatz zur Höhenfeste der Herzöge von Berg wurden sie zumeist als wasserumwehrte Anlagen in den Talniederungen errichtet. Ihre Erbauer genossen zwar zahlreiche Privilegien, besaßen aber keine eigenständigen Herrschaftsrechte und blieben dem bergischen Landesherrn unterworfen. Innerhalb des Herzogtums Berg hatten diese Anwesen seit dem 15. Jahrhundert fast durchweg den Rechtsstatus von »Rittersitzen«, deren Inhaber berechtigt waren, an den bergischen Landtagen teilzunehmen. Hier vertraten sie zusammen mit den Gesandten der Städte ständische Interessen gegenüber dem Fürsten.

Von den auf jetzigem Gemeindegebiet ehedem nachweisbaren zehn Rittersitzen sind heute noch fünf vorhanden – zwei davon, Eibach und Unterheiligenhoven, allerdings nur in ruinösem Zustand. Während die kümmerlichen Überreste von Unterheiligenhoven immer mehr in sich zusammenfallen, gehört Eibach sicherlich zu den stimmungsvollsten Burgruinen des gesamten Bergischen Landes. Das Bild eines typischen bergischen Burghauses des Spätmittelalters und der Frühen Neuzeit hat am besten die »Burg« Breidenbach zu Oberbreidenbach bewahrt, obgleich die Besitzer sie nicht immer mit glücklicher Hand renoviert haben.

Die Miniatur »Hochzeitszug« aus einem flämischen Stundenbuch zeigt uns einen Ausschnitt aus dem verfeinerten höfischen Leben, wie es jedoch beim Adel unserer Region nur selten zu finden war. Im Vordergrund führt der Schwiegervater die Braut, dahinter die Schwiegermutter den Bräutigam. Breviarium Grimani, um 1510

Zwei bemerkenswerte Beispiele für die barocke Umgestaltung einer bestehenden Burganlage bieten die Schlösser Georghausen und Heiligenhoven, die von jeher zu den beliebtesten Ausflugs- und Wanderzielen der Lindlarer zählen. Landschaft und Architektur gehen in beiden Fällen eine harmonische Verbindung ein. In Heiligenhoven zeigt sich freilich, dass nicht alles, was barock aussieht, auch Barock ist.

Für das Bergische waren »Feste Häuser« wie die sogenannte Burg Breidenbach ab 1400 vorherrschend. 1413 werden bereits drei zinspflichtige Höfe zu Breidenbach genannt. In einer Urkunde von 1435 erscheint der Lindlarer Kirchmeister Heynrich van Breydenbecke.

Die Lindlarer Rittersitze und ihr Schicksal

In einem Bachtal unweit des Lindlarer Ortsteils Scheel liegen die malerischen Überreste der Wasserburg Eibach. Ein Brand zerstörte 1782 den im ausgehenden 16. Jahrhundert errichteten Bau, der seither Ruine ist. Auf einer ringsum von bis zu 20 Meter breiten Wassergräben umgebenen Insel ragen die Bruchsteinmauern des alten Herrenhauses empor, das ehemals mit vier Ecktürmen versehen war.

Die Wasserburg Eibach vor dem Brand von 1782, Tuschzeichnung von Renier Roidkin, 1. H. 18. Jh.

Reste einstiger Größe

Am eindrucksvollsten sind die Rudimente des Südostturms, des einzigen Rundturms der Burg. Wie diese vor der Brandzerstörung ausgesehen hat, überliefert eine Federzeichnung des wallonischen Künstlers Renier Roidkin (1684 bis 1741). Sie zeigt neben dem Haupthaus mit seinem hohen (Halb-)Walmdach auch die östlich, jenseits des Burggrabens anschließende dreiflügelige Vorburg: Wirtschaftsgebäude wie Ställe und Scheunen bildeten einen eigenständigen, hufeisenförmigen Gebäudeteil, dem mehrere Türme, darunter ein haubenbekrönter Torturm, ein wehrhaftes Äußeres verliehen. Bescheidene Reste dieses Torturms stecken heute noch in einem kleinen Wohngebäude, das auf dem Gelände der längst verschwundenen Vorburg steht. Zu sehen sind ein Bogenansatz und eine Vertiefung zur Führung eines Fallgatters. Der etwas oberhalb befindliche Bauernhof datiert erst aus dem 18./19. Jahrhundert.

Grenzsteine wie dieser aus dem Jahr 1738 markierten den Besitz des Rittergutes Eibach. Sie wurden später in Gimborn aufgestellt, nachdem Eibach 1782 abgebrannt war.

Als »zweiteilige« Anlage mit Vorburg und Haupthaus verkörperte Eibach den Idealtyp einer rheinischen Wasserburg. Für oberbergische Verhältnisse handelte es sich um ein äußerst stattliches Anwesen, in welchem sich der Anspruch der Erbauer manifestierte: Sie war Sitz einer Linie der weit verzweigten Familie von Neuhof gen. Ley, eines der angesehensten Geschlechter der hiesigen Ritterschaft, dessen Mitglieder im 16. und 17. Jahrhundert sowohl im Herzogtum Berg als auch in der Grafschaft Mark in hohen Verwaltungspositionen anzutreffen waren. Der Ritter- oder Niederadel, wie er in Abgrenzung zum Hochadel – den Fürsten, Grafen und Edelherren – genannt wurde, hatte seinen Ursprung im Hohen Mittelalter.

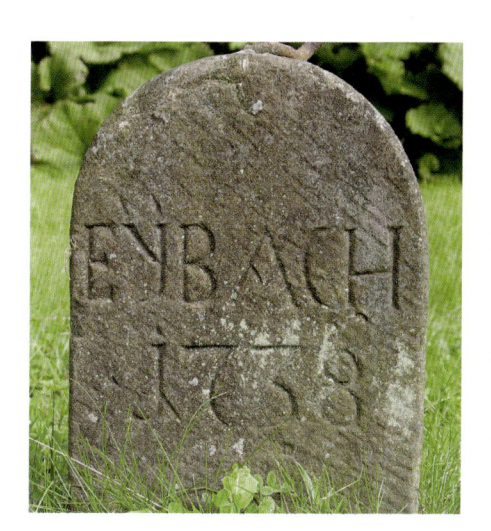

Die im bergischen Raum ansässigen niederadligen Familien stammten fast durchweg aus der Ministerialität (Dienstmannschaft) der führenden Dynastengeschlechter, allen voran natürlich der Grafen und späteren Herzöge von Berg. Gestützt auf den Herren- und Kriegsdienst (als »Ritter«, das heißt schwerbewaffnete Reiter) war es ihnen in einem längeren, etwa bis zum 14. Jahrhundert währenden Prozess gelungen, den Status der Unfreiheit abzulegen und sich adlige Lebensformen anzueignen. Das »Ritterideal« bildete ein einigendes Band zwischen dem Hoch- und dem Niederadel. Gemeinsam zog man in den Kampf, begeisterte man sich für Turniere.

Ein Haudegen als Burgherr

Vereinzelt schon seit 1250, in größerer Zahl dann ab dem 14. Jahrhundert, begannen Angehörige des Ministerialen- bzw. Ritterstandes überall im Rheinland befestigte Wohnstätten zu errichten. Im Lindlarer Einzugsgebiet datieren die ältesten Quellennachrichten aus dem beginnenden 15. Jahrhundert. Im Jahre 1425 stellte Johann von Eichlinghofen, genannt de Wrede (der Grimmige), nach langjährigem Dienst als stadtkölnischer Soldritter sein »Haus

Allianzwappen an der Vorburg von Schloss Heiligenhoven, ursprünglich aus Unterheiligenhoven stammend, 1596

und Schloss« (Ober-)Heiligenhoven den Kölner Bürgern für den Kriegsfall zur Verfügung. Zur Burgbesatzung gehörten, wie wir weiter erfahren, Wächter und Pförtner. Der Burgherr, offenbar ein rechter Haudegen, entstammte einem im Dortmunder Umland beheimateten Rittergeschlecht und steht damit stellvertretend für viele auswärtige Adlige, die im Verlauf des Spätmittelalters auf bergischem Territorium Fuß fassten.

Über das damalige Aussehen von Haus Oberheiligenhoven, einem Vorgängerbau des heutigen Schlosses, lässt sich trefflich spekulieren. Allzu wenig ist über die Entwicklungsgeschichte der frühen Wehrbauten des Niederadels im Bergischen Land bekannt. Im nahe gelegenen Unterheiligenhoven dürfte seit dem 13./14. Jahrhundert ein festes Burghaus gestanden haben. Von dieser Wasserburg sind heute nur noch wenige Reste erhalten.

»Feste Häuser« als trutzige Wehrbauten

Wie Ausgrabungen gezeigt haben, dürften hier bis zum 13./14. Jahrhundert kleine, erhöht gelegene Turmburgen das Bild bestimmt haben. Spätestens ab 1400 errichtete man dann vorzugsweise Burghäuser in den Talniederungen: Querrechteckige Bruchsteinbauten mit Hochkeller und zwei oder drei Geschossen, die in der Regel durch einen Wassergraben geschützt wurden. Diese »Festen Häuser« avancierten rasch zum beliebtesten Bautyp zwischen Ruhr und Sieg. Besonders gut erhaltene Beispiele sind Haus Overbach bei Much und Volperhausen südlich von Morsbach. Auf Lindlarer Gemeindegebiet vermittelt die »Burg Breidenbach« in Oberbreidenbach trotz mannigfaltiger entstellender Veränderungen noch einen gewissen Eindruck vom trutzigen Aussehen einer solchen Wehranlage. Mit einer Grundfläche von 25 x 15 m gehörte sie zu den größeren Vertretern dieser einstmals so weit verbreiteten Gattung. Errichtet wurde sie allerdings nicht im Tal, sondern in beherrschender Lage auf einem Plateau über der Lindlarer Sülz.

Der von der modernen Burgenforschung geprägte Begriff des »Festen Hauses« knüpft daran an, dass die spätmittelalterlich-frühneuzeitlichen Quellen – gerade auch in unserem Raum – den befestigten Wohnsitz eines Adligen zumeist einfach »Haus« (*hu(y)s*, lat. *domus*) nennen, während die Bezeichnung »Burg« (*burch*, lat. *castrum*) im Allgemeinen den großen Burganlagen der Landesherren vorbehalten blieb. Seit dem 15./16. Jahrhundert wird dann immer häufiger die Funktionsbezeichnung »adliger Sitz« (*adelich seeß*) gebraucht, die zugleich auf die Stellung dieser Wehrbauten innerhalb des Territoriums verweist. Im Rahmen der landständischen Verfassung, deren Anfänge noch im 14. Jahrhundert liegen, hatte die bergische Ritterschaft das Recht erlangt, gemeinsam mit den Städten auf

Der Holzschnitt nach der Schedelchen Weltchronik von 1493 zeigt die hierarchische Ordnung der Reichsstände, die ähnlich für die Landstände des Herzogtums Berg Gültigkeit besaß.

regelmäßig abgehaltenen Landtagen beispielsweise über Steuerangelegenheiten zu entscheiden. Bedingung für die Zulassung zum Landtag war neben der adligen Herkunft der Besitz eines befestigten Anwesens. Zu den Mindestvoraussetzungen zählten Grabenumwehrung und steinerne, turmartige Bauweise. Die Inhaber der »landtagsfähigen« Sitze, das heißt der Rittersitze im Rechtssinne, wurden in eine Matrikel, den Ritterzettel, eingetragen.

Der älteste erhaltene Ritterzettel des Herzogtums Berg stammt aus dem Jahr 1444. Um die Wende zum 17. Jahrhundert gab es innerhalb der heutigen Lindlarer Gemeindegrenzen nicht weniger als neun Rittersitze: (Ober-)Breidenbach, Eibach, Georghausen, Hausgrund, Hohkeppel, Kurtenbach, Ober-, Mittel- und Unterheiligenhoven. Ein weiterer Rittersitz im heute wüst gefallenen (Ober-)Pentinghausen, nordöstlich der Burg Neuenberg, wurde aus der Matrikel gestrichen, nachdem seine Eigentümer, die von Neuhof gen. Ley, stattdessen die Landtagsfähigkeit für ihren Stammsitz Eibach erlangt hatten, der bis dahin aus rechtlicher Sicht nur als adliger Hof gegolten hatte.

Der Ahnensaal auf Schloss Burg a. d. Wupper zeigt die Vermählung des jülich-bergischen Herzogs Johann Wilhelm mit Jacobe von Baden, an deren Ermordung 1597 der auf Unterheiligenhoven ansässige Marschall Wilhelm von Waldenburg gen. Schenkern beteiligt gewesen sein soll.

Die Familien von Waldenburg und von Ossenbroich

In baulicher Hinsicht dürfte die Mehrzahl der oben angeführten Güter dem Typ des »Festen Hauses« entsprochen haben und damit von eher bescheidenem Zuschnitt gewesen sein. Dem Burghaus war häufig nur ein unbefestigter Wirtschaftshof vorgelagert. Zur Ausbildung einer veritablen Vorburg kam es allein bei größeren Anlagen – so etwa im bereits beschriebenen Eibach, aber auch in Unterheiligenhoven, welches bereits 1410 als Sitz der von Waldenburg gen. Schenkern genannt wird. Der Name »Heiligenhoven« ist schon 1363 belegt. Das einflussreiche Rittergeschlecht derer von Waldenburg brachte es in den folgenden Jahrhunderten immer wieder zu hohen Ämtern im bergischen Hof- und Verwaltungsdienst. Bedeutendster Vertreter der Familie war zweifellos der bergische Marschall Wilhelm von Waldenburg gen. Schenkern (1546 bis 1635), Haupt der kaiserlich-katholischen Par-

Wappen der Vereinigten Herzogtümer Jülich-Kleve-Berg sowie der Grafschaften Mark und Ravensberg, 1524

Am Chor der Lindlarer Kirche befindet sich dieses Arma-Christi-Kreuz von 1695 mit den Leidenswerkzeugen Christi. Es erinnert an den Steinbacher Amtsverwalter Rembert Dietrich von Cloedt.

tei am Düsseldorfer Hof in einer politisch wie konfessionell turbulenten Zeit. Zu zweifelhaftem Ruhm gelangte er durch seine mutmaßliche Verwicklung in die Ermordung der Herzogin Jakobe von Baden. Andererseits machte er sich als adliger Unternehmer einen Namen: 1591 kaufte er Hammer und Hütte zu Stoppenbach und erbaute 1596 den Eisenhammer bei Siebensiefen an der Lindlarer Sülz; ferner erwarb er eine Beteiligung am Bergwerk Holzkaltenbach bei Engelskirchen.

Die Ritter ziehen aus und Pächter ziehen ein

Einem anderen führenden katholischen Adligen jener Jahre, dem Hofmeister Johann von Ossenbroich, waren 1580 auf dem Erbwege die Häuser Kurtenbach und Hohkeppel zugefallen. Gewohnt hat er hier freilich nicht, besaß er doch am Niederrhein weit komfortablere und standesgemäßere Güter. Immer häufiger wurden die alten Rittersitze an Sülz und Agger nun nicht mehr von ihren adligen Inhabern als Wohnsitz genutzt, sondern an Pächter ausgegeben. Der bauliche Unterhalt der Wehranlagen, die angesichts der waffentechnischen Entwicklung ihren militärischen Wert ohnehin weitgehend eingebüßt hatten, ließ zunehmend zu wünschen übrig. Nicht selten bezogen die bäuerlichen Pächter den Wirtschaftshof bzw. die Vorburg, während das Haupthaus zerfiel. Zu Vernachlässigung und Verfall trug nicht zuletzt die Haltung der Düsseldorfer Regierung bei, die sogar der bloßen Ruine eines Rittersitzes die Landtagsfähigkeit zusprach, sofern ihr Besitzer seine adlige Abstammung über drei, ab dem 18. Jahrhundert dann vier Generationen nachweisen konnte.

So manchem »Burgherren« fehlten aber auch einfach die Mittel für Erhaltungs- und Erneuerungsmaßnahmen. Der letzte adlige Bewohner des Hauses Breidenbach, der Steinbacher Amtsverwalter Rembert Dietrich von Cloedt, genoss im Lindlarer Volksmund früher als »letzter Ritter von Breidenbach« eine gewisse Popularität. Im Alter von 51 Jahren starb er 1695 bei der Schätzmühle im Sülztal durch einen Sturz vom Pferd, woran heute noch ein an der Außenseite des Chors der Pfarrkirche Sankt Severin aufgestelltes Gedenkkreuz erinnert. Kurz vor seinem Tod hatte er sich der Versuche von Gläubigern erwehren müssen, das Gut Breidenbach beschlagnahmen zu lassen. Wenige Jahre später wurden bei einer Bestandsaufnahme große Schäden am Dach des Burghauses festgestellt, die Wirtschaftsgebäude waren alt und baufällig.

Anderenorts sah es nicht besser aus: Haus Mittelheiligenhoven war 1701 nach langjährigen Erbstreitigkeiten *inwendig gantz ruinirt*, und vom Haupthaus im benachbarten Oberheiligenhoven heißt es etwa um dieselbe Zeit, es sei ganz dachlos. Notdürftig renoviert, fand die unmittelbar vor den Toren Lindlars gelegene Wasserburg dann zur Jahrhundertmitte einen Käufer, der sie zu einem (spät-)barocken Herrensitz ausbaute. Ähnliches war 50 Jahre zuvor bereits in Georghausen geschehen. Diese beiden Bauprojekte, die einer gesonderten Betrachtung bedürfen, bescherten der heutigen Gemeinde Lindlar zwei ihrer schönsten Kulturdenkmäler.

Alte Vorrechte finden ein Ende

Nach dem Ende des Alten Reiches (1806), das für die Rittergüter den Verlust ihrer alten Privilegien bedeutete, häuften sich die Verkäufe an bäuerliche Grundbesitzer; Gutsländereien wurden aufgeteilt und parzelliert. Vollständig verschwunden sind heute vier der historischen Lindlarer Rittersitze, nämlich Hausgrund, Hohkeppel, Kurtenbach und Mittelheiligenhoven.

Der nahe des Gemeindeklärwerks gelegene Burghügel von Mittelheiligenhoven ist seit 1997 als Bodendenkmal eingetragen. Ein eher unerfreuliches Kapitel ist der Umgang mit den Überresten der geschichtsträchtigen Burg Unterheiligenhoven. Anders als im Falle der Burgruine Eibach, die dank einer grundlegenden Instandsetzung 1972/1973 und weiteren Arbeiten in den 1980er Jahren langfristig gesichert werden konnte, verzichtete man hier auf jegliche Unterhaltungsmaßnahmen. Seitdem der Orkan »Kyrill« im Januar 2007 zusätzliche Schäden anrichtete, dürfte der gänzliche Untergang nur eine Frage der Zeit sein.

Die Schlösser Georghausen und Heiligenhoven

Unter einem »Schloss« versteht man heute gemeinhin den repräsentativen, offenen Herrensitz der Neuzeit, der sich angeblich deutlich von der »Burg«, dem stark befestigten mittelalterlichen Wehrbau, abhebt. Bis weit ins 19. Jahrhundert hinein wurden die beiden Begriffe jedoch keineswegs in konträrem Sinne gebraucht.

Der Burgenforscher von Mering etwa spricht 1837 vom Schloss Neuenberg; die ehemaligen Rittersitze der Bürgermeisterei Lindlar nennt er ebenfalls Schlösser. Andererseits werden die Barockanlagen Georghausen und (Ober-)Heiligenhoven, für die sich im aktuellen Sprachgebrauch längst die Bezeichnung »Schloss« durchgesetzt hat, noch im Kunstdenkmälerinventar der preußischen Rheinprovinz von 1901 als Burgen aufgeführt. Tatsächlich ist eine klare Abgrenzung zwischen den beiden Begriffen kaum möglich.

Wie die meisten Schlossbauten sind ja auch Georghausen und Heiligenhoven nicht als komplette Neuschöpfungen, sondern durch den Um- und Ausbau von bereits bestehenden Burganlagen entstanden. Dabei hielt man an der aus dem Mittelalter überkommenen, eigentlich wehrtechnisch begründeten Zweiteiligkeit fest, der Aufteilung in Hauptburg (Herrenhaus) und Vorburg. Die Wassergräben dienten nun aber nicht mehr der Verteidigung, sondern als ästhetisches Element – und als Trennlinie zum bäuerlichen Umland.

Eine Burg wird zum Schloss

Georghausen, erstmals 1449 erwähnt, gehörte bis 1530 der jülich-bergischen Kanzlerfamilie Lüninck, die hier ein

Die Teichanlage mit Blick auf die Rückfront des zweigeschossigen Schlosses Georghausen

Blick von der Vorburg auf das Herrenhaus von Georghausen. Die Hauptfront ist nach Süden ausgerichtet, da die Zufahrt zum Schloss bis zum Bau der Sülztalstraße in den 1920er Jahren von der Höhenstraße bei Schmitzhöhe aus erfolgte.

wehrhaftes, wasserumwehrtes Burghaus errichten ließ. Danach wechselten die Besitzer in rascher Folge. Die heutige Anlage stammt nach der in der kunstgeschichtlichen Literatur vorherrschenden Ansicht einheitlich aus dem beginnenden 18. Jahrhundert. Als Initiator des Bauvorhabens gilt Wolfgang Wilhelm von Wittmann, der zunächst als Kammerdiener der zwei jüngeren Brüder des Herzogs Johann Wilhelm von Jülich-Berg (besser bekannt als Jan Wellem) aus dem Hause Pfalz-Neuburg tätig war und später als Hauptmann in stadtkölnische Dienste trat.

Die Frage, auf welchem Wege er in den Besitz von Georghausen gelangt war, blieb bislang unbeantwortet. Einen Hinweis geben nun Unterlagen des höchsten Gerichts des Alten Reiches, des Reichskammergerichts zu Speyer (ab 1689 zu Wetzlar). Demnach hatte sich Wolfgang Wilhelm um 1675 mit Anna Gertrud von Boulich vermählt – einer Tochter der Eheleute Philipp Arnold Freiherr von Boulich und Anna Elisabeth von Loë, der damaligen Inhaber von Georghausen. Die Heirat war ohne Einwilligung der Eltern der minderjährigen (das heißt nach jülich-bergischem Landesrecht unter 25-jährigen) Braut erfolgt, die den Ehemann der Entführung ihrer Tochter bezichtigten. Als dieser nach dem frühen Tod seiner Frau (1681) Anspruch auf die so genannte Heiratssteuer, eine Erbabfindung, erhob und diesen Anspruch mit Hilfe seiner guten Beziehungen zum Düsseldorfer Hof durchzusetzen suchte, reagierte seine mittlerweile verwitwete Schwiegermutter mit einer Klage vor dem Speyerer Tribunal. Über den Ausgang des Verfahrens ist nichts bekannt. 1703 oder 1704 jedenfalls verstarb mit Rütger Adolf von Boulich der letzte männliche Sproß der von Boulich zu Georghausen, und die alte Wasserburg an der Sülz fiel an Wolfgang Wilhelm von Wittmann.

Vielleicht waren es die am Hofe des kunstsinnigen Herzogs Johann Wilhelm empfangenen Eindrücke, die den neuen Eigentümer von Georghausen dazu bewogen, größere Um- und Neubauten in Angriff zu nehmen. Es entstand ein nüchternes zweigeschossiges Herrenhaus mit weiß geschlämmten Bruchsteinmauern und hohen Rechteckfenstern, an das sich eine ähnlich schmucklose, dreiflügelige Vorburg anschloss. Diese erhielt einen eigenen Akzent durch den genau in der Achse des Wohnhauses errichteten Torbau mit Satteldach und Dachlaterne. Bei aller Schlichtheit wusste und weiß der Gesamtkomplex durch seine ausgewogenen Proportionen zu bestechen.

Der Bauherr hinterlässt einen Schuldenberg

Seine eher bescheidenen finanziellen Möglichkeiten hat der Bauherr offenbar bis aufs Äußerste ausgereizt: Er hinterließ seinem Sohn Philipp Gerwin einen derartigen Schuldenberg, dass 1721 eine Zwangsversteigerung zu Gunsten der zahlreichen Gläubiger anberaumt wurde. Bevor es dazu kam, erwarb der umtriebige Schultheiß des Amtes Stein-

Brückenheiliger Johannes Nepomuk (18. Jh.)

Schloss Heiligenhoven auf einer Lithografie aus der Sammlung Alexander Duncker (1813–1897) Mitte des 19 Jh. in seinem Landschaftspark, mit Walmdach im Zinnenkranz und mit Ecktürmchen versehen, davor die U-förmige Vorburg

bach, Jakob Dietrich Litz, den Rittersitz Georghausen nebst der Mühle und dem Hof Klefhaus für 11.400 Reichstaler. Immer schneller drehte sich nun das Besitzerkarussell. Stabilere Verhältnisse kehrten erst wieder ein, als im Jahre 1820 Friedrich Leopold Freiherr von Fürstenberg-Herdringen, Herr zu Heiligenhoven, das Schlossgut erwarb. Das Herrenhaus bezog ein Rentmeister, der sich um die ausgedehnten fürstenbergischen Ländereien an Sülz und Agger zu kümmern hatte.

Durch Heirat gelangte Georghausen 1904 an den Freiherrn Emanuel von Landsberg aus dem westfälischen Drensteinfurt, der Fassade und Dach des Hauptgebäudes umgestalten ließ und die Innenräume neu einrichtete. Der Zwerchgiebel über dem Portal ist eine Zutat jener Jahre. Auch heute noch befindet sich Schloss Georghausen im Eigentum der Familie von Landsberg, dient aber nicht mehr als Wohndomizil. Nach zwischenzeitlicher Nutzung als Hotel (ab 1951) wurde es 1972 an einen Golfclub verpachtet, der auf dem umliegenden Gelände einen Golfplatz betreibt. Das Schlossgebäude beherbergt Clubhaus und Restaurant, die Vorburg die Verwaltungsräume des Vereins. Den Charme des in eine besonders reizvolle Landschaft eingebetteten Ensembles hat die Umnutzung nicht beeinträchtigt.

Standesgemäßes Domizil für den Schultheißen

In Oberheiligenhoven erfolgte der schlossartige Ausbau kurz nach der Mitte des 18. Jahrhunderts, also gut 50 Jahre später als in Georghausen. Bauherr war der kurpfälzische Hofrat Johann Joseph Reichsritter von Brück, der 1748 das Steinbacher Schultheißenamt übernommen und noch im selben Jahr für 11.000 Reichstaler das Gut Oberheiligenhoven an sich gebracht hatte. Aus einer Beamtenfamilie stammend, war er 1747 durch kaiserliches Diplom in den Adelsstand erhoben worden und zählte damit zum so genannten Briefadel. Seinem gesellschaftlichen Aufstieg versuchte er durch die standesgemäße Umgestaltung des neu erworbenen Domizils Ausdruck zu verleihen, etwa 1760 gelangten die Arbeiten zum Abschluss.

Das Haupthaus der Wasserburg, die damals bereits auf eine mehr als 300jährige Geschichte zurückblicken konnte, war nach längerem Verfall zuletzt um 1700 unter ihrem damaligen Besitzer, Johann Adolf Schenk von Nideggen, renoviert worden. In der Zwischenzeit hatte sich der bauliche Zustand offenbar wieder verschlechtert. Der Schultheiß von Brück entschied sich denn

Vom Schloss standen nach dem Großfeuer vom 13. März 1973 nur noch die völlig ausgebrannten Außenmauern.

Die Ruine des Schlosses wurde 1974 vollkommen niedergelegt, das Gebäude nach den Plänen des Kölner Architekten Ludwig Kübler neu errichtet.

auch für einen kompletten Neubau. Er ließ einen zweigeschossigen, siebenachsigen Bau im schlichten spätbarocken Stil aufführen, der trotz seiner Nüchternheit einladend und wohnlich wirkte. Ein Schriftstück aus dem Jahr 1785 spricht von einem *ansehentlichen wolgebauten herrschaftlichen Hauß*. Eine Brücke verband dieses Herrenhaus mit dem Innenhof, dessen Einfassung die ursprünglich drei eingeschossigen Trakte der hufeisenförmigen Vorburg bildeten. Als Blickfang wurde die mit einer achtseitigen Laterne bekrönte Tordurchfahrt gestaltet. Das hier angebrachte von Brücksche Wappen mit der Jahreszahl 1758 weist auf das Baudatum hin.

Ähnlich wie Wolfgang Wilhelm von Wittmann in Georghausen hatte sich wohl auch Johann Joseph von Brück mit seinen baulichen Aktivitäten finanziell übernommen. Hinzu kam ein seinem ehrgeizigen Wesen entsprechender ambitionierter Gütererwerb: 1767 kaufte er das Gut Mittelheiligenhoven, 1769 auch das unmittelbar angrenzende Unterheiligenhoven, so dass die drei historischen Rittersitze an der Lennefe nun in einer Hand vereint waren. Große Kosten verursachte schließlich nicht zuletzt seine notorische Prozessfreudigkeit.

Ein westfälisches Geschlecht wird in Lindlar heimisch

Als der Schultheiß 1784 starb, lasteten Verbindlichkeiten in Höhe von fast 25.000 Reichstalern auf dem Schlossgut Heiligenhoven. Vier Jahre später, 1788, verkaufte sein Sohn Joseph das Anwesen nebst den beiden Nachbargütern Mittel- und Unterheiligenhoven für exakt 46.666 Reichstaler (bei Berücksichtigung der Schulden) an den Reichsfreiherrn Clemens Lothar von Fürstenberg-Herdringen. Für fast anderthalb Jahrhunderte blieb Oberheiligenhoven im Besitz dieses namhaften westfälischen Adelsgeschlechts, seit Mitte der 1820er Jahre diente es als Sitz eines eigenständigen bergischen Familienzweigs, der Linie Fürstenberg-Heiligenhoven. Zu diesem Zweck erfuhr das Schloss eine tief greifende Umgestaltung. Zwischen 1824 und 1826 wurde es um ein Geschoss aufgestockt und mit Zinnen und Ecktürmchen im Stil einer mittelalterlichen Burg versehen; die Fenster und das Portal wurden neu eingefasst – dies alles unter Verwendung von Baumaterial aus der säkularisierten Abteikirche Altenberg, dem »Altenberger Dom«. Eine farbige Lithographie aus der bekannten, ab 1857 veröffentlichten Graphiksammlung preußischer Schlösser und Herrensitze des Berliner Verlegers Alexander Duncker führt uns das aus dem Umbau resultierende neugotische Erscheinungsbild des Schlosses eindrucksvoll vor Augen. Eine kurze Episode blieb für Oberheiligenhoven die Rolle als Landratsamt des Kreises Wipperfürth (1883 bis 1887), wovon heute noch der damals an Stelle des rechten Vorburgflügels entstandene zweigeschossige Baukörper zeugt.

»Baroneß Thea« (1889 bis 1974) war das letzte Mitglied der Familie von Fürstenberg, das nach dem Übergang der Ländereien und des Schlosses noch von 1932 bis 1957 im ehemaligen Landratsamt der Vorburg lebte.

1932 trat Theresia von Fürstenberg, auch »Baroneß Thea« genannt, Schloss Heiligenhoven an die Kreissparkasse Wipperfürth ab, nachdem sie vier Jahre zuvor bereits den größten Teil der zugehörigen Ländereien dem Kreis übertragen hatte. In der NS-Zeit wurde das Schlossgebäude zunächst zur Kaserne, dann zum Landdienstheim und schließlich zum Sitz des Kölner Wehrbezirkskommandos umfunktioniert. Auch äußerlich kasernenartig wirkte es spätestens nach einer rücksichtslosen Sanierung im Jahre 1943, bei welcher man sämtliche neugotischen Elemente entfernte und darüber hinaus den Putz abschlug. 1956 vom Sozialwerk Adam Stegerwald übernommen, diente es bis 1998 als Familienerholungsstätte.

Schloss Heiligenhoven wird »brandneu«

Einen tiefen Einschnitt markierte der Großbrand vom 13. März 1973, dem das Herrenhaus in wenigen Stunden vollständig zum Opfer fiel. Der nach Beseitigung aller Mauerreste errichtete Neubau kommt mit gelbem Anstrich und Mansarddach in (neo-)barockem Gewand daher und mag auf den unbefangenen Besucher recht attraktiv wirken. Er weist indessen außer der Portaleinfassung mit dem Wappen derer von Fürstenberg keinerlei historische Bausubstanz mehr auf und orientiert sich als freie Nachschöpfung auch in den Abmessungen nur grob an seinem Vorgänger. Im Inneren präsentiert er sich gänzlich als modernes Bürogebäude. Die Vorburg hingegen hat ihre Authentizität bewahrt. Besonderen Zauber übt der im Stil eines englischen Land-

Das Wappen der letzten Besitzerfamilie von Fürstenberg über dem Eingansportal von Schloss Heiligenhoven ist das einzige nach dem Brand 1973 wieder verwendete Element.

Solitäreiche zwischen Schloss und Teich im Ende des 19. Jh., entstandenen Landschaftspark von Schloss Heiligenhoven, der noch heute alten Baumbestand aufweist.

schaftsgartens gehaltene Schlosspark aus, der im Kern auf einen von Johann Joseph von Brück angelegten Garten zurückgeht, aber erst im Lauf des 19. Jahrhunderts seine heutige Gestalt erhielt.

Seit der Jahrtausendwende beherbergt Schloss Heiligenhoven neben Seminarräumen die Verwaltung des nur 800 Meter entfernten Bergischen Freilichtmuseums; in der Vorburg ist eine Schülerherberge eingerichtet. Der Landschaftsverband Rheinland als Eigentümer der Gesamtanlage plant gegenwärtig (2008) den Umbau zu einer zentralen Tagungsstätte.

FAZIT

Feste Häuser, Burgen oder Schlösser, noch standfest oder bereits in ruinösem Zustand: In vergangenen Jahrhunderten dürften sie sich noch stärker von ihrer einstigen bäuerlichen Umgebung abgehoben haben, als sie sich heute von der modernen Bebauung in ihrer Nachbarschaft unterscheiden. Sie besitzen eine besondere Aura.

Die malerische Lage der Burgruine Eibach in ihrer Abgeschiedenheit am Scheelbach fasziniert ebenso wie das Ensemble von Schloss Georghausen, an der Sülz gelegen mit Mühle, einer Kastanienallee als Zufahrt zu Haupthaus und Vorburg sowie einem Teich mit den umgebenden gepflegten Rasenflächen des Golfclubs.

Schloss Heiligenhoven grenzt an den 1982 als Naherholungsbereich angelegten Freizeitpark Lindlars. Es lädt mit seinem Landschaftspark, den »tausendjährigen« Eiben, alten Solitärbäumen und dem Weiher Bürger der Gemeinde wie Besucher gleichermaßen zum Verweilen ein. Die Relikte der einstigen Adelskultur sind heute die touristischen »Perlen« der Gemeinde.

Albrecht Brendler

🇬🇧 At the threshold of modern times

1801: The "Heroe of Ommerborn" helps Frielingsdorf to become an independent parish

Within a few years Napoleon modernised the countries under his domination: he established jury systems, increased legal equality, abolished seigneurial dues and seigneurial justice. After robbery and plundering during the Napoleonic Wars the aristocracy in our region disappeared. From 1806 on the French marshal and Napoleon's brother-in-law Joachim Murat ruled a large territory in which also the Duchy of Berg territory was merged. Priest Johann Peter Ommerborn, later known as the "Heroe of Ommerborn", led an armed militia against the French occupying power to enable the peasants to become defenders of their estates. He was the one to lead the first independent parish in Frielingsdorf in 1801.

🇫🇷 A l'orée des temps modernes

1801: le héros d'Ommerborn aide Frielingsdorf à devenir une paroisse indépendante.

En l'espace de quelques années, Napoléon accomplit dans les états sous sa domination leur passage vers les temps modernes: par un système juridique, par le code civil, par l'organisation administrative au niveau communal, par l'abolition de l'esclavage. Après pillages et spoliations pendant les guerres napoléoniennes et grâce aux faits et actes de l'empereur français, l'esprit d'un monde nouveau souffla aussi sur le Bergisches Land. A partir de 1806, le maréchal français et beau-frère de Napoléon, Joaquim Murat, gouverna sur une vaste région dans laquelle le duché de Berg put également s'épanouir. Le curé Johann Peter Ommerborn, plus tard immortalisé dans le monde littéraire sous le nom de «héros de Ommerborn», prit la tête d'une milice armée pour permettre aux paysans de pouvoir défendre efficacement leurs fermes contre les forces d'occupation françaises. Ce fut lui qui en 1801 prit la charge de la première paroisse libre à Frielingsdorf.

🇭🇷 Na pragu modernog doba

1801.: »Junak od Ommerborna« pomaže Frielingsdorfu u stvaranju samostalne župe

Tijekom nekoliko godina Napoleon je utjecao na modernizaciju država pod njegovom vlašću: u sistemu sudstva, zakonodavstva, komunalnoj podjeli i upravi, te u jačanju privatnog vlasništva. Nakon razbojstava i pljačke, za vrijeme napoleonskih ratova nestaje Napoleonovim djelovanjem tradicionalni svijet i u bergskoj regiji. Od 1806. g. francuski maršal i Napoleonov zet Joachim Murat vladao je mnogim regijama u kojima je nestalo i staro vojvodstvo Berg. Pastor Johann Peter Ommerborn, kasnije ovjekovječen u književnosti kao »Junak od Ommerborna«, vodio je protiv francuskih okupatora naoružane postrojbe kako bi seljake od bespomoćnih piona pretvorio u branitelje vlastitih imanja. On je bio taj koji je 1801. g. preuzeo prvu samostalnu župu u Frielingsdorfu.

Kapitel 8

An der Schwelle zur Moderne

Eine Gemeinde entsteht in Frielingsdorf

Sankt Apollinaris – Symphonie aus Licht und Raum

Der »Held von Ommerborn« verhilft Frielingsdorf zur eigenständigen Pfarrei.

An der Schwelle zur Moderne

Im Landesarchiv in Düsseldorf wird eine Akte aufbewahrt, die für unsere Region eine besonderer Bedeutung hat. Der aufwändig gestaltete Einband trägt das goldumkränzte Monogramm »N« für Napoleon. Kaum ein Name taucht in Filmen und Büchern so oft auf und ist so bekannt wie der des französischen Imperators.

Als Kaiser der Franzosen schloss Napoleon am 12. Juli 1806 den Vertrag ab, die »Rheinbundakte«, der zwischen den samtbeschlagenen Einbanddeckeln im Landesarchiv aufbewahrt wird. Dieser Kontrakt Napoleons mit 16 Reichsfürsten und deren nachfolgender Austritt aus dem deutschen Reich hatte Konsequenzen: Am 6. August desselben Jahres legte Kaiser Franz II. die deutsche Kaiserkrone nieder, das »Heilige Römische Reich Deutscher Nation« hörte auf zu existieren. Der Bildung des (zweiten) Rheinbundes ging die Aufhebung (Säkularisation) der Klöster und Stifte, der meisten geistlichen Fürstentümer und kleinerer weltlicher Herren im »Reichsdeputationshauptschluss« von 1803 voraus. Napoleons hatte die linken Rheinseite annektiert und in den französischen Staat eingegliedert. Daher sollte der ehemalige Besitz der aufgelösten geistlichen Institutionen und kleineren Herrschaften die großen Reichsfürsten für ihre Gebietsverluste auf der linken Rheinseite entschädigen.

Binnen weniger Jahre bewirkte Napoleon in den unter seinem Protektorat stehenden Staaten den Übergang zur Moderne: im Gerichtssystem, der Gesetzgebung, der kommunalen Gliederung und Verwaltung, der Aufhebung der Leibeigenschaft. Er vereinheitlichte und straffte Strukturen da, wo seit Jahrhunderten Wildwuchs herrschte.

Die bergischen Bauern und »kleinen Leute« wussten kaum etwas von der großen Politik, die in London, Paris, Berlin, Petersburg oder Wien und auch in der Landeshauptstadt Düsseldorf gemacht wurde. Aber sie spürten die Auswirkungen. Nach Raub und Plünderung, Einquartierungen und Kontributionszahlungen dreier napoleonischer Kriege ab 1794, denen bis 1815 weitere Kriege folgen sollten, löste sich durch

Monogramm Napoleons auf dem samtbeschlagenen Einband der Rheinbundakte (1806)

Napoleons Tun ihre überkommene Welt auf. So wurden sie ab 1806 nicht mehr von einer Nebenlinie des bayerischen Kurhauses regiert, sondern von einem französischen Marschall und Schwager des kleinen Korsen, Joachim Murat. Mehrere Staaten bildeten nun einen großen Länderkomplex, in dem auch das alte Herzogtum Berg aufging. Der ehemalige Reiteroberst Murat erhielt darin den Rang eines Großherzogs.

Wahrscheinlich waren es gerade die Kriege und die nachfolgenden Veränderungen, welche die Menschen hinter dem Dimberg, in Frielingsdorf und Ente, in Brochhagen und Scheel so beharrlich darauf hinwirken ließ, eine selbständige Pfarre zu werden. Vielleicht stellte nur noch der Glaube eine feste Verankerung in einer sich beständig wandelnden Welt dar, in der sich die Zeit zu beschleunigen schien.

Von den Anfängen der Frielingsdorfer Pfarre, dem ersten Kirchenbau und dem Neubau durch Dominikus Böhm soll erzählt werden. Die Darstellung bis zum ersten Kirchenbau folgt dabei den Archivquellen, ist jedoch auch mit einigen wenigen fiktionalen Elementen versehen, um ein lebendiges Bild der Menschen und ihrer Nöte in einer Zeit des Umbruchs zu zeichnen.

Historiengemälde Claus Meyers von 1899 im Rittersaal von Schloss Burg a. d. Wupper mit dem »Ausmarsch der Freiwilligen des Bergischen Landes zur Zeit der Befreiungskriege 1813«

Eine Gemeinde entsteht in Frielingsdorf

Der Gang ist mühsam und aufzehrend. Jeden Sonntag gehen sie ihn. Stundenlang, bei jedem Wetter. Die Menschen aus den kleinen Höfen und Weilern Frielingsdorf und Ente, aus Scheel und Brochhagen, aus Fenke und von der kleinen Anhöhe auf halbem Weg nach Scheel. Ihr Ziel ist Sankt Severin in Lindlar und der Weg zum Gottesdienst gleicht in diesen Jahren einer Pilgerreise. Doch die Menschen wollen nicht mehr pilgern. Auf ihren Höfen ist genug zu tun, als dass sie jede Woche vier Stunden Fußweg auf sich nehmen können.

In der Welt ist eine neue Zeit angebrochen. Vor zwei Jahren haben die Franzosen ihren König enthauptet. In Köln, das nun endgültig den Franzosen gehört, soll es gepflasterte Straßen geben, doch was nützt das den Menschen, die sich den vereisten Steig am Dimberg hinauf quälen müssen? Der Wind pfeift den Kirchgängern oben auf der Höhe kalt ins Gesicht. Im letzten Monat brachten sie dem Pastor das Neugeborene vom Hof in Ente zur Taufe. Den Rückweg überlebte das Kind nicht. Die Rufe nach einer eigenen Kirche für die Höfe und Häuser rund um Frielingsdorf werden seitdem immer lauter.

Inzwischen hat die Familie Hoffstadt in Ente die anderen Messbesucher wie die Klebers und die Frielingsdorfs getroffen. Auf der anderen Seite des Dimbergs werden sie den Familien begegnen, die im Tal ihre Höfe haben; sie kommen aus Löh und den Weilern von Brochhagen.

Gemeinsam haben sie nun schon mehr als einmal bei Pastor Potthoff in Lindlar vorgesprochen und ihren Wunsch nach Unabhängigkeit vorgetragen. Die drei Familien aus Frielingsdorf und Ente sind sogar bereit, ihren ganzen Grundbesitz zu verpfänden, um einem Pfarrer das Gehalt zu zahlen. Doch auch dieses Versprechen konnte den Pastor nicht umstimmen. *Man habe Angst, dass sie ganz verarmen könnten,* war die Antwort auf das Angebot der Familien, denn wer für sein Seelenheil in einer der Kirche

Generalkarte des Parcellar-Katasters der Steuergemeinde Breun von 1832, auf dem die »Neuekirche« noch getrennt liegt vom Ort Frielingsdorf.

beten will, muss sie erst einmal bezahlen können.

Im neuen Jahr, als der Winter zu Ende geht, wendet sich das Blatt: Christian Kleber, Adolf Frielingsdorf und Christian Peter Hoffstadt tragen ihren Vorschlag erneut vor. Sie wollen ihr Land für 2.000 Reichstaler verpfänden. Davon soll einem Pfarrer das Jahresgehalt von 80 Talern ausbezahlt werden, der Rest dient als Sicherheit, bis die Gemeinde selbst Geld aufbringen kann.

Doch bevor Gott einziehen kann, muss sein Amtswalter in Lindlar überzeugt werden. Die Regierung in Düsseldorf ist leichter zu überzeugen als er. Im Geflecht der Zuständigkeiten zwischen Klerus und weltlicher Herrschaft, zwischen den Franzosen, die scheinbar keinen Gott mehr kennen, und den Überresten der alten Ordnung, erteilt die Regierung die Genehmigung. Als der nächste Winter vorbei ist, kommt Pastor Potthoff aus Lindlar. Dicht gedrängt stehen die Familien aus Frielingsdorf und den umliegenden Höfen zusammen, als der Seelsorger nun die Kapelle weiht. Die Genehmigung zum Bau des kleinen Gotteshauses ist erst Tage zuvor erteilt worden, Ende April. Doch da haben sie die Kapelle schon längst fertiggebaut, auf der Anhöhe über Frielingsdorf, an dem Weg nach Scheel. Eine eigene Pfarrei gibt es zwar noch nicht, aber nun dürfen hier Kinder getauft werden und die Kranken erhalten die letzte Ölung.

Auf dem alten Friedhof in Bergisch Gladbach-Sand findet sich neben der Grabplatte auch dieses 1910 eingeweihte Ehrenmal des Pastors Johann Peter Ommerborn.

Das Verhältnis zwischen den Menschen dies- und jenseits des Dimbergs ist schwierig. Die Kapelle reicht den Familien nicht. Sie wollen die Loslösung von der Mutterpfarre. Das kleine Gotteshaus ist nur der erste Schritt. Wie ein Hohn kommt es den Lindlarern vor, dass als Patron ausgerechnet der heilige Apollinaris ausgewählt wird: Die Genehmigung haben schließlich die Regierungsstellen in der Hauptstadt des Herzogtums Berg – Düsseldorf – erteilt, deren Stadtpatron Apollinaris ist. Der Erzbischof allerdings sitzt in Köln. Als sich in Lindlar die Kirchengemeinde gegen eine Abtrennung der Sprengel im Osten stellt, da haben sich die Frielingsdorfer bereits einen Benefiziaten als Seelsorger gesucht. Pastor Potthoff kennt den jungen Mann schon, der nach dem Osterfest des Jahres 1797 bei der Messfeier in der Apollinaris-Kapelle neben ihm steht, denn dem neuen Priester eilt ein Ruf voraus. Erst kurz zuvor hat er den Talar wieder an- und den Waffenrock ausgezogen, der »Franzosenjäger« Johann Peter Ommerborn.

Für Frieden und Unabhängigkeit

Inzwischen kann sich Ommerborn wieder frei bewegen. Lange war dies anders: Die letzten Jahre waren für ihn eine stetige Hatz von einem Unterschlupf zum nächsten gewesen. Er hatte es nicht hingenommen, dass die Menschen in seiner Pfarre Offermannsheide Spielball der Mächte waren. Die Franzosen zogen durch das Land, dann die Österreicher. Ommerborn führte eine bewaffnete Miliz an, machte Bauern von wehrlosen Spielfiguren zu Verteidigern ihrer eigenen Höfe, egal wem die Soldaten dienen mochten.

Gerade den Franzosen war er ein Dorn im Auge, ein nicht zu berechnender Bauer im Schachspiel der Mächte. Zu klein, um die Politik zu ändern, aber wichtig, weil er seinen Bauern ein Vorbild war. Besonders dem jungen französischen General François-Joseph Lefebvre gefiel das Treiben des Pastors im Waffenrock nicht. Kurz zuvor war Lefebvre mit gerade einmal 39 Jahren zum General einer ganzen Division ernannt worden und hatte noch große Pläne. Da Paris sich vorerst mit dem Rhein als Grenze zur Koalition zufrieden geben wollte, brauchte der Stratege Ruhe im Hinterland. Das war mit Ommerborn nicht zu machen, so lange das

Erste Kirche Frielingsdorfs 1850–1927 mit dem Turm von 1897

Fast Unmögliches geschieht

Nun steht Ommerborn an diesem Sonntag des Jahres 1797 zum ersten Mal hier in der Kapelle und feiert das Messopfer mit seiner Gemeinde. Der neue Geistliche hat es auch in Frielingsdorf schwer. Die Menschen können ihm kaum genug Geld zahlen, dass er davon leben kann, und er wohnt mehr schlecht als recht in der Nähe der mit Stroh gedeckten Kapelle. Aber Ommerborn ist Organisator. Wer bewaffnete Truppen geführt hat und mit dem Degen kämpfen kann, kann auch die Maurerkelle schwingen. Unterhalb der Kapelle beginnt er, ein Haus zu bauen, das eigentlich nicht an die staubige Straße passt. Die Häuser in Frielingsdorf sehen anders aus, ebenso die in Ente und die in Scheel erst recht. Angesteckt vom Zeitgeist, hat der junge Pastor das moderne Haus selbst entworfen. Den Familien, die er als Seelsorger betreut, gefällt das Tun des umtriebigen

Bergische noch Aufmarschgebiet und nicht vollständig unter Kontrolle war. Ganze 100 Louisdor setzte Lefebvre auf den Kopf Ommerborns aus und einige Male waren die Franzosen sogar wieder durch das Sülztal hinauf gezogen und hatten den Hof der Ommerborns belagert, weil sie vermuteten, dass er bei seinen Eltern Unterschlupf gefunden hätte. Als die Spannungen vorbei waren und sich General Lefebvre und seine Truppen auf die linke Rheinseite zurückzogen, wurde Johann Peter Ommerborn wieder das, wozu er sich berufen fühlte: Seelsorger.

Das Frielingsdorfer Pfarrhaus aus Bruchstein mit Krüppelwalmdach (links) wurde 1801 von Johann Peter Ommerborn errichtet. Der Sandsteinbogen über dem Eingang (rechts) trägt die Inschrift: I(OHANN) P(ETER) OMMERBO(R)N DER WAR ALHIR DER ERSTE PASTOR UND HAT DIESES HAUS G(E)BAUET 1801. Auf dem Schlussstein über der Tür ist ein Relief mit Kelchmotiv zu sehen.

Innenansicht der Frielingsdorfer Kirche, wie sie 1850–1927 bestand.

Querkopfs. Das Haus zumindest passt besser in ihr Selbstverständnis als die kleine Kapelle. Und wo ein Pfarrhaus ist, ist die eigene Pfarrei ein Stück weiter in greifbare Nähe gerückt.

Zu Beginn des neuen Jahrhunderts wird Frielingsdorf selbständig. Die Menschen aus Scheel, aus Brochhagen, aus Fenke, und die wenigen Einwohner von Frielingsdorf und Ente, haben ihre eigene Pfarrgemeinde. Am 21. April 1801 erhebt Dechant Werner Marx Frielingsdorf zur Pfarrei, gegen den erklärten Widerstand Lindlars. Dort weigert sich der Pfarrer sogar, die Kopie der Urkunde entgegenzunehmen. Der Unmut in der Lindlarer Gemeinde über die separatistischen Umtriebe hinter dem Dimberg sind groß. Die Kirchenführung in Köln übernimmt jedoch die Begründungen der Frielingsdorfer: »Der Weg nach Lindlar ist zu weit.« Der Einspruch der Mutterpfarrei wird in Köln weggewischt mit kirchenrechtlichen Argumenten. Der Status der zwei voneinander unabhängigen Pfarreien ist trotzdem nur von kurzer Dauer. Frielingsdorf sei zu klein, um die Kosten der Unabhängigkeit zu stemmen; sie könnten ihren Pfarrer nicht versorgen, sagen die Lindlarer. Die Frielingsdorfer und Johann Peter Ommerborn sind da anderer Meinung.

Die Unabhängigkeit endet plötzlich

Der Lindlarer Schultheiß hat in diesen Tagen viel zu tun. Die beiden Kriege gegen Napoleon, die seit dem Jahr der Pfarrerhebung in kurzem Abstand durch das Land gezogen sind, haben der Wirtschaft das Rückgrat gebrochen. Besonders oft ist der Schultheiß in den Höfen um Frielingsdorf. Drei Jahre zuvor hat eine Viehseuche die Ochsen und Kühe hingerafft, kurz darauf plündern die Franzosen die Höfe erneut und legen dabei außerdem noch Feuer. Die Bauern erholen sich davon nur langsam. Schultheiß Leunenschloß sieht die Not der Menschen. Krieg, Zölle und verwüstete Äcker machen das tägliche Brot immer teurer. Die 80 Taler Jahresgehalt, das Ommerborn bezieht, und die mageren Einnahmen der jungen Kirchengemeinde können nicht reichen. Der Schultheiß meldet nach Düsseldorf, der Priester in Frielingsdorf könne unmöglich von diesen Einkünften leben und müsse zu einem Bettler im Staate werden. Das alarmiert die Behörden; damit wendet sich das Blatt gegen die Frielingsdorfer: Die staatliche Stelle, die Jahre zuvor mit ihrer Entscheidung, einen Kapellenbau zuzulassen, den Weg zur Eigenständigkeit Frielingsdorfs ebnete, schließt sich den Argumenten der Mutterpfarre an. Frielingsdorf ist zu klein und zu arm, um eigenständig zu sein. Die Pfarrerhebung wird rückgängig gemacht.

Jedoch, Johann Peter Ommerborn bleibt in Frielingsdorf. Er spendet weiterhin die Taufe und unterrichtet die Kinder. Nur beerdigen und trauen darf er nicht, dazu müssen die Trauernden und Hochzeitspaare weiterhin nach Lindlar gehen. Die Menschen um die Apollinaris-Kapelle haben jedoch schon längst mit der Mutterpfarrei gebrochen. Sie wollen die Eigenständigkeit und mit dem ehemaligen Bauernführer und jetzigen Priester haben sie einen dickköpfigen Verbündeten.

Ein neuer Hoffnungsschimmer

Vier Jahre vergehen, die Höfe leiden Not. Napoleon Bonaparte hat 1806 von Berlin aus sein Embargo gegen England verkündet, und im Frühjahr desselben Jahres ist aus dem Herzogtum Berg ein Großherzogtum unter französischer Oberhoheit geworden. Die einfachsten Waren werden teurer und teurer. Ommerborn interveniert erneut bei der Landesregierung, die Pfarre soll endlich wieder eigenständig werden. Einzig: Es fehlen ihm die Argumente. Schließlich erhält er dennoch die Erlaubnis, wenigstens im Winter die Toten erneut auf dem Frielingsdorfer Friedhof zu bestatten, für den neben der Kapelle der Boden geweiht worden ist, worüber er akribisch Buch führt. Er legt neue Kircheregister an und vermerkt viel mehr Details als andere Amtskollegen, denn er weiß, dass diese Register die einzigen schriftlichen Zeugnisse über seine Gemeinde sind. Ommerborn beweist mit seiner sorgfältigen und ausführlichen Buchführung, mit seiner Präsenz als Lehrer und Seelsorger, dass er mehr ist als ein Handlanger der Mutterpfarrei.

Joachim Murat (1767–1815) wurde 1806 Großherzog von Kleve-Berg.

Am 2. Weihnachtstag 1926 stürzte ein Teil der Decke des Kirchenschiffs von St. Apollinaris ein. Die Pfarrgemeinde beschloss, die Kirche abzureißen und eine neue zu errichten. Foto um 1927

Ein Traum wird wahr

Sechs Jahre nach dem Verlust der Eigenständigkeit kommt 1809 der nächste Erlass aus Düsseldorf. Ommerborn wird mit den meisten Befugnissen des Pfarrers einer eigenständigen Gemeinde ausgestattet. Trauungen und die öffentlichen Verkündigungen liegen weiterhin bei der Lindlarer Mutterkirche. Eine Erschwernis besteht, denn Ommerborn muss die zweite Messe, die er in den Wintermonaten lesen will, aus eigener Tasche zahlen. Das Salär, welches ihm aus der Verpfändung der Grundbesitze von Christian Kleber, Adolf Frielingsdorf und Christian Peter Hoffstadt gezahlt wird, reicht zwar kaum zum Leben, aber der Bauernsohn aus Ommerborn weiß sich zu helfen. Um die Kosten der Eigenständigkeit durchzusetzen, braucht er Einnahmen von 200 Reichstalern pro Jahr. 80 Reichstaler kommen aus dem verpfändeten Vermögen, für 30 Reichstaler liefern ihm die Bauern Hafer. Sein Pfarrhaus, der Wald, das Ackerland und der Grundbesitz der Kirche werden mit 40 Reichstalern jährlich angesetzt, die restlichen 50 Reichstaler nimmt Ommerborn durch Taufen und Begräbnisse ein.

Schließlich, am 31. August 1812, erhebt das Erzbistum Frielingsdorf wieder zur vollgültigen Pfarrei. Und diese neue Urkunde hat es in sich: Ausdrücklich nimmt darin Kapitularvikar Johann Hermann Joseph von Caspars zu Weiß zur früheren Aufhebung Stellung: *Ungunst der Zeit, Unwissenheit und Bosheit der Menschen*, werden schwarz-auf-weiß als Ursachen in die Urkunde geschrieben. Damit hat Johann Peter Ommerborn ein abschließendes Dokument in der Hand; diese Erhebung wird niemand mehr rückgängig machen. Der Pastor, der als junger Mann mit dem Degen kämpfte, hat die Feder erfolgreich geschwungen und seine Pfarrei in die Unabhängigkeit geführt.

Wahrzeichen Frielingsdorfs: Die Kirche mit ihrem gedrungenen Westturm und dem expressionistischen Kirchenschiff unter tief abgeschlepptem Langhausdach

Die Frielingsdorfer packen an

Die Frielingsdorfer haben nun ihre eigene Pfarrei. In der kleinen Kapelle werden Ehen geschlossen und auf dem Friedhof nebenan die Toten bestattet. 1826 verlässt Ommerborn seine langjährige Wirkungsstätte. Sein Nachfolger ist Georg Selbach, der acht Jahre lang die Messen in der Kapelle weiterfeiert, die der Gemeinde schon lange viel zu klein geworden ist. Selbachs Nachfolger, Matthias Schmitz, stammt aus Frangenberg bei Linde. Mit der Mutterpfarrei hat auch der neue Pastor Streitigkeiten um die Randgebiete. Fenke und Habbach gehören erst ab 1842 endgültig zu seinem Sprengel. Als nächstes geht Schmitz das dringendste Problem seiner Gemeinde an: Für die alte Kirche wird eine größere geplant, 1848 ist sie fertig.

Während in Wien und Berlin die Barrikaden brennen, stemmen die Menschen zwischen Fenke und Scheel die Kosten in Höhe von rund 9.000 Reichstalern für den Bau. Eine Summe, die fast vier Mal so hoch ist wie das verpfändete Vermögen, das dem Frielingsdorfer Pastor fast ein halbes Jahrhundert lang ein kleines Einkommen gesichert hat. Der Weihbischof, Johann Friedrich Baudri, konsekriert die neue Kirche am 11. September 1850. Zu diesem Zeitpunkt nennen die Einwohner von Frielingsdorf und Ente die Anhöhe, auf der erst die Kapelle und jetzt die Kirche steht, schon seit mehr als 20 Jahren *Neuekirche*.

Sankt Apollinaris – Symphonie aus Licht und Raum

Ein weiters Mal noch sollten die Frielingsdorfer eine neue Kirche bauen und sich damit buchstäblich ein Denkmal setzen. Am 21. März 1927 fasst die Gemeinde den mutigen Entschluss, den bekannten Kirchenbaumeister Dominikus Böhm mit Planung und Ausführung einer neuen, modernen Kirche zu beauftragen. 1928 ist sie fertig gestellt und lädt seitdem den Besucher zum Gebet ein.

Wie eine Burg erhebt sich der monumentale Kirchenbau von Sankt Apollinaris mit seinem mächtigen, viereckigen Turm und dem tief gezogenen Satteldach über dem Herzen von Lindlar-Frielingsdorf. Die massiven, gemauerten Steinwände erinnern an romanische Basiliken. Die Fensterformen lassen an gotische Spitzbögen denken. Und die roten Stein-»Muster« in den Fensterlaibungen zitieren römische Architekturvorbilder.

Mindestens so beeindruckend und anspielungsreich wie die Außenansicht präsentiert sich das Innere: Ein spitzbogig gefaltetes Gewölbe, das vom Boden aus ansteigt, überfängt einen breiten, fast höhlenartigen Kirchenraum. Die Seitenschiffe sind zu schmalen, gleichfalls spitzbogigen Prozessionsdurchgängen geworden. Vom vierjochigen Langhaus mit den Kirchenbänken wird der Blick auf den um zwölf Stufen erhöhten, weiträumigen Chorraum und den Altar gelenkt. Hinter diesem ist die Wand weitgehend »aufgelöst«: Zwischen schräg gestellten Betonpfeiler sind farbige Glasfenster eingesetzt. Die Gemeinde schaut bei der Messfeier also auf das Kreuz und ins Licht: Sie wird aus dieser Richtung buchstäblich erleuchtet.

»Der Ort ist seit Jahrzehnten eine Pilgerstätte für Architekturstudenten«, weiß Ewald Froitzheim. Der Theologe aus Bergisch Gladbach, der seit rund 30 Jah-

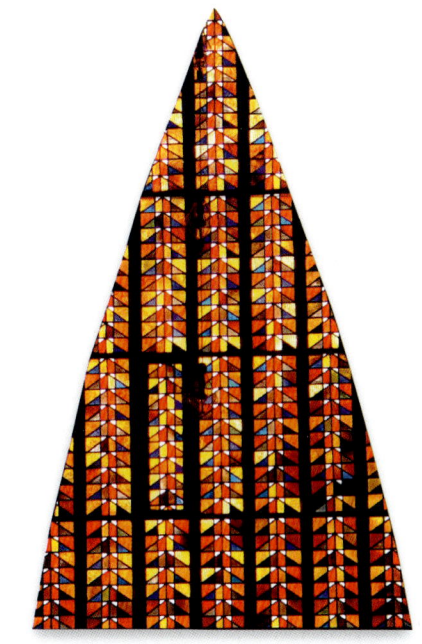

Die Glasfenster, 1936/1937 von Anton Wendling geschaffen, vermitteln im Innern durch ihre Farbigkeit und Leuchtkraft eine besondere Atmosphäre.

ren Kirchenführungen anbietet, sagt: »An Sankt Apollinaris wird das Konzept von Dominikus Böhm besonders deutlich sichtbar«. Und das obwohl oder gerade weil das 1927/1928 entstandene Gotteshaus eins seiner frühesten realisierten Werke ist. Dominikus Böhm (1880 bis 1955), von dem das Zitat *Ich baue, was ich glaube* überliefert ist, gilt als bedeutendster Erneuerer des katholischen Kirchenbaus in den 1920er Jahren und als »Bahnbrecher« auf dem Weg zu einer neuen Kirchenarchitektur.

Liturgie als gelebter Glaube

Grundlegend für den damaligen Wandel war die so genannte Liturgische Bewegung, in der sich Böhm laut Buchautor Dr. Joseph Overath seit 1919 engagiert hat. Sie fasste die Liturgie als gelebten Glauben auf und die Messe als Gemeindefeier, die aktiv von den Menschen mitgestaltet wird. Während der Priester die Messe früher auf Lateinisch las und dabei mit dem Rücken zur Gemeinde stand, setzte sich die liturgische Erneuerungsbewegung dafür ein, dass

St. Apollinaris: Außenansicht mit Fenstern und roten Ziegelbändern im Mauerverbund

Für den Westturm der Kirche wurden Teile des alten Turms von 1897 mit verwendet.

die Gemeinde stärker am Gottesdienst teil hat und sich um den Tisch des Herrn schart. Laut Ewald Froitzheim ist Sankt Apollinaris der architektonische Ausdruck der Liturgischen Bewegung. Er erklärt: »Böhm wollte eine versammelnde Gemeinschaftskirche, einen Einheitsraum schaffen«.

Vom die Gemeinde umfassenden Kirchenraum aus wird der Blick auf einen zentralen Punkt, den Altar mit dem Kreuz gelenkt. Denn im Mittelpunkt der Messfeier soll das Mysterium von Leiden, Tod und Auferstehung Christi stehen. Unterstützt wird diese Zentrierung durch die Lichtregie und eine Erhöhung des Altarraums, der an den Opferberg erinnert.

In Sankt Apollinaris ist der Altar geistiger, aber nicht geometrischer Mittelpunkt. Ein Altar auf einer Höhe und in der Mitte des Kirchenraums war in den 1920er Jahren laut Froitzheim noch »undenkbar«. Denn »damals steckte die Liturgische Bewegung noch in ihrer frühen Phase«. Erst mit dem Zweiten Vatikanischen Konzil (1962 bis 1965) und seiner Konstitution über die heilige Liturgie seien ihre Forderungen durchgesetzt worden.

Moderne Baumaterialien und mittelalterliche Formensprache

Neu und für Kirchenbauten zum Böhms Zeit unüblich war auch die Eisenbeton-Bauweise. Sie ermöglichte es, auf massige, die Sicht versperrende Pfeiler und Säulen weitgehend zu verzichten. Verzichtet wird ebenso auf eine üppige Ausstattung. Es dominieren die weißen Wände, auf denen sich lediglich durch die farbigen, vom Künstler Anton Wendling entworfenen Fenster Lichtreflexe ergeben. Ungeachtet der modernen Raumkonzeption und Gestaltung bewahrt der Bau ein Stück Tradition und Geschichte: So sind Teile vom neoromanischen Turm des Vorgängerbaus noch erhalten und in dem neuen, ungleich monumentaleren Turm aufgegangen. Und auch Elemente wie die Spitzbögen des Gewölbes und die Rundbögen der Turmfenster verweisen auf Kirchen(bau)traditionen und einen gotischen und romanischen Formenkanon.

Trotz solcher Bezüge dürfte Böhms Entwurf in den späten 1920er Jahren revolutionär gewirkt haben. Erst 1912 war in den Richtlinien in der Erzdiözese Köln für den Kirchenbau der romanische oder gotische Stil vorgeschrieben worden. Eisenbeton galt als unwürdig für Sakralbauten. So wundert es nicht, dass Dominikus Böhm nicht nur den damaligen Frielingsdorfer Pfarrer, Franz Josef Martin, von seinem Konzept überzeugen musste. Auch bei der Kölner Kirchenbehörde stieß der Entwurf von 1927 erst einmal auf Kritik. Wie Manfred Speidel in seinem Beitrag zum Buch »Dominikus Böhm 1880–1955« schreibt, bemängelte die Behörde sowohl die Form des Gewölbes als auch die Gestaltung des Ostfensters hinter dem Altar, zudem machten ihr die Baukosten Sorgen. *Böhm scheint die Pläne etwas korrigiert … zu haben*, schreibt Speidel und fährt fort: *Trotz Bedenken gab die Behörde ihre Genehmigung zum Bau.* Im Juni 1927 wurde der Grundstein gelegt.

Ein Jahr zuvor war Dominikus Böhm, der aus einer schwäbisch-bayerischen Baumeisterfamilie stammt, vom damaligen Kölner Oberbürgermeister Konrad Adenauer an die Kölner Werkschulen berufen worden – als Leiter der Abteilung für kirchliche Kunst. Im Dezember desselben Jahres stürzte im Vorgängerbau der heutigen Apollinariskirche, der Mitte des 19. Jahrhunderts errichtet worden war, ein Stück Decke ein. Nicht nur wegen der Baufälligkeit der alten Kirche, sondern auch weil die Gemeinde durch die Industrialisierung der vergangenen Jahrzehnte stark gewachsen war und so der Platz in der alten Kirche nicht mehr ausreiche, beschloss man Abriss und Neubau.

Trutzburg gegen den Unglauben

Als dieser nach etwa einem Jahr Bauzeit fertig gestellt und im April 1928 gesegnet worden war, gab es offenbar schnell positive Stimmen aus den Reihen der katholischen Kirche: Pfarrer Martin schrieb der Kölner Kirchenbehörde nach der Aussage Speidels, Sankt Apollinaris sei *Ausdruck der Kraft, die mutig Sturm und Wetter trotzt, Symbol unserer heiligen katholischen Kirche im Kampf gegen den Unglauben*. Und der Bischof

Das Innere der Frielingsdorfer Kirche wird von den in schalungslosem Eisenbeton ausgeführten Gewölben bestimmt. Die Ostwand schließt als »Lichtharfe« mit schräg gestellten Betonpfeilern.

Dem Missionskreuz von 1929 in der Taufkapelle ist eine Verkündigungsgruppe (Maria und Johannes) beigestellt, die aus der 1. Hälfte d. 19. Jh. stammt.

von Trier lobte bei seinem Besuch in Frielingsdorf im Herbst 1928, der Chor der Kirche sei ein *gebauter Golgatha*.

Die Tätigkeit von Dominikus Böhm in Lindlar war damit nicht beendet: 1927 hatte er den Auftrag erhalten, das Herz-Jesu-Krankenhaus um eine Kapelle und einen dreigeschossigen Klausurtrakt zu erweitern. Bis 1929 entstand der Anbau, in dessen Innerem sich ein lichtdurchflutetes Treppenhaus aus einer Eisenbeton-Konstruktion befand. Während das Krankenhaus in der Zwischenzeit mehrfach umgebaut wurde, ist Sankt Apollinaris noch im Originalzustand erhalten. Hier ist Böhms Konzept bis heute präsent.

FAZIT

Über viele Jahrhunderte bestand die Abhängigkeit zwischen der Mutterpfarre Lindlar und Frielingsdorf-Scheel im Osten des alten Pfarrsprengels von Sankt Severin. Der Wunsch nach mehr Eigenständigkeit in der Zeit um 1800, nach Erleichterung des alltäglichen Lebens durch einen kürzeren Weg zu Messfeier und Taufe, wurde durch das Taktieren des Lindlarer Pastors empfindlich getroffen. Dies mag die Grunderfahrung sein, die bis heute alteingesessene Frielingsdorfer auf tatsächliche und vermeintliche Zurücksetzungen oder Ungleichbehandlungen im Verhältnis zum Hauptort Lindlar empfindlich reagieren lässt.

Dabei haben die heutigen Frielingsdorfer wie ihre Vorfahren viel geschafft. Rund um die Kirche entstand in den letzten Jahren ein lebendiges Ortszentrum und ein neues Baugebiet sorgt dafür, dass Frielingsdorf weiter wächst und seine grundsätzliche Eigenständigkeit beibehält.

Lutz Blumberg und Michaela Paus

Im Katzenloch

Das Wohnhaus der Familie Hoffstadt-Feldhoff aus dem 17. Jh. »Im Katzenloch« auf einer historischen Aufnahme

Hofkreuz mit dem Namenspatron Petrus des Hausherrn Johann Peter Feldhoff als Nischenfigur. Es wurde 1857 errichtet.

Im Frühjahr 2007 kam ein wenig Welt nach Lindlar, indem die bekannte Schauspielerin Mariele Millowitsch den Geburtsort ihres Großvaters besuchte, dessen Wiege auf dem alten Hoffstadt-Hof bei Frielingsdorf stand. »ImKatzenloch« ist der prosaische Name dieses Fleckchens Erde. Ein befestigter Wirtschaftsweg führt linker Hand von der Straße Hartegasse-Steinenbrück–Brochhagen–Frielingsdorf kurz vor dem Ortseingang von Frielingsdorf zu dem Bauerngut hin. Der Weg wird von einer hohen Böschungen begleitet. Sie lässt vermuten, dass schon viele Generationen vor uns diese Hofzufahrt benutzt haben.

In den 1820er Jahreb mag auch ein junger Mann zum ersten Mal den Weg ins Katzenloch gefunden haben, Johann Peter Feldhoff lautete sein Name. Er kam aus der ehemaligen Reichsherrschaft Gimborn-Neustadt, aus Berghausen. Viele Hammerwerksbesitzer, deren Betriebe im Leppetal lagen, lebten in diesem Ort auf der Höhe. Die Eltern Johann Peters besaßen hingegen nur ein kleines Ackergut. Sie waren katholisch in einer mehrheitlich protestantischen Umgebung.

Johann Peters Vater stammte aus Scheel, wo noch Verwandte lebten. Warum der alte Feldhoff sein Leben im evangelischen Berghausen verbrachte, können wir heute nicht mehr sagen. Bald ging sein Sohn eigene Wege und ein und aus im Katzenloch. Und so kam, was kommen musste: Am 16. Mai 1827 ehelichte er, 25-jährig, Elisabeth, eine der drei Töchter des Hofbesitzers Hoffstadt.

Johann Peter Feldhoff bestellte jedoch nicht nur die Äcker des halben Gutes, das seiner Frau nach dem Tode der Eltern zugefallen war, er setzte sich auch als Kirchenrendant für den ersten Neubau der Frielingsdorfer Kirche ein. Viele Jahre saß er zudem im Rat der Gemeinde Lindlar. Sein Sohn, Johann Carl, folgte ihm als Gutsbesitzer und in seinem öffentlichen Engagement. Jedoch, einer der jüngeren Söhne Johann Carls, der 1879 geborene Otto, verließ seinen Heimatort in jungen Jahren und wurde so der Großvater des Kölner Volksschauspielers Peter Millowitsch und seiner Schwester Mariele.

Gabriele Emrich

🇬🇧 "Ex ruinis renovata" – New building for St Severin Church

1826 – Lindlar's parish church was reedified

Although the medieval church spire – certainly a landmark of Lindlar – got its distinctive baroque tower roof in 1784, in the beginning of the 19th century the three naves of the old church were so ruinous that parts of it nearly collapsed. Therefore in 1826 geometrician Franz Court, the son of the mayor of Lindlar, planned and reedified the hall church that united the preserved gothic transept with the church spire.

🇫🇷 «Ex ruinis renovata» – Construction nouvelle de l'église Saint Séverin

1826: reconstruction de l'église paroissiale de Lindlar

Au début du 19ème siècle, même si la tour d'église de Lindlar, datant du moyen-âge et emblème le plus marquant de la localité, avait conservé sa toiture baroque, le corps de bâtiment de l'ancienne église comprenant trois nefs était insalubre et menaçait de s'effondrer. C'est ainsi que l'on érigea en 1826 sur des plans du géomètre Franz Court, fils du maire de Lindlar, une salle reliant le transept gothique déjà existant à la tour de l'église.

🇭🇷 »Ex ruinis renovata« – Obnova crkve Sv. Severina

1826.: Lindlarska župna crkva se obnavlja

Srednjovjekovni lindlarski crkveni toranj, zasigurno jedan od zaštitnih znakova mjesta, sačuvao je 1784. g. svoj specifičan barokni vrh. No početkom 19. stoljeća trobrodna unutrašnjost stare crkve postala je trošna, te je djelomično prijetilo i urušavanje. Tako se 1826. prema nacrtima geometra Franza Courta, sina lindlarskog gradnonačelnika, sagradila crkvena dvorana koja je povezala očuvani gotički poprečni brod s tornjem.

Kapitel 9

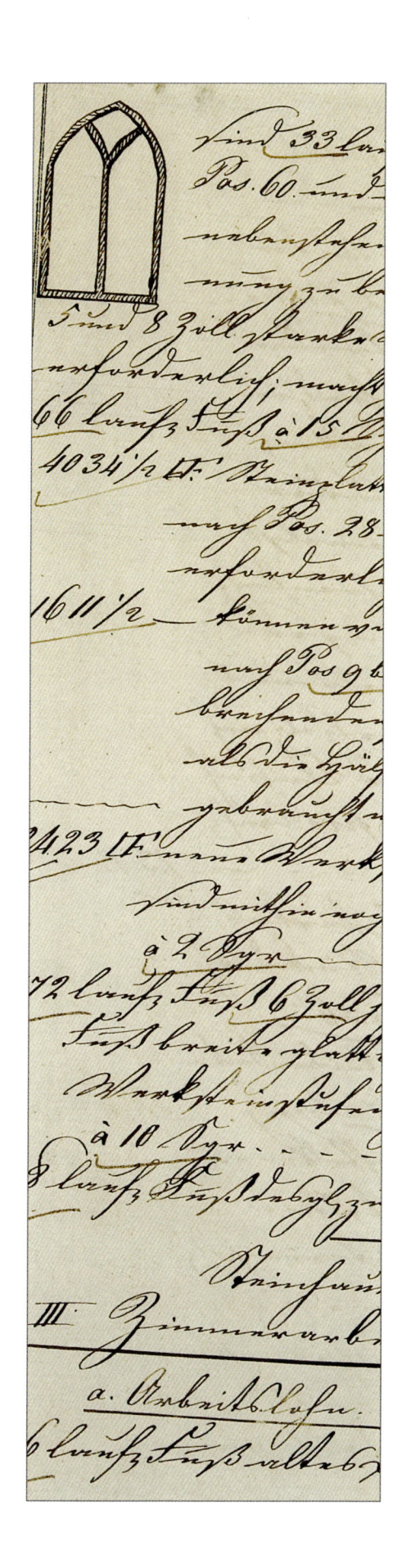

Ex ruinis renovata – der Neubau der Severinskirche

In allen Theilen dauerhaft und fehlerfrei

Die Lindlarer Pfarrkirche Sankt Severin wird neu errichtet.

Ex ruinis renovata – der Neubau der Severinskirche

Wenn in der Kirche den frommen Beter Gottes Nähe den Himmel in die Brust sendet … so wird selbst der ruhige Beschauer … sich überrascht und gehoben finden durch das von lichten Fenstern hell erleuchtete freundliche Innere der Kirche. Diese Zeilen der Bewunderung für den gelungenen Neubau der Severinus-Kirche in Lindlar erschienen am 14. September 1828 in einem Beiblatt der »Kölnischen Zeitung« unter dem Titel: »Die Pfarrkirche zu Lindlar«. Kein geringerer als Montanus dürfte der Verfasser sein; die Lobeshymne könnten allerdings auch aus der Feder eines Zeitgenossen zu Beginn des 21. Jahrhunderts stammen. Seit der Renovierung im Jahre 1988/1989 steht die helle, Licht durchflutete Kirche wieder – wie nach dem Neubau 1826 – für eine einladende Offenheit.

Um 1500 hatte man ein gotisches Querschiff mit einem kleinen Chor vor das dreischiffige romanische Langhaus und die beiden niedrigen Seitenschiffe gesetzt. Das Mittelschiff war schmäler als heute und besaß die Breite des Turmes. Die eng gesetzten massiven Pfeiler und die drei spitzbogigen Durchgänge vom Langhaus zum Querschiff beeinträchtigten stark den Blick auf den Altar.

Das dreischiffige Langhaus der alten Kirche war zu Anfang des 19. Jahrhunderts so baufällig geworden, dass aus Sicherheitsgründen Deckengewölbe aus den Seitenschiffen entfernt wurden.

1826 entstand eine Hallenkirche in der Ausdehnung des erhaltenen gotischen Querschiffs unter Einbeziehung des Turmes nach Plänen des Geometers Franz Court, Sohn des Lindlarer Bürgermeisters. Der Boden der Kirche wurde dabei um zwei Fuß (circa 62 Zentimeter) abgesenkt, um so den Altar für die Gottesdienstbesucher sichtbarer zu machen.

Den ältesten Teil des Gotteshauses bildet wohl heute der Kirchturm, dessen innerer Kern noch von der mittelalterlichen Kirche erhalten geblieben ist. Die zwei aus Kalksinter (Ablagerungen aus römischen Wasserleitungen) gefertigten Säulen seiner rundbogigen Emporenöffnung zum Kirchenraum hin zierten schon die mittelalterliche Kirche. Der stolze Westturm diente als Wachtturm und Zufluchtsort; dort lagerten auch die Feuerspritzen. Seine markante barocke Turmhaube mit Laterne erhielt er dagegen erst 1784. Zu diesem Zeitpunkt wurde das romanische Mauerwerk durch eine Ummantelung gesichert. Der Turm stand an drei Seiten frei vor der Westfassade der Kirche.

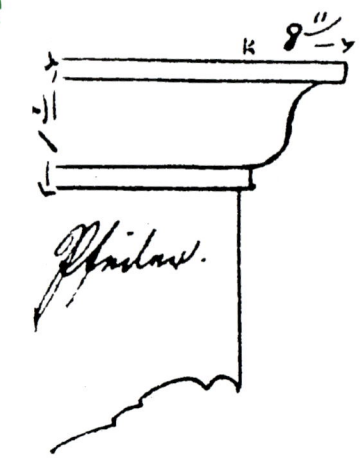

Lassen wir die Quellen sprechen, wie die Lindlarer 1826 ein großes, helles Gotteshaus erhielten.

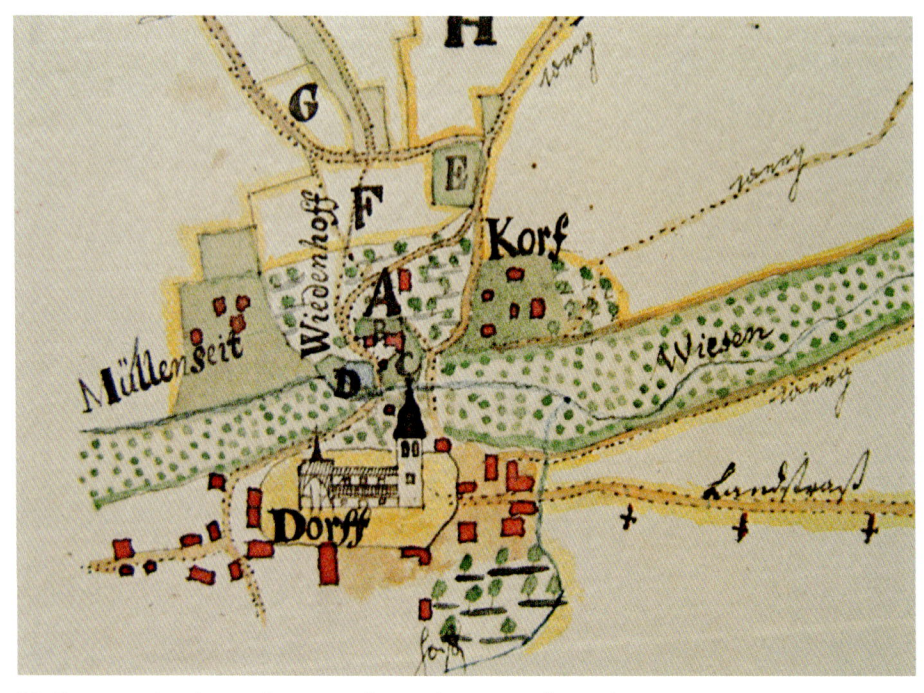

Handzeichnung einer Wandvorlage in den Akten des Gemeindearchivs, 1824

Die Karte von 1807 des Landmessers Lob zeigt die romanische Kirche mit niedrigen Seitenschiffen und gotischem Querhaus von 1500.

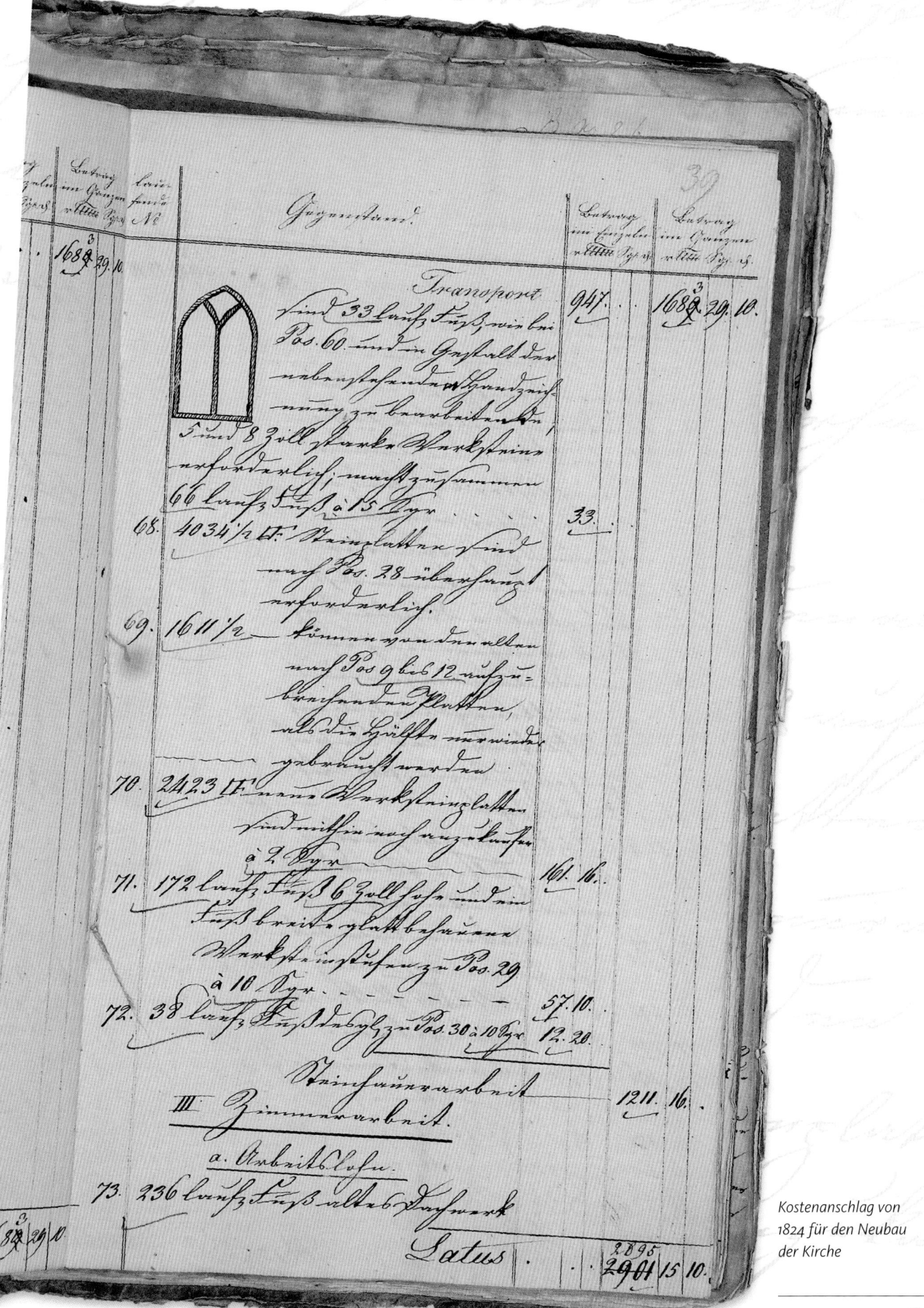

		N°	Gegenstand	Ludwig im Einzelnen rttlln Sgr d	Ludwig im Ganzen rttlln Sgr d
	1684 3/ 29 10		Transport	947 · ·	1684 3/ 29 10
			sind 33 lauf. Fuß, wie bei Pos. 60. und in Gestalt der nebenstehenden Zeichnung zu beschreiben, 5 und 8 Zoll starke Werkstein erforderlich, macht zusammen 66 lauf. Fuß à 15 Sgr		
		68.	4034 ½ St. Ziegelsteine sind nach Pos. 28 überhaupt erforderlich.	33 · ·	
		69.	1611 ½ können von den alten nach Pos. 9 bis 12 noch vorhandenen Steinen, als die Hälfte verwendet gebraucht werden		
		70.	2423 St. neue Werksteinplatten sind mithin noch anzukaufen à 2 Sgr	161 · 16 ·	
		71.	172 lauf. Fuß 6 Zoll hoch und einen Fuß breit, glatt behauene Werkhausteine zu Pos. 29 à 10 Sgr	57 · 10 ·	
		72.	38 lauf. Fuß Sockel zu Pos. 30 à 10 Sgr	12 · 20 ·	
			Steinhauerarbeit	1211 · 16 ·	
		III	**Zimmerarbeit.**		
			a. Arbeitslohn.		
		73.	236 lauf. Fuß altes Dachwerk		
	1684 3/ 29 10		Latus	2895 29 01 15 10	

Kostenanschlag von 1824 für den Neubau der Kirche

In allen Theilen dauerhaft und fehlerfrei

Wohl kaum jemand, der auf Lindlars Hauptstraße vorübereilt, achtet auf die Inschrift im Giebelfeld des nördlichen Seiteneingangs der Severinskirche. Der Text enthält ein so genanntes Chronogramm, mit dem in früheren Jahrhunderten Datierungen in einen lateinischen Satz gefasst wurden. Die Addition der als Zahlzeichen verwendeten Großbuchstaben ergibt dabei die darzustellende Jahreszahl: Hier das Jahr 1826, in dem Lindlar nach langen Verhandlungen eine neue Kirche erhielt.

> basILICa eX rVInIs renoVata soLI Deo DeDICata:
>
> (1 + 50 + 1 + 100 + 10 + 6+ 1 + 5 + 51 +500 + 500 + 500 + 1 + 100 = 1826)
>
> **Kirche aus Ruinen erneuert Gott allein geweiht**

Inschriftenband von 1826 am Vorbau des nördlichen Seitenschiffs der Lindlarer Kirche

Die alte Kirche ist baufällig, ungesund und zu klein

Schon seit geraumer Zeit führten die Gottesdienstbesucher Klagen *über den baulosen Zustand der Kirche*. Dies veranlasste den Kirchenvorstand am 17. November 1817 zu der Aussage, *die Kirche ist nach alter Art inwendig mit dicken von Stein gemauerten quadratischen Pfeilern versehen, wodurch die Kirche verengt und dunkel ist. Die drei Dächer auf der Kirche sind so verfault, daß keine Leyen mehr fest genagelt werden können.* Mauern drohten zudem einzustürzen. Die Befürchtung wurde laut, bei Vornahme weiterer Reparaturen *haben wir große Kosten anzunehmen und behalten eine dunkle ungesunde Kirche, die unsere Gemeinde Glieder nicht fassen kann.*

Baumeister Buchholz und Maurermeister Peffekoven plädierten daher dafür, die Langhausmauern zwischen Chor und Turm neu hochzuziehen, damit *der Kirche ein helleres Licht gegeben und sie mehrere Personen in sich fassen würde.* Die mittelalterliche Kirche besaß einen basilikalen Querschnitt. Dabei überragte das höhere Mittelschiff die niedrigeren Seitenschiffe. Jedes der drei Kirchenschiffe verfügte über ein eigenes Dach. Der Plan sah vor, nunmehr alle drei Schiffe in einer Hallenkirche unter einem Dach zu vereinigen, *wodurch dieselbe in der Zukunft weit weniger Reparatur unterworfen ist.*

Auch Bürgermeister Court setzte sich gegenüber dem Landrat Schumacher in Wipperfürth für einen Neubau ein und führte aus: *Wenn man in Erwägung zieht, daß die hiesige Bürgermeisterei über 5000 Seelen zählt, und nur diese Hauptpfarrkirche hat, die jetzt kaum die Hälfte der Menschen an den gewöhnlichen Sonntagen fassen kann, dann ist es doch billig, den Pfarrgenossen den nöthigen Raum in der Kirche zu verschaffen.*

Wie soll der Neubau finanziert werden?

Man war sich einig, dass etwas geschehen musste – der Landrat hielt aus Sicherheitsgründen schon im August 1820 die Abtragung von Gewölbeteilen für angeraten. Jetzt trat die Frage der Finanzierung in den Mittelpunkt.

Am 24. November 1821 schrieb der Landrat: *Nachdem ich die königliche Regierung von dem baulichen Zustand der dortigen Kirche in Kenntnis gesetzt, bin ich von dorten aufgefordert worden, darüber zu berichten, wer zum Bau und Unterhaltung dieser Kirche verpflichtet ist.*

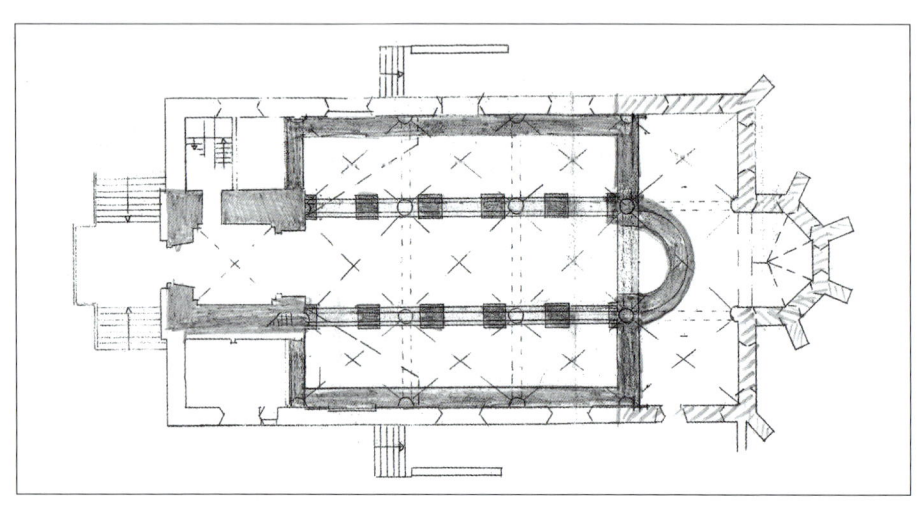

Grundrisszeichnung der alten Kirche in den Mauern des heutigen Gotteshauses

Der Lindlarer Pfarrer Vrede forschte 1821 nunmehr intensiv in alten erhaltenen Unterlagen und teilte als Ergebnis seiner Forschungen mit: *Von der Erbauung der Kirche findet sich aber nichts.* Kirchenbau und Reparaturen seien in früheren Zeiten durch Kollekten oder den Verkauf *der ersten besten hochstämmigen Eichen aus Kirchen- und Pastoral-Waldungen* erfolgt, sodass diese Baumbestände nun gänzlich verschwunden seien. Er schloss mit der Befürchtung, die Last würde *auf der Gemeinde und Kirche haften, wenn nicht irgendeine großmüthige Unterstützung derselben zu Hülfe kommt.*

Die Mitglieder des Kirchenvorstandes wollten aus Kirchenmitteln 2.000 Taler hinzugeben. Sie hofften auf weitere Zuschüsse durch den König, *weil wir das Glück haben Hochdenselben als Besitzer des Stiftes St. Severin in Cöln zum Patron unserer Kirche zu haben.* Die Erwartungen des Kirchenvorstandes waren historisch-juristisch begründet: 1802 waren auf der zu diesem Zeitpunkt französisch besetzten linken Rheinseite die Klöster und Stifte aufgehoben worden. 1803 folgten die übrigen Gebiete des Heiligen Römischen Reiches mit der Säkularisation des Kirchenvermögens. Nach dem Herzogtum Berg war ab 1815 der preußische Staat als Rechtsnachfolger des geistlichen Besitzes Patronatsherr. Ihn traf nach geltendem Recht die Baulastverpflichtung für das Langhaus. Dem Pfarrer oblag unter festgelegten Voraussetzungen die Pflicht zur Instandsetzung des Chors. Die Kirchengemeinde hingegen hatte die Unterhaltung des Turms und der Glocken zu bestreiten.

Alter Lindlarer Marktplatz mit dem mächtigen Westturm der Kirche in den 1940er Jahren

Der fünfgeschossige Turm der Lindlarer Kirche aus Grauwacke stammt im Kern aus dem 12./13. Jh.

Aber Kirchenvorstand und Gemeinderat hatten die Rechnung ohne den preußischen König gemacht. Die Königliche Regierung der Rheinprovinz stellte am 4. November 1824 klar, dass sie als Patron der Kirche keine Bauverpflichtung treffe und daher auch nicht mit staatlicher Unterstützung zu rechnen sei. Enttäuschung und Protest über die Ablehnung kamen in der Inschrift zum Ausdruck, die als Chronogramm über dem südlichen Seitenportal der Kirche zu lesen ist:

AUF EIGENE KOSTEN
DER PFARRE UND
DER KIRCHENKASSE ERBAUT
UNTER BÜRGERMEISTER COURT.

Da der Pfarrer Abgaben aus den Gütern der Honschaft Helling erhielt, sollte er zum Unterhalt der Kirche mit beitragen. Freilich waren die Naturalabgaben an Hafer und Roggen sowie die Geldeinkünfte des Pfarrers hierfür zu gering.

Die Anfragen des Bürgermeisters Court bei möglichen Spendern, bei dem Freiherrn Friedrich Leopold von Fürstenberg in Adolphsburg und dem Steuerempfänger Hamm, fielen negativ aus. Pfarrer Carl Vrede sowie der Apotheker und Beigeordnete Georg Stolz erklärten schriftlich ihre Bereitschaft, Gelder als Darlehen für den Bau der Kirche vorzuschießen.

Die Frielingsdorfer Gemeindescheffen wehrten sich im Übrigen dagegen, dass die Vergütungsgelder, die die Gemeinde für die Verpflegung von Truppen in der Zeit von 1814 bis 1815 erhalten hatte, insgesamt für den Lindlarer Kirchenbau verwandt werden sollten, es müsse *der ihnen hieraus gebührende Antheil zum Besten der Pfarrgemeinde Frielingsdorf aufbewahrt werden.*

Der Gemeinderat beschloss, die fehlenden Gelder mit der 1820 in Preußen eingeführten Klassensteuer von den Gemeindemitgliedern, über zwei Jahre verteilt, einzufordern. Bei dieser Steuer handelte es sich um die Vorläuferin unserer heutigen Einkommensteuer. Sie wurde allerdings nicht nach der Höhe des Einkommens des Pflichtigen, sondern nach allgemeinen äußerlichen Kriterien wie reich, wohlhabend, gering und arm festgelegt, wodurch die Bevölkerung in vier Klassen eingeteilt war.

Säule der dreischiffigen Kirchenhalle

Es entzündete sich Streit an der Frage, ob evangelische Mitglieder der Zivilgemeinde zu den Kosten für das katholische Gotteshaus herangezogen werden könnten. Die Gemeinde Lindlar pfändete noch 1832 bei einem evangelischen Einwohner von Ommer eine Kuh. Er hatte sich geweigert, seinen Beitrag für 1827 zum Bau der Kirche beizusteuern.

Öffentliche Vergabe und ein Werkvertrag

Nach zweimaliger Ausschreibung kam es am 16. Januar 1826 zur öffentlichen Vergabe der Bauausführung an den Unternehmer Moritz Hansen aus Siegburg. Nachdem die Königliche Regierung und der Landrat die Genehmigung ausgesprochen hatten, schloss *der Verwaltungsbeamte, in der Person des Bürgermeisters,* mit dem Unternehmer, *der sich für die Dauer des Baus Domizil auf dem hiesigen Post-Expeditions-Büreau wählt,* am 20. April 1826 einen *Verdingungsvertrag.* Als Datum der Fertigstellung legten die Beteiligten den 1. Oktober desselben Jahres fest. Hansen musste sich verpflichten, noch brauchbare Steine des vorhandenen Mauerwerks, vom Mörtel gereinigt, wiederzuverwenden. Den alte Speis sollte er sammeln, klein schlagen und gesiebt anstelle von Sand verwenden. Das Holz der Kirche hingegen durfte nicht nochmals verbaut werden.

Für die Dachverkleidung durfte kein altes Blei, indessen sollten die *alten Leyen* für die Nordseite genutzt werden. Auf der Südseite musste neuer, guter blauer Schiefer aus Zell an der Mosel zur Verwendung kommen *und ist das Gewicht und die Qualität vor dem Verbrauch nachzuweisen.*

Abriss und Aufbau

Der Schreiner Johann Klug hatte die Aufgabe, die Kirchenbänke auseinander zu nehmen, die Kommunikantenbank abzubrechen, die Kanzel und die Galerie (Empore) abzunehmen, ebenso das Gestell der Orgel und den Orgelkasten sowie die alten Beichtstühle zu entfernen. Der Turm sollte *innwändig mit Bretter zugeschlagen werden, damit unterm Thurn der Gottesdienst gehalten werden kann.*

In das Querschiff, das um 1500 vor das mittelalterliche Gotteshaus gesetzt worden war – in den Bauakten stets als »Chor« bezeichnet – gelangten die Kirchenbesucher von den Seiten- und dem Mittelschiff her durch drei Durchlässe. Die Gewölbe in diesem »Chor« sollten ursprünglich erhalten bleiben. Als aber nach dem Abbruch des alten Mittelschiffes die Bauleute begannen, die schweren Chorpfeiler schlanker zu machen, bemerkten sie, dass diese morsch waren, und sie entdeckten Risse in den Gewölben des Querschiffes; somit drohte deren Einsturz.

Kurz entschlossen nahmen Kirchenvorstand und Gemeinderat eine Umplanung vor: Das steinerne Gewölbe im Querschiff wurde herausgenommen und alle zehn Pfeiler entfernt. Die Steinmetze fertigten sechs Säulen aus Steinen, die im Brungerst gebrochen wurden. Die Wandpfeiler am kleinen Chor wurden abgerundet und *mit Kapitälen, wie auf den übrigen Säulen, versehen.*

Blick von Osten auf die Lindlarer Kirche

St. Severin mit neugotischer Ausstattung vor 1930

Auszug aus dem Kostenanschlag von 1824 für die Instandsetzung und Erweiterung der Pfarrkirche

Für die Gurtbögen der Joche nahmen die Bauleute nicht, wie ursprünglich geplant, ausgesuchte Bruchsteine, sondern Holz. Durch den Wegfall der alten Chorgewölbe konnte die Treppe *zur Gewinnung eines größeren Raumes für die Kirchgänger mehr nach dem Altar hin angelegt* werden.

Jede Seitenwand erhielt vier Fenster mit drei Bahnen zusätzlich zu dem vierbahnigen im bisherigen Querschiff, was die Lichtfülle des Kirchenraumes herbeiführte.

Da das Mauerwerk an den Seiten des Turms *ausgewichen* war, hat man die

Außenmauern des Langschiffes um fünf Fuß (das sind circa 155 Zentimeter) verlängert, so *daß der Thurm nur zehn Zoll vorspringen soll, indem auf solche Art die Ecken der Thurm Mauer eine neue Befestigung, und Dauerhaftigkeit erhalten würden.*

Der Kirchenvorstand hatte bereits am 11. Juli 1824 in seiner ersten Stellungnahme zum Bauplan die Ansicht vertreten, den *durch Verlängerung der Kirche gewonnenen Raum nicht zu Kapellen zu benutzen, sondern zur Aufnahme von Menschen, die die Kirche nicht fassen kann, daher kann der Raum zur linken Seite nicht ferner zum Aufbewahren der Feuerspritze, sondern nur als Theil der Kirche benutzt werden.*

FAZIT

Nach Fertigstellung waren alle Beteiligten über das gelungene Werk äußerst zufrieden, *da der Bau in allen Theilen dauerhaft und fehlerfrei, d. h. so weit es jetzt ersichtlich, ausgefallen sei.* Und auch mehr als 180 Jahre nach dem Neubau sind die Besucher der Pfarrkirche in Lindlar begeistert von der Lichtfülle, Weite, Offenheit und Erhabenheit der Atmosphäre, die sie ausstrahlt.

Es ist wahrlich ein Meisterwerk, das die Lindlarer Bauherren und vor allem der Unternehmer Moritz Hansen 1826 in nur fünf Monaten vollbracht haben.

Elisabeth Broich

Heutiger Blick in den Chor von St. Severin

🇬🇧 Migrating – Emigrating – Settling down

1850: Many residents leave Steinscheid and migrate to urban areas

During the 19th century the industrialisation affected German cities and regions, in Lindlar on the countryside people started to migrate to urban areas. The agriculture alone couldn't provide enough food for many families and only a few were able to earn their living by pursuing a trade. The growing cities as well as the American continent attracted the people. The consequences were deserted properties and decreasing population of small cottages like Steinscheid which today belongs to the Bergisches Freilichtmuseum.

🇫🇷 Immigration – Emigration

1850: Steinscheid se dépeuple, les habitants rejoignent les villes

Durant le 19ème siècle, alors que l'industrialisation atteignait les villes et régions allemandes, la tendance à l'exode rural se précisait dans la région agricole de Lindlar au profit des zones urbanisées. L'agriculture ne pouvait plus subvenir aux besoins alimentaires de la plupart des familles et peu arrivaient à gagner leur vie en exerçant leur métier. Les villes sans cesse croissantes, mais aussi le continent américain, attiraient hommes et femmes. La conséquence: des fermes abandonnées et des hameaux dépérissants, comme par exemple Steinscheid, qui fait partie aujourd'hui du musée agricole du Bergisches Land.

🇭🇷 Seoba – iseljavanje – naseljavanje

1850.: Brojni stanovnici napuštaju Steinscheid i sele se u gradove

Dok je za vrijeme 19. stoljeća industrijalizacija zahvaćala njemačke gradove, u Lindlaru se očitovala općim trendom trajnog iseljavanja u napućena područja. Poljoprivreda nije više mogla osigurati opskrbu hranom mnogih obitelji, a tek je nekolicina ljudi uspjela zaraditi za život baveći se obrtom. Rastući gradovi, ali i američki kontinent, privlačili su ljude. Posljedica su bila opustošena imanja i zaseoci, kao npr. Steinscheid koji je danas dio Bergskog muzeja na otvorenom.

Kapitel 10

Abwandern – Auswandern – Niederlassen

Steinscheid – eine verlassene Siedlung wird Museum

Aus dem Winkel bis nach Übersee

Vom Ohio River an den Lenneferbach

1850

Zahlreiche Bewohner verlassen Steinscheid und wandern in die Städte ab.

Abwandern – Auswandern – Niederlassen

Der Lindlarer Bürgermeister Mausbach richtete sich 1897 an die auswärtigen Inhaber des Bergwerkseigentums in der Gemeinde Lindlar. Er äußerte die dringende Bitte um Wiederaufnahme der Bergwerkstätigkeit in den ehemaligen Gruben, die seit vielen Jahrzehnten mangels Rentabilität ruhte.

Mit diesem Appell hoffte er, die spürbare Abwanderung vieler Menschen aus Lindlar und den Schwund an Arbeitskräften abwenden zu können. So hatte Lindlar nach einem Schreiben Mausbachs vom 24. Mai 1897 im Jahr 1867 mehr Einwohner gehabt als 1895 mit 6.411 Gemeindemitgliedern. Der Geburtenüberschuss konnte den Verlust nicht auffangen. Dadurch verringerte sich nicht nur die Bevölkerung, sondern ebenso die Steuerkraft der Gemeinde.

Wo das Land kein Auskommen mehr bot, lockte der Verdienst in die Fabrikhallen der Großstadt, wie hier nach Köln. Foto um 1900

Die Einwohner Steinscheids zogen in die umliegenden Städte wie Siegburg oder Köln, hier mit einer Marktszene auf dem Alter Markt im Jahr 1890.

Schon zuvor kam es in den 1840er und 1850er Jahren durch die zunehmende Verarmung weiter Bevölkerungskreise im Zuge der Industrialisierung zu einer Massenauswanderungsbewegung aus der gesamten Rheinprovinz nach Amerika. Zu diesem Ergebnis gelangte im Mai 2000 eine Tagung des Landschaftsverbandes Rheinland zum Thema »Auswanderung aus dem Rheinland nach Nordamerika vom 17. bis zum 19. Jahrhundert« in Pulheim.

Auch in Lindlar zeichneten sich der allgemeine Trend zur dauerhaften Abwanderung – weniger zur Auswanderung nach Übersee – ebenfalls schon Mitte des 19. Jahrhunderts ab. Dadurch gingen der Gemeinde zwischen 1843 und 1859 rund 500 Menschen verloren, nach den Studien des Historikers Thomas Gerst im Gemeindearchiv auf das Jahrhundert zwischen 1809 und 1909 bezogen sogar 3.000. Die Landwirtschaft konnte die Nahrungsversorgung der meisten Familien nicht mehr sichern. Missernten und Schädlingsbefall konnten verheerende Ausmaße annehmen. Vor Ort gab es nur für wenige Menschen einen auskömmlichen Broterwerb durch Betreiben eines Gewerbes. Im Gegenzug zu dieser Perspektivlosigkeit lockten die wachsenden Städte. Die Folge ließ sich ablesen an verödeten Höfen und schrumpfenden Weilern. Hierfür soll die Geschichte des Weilers Steinscheid, der heute Teil des LVR-Freilichtmuseums Lindlar ist, beispielhaft thematisiert werden.

Ab Ende des 19. Jahrhunderts kam es vermehrt zu Rückwanderungen aus Amerika. Die Gefahren der Überfahrt hatten sich durch die Dampfschifffahrt reduziert. Außerdem konnten die in Amerika erworbenen Fähigkeiten und der angesparte Verdienst für die Verbesserung der eigenen Lebensumstände im Heimatland eingesetzt werden.

Wie sich eine solche Remigration aus persönlichen Gründen mit der politischen Entwicklung im Deutschland der 1930er Jahre wechselseitig bedingte, lässt sich am Schicksal der Familie Wingensiefen zeigen, die in den krisengeschüttelten 1920er Jahren von Odenthal aus ihr Glück in der Neuen Welt suchte, um – zurückgekehrt – 1937 in Lindlar Wurzeln zu schlagen.

In den meisten Fällen ging die Schiffspassage – wie auch bei Familie Wingensiefen – von Bremen aus in die Neue Welt. Foto aus dem Jahr 1903.

Steinscheid – eine verlassene Siedlung wird Museum

Wer heute den Weiler Steinscheid bei Lindlar aufsucht, zählt zu den jährlich über 90.0000 Besucherinnen und Besuchern des LVR-Freilichtmuseum Lindlar. Vor über zwanzig Jahren bot sich den vorbeifahrenden Autofahrern oder den Spaziergängern, die von Steinscheid nach Kemmerich oder Schmitzhöhe gingen, ein komplett anderes Bild. Der Weiler drohte ganz von der Landkarte zu verschwinden. Von den ehemals fünf Wohnhäusern war lediglich noch Hof Peters bewohnt.

Während um 1830 fast 50 Menschen in der Siedlung lebten, gaben die beiden letzten verbliebenen Bewohner, die unverheirateten Geschwister Milli und Richard Peters, 1989 den Hof aus Altersgründen auf. Das renovierungsbedürftige Haus samt veralteten Stallungen und Scheune sowie die kleine Landwirtschaft boten nachfolgenden Generationen keine Existenzgrundlage mehr. Diese Entwicklung war keineswegs neu, denn bereits ab 1850 gab es viele Einwohner, die Steinscheid den Rücken kehrten, da sie keine Möglichkeiten sahen, sich dort eine Existenz aufzubauen und anderswo Arbeit suchten.

Die Erbordnung formt die Kulturlandschaft

Die historische Entwicklung des Weilers Steinscheid in den vergangenen 200 Jahren ist ein typisches Beispiel für die über 2.000 bäuerlichen Siedlungen, die durch Erbteilung zersplittert wurden und seither die Kulturlandschaft der Region prägen. Unter einem Weiler versteht man Gruppe von drei bis ungefähr zehn benachbarten, unregelmäßig zueinandergestellten Hofplätzen. Sie

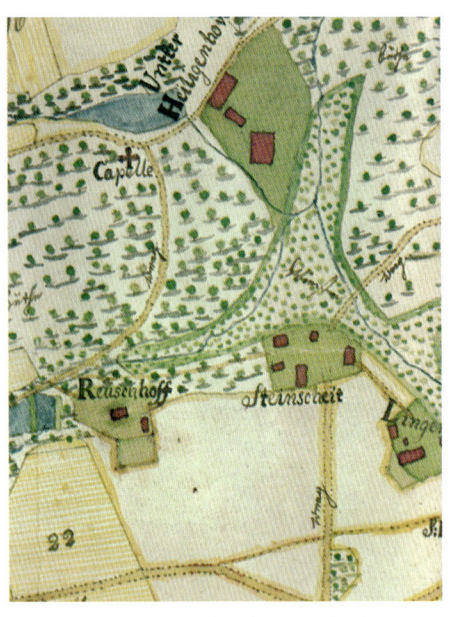

Der Weiler Steinscheid auf einer Zehntkarte von 1807 mit fünf Gebäuden

entstanden entweder durch eine Rodung oder gingen als Folge der Realerbteilung – der Aufteilung des Besitzes nach dem Tode gleichmäßig unter allen Nachkommen – im Bergischen Land aus Einzelhöfen hervor. Ein Weiler besitzt keine eigene Verwaltung, Schule oder Kirche, sondern ist einem größerem Kirchdorf zugeordnet.

In schriftlichen Quellen wird Steinscheid erstmals in einem Text aus dem Jahr 1487 erwähnt. Der allgemeine Bevölkerungszuwachs ab 1750 lässt sich auch an der Entwicklung Steinscheids ablesen. Aus den amtlichen Unterlagen geht hervor, dass in dem Zeitraum zwischen 1773 und 1791 mehr als zehn Ehepaare zeitweise im Weiler ansässig waren. Neue Wohngebäude kamen hinzu, so das Haus Ferrenbach, später Frangenberg, erbaut im Jahr 1765. Dabei handelt es sich um ein der Länge nach geteiltes Wohnhaus, das zwei Familien eine ein-

Lindlarer Bevölkerungsstatistik 1844–1848 mit ausgewiesenem Geburtenüberschuss

Ansicht von Hof Peters, 1940er Jahre

fache Unterkunft bot. Das baufällige Haus wurde 1938 abgerissen. Die freigelegten Grundmauern gehörten heute zum Ensemble der Baugruppe »Weiler Steinscheid« im Freilichtmuseum.

Mobilisierung von Grund und Boden

Im 19. Jahrhundert vollzog sich ein radikaler Wandel in der Bevölkerungsstruktur der Siedlung, von den ehemals selbständigen Bauernfamilien konnte lediglich eine ererbtes Gut über Generationen weiter bewirtschaften, die anderen Gebäude, Äcker und Wiesen wurden verkauft.

Anhand der von Lindlarer Pfarrern geführten Geburts-, Heirats- und Sterberegister, die im Personenstandsarchiv Brühl für den Zeitraum ab 1700 vorliegen, spürte der Historiker Thomas Gerst die früheren Bewohner der Siedlung auf und belegte, dass Steinscheid bis um 1850 ein bewohnter Ort mit mehreren Höfen war und die meisten Einwohner erst später fortzogen. Den Grund für den Wandel sieht er in der Realerbteilung und den dadurch bedingten Verkauf von Haus und Grundbesitz.

Ein anschaulicher Beleg für diese Vermutungen liefern die Besitzverhältnisse des Hauses Ferrenbach. Der geringe Besitz wurde mehrmals geteilt. Spätestens ab 1812 übernahmen die damaligen Erben, ein Sohn, eine Tochter und ein Enkelsohn, den Hof und damit ebenso die zugehörigen Verbindlichkeiten in Höhe von 100 Talern. Das kleine Ackergut reichte bei weitem nicht aus, die Verpflichtungen abzutragen. Doch Verschuldung war zu dieser Zeit kein Einzelfall, ein großer Teil des bäuerlichen Landbesitzes in Lindlar war im 19. Jahrhundert belastet.

In den 1950er Jahren betrieb die Familie Peters ein Fuhrgeschäft mit einem Ford-LKW.

Wohlhabende Grundbesitzer und landlose Tagelöhner

Das Haus Ferrenbach ging schließlich in die Hände des Lindlarer Ackerers Peter Frangenberg über. Er wohnte zeitlebens in Lingenbach und zählte zu den größten Landbesitzern und Steuerzahlern der Gemeinde. Peter Frangenberg und seine Erben verpachteten die Hofstellen mit ihren Acker- und Waldflächen. Viel Grundeigentum erwarb zudem Freiherr von Fürstenberg, der auf Schloss Heiligenhoven residierte. Die neuen Besitzer zeigten allerdings nur wenig Interesse an dem Erhalt der Gebäude. Allein um 1855 wurden zwei baufällige Häuser abgebrochen, damit sank gleichermaßen die Bevölkerungszahl. Lebten 1844 noch 48 Männer, Frauen und Kinder in Steinscheid, waren es 1858 lediglich noch 22 Personen.

Von den ehemaligen Landbesitzern blieben einige auf den Höfen wohnen, arbeiteten fortan als Tagelöhner für die neuen Grundherrn, andere wanderten in größere Städte ab und fanden Arbeit in Handwerksberufen oder in der Industrie. Schweren Zeiten gingen die Pächter nach den Krisenjahren 1846/1847, 1852 und 1858 entgegen. Die Preise für Grundnahrungsmittel wie Brot und für Getreide stiegen drastisch an, und ein Großteil der landlosen Steinscheider Bevölkerung erhielt eine Armenunterstützung aus der Gemeindekasse.

Eine Hofstelle wird zu Ackerland

Ähnlich verhielt es sich auch mit den Besitzungen von Christian und Maria Sibille Müller, die um 1800 den größten

Schneider Josef Dresbach mit Frau Maria und Schwiegermutter Maria Klever vor dem Hof Hartkopf-Fürstenberg, um 1920

Die letzten Bewohner ziehen aus und das Freilichtmuseum kommt

Längst reichte bei der Familie Peters die Landwirtschaft allein zum Broterwerb nicht aus. Die Familie wuchs im Lauf der Zeit auf insgesamt elf Personen an. Den aufkommenden Boom des Straßenbaus nutzend, gründete Wilhelm in den 1920er Jahren ein Fuhrgewerbe zum Transport von Steinen aus den nahe liegenden Steinbrüchen. Parallel wurde Landwirtschaft betrieben. Mit seiner Größe von 13 Hektar Ackerfläche und Grasland konnte von einem leistungsstarken Betrieb aber keine Rede sein.

Vor allem die Veränderungen ab den 1930er Jahren, mit dem Anbau der Remise, der Vergrößerung der Durchfahrt zum Stall, prägen sein heutiges Erscheinungsbild. Die Geschwister Maria, Milli und Richard Peters lebten in bescheidenen Verhältnissen. Eine abschließende große Veränderung gab es Ende der 1960er Jahre: Sie bauten einen für die damalige Zeit moderner Kuhstall an, der 20 Tieren Platz bot.

Ein Weiler, der vermutlich vor Jahrhunderten aus einem Einzelhof hervorgegangen ist, kehrte ab 1960 zu seinen Anfängen zurück, es blieb ein einzelner Hof und ein kleines unbewohntes Arbeiterhaus übrig. Diese Entwicklung änderte sich maßgeblich durch die Gründung des Bergischen Freilichtmuseums des Landschaftsverbandes Rheinland 1985. Im Jahr 1989 verließen die beiden letzten überlebenden Geschwister der Familie Peters, Milli und Richard den Hof und zogen nach Lindlar.

Hof im Weiler Steinscheid bewirtschafteten. Nach dem frühen Tod des Ehemanns heirate seine Witwe zum zweiten Mal. Aus der Ehe gingen sieben Kinder hervor. Nach dem Tod von Maria Müller verteilte sich der Besitz auf die zahlreichen Kinder und den Witwer. Einige der Geschwister ließen sich auszahlen, zwei blieben auf dem Hof, teilten das Anwesen in zwei Partien und bewirtschaften das Bauerngut weiter. Doch in der nächsten Generation veräußerten sie Haus und Grundbesitz.

Die schmalen Erträge der Landwirtschaft reichten nicht mehr aus, die eigenen Familien zu ernähren. Innerhalb von zehn Jahren kaufte der wohlhabende Peter Frangenberg diesen Besitz ebenfalls auf. Er kümmerte sich wenig um das Gebäude, verpachtete es an einfache Tagelöhner. Schließlich wurde das baufällige Haus 1858 abgerissen, die Grundmauern mit Erdreich verfüllt und die so entstandene Fläche als Ackerland genutzt.

Eine Ausnahme in der Siedlungsgeschichte des 19. Jahrhundert bildet die Hofstelle der Familie Schmitz, sie war von 1780 bis 1906 in Familienbesitz. Doch dann reichten ihre Einkünfte gleichfalls nicht mehr aus, die vielköpfige Familie zu ernähren. Die Familie zog nach Siegburg. Hubert Schmitz arbeitete fortan als Kohlenhändler. Der Besitz ging auf den Freiherrn von Fürstenberg über, der wiederum den Hof an das Ehepaar Wilhelm und Justine Peters verpachtete. Nach dreißig Jahren als Pächter erwarb die Familie Peters 1931 den Hof zusammen mit dem dazugehörigen Ackerland und Wald – nicht ganz freiwillig, denn nach dem finanziellen Ruin der Familie von Fürstenberg ging der Grundbesitz 1929 an den Kreis Wipperfürth über. Dieser ließ nichts unversucht, den Grund und Boden gewinnbringend zu verkaufen. Es folgte ein jahrelanger Rechtsstreit mit den Pächtern, über die Höhe der Kaufsumme und die Zahlungsmodalitäten.

Ein Tal wird Museum – das Lingenbachtal bei Lindlar

Pfingsten 1998 feierte das Museum seine große Eröffnung. Mittlerweile bieten siebzehn Gebäude Einblicke in die Zeit von 1800 bis circa 1960. Den jüngsten Zeitschnitt präsentiert die Baugruppe »Steinscheid« sehr anschaulich und lebendig, fast zum Greifen nah. Zusätzlich informieren zwei neue Ausstellungseinheiten über die Lebensverhältnisse der ländlichen Bevölkerung. In dem ehemaligen Arbeiterwohnhaus »Helpenstein« stehen die »Jahre der Not in Lindlar und Umgebung 1945 bis 1949« im Mittelpunkt. Auf nur knapp 40 Quadratmetern widmet sich die Dauerausstellung den zentralen Themen und schwierigen Lebensumständen dieser Zeit. Die Präsentation stellte das Museum in Kooperation mit dem Arbeitskreis Regionalgeschichte des Fördervereins und mit großer Unterstützung seitens der Bevölkerung zusammen.

Im ehemaligen Kuhstall des Hofes ist die Präsentation »Mensch & Umwelt: Wandel der Landwirtschaft im Bergischen Land von 1900 bis 1950« zu sehen. Zwischen 1989 und 1993 fand ein breit angelegtes Projekt zur Erforschung der Wüstung Steinscheid unter der Leitung des LVR-Amtes für Bodendenkmalpflege, Außenstelle Overath, statt.

Durch die Ausgrabungen kamen die Grundrisse und die Konstruktionsweise der ehemaligen Wohn- und Stallgebäude zutage. Ein neu angelegter Weg erschließt die Ausgrabungen der Fundamente, die vor 150 Jahre verschüttet wurden.

Herbstprodukte in der Wohnstube von Hof Peters

Ausstellung »Jahre der Not« in Haus Helpenstein

1985 fiel die Entscheidung für das 25 Hektar große Lingenbachtal bei Lindlar. Dort befindet sich ein Gelände, das der typischen Kulturlandschaft des Bergischen Landes entspricht. Das Gelände ist in den vergangenen 20 Jahren mit großem Einsatz in den Zustand der Zeit um 1900 zurückversetzt worden. Auch die Übernahme von Hof Peters samt Nebengebäuden und Mobiliar war ein entscheidendes Kriterium für die Einrichtung des Museums an diesem Ort.

Die Hauswirtschafterin, Elisabeth Walter, am Herd in der Küche von Hof Peters, LVR-Freilichtmuseum Lindlar

Vom Ohio River an den Lenneferbach

Mit Weiden und Wäldern wird für Lindlar geworben, der Segelflugplatz ist sicher ebenso ein Begriff wie die »Bergische Schweiz« und die Erinnerung an die »Hölzer Alm«, ein uriges Wirtshaus an der Wanderroute über den »Hölzer Kopf«, ist bei vielen Einheimischen wie Tagesgästen noch lebendig.

Aber was meinen die Lindlarer, wenn sie von der »Siedlung« sprechen? Es handelt sich hier um ein großes Areal zwischen dem Schloss Heiligenhoven und dem »Hölzer Kopf«, das sein Aussehen in den 30er Jahren des vorigen Jahrhunderts stark verändert hat und heute gekennzeichnet ist durch große hügelige Weideflächen mit einer Reihe von Einzelhöfen. Der höchst gelegene liegt direkt unterhalb des »Nußbüchels«. Die Siedler, welche ihn errichteten und das zugehörige Land urbar machten, kamen von weit her, um oberhalb Lindlars ihren Traum vom selbständigen bäuerlichen Leben zu verwirklichen.

Aus Fichtenwald wird Ackerland

Noch zu Beginn des 20. Jahrhunderts war das Gelände weitgehend von Wald bedeckt und gehörte zum Schloss, dessen Eigentümer, Baron von Fürstenberg, einen eigenen Förster beschäftigten. Anfang des 19. Jahrhunderts hatte Heiligenhoven eine Blütezeit erlebt. Doch der Niedergang der »Herrschaft« war nach dem Ersten Weltkrieg nicht mehr aufzuhalten: Baroness Thea von Fürstenberg sah sich wegen großer wirtschaftlicher Schwierigkeiten gezwungen, den von ihrem 1925 verstorbenen Vater geerbten Besitz zu verkaufen. Im Jahre 1929, also drei Jahre bevor Lindlar

Der sogenannte Kalktrupp des Reichsarbeitsdienstes, darunter der Biologe Dr. Fuß, rechts stehend, fand heraus, dass der Boden für den Ackerbau viel zu sauer war und dringend mit Kalk versehen werden musste.

Ab 1935 waren die Männer des Reichsarbeitsdienstes für die Rodungen am »Hölzer Kopf« im Einsatz.

Reichsarbeitsdienst vor der Vorburg von Schloss Heiligenhoven

Die erste Ernte in der »Siedlung«

und Wipperfürth zum neu gegründeten Rheinisch-Bergischen Kreis kamen, übernahm der Kreis Wipperfürth den gesamten Landbesitz.

Nach dem Verkauf der Pachthöfe von Heiligenhoven an die ehemaligen Bewirtschafter zu hohen Preisen blieb jedoch noch eine große Fläche zwischen dem Voßbruchtal und dem Hölzer Kopf, die gerodet werden sollte, um weitere Siedlungen zu ermöglichen. Begünstigt wurde diese Aktion durch die ideologischen Zielvorgaben, die bereits vor der nationalsozialistischen Machtübernahme formuliert wurden Der Gedanke, durch bäuerliche Siedlungen einen Wall gegen die angrenzenden Völker zu schaffen, spielte hierbei eine Hauptrolle.

Von den Nationalsozialisten wurden große Anstrengungen unternommen, um ihre »Siedlungspolitik« auch in Lindlar zu realisieren. Am Anfang stand das Reichserbhofgesetz (REG) vom 29. September 1933 (RGBL. I. S. 549), das die Vergabe der Siedlungsstellen im nationalsozialistischen Sinne regelte.

Bauer auf einem solchen Erbhof konnte nur derjenige werden, der die deutsche Staatsangehörigkeit besaß, der *deutschen oder stammesgleichen Blutes ist ... und nicht, wer unter seinen Vorfahren väterlicher oder mütterlicherseits jüdisches oder farbiges Blut hat.* (§ 12 Abs. 2 REG). Nach der Präambel des REG bildete nur die gleichmäßige Verteilung einer großen Anzahl *lebensfähiger kleiner und mittlerer Bauernhöfe ... über das ... Land ... die beste Gewähr für die Gesunderhaltung von Volk und Staat.*

Der Traum vom Bauerntum

Die Schaffung der Bauernstellen bei Lindlar geschah zunächst ab 1933 durch den freiwilligen Arbeitsdienst und ab 1935 durch den Reichsarbeitsdienst (RAD). Die arbeitspflichtigen jungen Männer zwischen 18 und 25 Jahren waren im Schloss Heiligenhoven untergebracht. Ihre Hauptaufgabe bestand darin, mit Hacke und Schaufel die Rodungsarbeiten für die Höfe durchzuführen. Darüber hinaus mussten auf den Böden, die durch den Fichtenbestand viel zu sauer für eine landwirtschaftliche Nutzung waren, bis zu 60 Zentner Kalk pro Morgen eingebracht werden. Auch die Bewirtschaftung war vorgegeben und wurde von dem Staatsgut Falkenhof in Verbindung mit der Landwirtschaftsschule Lindlar organisiert: 80 Prozent Getreide, fast ausschließlich Roggen und Hafer, 20 Prozent Hackfrüchte wie Futterrüben und Kartoffeln.

Dass mit dieser »Agrarpolitik« vor allem auch eine größere Autarkie Deutschlands in Hinblick auf den geplanten Feldzug des Zweiten Weltkriegs verbunden war, wird den Siedlern selbst unter Umständen wenig bewusst geworden sein. Erst recht nicht Kaspar und Maria Wingensiefen aus Odenthal, die 1937 die letzte der neun Hofstellen erwarben und ihre neue Existenz nun hier am »Nußbüchel« aufzubauen. Sie versuchten, eine neue Lebensgrundlage für sich und die beiden Kinder Mary und Catherine aufzubauen. »Mary und Catherine«? Sie haben richtig gelesen. Geboren wurden die beiden Töchter nämlich in Amerika, wo die Eltern einst eine »bessere Welt« zu finden gedachten – ein außergewöhnliches Schicksal einer bergischen Familie, dem es sich kurz nachzugehen lohnt.

Ein Abenteuer beginnt

Es ist die Geschichte der Maria Wingensiefen (1900 bis 1984) aus Höffe bei Odenthal, die mit 24 Jahren zusammen mit ihrem frisch angetrauten Ehemann Kaspar (1890 bis 1969) am 28. Mai 1924 aufbrach, um der Zeit der Arbeitslosigkeit und der Inflation in der Heimat zu entfliehen. Maria Wingensiefen, die uns ihre Erinnerungen überliefert hat, schilderte die Fahrt über Köln nach

Maria und Kaspar Wingensiefen unter Bananenstauden in Südamerika. Von einem Ausflug in den Urwald auf der Suche nach einer Siedlerstelle kam Kaspar Wingensiefen jedoch ernüchtert zurück.

Amerikanischer Pass, ausgestellt für Catherine und Mary Wingensiefen

Cincinnati: Deutscher Stadtteil »Over-the-Rhine«, um 1900, in dem der größte Teil der deutschen Auswanderer lebte.

Bremen und weiter mit dem Dampfer »Belgrano« nach Südamerika wie eine Urlaubsreise:

21 Tage waren wir auf dem Schiff. Es gab gutes Essen und es wurde sehr viel geboten, auch abends an Festlichkeiten. Nichts sah man als Himmel und Wasser. Die Andersartigkeit faszinierte: *In Santos machten wir einen Spaziergang durch die Stadt. Es war Fronleichnam. Eine große Prozession kam uns entgegen. Viele Menschen, es sind ja meistens Katholiken dort: Weiße, Neger und Mulatten, alles durcheinander, ein komisches Bild in den ersten Tagen.* Aber auch Heimisches entdeckten sie in Blumenau, ihrem Ziel: *Blumenau war damals ein kleines Städtchen, wie Lindlar. In Blumenau wurde meistens deutsch gesprochen.*

Das junge Ehepaar und Schwager Peter fanden zwar Arbeit in Blumenau, doch es zog sie zu ihren Verwandten in die Vereinigten Staaten. Im September 1925 ging es per Schiff nach New York, von dort mit der Bahn nach Cincinnati, rund 400 Kilometer südlich von Chicago gelegen. Die Stadt am Ohio River besaß 1903 schon rund 330.000 Einwohner und eine große deutsche Gemeinde im Stadtteil »Over-the-Rhine«. Die Familie wurde von Kaspars Bruder Johann abgeholt und versorgt, bis sie eine neue Tätigkeit gefunden hatten. Ehemann Kaspar arbeitete in einer Molkerei, die Deutsche betrieben, Schwager Peter in einer Schreinerei. Maria half mit im Haushalt und der Bäckerei von Johann Wingensiefen.

Die Heimat lässt sie nicht los

Obwohl sich alle recht gut in der neuen Welt zu etablieren schienen – Maria und Kaspar bewohnten ihr neues Appartement als Hausmeister in einem 18-Parteien-Haus mietfrei und kamen auch mit der Sprache schon gut zurecht – plagte sie immer wieder das Heimweh. Auf der anderen Seite wuchsen die eigenen Kinder in die neue Welt hinein: Tochter Katharina wurde 1926 geboren, besuchte zunächst den Kindergarten und ging bald zur Schule; sie sprach ausschließlich Englisch. Nachdem eine Reihe von Verwandten zu Beginn der 1930er Jahre wieder in die Heimat zurückgekehrt war, gaben sie

Cincinnati: Fifth Street, 1920

dem Drängen der daheim gebliebenen Angehörigen nach. Gut ein Jahr nach der Geburt ihrer zweiten Tochter Mary reiste Kaspar Wingesiefen 1934 mit seiner schwangeren Frau und den beiden Töchtern nach Deutschland zurück. Wie sie einst in die Neue Welt mit leichtem Gepäck aufgebrochen waren, ließen sie auch jetzt vieles zurück. Was sie mitnehmen konnten, passte in zwei Überseekoffer, dazu ein großes Radio.

Im Scherfbachtal hätten sie die Gastwirtschaft »Forellenhof« von Marias Vaters übernehmen und durch den wachsenden Fremdenverkehr einiges verdienen können. Doch Kaspar sehnte sich danach, wie schon früher wieder in der Landwirtschaft zu arbeiten. Sie hörten 1935 von dem Siedlungsgelände in Lindlar – das damals wie Odenthal zum Rheinisch Bergischen Kreis gehörte – mit neun Hofstellen, die »Siedlern« angeboten wurden.

Als Familie Wingensiefen in Lindlar ankam, musste zunächst ein Behelfsheim als erste Wohnung geschaffen werden.

So hatten Kaspar und Maria auf ihrem Weg aus der »besseren« in die »alte« Welt bald genug damit zu tun, sich wieder einzuleben und darüber hinaus ab 1936/1937 harte Pionierarbeit auf dem neuen Besitz zu leisten, der mehr als 90 Morgen groß war – der größte des Siedlungsgeländes. Anfänglich standen die Lebensumstände den Bedingungen im brasilianischen Urwald in nichts nach.

Es waren noch keine Gebäude dort. Zuerst wurde ein Bretterhäuschen aufgebaut. Dort wohnten wir den Sommer hindurch so wie im Urwald in Brasilien. Hier zogen wir am 15. März 1937 ein. Es war wie im Urwald. Erst musste ein fester Weg gebaut werden, um das Material für den Bau, Scheune, Stall und Wohnhaus herbeizuschaffen. Zuerst wurde die Scheune gebaut, damit das Heu untergebracht werden konnte. Dann die Stallungen und

Kaspar Wingensiefen war Landwirt aus Leidenschaft. In Amerika fand er zwar sein gutes Auskommen, sehnte sich jedoch danach, einen eigenen bäuerlichen Betrieb zu führen.

das Haus. Es war ein schöner Sommer und mit dem Bau ging es schnell voran.

Neustart in bedrückender Zeit

Im November 1937 war das Haus zwar bezugsfertig, aber die Sorgen damit nicht aufgehoben. Das betraf einmal die Qualität der landwirtschaftlichen Flächen: *Es gab Arbeit genug und viele Steine mussten gelesen werden auf dem frisch gerodeten Boden. Aber wenn man gesund und noch jung ist, lässt sich vieles ertragen.* Immerhin konnten sie sich mit dem in Amerika verdienten Geld mehr landwirtschaftliche Maschinen leisten als ihre Nachbarn. Mutter Maria litt aber offensichtlich unter der Abgeschiedenheit der neuen Heimat: *Die größte Sorge für mich war der weite Schulweg für die Kinder, besonders bei Eis und Schnee. Von unseren Verwandten wurden die Kinder sehr bedauert in der einsamen Gegend.* Auch für Tochter Katharina war die erste Zeit »einfach schrecklich«, wie sie noch unlängst in einem Gespräch zu berichten wusste.

Doch zu Ende der 1930er Jahre kam es schlimmer, sodass man auf dem Hof »Nußbüchel« immer häufiger den Ausspruch hört: *Wären wir doch in Amerika geblieben!* Tochter Gertrud, die jüngste der nunmehr fünf Töchter, zählte noch kein halbes Jahr, als der Zweite Weltkrieg begann und im Lauf der Zeit auch das mehr oder weniger stille Lindlar erreichte: *Am 1. Mai 1944 wurde Gertrud geboren. Es verging keine Nacht, dass wir nicht aufstehen mussten wegen Fliegeralarm.* Die Bombardierung der Städte bedeutete für die Menschen in Lindlar aber auch, dass sie die Städter, die ihre Wohnung verloren hatten, aufnehmen mussten. Auf dem Hof wohnten zu Ende des Kriegs insgesamt fünf Familien mit zusammen 15 Personen, was Maria mit den Worten kommentierte: *Geduldige Schafe gehen viele in den Stall.*

Als erstes wurde auf dem Hof Nußbüchel die Scheune zur Unterbringung der Ernte errichtet. Nach Fertigstellung des Wohnhauses diente das ehemalige Behelfsheim (Bildmitte) als Hühnerstall.

Der Hof brannte nach einem Blitzschlag 1967 völlig ab. Dennoch wurde der Siedlungsplatz von der Familie nicht aufgegeben. Bis heute wohnt Mary Stiefelhagen geborene Wingensiefen dort, wo ihre Eltern 1937 einen neuen Lebensabschnitt in der alten Welt begannen. Schwester Katharina, die 1953 Ludwig Stiefelhagen heiratete und wie Mary erst mit der Eheschließung ihre amerikanische Staatsbürgerschaft verlor, zog auf den Hof ihres Mannes in Böhl.

FAZIT

1850er und 1920er Jahre, zwei unterschiedliche Zeitschnitte verdeutlichen die Mobilität der Menschen. Die Bauern Steinscheids trafen schlechte Ernten, Hunger sowie der Anstieg des Brotpreises in den 1840er und 1850er Jahren. Vermehrt verließen sie den Weiler und zogen als Arbeiter in Handwerk und Industrie in die nahe gelegenen Städte.

Auswanderungen aus Steinscheid nach Übersee lassen sich nicht nachweisen, jedoch kehrten zwischen 1852 und 1886 insgesamt 43 Einwohner Lindlar den Rücken mit dem Ziel Nordamerika.

Bei Kaspar und Maria Wingensiefen reifte der Entschluss zur Auswanderung aufgrund der Situation in Deutschland nach dem Ende des Ersten Weltkrieges. In Südamerika bot ihnen ein soziales Netzwerk von Deutschstämmigen Unterkunft und Beschäftigung. Die anschließende Übersiedlung in die Vereinigten Staaten hingegen begünstigte der Umstand, dass schon nahe stehende Verwandte vor ihnen dort Fuß gefasst hatten und eine erste Orientierung in der Fremde gaben.

Auch ihre Rückwanderung aus Sehnsucht nach der Familie war kein Einzelfall. Die Lebensperspektiven in der Heimat schienen sich verbessert zu haben. Dabei bot das Ersparte die Möglichkeit eines Neuanfangs. Dies zeigt sich im Erwerb von eigenem Grund und Boden in Lindlar, nur rund 30 Kilometer entfernt vom Herkunftsort Odenthal.

Die politischen Entwicklungen ließen die Rückwanderer aus Cincinnati vermutlich außer Betracht, sofern diese 1934 überhaupt für sie absehbar waren. So kam es, dass rücklickend gesehen die Zeit in Amerika für Maria Wingensiefen die schönste Zeit ihres Lebens war, wie eine ihrer Töchter heute noch zu berichten weiß.

Petra Dittmar und Robert Wagner

Aus dem Winkel bis nach Übersee

Denkmal für den Komponisten Otto Lob in der kleinen Grünanlage an der Straße Im-Otto-Lob-Winkel mit den Anfangstakten seines bekanntesten Studentenliedes »filia hospitalis«.

Im Lindlarer Ortszentrum, zwischen Bachstraße und Hauptstraße, gibt es einen kleinen Platz, den Otto-Lob-Winkel, mit einem 1985 in Form eines Notenpultes errichteten Denkmal. Grünanlage und Gedenkstätte halten das Andenken an den aus Lindlar stammenden Dirigenten und Komponisten Otto Lob wach. Er dürfte einer der bedeutendsten Lindlarer sein, der auf zwei Kontinenten wirkte.

Otto Lob wurde 1834 in Lindlar als Sohn des Steinbruchbesitzers Jakob Lob und seiner Frau Helene geboren. Sein Onkel war der Lindlarer Bürgermeister jener Tage, Alexander Court. Zwei Jahre lang besuchte er noch die Schule an der Eichenhofstraße nach deren Fertigstellung 1843, dann verzog die Familie nach Köln.

Er sollte jedoch nicht in Köln bleiben. 1864 wanderte er zusammen mit seinem Vetter, Ludwig Court, nach Chicago aus, wo er den ersten deutschen Männergesangverein in Amerika, den »Germania Männerchor«, sowie den »Concordia Damenchor« gründete. Er genoss hohes Ansehen für seine Leistungen auf dem musikalischen Gebiet.

Vielleicht wurde er vom Heimweh getrieben: Nach zwanzigjährigem Aufenthalt – er war längst amerikanischer Staatsbürger – kehrte er der Neuen Welt wieder den Rücken und ließ sich in Heidelberg nieder. Das Studentenmilieu der traditionsreichen Universitätsstadt inspirierte ihn wohl zu mehr als 100 Kompositionen, besonders zu Studentenliedern.

Als er 1908 nach einem Schlaganfall verstarb, wurden ihm in amerikanischen und deutschen Zeitungen ehrende Nachrufe gewidmet. Sein bekanntestes Studentenlied »filia hospitalis« dürfte jedoch den heutigen Studenten-Generationen kaum noch geläufig sein.

Gabriele Emrich

Postkarte von 1917

O wonnevolle Jugendzeit

O wonnevolle Jugendzeit mit Freuden ohne Ende,

Mit Minnefahrten weit und breit, wo sich die Schönste fände.

Ich grüße dich, du junges Blut, bin jedem hübschen Weibe gut,

Und doch ist nichts aequalis der filia hospitalis.

Ich kam als krasser Fuchs hierher und spähte in den Gassen,

Wo mir ein Bett und Zimmer wär', den langen Leib zu fassen.

Fand Sofa nicht, noch Stiefelknecht, und doch war mir die Bude recht,

Denn keine ist aequalis der filia hospitalis.

Sie ist ein gar zu herzig Kind mit ihren blonden Zöpfen,

Die Füßchen laufen wie der Wind im Schuh mit Quast und Knöpfen;

Die Schürze bauscht sich auf der Brust, allwo ich schau' ist eitel Lust,

Und keine ist aequalis der filia hospitalis.

🇬🇧 Industrialisation in the Leppetal

1879: The steel manufacturer Schmidt and Clemens was founded

In the second half of the 19th century companies, located in the industrial area south east of Frielingsdorf called Leppetal, could only survive by producing special goods. After having started off in a small way in 1879 the steel manufacturer Schmidt and Clemens is today the largest and most well-known company. At its peak the company employed about 2,200 people. Although there is less than a quarter of that number of workers left, nobody can doubt the enormous importance for world's business of this and other well-known companies located in the Leppetal.

🇫🇷 Industrialisation de la vallée de la Leppe

1879: naissance de l'entreprise métallurgique Schmidt et Clemens

Dans la deuxième moitié du 19ème siècle, ne pouvaient survivre dans la zone industrielle de la vallée de la Leppe au sud-est de Frielingsdorf que les entreprises qui étaient fortement spécialisées. Après des débuts modestes, l'entreprise Schmidt et Clemens fut fondée en 1879, entreprise la plus connue de la région et qui offrit jusqu'à 2200 emplois. Bien qu'il reste aujourd'hui moins d'un quart des effectifs, on ne peut mettre en cause l'importance mondiale de cette entreprise, ainsi que celle d'autres sociétés renommées qui se sont installées depuis dans la vallée de la Leppe.

🇭🇷 Industrijalizacija u Leppetalu

1879.: Osnovana je čeličana Schmidt und Clemens

U drugoj polovici 19. stoljeća pogoni jugoistočno od Frliengsdorfa, u sto godina staroj obrtničkoj regiji, mogli su preživjeti samo putem visoke specijalizacije. Od skromnih početaka nastala je 1879. g. danas najveća i zasigurno najpoznatija tvornica: tvrtka Schmidt und Clemens, koja je nudila 2200 radnih mjesta. Iako je danas preostala tek četvrtina, neupitan je svjetski značaj ove tvrtke kao i drugih poduzeća koja su se tijekom vremena zasnovala u Leppetalu.

Kapitel 11

Industrialisierung im Leppetal

Eine Rose aus Edelstahl

Ringe für die Schwerelosigkeit

Große Last auf schmaler Spur

Hammertradition in Oberleppe zwischen Berg und Mark

Federn für hohe Ansprüche aus Karlsthal

Die Stahl-Firma »Schmidt und Clemens« wird gegründet.

1879

Industrialisierung im Leppetal

Über Jahrhunderte markierte die Leppe die Grenze zwischen dem Bergischen und Märkischen, das heißt zwischen dem Amt Steinbach, wozu Lindlar gehörte, und der Reichsherrschaft Gimborn-Neustadt. Das südöstlich von Frielingsdorf gelegene Leppetal war schon früh ein bedeutendes Gewerbegebiet.

Erst seit 1975 wurde der Bereich zwischen Felsenthal und Karlsthal zu beiden Seiten des Flusses der Kommune Lindlar zugeordnet. Zuvor lagen die Industrie- und Steinbruchbetriebe südlich und östlich der Leppe auf dem Areal der Gemeinde Gimborn im Oberbergischen Kreis, nördlich sowie westlich auf dem Gebiet der Gemeinde Lindlar im Rheinisch-Bergischen Kreis. Die Grenze verlief dabei in vielen Fällen durch die hier angesiedelten Betriebe. Traditionell war das Leppetal schon vor seiner Eingemeindung im Jahr 1975 eng mit der Nachbarregion verbunden, kamen doch viele der Arbeiter aus Frielingsdorf, Scheel und den kleineren umliegenden Orten.

Bei der Arbeit: Schmied und Helfer stellen Werkstücke am Hammer (Bildmitte) her. Die Hammerwelle im Hintergrund, aus einem mächtigen Eichenstamm gefertigt, wird vom Wasserrad angetrieben. Über einen Nockenring in der Mitte der Welle bewegt sich der schwere Hammer auf und nieder.

Lange Zeit war das Leppetal Industriestandort für vier namhafte Unternehmen. Von diesen sind jedoch heute nur noch drei übrig geblieben.

Der größte und sicher bekannteste Betrieb, dessen Gründungsdatum 1879 den Meilenstein unserer Zeitreise durch Lindlar für dieses Kapitel bildet, ist die Firma Schmidt und Clemens mit ihrem Logo »S+C« in Kaiserau. Auch wenn von den einst 2.200 Arbeitsplätzen weniger als ein Viertel übrig geblieben sind, so ist die Weltbedeutung dieser Firma, deren Kennzeichen in den ersten Jahren eine »Rose aus Edelstahl« war, bis heute unumstritten. Was die Produktion im Leppetal mit Frankfurt am Main zu tun hat, werden wir in diesem Kapitel noch erfahren.

Nur wenig entfernt von S+C gelegen, bildete »Gebrüder Höver« seit 1905 eine kaum weniger wichtige Firma, die mit ihren Produkten nicht nur für Luft- und Raumfahrt bedeutend war, sondern in früheren Jahren durch ihre Schmiedeerzeugnisse bekannt wurde. Am Ende werden wir erfahren, warum die »Ringe für die Schwerelosigkeit« mittlerweile der Vergangenheit angehören.

Der talaufwärts in Oberleppe gelegene Betrieb »Christoph Höver und Sohn« wurde erst 1937 gegründet, steht jedoch auf einem Gelände, das noch heute mit einem traditionsreichen Hammergebäude einen Einblick in die Welt der Schmiedehämmer bietet, die an dieser Stelle sicher bis in das Jahr 1781 zurückgeht.

Der Betrieb der Gebrüder Ahle in Karlsthal ist schließlich ein Beispiel dafür, wie nach dem Ersten Weltkrieg eine auswärtige Firma die Standortvorteile des Leppetals entdeckte und auf dem Gelände einer ehemaligen Spinnerei ein Unternehmen begann, das erfolgreich ins 21. Jahrhundert hinein produziert.

Vor zweihundert Jahren lagen Hammewerke dicht an dicht im engen Tal der Leppe, heute sind es noch drei namhafte Industrieunternehmen.

Eine Rose aus Edelstahl

Moderne Edelstahlwerke liegen in Kaiserau. Hämmer pochen im engen Tal entlang der Landstraße nach Marienheide. Wie anders sah die Gegend noch vor zweihundert Jahren aus. Auch damals lag sie nicht still und verträumt am Fluss, sondern pulsierte das gewerbliche Leben in ihr. Da, wo heute große Fertigungshallen stehen, reihten sich kleine wassergetriebene Schmiedekotten mit ihren Teichen dicht an dicht.

Die kleinen Wasserwerke verschwanden im Laufe des 19. Jahrhunderts. Nach 1850 lohnte sich aufgrund der schnell wachsenden Industrie des Ruhrgebietes die Eisen- und Stahlverarbeitung auf den Hämmern im Leppetal immer weniger. Sie wurden nach und nach stillgelegt oder anders genutzt, etwa als Kunstwollspinnereien.

Im Niedergang der Schmiedewerke gab es jedoch einen Neubeginn. Am 15. Juli 1879 ließen Ludwig Schmidt und Friedrich Wilhelm Clemens in Frankfurt am Main ihren Stahlhandel »Schmidt & Clemens« mit einer Rose als Warenzeichen beim königlichen Stadtgericht registrieren. Ihre Gründung war die erste in einer Reihe hoch spezialisierter Edelstahlwerke an der Leppe und verband den Namen des Börsen- und Handelsplatzes Frankfurt für Jahrzehnte mit Kaiserau.

Das von Ludwig Schmidt und Wilhelm Clemens gegründete Geschäft bildete nicht das einzige gewerbliche Standbein des erfolgreichen Duos. Der Verkauf in Frankfurt ging von Anbeginn mit einer Produktionsstätte für Schmiedeerzeugnisse auf gepachteten Hämmern in der Heimat einher. Zunächst war dies der Bickenbacher Hammer, später dann ab 1882 der Gimborner Hammer, der unterhalb des Schlosses lag und dem Freiherren von Fürstenberg gehörte.

Schmiedemeister Julius Ufer

Eigener Standort in Kaiserau

Erst im Jahr 1900 wurde mit dem Kauf der Wahlscheidhämmer in Kaiserau ein eigenes Firmengelände erworben und damit der Beginn der Fabrikation am heutigen Standort gelegt. Rastlose Unterstützung erhielten die Firmeninhaber dabei jahrzehntelang durch die Schmiedemeister Vater und Sohn Julius Ufer.

Im Jahr 1921 starb der Gründer Ludwig Schmidt, während Friedrich Wilhelm Clemens bereits 1914 aus dem Unternehmen ausgeschieden war. Der märkische Schachbrettbalken diente nun in Anlehnung an das Wappen der ehemaligen Grafschaft Mark als Markenzeichen. In den 1930er Jahren profitierte das Unternehmen vom Aufschwung der nationalsozialistischen Rüstungs- und wachsenden Flugzeugindustrie.

Die Firma »Schmidt + Clemens« hatte zu Ende des Zweiten Weltkrieges über

Die »Märker-Halle«, hier werden die im Schleudergussverfahren hergestellten Produkte mechanisch bearbeitet und verschweißt.

Ludwig Schmidt
(1854–1921)

Friedrich Wilhelm Clemens
(1851–1927)

Geschirr der 1960er Jahre des Gästecasinos mit aufgedrucktem Firmenzeichen »Märker-Stahl«

2.000 Beschäftigte, darunter viele Fremdarbeiter. Sie kamen hier wie in fast allen Betrieben im Leppetal zum Einsatz und lebten in Lagern im näheren und weiteren Umfeld der Fabrikationsstätten. Die Lage der Stahlwerke im engen Leppetal war während des Krieges ein nicht zu unterschätzender Schutz gegen feindliche Fliegerangriffe. Das Gelände von »Schmidt + Clemens« geriet zwar wiederholt unter Beschuss, getroffen wurde dabei statt dessen im März 1945 tragischerweise das Fremdarbeiterlager in Unterwürden. Es waren Tote und Verwundete zu beklagen.

Der mittlerweile abgebrochene Gimborner Hammer, der ehemals unterhalb von Schloss Gimborn stand

Innenansicht der Presse-Halle, heute Märker-Halle, beim Bau 1942

Kriegsende und Neubeginn

Der Verlauf des Zweiten Weltkrieges bot die Möglichkeit, als Zulieferer da einzuspringen, wo kriegsbedingt große Firmen wie Krupp in Essen und Rheinmetall in Düsseldorf mit ihrer Fabrikation ausfielen. »Schmidt + Clemens« erhielt dadurch Aufträge zur Fertigung von Teilen aus Chromstahlguss für Ofenroste zum Einsatz in den Kohlefeuerungsanlagen der Zechenkraftwerke. Hergestellt wurden ebenfalls Teile für Holzvergaserfahrzeuge. Am 12. April 1945 erfolgte die Besetzung durch alliierte Truppen und die Schließung des Werkes. Der Betrieb sollte zunächst demontiert werden. Statt dessen konnte die Geschäftsleitung im September 1945 die Fertigung von Roststäben und Pumpenteilen wieder aufnehmen, denn deren Produktion war wichtig für den Wiederaufbau.

Heute ist »Schmidt + Clemens« eine weltweit agierende Unternehmensgruppe. Besondere Technologien wie das Schleudergussverfahren sichern das wirtschaftliche Überleben. Fabrikationsstätten und Niederlassungen bestehen rund um den Globus. In Kaiserau selbst sind noch fünfhundert Mitarbeiter beschäftigt. Auf Ölbohrinseln werden Stähle von »Schmidt + Clemens« im gleichen Maße eingesetzt wie in den nahe gelegenen petrochemischen Raffinerien Wesseling. Hammerwerke und Schmiedepressen sind in Kaiserau allerdings seit 2003 nicht mehr im Einsatz.

Schleuderguss-Verfahren:
Gießen des flüssigen Stahls mit Hilfe eines Trichters in eine röhrenförmige rotierende Gussform (Kokille)

Die Handelsmetropole am Main

Das Handelshaus in Frankfurt am Main

Das Frankfurt des Jahres 1879 war ein geschäftiger Ort von mehr als hunderttausend Einwohnern mit der im gleichen Jahr eingeweihten neuen Börse am Börsenplatz. Ludwig Schmidt und Friedrich Wilhelm Clemens hatten die Metropole als Handlungsreisende des Stahlwerkes Dörrenberg in Ründeroth kennen gelernt und daher beschlossen, sich hier mit einer eigenen Stahlhandlung niederzulassen. Die Jungunternehmer bewiesen damit Mut. Am Ende einer wirtschaftlichen Depression, die das junge Deutsche Kaiserreich ab 1873 erfasst hatte, wagten sie die Gründung eines Handelsunternehmens. Das Anfangskapital, zusammen 6.000 Reichsmark, mussten sich Ludwig Schmidt und Friedrich Wilhelm Clemens zum größten Teil leihen. Mit dem Geld erwarben die Freunde unter anderem ein Pult, einen Kassenschrank und eine bescheidene Lagereinrichtung. Schnell ging es bergauf. Sie handelten mit Stählen aller Art, auch mit Federstahldrähten für Klaviersaiten und ebenfalls mit Werkzeugen in- und ausländischer Herkunft. Sie belieferten Handwerks- und Industriebetriebe am Ort, später in ganz Deutschland und in den Nachbarländern.

Für ihr Frankfurter Handelshaus brachten die Besitzer aus den Sagen ihrer oberbergischen Heimat eine Blume mit – die Rose. Sie spielt eine Rolle in den Geschichten rund um das bergische und märkische Herrscherhaus und wurde nun zum Markenzeichen des aufblühenden Stahlgeschäfts.

Gabriele Emrich

SCHMIDT & CLEMENS
En-gros-Lager in deutschen, englischen und steyrischen Stahlen, Stahlblechen, Stahldraht,
Feilen, Ambosen, Schraubstöcken, Hämmern, Schrauben, Muttern etc. etc.
Stahl-Hammerwerk in Gimborn bei Ründeroth.

Ringe für die Schwerelosigkeit

Dort, wo in alten Zeiten der Kuhlbacher Hammer stand, ein Stück unterhalb des Geländes von »Schmidt+Clemens«, hatte bis in die jüngste Zeit hinein das Traditionsunternehmen »Gebrüder Höver« seinen Platz. Die letzten Jahre jedoch war der Name nicht mehr alleine maßgebend für die Produktion im Leppetal. Das insolvente Unternehmen wurde im Jahr 2003 von der Firma »Kind & Co Edelstahlwerk« aus Wiehl übernommen. Dies bedeutete nachfolgend das Aus für den Standort Kaiserau.

Was das Unternehmen hier herstellte, wird unter anderem in der Luft- und Raumfahrt benötigt. Die auf einem Ringwalzwerk produzierten Ringe aus speziellen hochveredelten Edelstahllegierungen finden sich zum Beispiel in den Antrieben der »Ariane«. Sie ist die Trägerrakete der europäischen Weltraumorganisation ESA, die von Französisch Guayana aus in den Weltraum geschossen wird. Auch das Kampfflugzeug »Eurofighter«, das von Deutschland, Italien, Spanien und Großbritannien entwickelt wurde, enthielt Triebwerkteile aus dem Leppetal.

Werkzeuge für die Steinindustrie

Es war ein weiter Weg von der anfänglichen Produktion von Werkzeugen für

Aufgebaut wie eine Skulptur aus konzentrischen Kreisen: Stahlringe vor dem ehemaligen Werksgelände

Eine Lochscheibe wird mit Hammerschlägen (oben) geschmiedet, während sie von den Greifarmen eines Schmiedemanipulators (links) justiert wird. Ein Arbeiter (rechts) entfernt den eisernen Dorn, der die Größe der mittigen Öffnung bestimmt hat.

Hintergrund:
Katasterkarte von 1832 der Gemeinde Gimborn, Flur 27 (Ausschnitt) mit den Hövers Hämmern

die Steinbrüche der näheren und weiteren Umgebung bis hin zur Herstellung dieses Spezialstahls für die Luft- und Raumfahrt. Kurz nach der Jahrhundertwende, im Jahr 1905, beschlossen die Brüder Karl und Christoph Höver aus Berghausen, ein Hammerwerk zu betreiben. Beide entstammten einer Familie, in der die Schmiedetätigkeit eine lange Tradition besaß, die bis in die Mitte des 18. Jahrhunderts zurückreichte. Bereits auf der Urkarte der Bürgermeisterei Gimborn ist 1832 unterhalb Würdens an der Leppe die Flurbezeichnung »An den Hövers Hämmer« eingetragen. Zwei Gebäude sind auf der Karte zu erkennen. Heute liegt dieser Bereich auf dem Gelände der Firma »Schmidt + Clemens«. Vermutlich waren es diese beiden Hämmer, die in einer Statistik von 1836 erwähnt wurden, die Peter Heinrich Höver aus Berghausen betrieb. Acht Arbeiter waren an zwei Feuern tätig.

Es war also folgerichtig, dass die beiden Höverbrüder ihr neues Gewerbe starteten. Die Zeit war günstig, hatten doch um 1885 die ersten Steinbrüche in Felsenthal eröffnet und gab es seit 1897 die Kleinbahn durch das Leppetal. Die Pflastersteinindustrie boomte. Diese Betriebe in der näheren Umgebung benötigten speziell gehärtete Werkzeuge. Für Warenlieferungen an entfernte Kunden gab es nunmehr durch die Kleinbahn Transportmöglichkeiten.

Vom Gimbach an den Scheelbach

Ähnlich wie in den Anfängen der Firma »Schmidt + Clemens«, pachteten Karl und Christoph Höver einen der Gimborner Hämmer. Im Jahr 1915 trat ein weitere Bruder, Peter Höver, in das Unternehmen ein, das ab 1917 »Gebr. Höver« hieß. Erst kurz darauf wurde das Werksgelände in Kaiserau an der Einmündung des Scheelbaches erworben. Die ersten Dampfhämmer taten ihre Arbeit. Von der Gründergeneration verließ Christoph Höver 1937 die Firma und errichtete nicht weit davon entfernt in Oberleppe seinen eigenen Betrieb, der noch heute besteht. Sein Bruder Karl ging 1945 in den Ruhestand und Peter Höver verstarb auf tragische Weise im Jahr 1953. Bis in die 1990er Jahre wurde das Unternehmen von Familienmitgliedern geführt.

Ehemaliges Betriebsgebäude (bis 2008) der Firma »Gebr. Höver«, zuletzt Firma »Kind+Co.«

Aus der Tiefe des Höllenschlunds

*Werkstück
im Schmiedeofen*

*Ausschmieden des Werkstücks
zur Lochscheibe*

*Auswalzen der Lochscheibe
zum Stahlring*

*Fertiger Stahlring
vor der Werkshalle*

Es ist heiß in der Halle, zwei Schmiedeöfen und glühendes Metall verbreiten Hitze. Die mächtige Ringwalze nimmt einen großen Teil des Raumes ein. Dahinter befindet sich die Kabine mit der computerbestückten Steuerungsanlage.

Wir sehen, dass ein so genannter Schmiedemanipulator in seinen Greifarmen ein Werkstück bringt, eine weiß glühende Lochscheibe. Sie wird auf der Walze justiert und festgestellt. Dann setzt sich die Maschine in Bewegung. Für uns in der abgeschotteten Kabine scheint es, als bringe die Maschine den Stahl mühelos mit fast lautlosen Drehbewegungen in die gewünschte Form. Menschenkraft ist hier nicht notwendig. Kaum beginnt die Arbeit, scheint sie schon getan zu sein. Der fertige Edelstahlring, der nun allmählich erkaltet und dabei seine Farbe von leuchtendem Rot über Dunkelrot nach Schwarz verändert, kann entnommen werden. Ringe bis zu einem Durchmesser von 3,50 Meter können hergestellt werden.

Wie anders ist der Eindruck in der Schmiedehalle. Auch hier entnehmen Arbeiter mit Schmiedemanipulatoren Stahl mit einer Temperatur von 1.100 bis 1.200 Grad Celsius dem Höllenschlund des Ofens.

Im Gegensatz zur Walze wird das zu bearbeitende Teil hier auf dem Dampfhammer ausgeschmiedet, dessen Pochen großen Lärm verbreitet. Die beiden Männer links und rechts des Hammers leisten Schwerstarbeit. Mit langen Greifeisen bewegen sie den an Ketten befestigten Rohling, damit die schweren Schläge gleichmäßig gesetzt werden. In schnell aufeinander folgenden Taktschlägen heben und drehen sie das wuchtige Stahlteil immer ein Stück weiter, so lange, bis es rund ist. Hier wird fassbar, dass unser industrieller Fortschritt generationenlang auf körperlicher Schwerstarbeit beruhte.

Gabriele Emrich

Ein Arbeiter stempelt den Stahlring mit der Auftrags- und Schmelzennummer. Diese garantiert eine eindeutige Zuordnung des Ringes über den gesamten Fertigungsprozess bis hin zu Auslieferung.

Große Last auf schmaler Spur

Spricht man mit älteren Anwohnern des Leppetals, so ist et »Bähnche« noch im Gedächtnis vorhanden, obwohl es die Kleinbahn von Engelskirchen nach Marienheide seit einem halben Jahrhundert nicht mehr gibt. Sie brachte ein wenig »Welt« in das enge abgelegene Tal. Mitte der 1970er Jahre wurde sie sogar noch von zwei Chören aus Bickenbach und Dieringhausen in einem Lied besungen.

Eisenbahnmotiv auf einer Postkarte von 1912

Es ist erstaunlich, von der Kleinbahn, die in der Zeit zwischen 1897 und 1958 mit einer Höchstgeschwindigkeit von 20 Kilometern pro Stunde durch das Tal schnaufte, finden wir heute kaum noch Spuren im Gelände. Aber das wundert bei näherem Hinsehen auch wiederum nicht. Aus Kostengründen hatte der Zug im Leppetal keine eigene Trasse, sondern wurde mit einer Spurweite von einem Meter neben der Straße verlegt. Hier wechselte er in seiner Fahrt von der linken zur rechten Seite und wieder zurück, wie es der kurvenreiche Straßenverlauf erforderte. Eigene Bahnhöfe besaß die Bahn nicht. Die Haltepunkte waren Wellblechbuden oder – etwas komfortabler wie in Kaiserau und Oberleppe – in bestehenden Gebäuden eingerichtet. Die längste Zeit war die Strecke 18,5 Kilometer lang. Sie reduzierte sich allerdings nach dem Zweiten Weltkrieg nach und nach auf zuletzt 8,7 Kilometer.

Ein Komitee wird gegründet

Die Initiative für den Bau einer Bahnstrecke durch das Leppetal ging zunächst in den 1880er Jahren von dem Fabrikanten Engels aus Engelskirchen aus. Er gründete zusammen mit Gewerbetreibenden und Kaufleuten ein Eisenbahnkomitee zur Unterhandlung mit den Kommunen und der preußischen Regierung in Berlin. Am 30. September 1895 erteilte der Regierungspräsident in Köln die Konzession für eine Dauer von 50 Jahren und am 4. September 1897 wurde die Strecke feierlich eröffnet. Wichtig für die Industrie: An den Endpunkten in Engelskirchen und Marienheide gab es Anschlussmöglichkeiten an die Staatsbahn. Die Blütezeit der Steinindustrie in Felsenthal begann mit der Bahn, ebenso profitierten die Edelstahlwerke in Kaiserau von ihr. Sie besaßen Lade- oder eigene Anschlussgleise wie etwa die Firma »Schmidt + Clemens«. Ab 1942 wurden Rollbockwagen eingesetzt. Damit konnten Reichsbahnwagen sozusagen »huckepack« nebst Beladung auf der Schmalspurbahn transportiert werden. Das kosten- und zeitintensive Umladen der Güter entfiel damit.

Die Kleinbahn vor der Poststelle und Metzgerei Frangenberg in Kaiserau, um 1940

Die letzte Fahrt der Kleinbahn mit einem Rollbockwagen 1958 auf dem Gelände der Firma S+C

Das Bähnchen weicht dem Omnibus

Eigentümer am Betriebsvermögen der Bahn waren zunächst der Kreis Gummersbach und die »Westdeutsche Eisenbahn-Gesellschaft« (WeEG) in Köln. Bau und Betrieb der Linie erfolgte durch die Firma »Lenz & Co.« bzw. deren Tochterunternehmen »WeEG«. Letztere übertrug die Betriebsführung sodann 1925 an die »Vereinigte Kleinbahnen AG«. Ab 1951 lag die Leitung schließlich bis zur Stilllegung der Strecke in den Händen der »Oberbergischen Verkehrsgesellschaft AG« (OVAG).

Die zu geringe Auslastung, zu hohe Kosten und der Ausbau des Kraftwagenverkehrs nach dem Zweiten Weltkrieg, namentlich des Omnibusverkehrs, brachten das endgültige Aus für das Bähnchen.

Der schon vor dem Zweiten Weltkrieg unrentable Personenverkehr wurde 1949 eingestellt, der obere Bahnabschnitt Marienheide bis Berghausen 1950 stillgelegt. Am 31. März 1958 bimmelte der letzte Güterzug durch das Tal und die Gleise verschwanden bald. Was bleibt, ist die Erinnerung.

Die Station Oberleppe, heute Gaststätte »Germania Stuben«, in den 1920er Jahren

Hammertradition in Oberleppe zwischen Berg und Mark

Dicht an der Böschung der heutigen Landstraße im Leppetal steht er, der Stellershammer. Er ist der letzte noch funktionstüchtige Wasserhammer im Leppetal und Zeuge einer weit zurückreichenden Schmiedetradition. Sein Name leitet sich ab von einem der Vorbesitzer, denn für 1781 ist überliefert, dass der Hammer einem Christoph Steller gehörte.

Was durch die Jahrhunderte den Standort auszeichnete und die schweren Schmiedehämmer bewegte – die Wasserkraft der Leppe – ist in der aktuellen Edelstahlproduktion, die heute an dieser Stelle betrieben wird, nicht mehr notwendig. Nur noch die Energieerzeugung für die Dampfhämmer erfolgt mit Leppewasser.

Um so mehr fühlt man sich in längst vergangene Zeiten zurückversetzt, wenn man das alte Hammergebäude mit dem außen sichtbaren Schlot der mächtigen Esse, den ausgemauerten Gefachen des Erdgeschosses und den sprossengerahmten Fenstern betritt. Im Innern des Stellershammer ist noch ein gestampfter Lehmfußboden vorhanden und die Decke rauchgeschwärzt. An der Giebelseite des Gebäudes befindet sich die gewaltige Eichenwelle, die den Hammer antreibt. Der Amboss steht in der Mitte, Kühlgefäße und alte Werkzeuge liegen herum.

Das Satteldach mit den verbretterten Giebelfeldern birgt eine Bühne, auf der die Schmiede in früherer Zeit schlafen konnten. Wenn ausreichend Wasser vorhanden war, musste die Zeit optimal zum Schmieden ausgenutzt werden, sodass es sich am Ende eines langen Arbeitstages oft nicht mehr lohnte, den weiten Weg nach Hause anzutreten. Dafür blieb in Trockenperioden genügend Zeit, die Felder zu bestellen. Es wundert daher nicht, dass Christoph Höver, der Gründer des Unternehmens

Die Initialen im Lichtausschnitt der Eingangstür zum Verwaltungsgebäude in Oberleppe stehen für »Christoph Höver und Sohn«.

»Chr. Höver und Sohn«, nebenher auch Landwirt war. Noch heute besitzt daher die Familie Höver im Umfeld des Betriebes einiges an Land.

Ursprünglich stand der Stellershammer auf dem Gebiet der Reichsherrschaft Gimborn-Neustadt, dicht an der Grenze zum Herzogtum Berg. Die Leppe bildete die Landesgrenze. Sie war auch eine Konfessionsgrenze. Beide Territorien gingen 1806 in dem von Napoleon gegründeten Großherzogtum Berg auf. Wieder ein knappes Jahrzehnt später, nach dem Ende der Napoleonischen Ära, gehörte das Leppetal zur preußischen Rheinprovinz. Der Fluss bildete ab 1816 bis 1974 die Kreisgrenze, anfänglich zwischen dem Kreis Wipperfürth und dem Kreis Gimborn, später dann zwischen dem Rheinisch-Bergischen und Oberbergischen Kreis. Zum 1. Januar 1975 fielen die alten Hämmer und die moderne Leppeindustrie an die Gemeinde Lindlar, die wiederum in den Oberbergischen Kreis eingegliedert wurde.

Der Stellershammer auf dem Werksgelände der Firma »Chr. Höver und Sohn«. Links im Bild sind der Wasserzulauf auf das Wasserrad zum Antrieb des Hammers und der mächtige Schornstein der Schmiedeesse zu erkennen. Letztes Hammergebäude im mittleren Leppetal auf einer undatierten Aufnahme, das an die alte Hammer- und Schmiedetradition erinnert.

Bis zum Jahr 1953 war der Stellershammer noch in Tätigkeit, dann lag er still. Christoph Höver hatte in diesem Gebäude kurz vor Ausbruch des Zweiten Weltkrieges seinen Betrieb begründet. Im Jahr 1937 verließ er das Familienunternehmen »Gebr. Höver« in Kaiserau, das er mitgegründet hatte, und rief zusammen mit seinem Sohn Ernst die Firma »Chr. Höver und Sohn« ins Leben. Er beschäftigte zu Beginn sieben Arbeiter. Die Verwaltung wurde zunächst in seinem Elternhaus in Berghausen angesiedelt, erst später verlegte er sie nach Oberleppe.

Neben dem Sohn Ernst, der Kaufmann war, aber später den technischen Bereich leitete, trat 1949 mit Paul Höver ein weiterer Sohn in das Unternehmen ein. Er führte das Werk bis 2001 und verstarb im Jahr 2006. Nachfolger ist heute sein Sohn Harald Höver.

Zu Beginn der unternehmerischen Tätigkeit wurde die umliegende Steinbruchindustrie in Felsenthal, im angrenzenden Oberbergischen, im Westerwald und der Eifel mit Werkzeugen wie Kipp- und Bossierhämmern, mit Brechtangen und Meißeln beliefert. Auch für Bauunternehmungen wurde gearbeitet und für die Landwirtschaft Pflugscharen hergestellt. In den 1950er Jahren waren alleine drei Mitarbeiter im Verkauf für den Export tätig, lieferten zwei Lkw mit fest angestellten Fahrern die Produkte aus und beschafften Materialien.

Werkstücke vor dem Betriebsgebäude der Firma »Chr. Höver und Sohn« an der Leppetalstraße

Ende der 1950er Jahre wurden auch die beiden Wohngebäude an der Landstraße in Oberleppe errichtet, die unlängst der Abrissbirne zum Opfer gefallen sind. Sie waren für Mitarbeiter bestimmt, die sich aus Flüchtlingen rekrutierten, denn das Unternehmen benötigte dringend Arbeitskräfte.

In den 1960er Jahren änderte sich die Produktion. Es wurden mehr Stabstahl, Scheiben und Ringe unter anderem für den Bau von Dampfkraftwerken geschmiedet, bis hin zu dem, was die Firma heute herstellt: hochwertiger rostfreier und säurebeständiger Qualitätsstahl zum Beispiel aus Titan- und Nickelbasislegierungen für den weltweiten Bau von Kernkraftwerken, für die Petrochemie und andere Industriezweige. Auch die »Howaldtswerke-Deutsche Werft AG« in Kiel werden beliefert.

Ältere Aufnahme eines Dampfhammers der Firma »Chr. Höver und Sohn«

Federn für hohe Ansprüche aus Karlsthal

Man schrieb das Jahr 1919. Der erste Weltkrieg war beendet und Philipp Scheidemann hatte am 9. November 1918 in Berlin vom Fenster der Reichskanzlei aus die Republik, die später die »Weimarer« heißen sollte, ausgerufen. Bürgerkriegsähnliche Zustände hatten im Frühjahr 1919 in weiten Teilen des Deutschen Reiches für Unruhen gesorgt. In diesen Zeiten des Umbruchs verlegte die Firma »Gebrüder Ahle oHG« am 25. Juni 1919, drei Tage vor Abschluss des Friedensvertrages im Spiegelsaal von Versailles, ihren Sitz von Hohenlimburg bei Iserlohn nach Carlsthal. Ein Jahr darauf wurde die gesamte Herstellung von Stahlbändern, gezogenen legierten Stahldrähten und verschiedenen Federtypen an die Leppe verlegt.

Die Firma hatten die Brüder Diedrich und Adolf Ahle bereits 1904 unter dem Namen »Diedrich Ahle Federn- und Stahlwarenfabrik« gegründet. Die erste Belegschaft bestand aus elf Mitarbeitern. Schnell wurde der Betrieb größer. Die Geschäfte, die im Ersten Weltkrieg mit Stahlfedern als Heeresbedarf abgeschlossen werden konnten, ermöglichten eine Expansion.

In Hohenlimburg bestand zu dieser Zeit allerdings keine Möglichkeit mehr dazu. Hingegen lockten im Leppetal die Nutzungsmöglichkeit der Wasserkraft, der Kleinbahnanschluss und eine ausreichend Anzahl an Arbeitskräften. Schon 1918 hatten die Brüder das Gelände der ehemaligen Spinnerei »Heinrich Dewies und Sohn« in Karlsthal erworben.

Ein »explosiver« Ort

Karlsthal war genau wie Kaiserau und Oberleppe ein alter Gewerbestandort. Um das Jahr 1800 hatte hier bereits eine Ölmühle gestanden. Die Firma *F. Karthaus & Baumbach* hatte später in Thal fünf Pulvermühlen betrieben. 1871 ereignete sich ein Unglück. Das Gebäude der Fabrik flog bei einer Explosion in die Luft. Dies war jedoch nicht der erste Unfall mit Schwarzpulver, der sich ereignete. Bereits 1825 war es zur *Zersprengung* zweier Pulvermühlen an der Leppe gekommen.

Briefkopf, um 1920

Die Urkarte der Bürgermeisterei Gimborn, zu der das Leppetal damals gehörte, trägt bereits 1832 die Flurbezeichnung »An den Pulvermühlen«. Noch die Kleinbahn von Engelskirchen nach Marienheide wurde nach 1897 in einem Wellblechtunnel an dem Standort der Pulvermühlen, die nahe an der Straße lagen, vorbeigeführt. Die Karte zeigt westlich der Pulvermühlen zwei große Teiche und weitere Gebäude, die erst später entstanden. Heute befindet sich hier das Gelände der Firma Ahle. Obwohl der Standort heute Karlsthal heißt – in alter Schreibweise noch mit »C« –, ist auf der Urkarte nur die Ortsbezeichnung »Wilhelmsthal« eingetragen. Der Name Karlsthal entstand vermutlich erst später.

Ein besonderes Band

In unmittelbarer Nachbarschaft der ehemaligen Pulvermühlen entstand somit das Werk der »Gebr. Ahle oHG« als Drahtzieherei und Kaltwalzwerk, Federnfabrik und Stanzwerk. Hergestellt wurden unter anderem Zugfedern für den allgemeinen Maschinenbau, für landwirtschaftliche Maschinen sowie für die Weberei und die elektrotechnische Industrie. Die Drahtzieherei fertigte Eisen- und Stahldrähte als Rund- und Flachstahl.

Werksgebäude der Firma in Karlsthal, unmittelbar an der Straße nach Marienheide gelegen

Blick in die Drahtzieherei der 1920er Jahre

Nach 1934 produzierten die Gebr. Ahle als einzige Unternehmer in Deutschland das so genannte Buckelbandeisen. Dabei handelte es sich um ein weich geglühtes Stahlband, welches zum Durchschlagen mit Nägeln geeignet war und bei der Umreifung von Verpackungen eingesetzt wurde. Die Fabrikation endete 1980.

Nach dem Zweiten Weltkrieg nahm die Geschäftsleitung die Produktion nach zweijährigem Stillstand mit Federn, Kaltband und Draht wieder auf. 1980 wurde der Betrieb dann mit der Spezialisierung auf Federn für die Automobilindustrie schließlich zum reinen Automobilzulieferer. Das 100jährige Firmenjubiläum konnte das Familienunternehmen dann im Jahre 2004 zusammen mit seinen rund 140 Mitarbeitern feiern.

FAZIT

Vier Firmen also haben der Industrieregion Leppetal innerhalb der letzten rund 130 Jahre ihren Stempel aufgedrückt. Die Wasserkraft, die ursprünglich den Standort attraktiv machte, wird heute für die moderne Fertigung kaum noch benötigt. Auch die alte Hammertradition ist nur noch als Erinnerung im Stellershammer erhalten geblieben.

Die Leppeindustrie wurde ab der Mitte des 20. Jahrhunderts durch zwei Faktoren begünstigt:

Zum einen war es die Notlage nach der »Stunde Null« zu Ende des Zweiten Weltkrieges, die den Betrieben das Überleben sicherte. Sie wurden nicht demontiert, sondern trugen mit ihrer Produktion zum Wiederaufbau des Ruhrgebietes bei. Dabei konnten die Firmen wie etwa »Schmidt + Clemens« an ihre Produktion während des Krieges anknüpfen.

Zum anderen erfolgte die Entwicklung hin zu einer hohen Spezialisierung auf dem Stahlsektor, die auch teilweise schon vor dem Krieg eingesetzt hatte. Damit konnten die Werke als Zulieferer Marktsegmente besetzen und bis heute auf dem Weltmarkt konkurrenzfähig bleiben.

Gabriele Emrich

🇬🇧 Commerce and trade develop

1882: A village shop and a pub in Linde

In the 19th century the beginning of road construction had a positive effect on the trading and changed its structures. The importance of the semi-annual general market in Lindlar decreased due to local merchants – also women – selling their general merchandise as well as colonial goods such as rice, spices, tea and coffee in the small villages. Many times the local merchants offered a combination of services under one roof to increase the likelihood of profit and survival. Extra services included for example serving drinks. In Linde in 1882 the owner of the shop also ran a pub. But also other new companies employed people: on Lindlar's territory a fruit farm opened in 1898 and a dairy cooperative in 1909.

🇫🇷 Développement du commerce et de l'artisanat

1882: une épicerie et un débit de boissons à Linde

A partir de la moitié du 19ème siècle, le développement des voies routières fut propice à l'essor économique et modifia les structures commerciales. Les foires biannuelles de Lindlar perdirent de leur importance. Les commerçants locaux – dont aussi des femmes – offrirent en outre des denrées quotidiennes, des produits d'épicerie comme le riz, le thé, le café et les épices. En plus de leur magasin, ces épiceries possédaient aussi un débit de boissons, comme par exemple à Linde, où on pouvait trouver dès 1882 un magasin d'alimentation et un débit de boissons sous le même toit. D'autres entreprises offrirent aussi des possibilités d'emploi : à Hartegasse, une coopérative de transformation des fruits fut fondée en 1898 et, en 1909, la première laiterie sur la commune de Lindlar fut créée.

🇭🇷 Razvija se trgovina i obrt

1882.: Trgovina kolonijalnom robom i točionica pića u Lindeu

Od sredine 19. stoljeća gradnja cesta potiče i razvoj obrtništva te mijenja strukturu trgovine. Smanjio se značaj trgovanja na malo koje se održavalo dvaput godišnje u Lindlaru. Domaći trgovci – također i žene – nudili su osim svakodnevnih potrepština i robu iz kolonija kao što su riža, čaj, kava i začini. Često su vlasnici trgovina posjedovali i male gostionice i točionice pića, kao npr. u Lindeu gdje su se 1882. g. trgovina i ugostiteljsvo nalazili pod istim krovom. Nova proizvodnja nudila je i nova radna mjesta. U Hartegasseu je 1898. g. osnovana voćarska zadruga, a na granici prema Steinenbrücku 1990. g. prva mljekara na području lindlarske općine.

Kapitel 12

Handel und Handwerk entwickeln sich

Linde – ein bergisches Dorf in agrarischem Umfeld

Ein besonderer Einkauf um 1915

Milch und Obst für den Markt

Vom Kappenmacher zum Kaufherrn

1882

Ein Kolonialwarengeschäft und eine Schankwirtschaft entstehen in Linde.

Handel und Handwerk entwickeln sich

Schon früh gibt es Hinweise auf gewerbliches Tun in Lindlar: Dem Severinstift in Köln standen im Spätmittelalter Tuche und Eisenwaren als Abgaben aus Lindlar zu, die vermutlich die Bauern zunächst im Hausgewerbe herstellten. Für das Jahr 1526 verzeichnen die Kirchenrechnungen bei Dassiefen den Abbau von Eisenstein durch Bergleute. Rund sechzig Jahre später finden Hütte und Hammer in Stoppenbach Erwähnung, für 1596 ist ein Hammer in Siebensiefen vorhanden, wie der Heimatforscher Josef Külheim berichtete.

Die Gewerbeentwicklung schritt voran. Hier und da erscheinen Meister in den frühesten Lindlarer Taufbüchern im 17. Jahrhundert. So nannten sich Handwerker, die bei einem Lehrherren gedient hatten und selbständig arbeiteten. Im 18. Jahrhundert betrieben Frauen und Kinder in Lindlar wie andrenorts die Handspinnerei. Sie verarbeiteten Baumwolle für das Wuppertal, denn die Landwirtschaft alleine gewährte kein Auskommen mehr. Durch die Sitte der Erbteilung verringerte sich die pro Familie zur Verfügung stehenden landwirtschaftlichen Anbauflächen; sie beschränkten sich zunehmend auf verstreut liegende Parzellen.

Ab der Mitte des 19. Jahrhunderts förderte der einsetzende Straßenbau die gewerbliche Entwicklung und änderte die Strukturen des Handels. Die Bedeutung der zweimal jährlich abgehaltenen und für 1834 in der Bürgermeisterei Lindlar belegten Krammärkte verringerte sich. Für 1892 ist vermerkt, dass kein Jahrmarkt mehr in Lindlar neben den Krammärkten stattfand. Die vor Ort ansässigen Händler – auch Frauen – boten neben den Dingen des täglichen Bedarfs Kolonialwaren wie Reis, Tee und Kaffee sowie Spezereien (Gewürze) an. Oftmals besaßen die Ladenbesitzer

Händler wie Wilhelm Dahl zogen mit der Kiepe durch die bergischen Siedlungen und boten ihre Waren an.

nebenher eine Schankwirtschaft. Ein solches Beispiel für strukturelle Veränderungen im 19. Jahrhundert ist Linde.

Bereits im frühen 19. Jahrhundert gab es in der Bürgermeisterei Lindlar Obstanbau. Angebaut wurden vor allem Äpfel und Zwetschgen. In Hartegasse gelang im Jahr 1898 der wirtschaftliche Aufrtieb durch die Einrichtung einer Obstverwertungsgenossenschaft. Sie überdauerte die Zeit des Ersten Weltkrieges und schuf Arbeitsplätze für die Menschen der Umgebung. Daneben entstand 1909 an der Grenze zu Steinenbrück die erste Molkerei auf Lindlarer Gemeindegebiet.

Im Dorf Lindlar ließen sich in den 1880er Jahren zwei Söhne einer Handwerkerfamilie aus Wipperfürth nieder. Das Kaufhaus der Nachfolgegenerationen des älteren Bruders wurde später ortsbildprägend, während das Geschäft des jüngeren Bruders – mit verändertem Sortiment – bis heute in unmittelbarer Nähe der Kirche besteht.

Erst ab dem 19. Jh. kamen vermehrt ortsfeste Läden auf, in denen Waren angeboten wurden. Hier: Blick in ein Ladenlokal, ca. 1948, heute bekannt als »Spielwaren Pfeifer«, von rechts nach links: Elisabeth Pfeifer, Gertrud Pfeifer geb. Dahl und Bruno Pfeifer

Linde – ein bergisches Dorf in agrarischem Umfeld

Bis zum Jahr 1868 besaß der Hof Linde kein Gotteshaus und so mussten die wenigen Einwohner sonntäglich den weiten Weg nach Lindlar antreten. Die größer werdende Gemeinde und der Wunsch nach einem religiösen Mittelpunkt führten jedoch zu einer Schenkung, welche 1867 bis 1869 den Bau der Kirche Sankt Joseph ermöglichte. Linde hatte nun – ab 1890 als selbständige Pfarre – neben der Schule als Bildungsstätte ein geistliches Zentrum. Der Hof entwickelte sich zum Dorf.

Die 1870er Jahre brachten weitere Neuerungen. Die 1875 fertig gestellte Straße von Lindlar nach Bergisch Gladbach, die durch Linde führte, erleichterte den Anschluss an die westlichen Nachbarregionen. Von Linde-Bruch aus mussten sich die Karren nicht mehr auf dem alten Weg bergan quälen. Trotzdem war das Befahren der neuen Chaussee auf der Strecke Kürten-Eichhof nach Lindlar für größere Wagen gefährlich. Im Winter konnte der schwere, seit 1877 verkehrende Post-Omnibuswagen mit seinen sechs Sitzen kaum fahren. Der Posthalter in Bergisch Gladbach musste dann einen leichteren viersitzigen Posthaltereiwagen mit scharfem Eisenbeschlag einsetzen, wie sich aus einem Schreiben der Oberpostdirektion in Köln an den Lindlarer Bürgermeister vom 5. Januar 1878 im Gemeindearchiv in Lindlar ergibt. Schnell ging es nicht voran: Die Reise von Lindlar nach Bergisch Gladbach dauerte dreieinhalb Stunden.

»Gründerzeit« in Linde

Der Ort vergrößerte sich zusehends. Während sich die Anzahl der Einwohner in der Zeit von 1830 bis 1875 lediglich um 13 erhöhte, schnellte sie zwischen 1875 und 1900 von 42 hoch auf 137 Personen; ein gewerblicher Aufschwung setzte parallel dazu ein. So ließ sich im Zuge des Straßenausbaus 1884 der Schmiedemeister Heinrich Pohl aus Kürten in einem Gebäude neben der alten Schule nieder. Im Jahr 1887 errichtete er im *Dünkelin* sein Haus, heute Alte Dorfstraße, wie die Schulchronik zu berichten weiß. In dem Gebäude führte er ein Haushalts- und Eisenwarengeschäft, außerdem eine Gaststätte. Gegenüber lag seine Werkstatt. Schmiede und später angebaute Stellmacherei befinden sich heute im LVR-Freilichtmuseum in Lindlar.

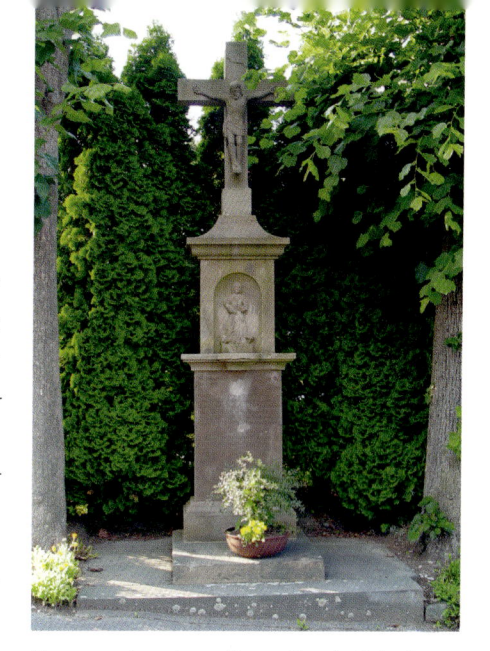

Schon bald bestand die Notwendigkeit, die erst 1842 eröffnete Schule durch eine neue, größere zu ersetzen. Die Brüder Adolph, Wilhelm und Johann Müller, Land- und Schankwirte sowie Handelsleute aus Linde, erwarben daher 1875 das alte Schulgebäude im Wert von 5.190 Mark von der Gemeinde Lindlar. Ein halbes Jahr später kam es zu einem weiteren Austausch und zur Arrondierung von Flächen mit der Gemeinde. Es war eine erstaunliche Kapitalkraft, die sich bei den drei jungen Männern im überwiegend ländlich geprägten Linde offenbarte.

Kreuz vor dem ehemaligen »Jägerhof« in der Wilhelm-Müller-Straße 2 mit Nischenfigur des hl. Vitus, Namenspatron des Eigentümers (bis 1910) Vitus Wilhelm Müller.

Postkarte mit Ortsansicht und Gaststätte des Johann Müller im alten Schulgebäude, um 1900

oben: Der Postwagen im Hof der Posthalterei in Bergisch Gladbach, von wo aus er seine Fahrt nach Linde und Lindlar antrat. Bild rechts: Der letzte Postillion Joseph Höller

Begonnen hatte die Geschichte um das Jahr 1840, als der Vater der drei Brüder, Johann Adolph Müller aus Müllemich bei Hohkeppel, in den Kramladen seines Onkels, Wilhelm Oerder, eintrat. Oerder wird bereits für 1834 als *Winkelier in Spezereiwaaren und Victualien*, das heißt Krämer, Gewürz- und Lebensmittelhändler, im *Adreß = Buch für Rheinland-Westphalen* genannt. Johann Adolph Müller hatte Erfolg und zahlte bereits 1842 mit den höchsten Gewerbesteuersatz in der Gemeinde Lindlar. Im Jahr 1843 erwarb er die Schankkonzession für den »Jägerhof« (Wilhelm-Müller-Straße 2), zusätzlich handelte er mit Manufaktur- und Ellenwaren, Kolonial-, Eisen- und Fleischwaren sowie Getränken. Außerdem blieb er Landwirt, der zum Kalkbrennen einen Kalkofen setzte und Feldfrüchte anbaute. Als er 1874 verstarb, verblieb seinen drei Söhnen und seiner einzig überlebenden Tochter ein Vermögen von 13.100 Talern.

Die Post ist da

Die beiden jüngsten Söhne, Wilhelm und Johann, traten erfolgreich in die Fußstapfen ihres Vaters. Wilhelm behielt nach der Teilung des gemeinschaftlichen brüderlichen Erbes 1882 den elterlichen Jägerhof, den er im Jahr 1910 veräußerte. Er führte die Landwirtschaft fort und übte zudem das Gewerbe eines Händlers aus. Er verkaufte Vieh, spekulierte mit Grundbesitz und erbaute 1902 ein Schlachthaus auf seinem Grundstück am Weg nach Scheurenhof, wie ein Konzessionsgesuch im Gemeindearchiv belegt. Für 1898 hat sich ein Erlaubnisschein zur Ausübung des Hausierhandels *mit allen Gegenständen, die nicht vom Hausierhandel ausgeschlossen sind* in den Gewerbeakten erhalten. Er zahlte dabei den höchsten Gewerbesteuersatz mit 48 Mark.

Der jüngere Bruder, Johann, errichtete nach 1877 nur einen Steinwurf vom Elternhaus entfernt in der alten Schule und später in einem Anbau ebenfalls einen Handel und eine Schankwirtschaft. Es bot sich ihm eine Chance, als die Oberpostdirektion auf der Strecke Bergisch Gladbach–Lindlar 1877 Haltestellen einrichten wollte und geeignete Wirtshäuser hierfür suchte. Bald hieß seine Gastwirtschaft »Gasthof zur Post« mit einer im Herbst 1880 eingerichteten *Posthülfsstelle*.

1893 wurde er sogar der erste Postagent in Linde, dem Landbriefträger und Postillione unterstanden. 1896 erfolgte sodann der Anschluss Lindes an die Telegrafenanlage in Lindlar. Im Zuge des im Sommer 1909 begonnenen Eisenbahnbaus setzte Johann Müller auf die Sommerfrischler und Touristen aus der Stadt. Im Adressbuch des Kreises Wipperfürth von 1911 warb er mit einer entsprechenden Anzeige um Gäste. Johann Müller bekleidete öffentliche Ämter im Kirchenvorstand und in der 1904 gegründeten »Wasserleitungsgesellschaft Linde-Scheurenhof«.

»Gasthof zur Post« nach Umbau und Erweiterung 1935/1936, heute »Haus Burger«

Einkaufen »auf Pump«

Für Kunden jeden Standes war es gängige Praxis, die gekaufte Ware »anschreiben« zu lassen, das heißt, auf Kredit zu kaufen. Die Bezahlung erfolgte erst, wenn das nötige Bargeld wieder zur Verfügung stand. In mehreren noch vorhandenen »Anschreibbüchern« aus den Jahren 1846 bis 1892 ist der Handel der Brüder Müller gut dokumentiert. An erster Stelle sind Grundnahrungsmittel wie Mehl, Brot, Butter, Seife, Petroleum, Kraut, Kaffee und Kartoffeln wie auch Fleisch, Rindfleisch, Rippchen, Schinken und Bratwurst aufgelistet. Jedoch offenbaren die Bücher Erstaunliches: Für die Jahre von 1889 bis 1892 gibt es Sondereintragungen mit der Überschrift »Schweineverkauf«, daneben Kaufdaten und Namen der Käufer. Die Kunden kamen aus einem Umkreis von 25 bis 30 Kilometern, fast alle zu Lindlar zugehörigen Ortschaften lassen sich finden.

Der Schweineverkauf betraf in den vier Jahren zwischen 1889 und 1892 insgesamt 810 Stück zu einem Gesamterlös von rund 28.000 Mark. Es bestanden Geschäftsbeziehungen nach Mülheim und Bergisch Gladbach sowie zu Viehhändlern aus dem Kreis Waldbröl. Leider lassen sich keine weiteren Aussagen zum Viehverkauf der vorherigen und der nachfolgenden Jahre sowie zu den Hintergründen der geschäftlichen Kontakte machen.

Johann Müller starb 1919, eine seiner drei Töchter, Elisabeth, die 1927 Johann Burger aus Fahn heiratete, führte den Gasthof« nebst Lebensmittelladen weiter, während allerdings die Poststelle mit ihrem Bruder Hermann 1928 auf die andere Straßenseite in den »Lindenhof« wechselte.

Ein Großbrand und ein Neubeginn

In den ersten Junitagen des Jahres 1969 geschah dann etwas Unfassbares: Morgens in der Früh, kurz nach dem gerade beendeten Krönungsball der Linder Schützenbruderschaft, brach im Schankraum der Gaststätte »Haus Burger«, wie der Gasthof zur Post nach dem Zweiten Weltkrieg umbenannt worden war, ein Brand aus. Das Feuer hatte verheerende Wirkung. Vier Löschzüge aus der näheren und weiteren Umgebung konnten nicht verhindern, dass das zweistöckige Gebäude fast vollständig ausbrannte. Mehrere Jahre bis zum Wiederaufbau mussten die Feierlichkeiten zu den Schützenfesten in einem Festzelt stattfinden. Groß war daher die Freude, als »Haus Burger« (Linder Straße 30) wiedereröffnet werden konnte und bis heute unter Frau Irmtraut Schätzmüller verwitwete Burger weiter besteht.

Rechnung der Gebr. Müller, 1878

Ein besonderer Einkauf

Der Lindlarer Alt- und Ehrenbürgermeister, Josef Bosbach (1904 bis 1993) erzählte 1982 dem Amt für Rheinische Landeskunde die folgende, leicht verkürzt wiedergegebene Geschichte auf Lenkelner Platt. Zum besseren Verständnis hat Josef Krämer sie ins Hochdeutsche übertragen:

Josef Bosbach auf einer Aufnahme Anfang der 1980er Jahre

Oft führten unverheiratete Frauen wie Mariechen Häger (hinter der Theke) die kleinen Kolonialwarenläden, die Kundin im Vordergrund ist Frau Bernards geb. Feldhoff, Ende der 1930er Jahre

Vor 60 Jahren gab es lediglich Tante-Emma-Läden, halbdunkel, mit einem Lattengestell (Latsen) voller spitzer Tüten in verschiedenen Größen über der Theke, an der Wand mit offenen Regalen für Mehl, Zucker und Salz, wofür eine kleine Schaufel benutzt wurde. Und neben der Theke standen offene Säcke mit Erbsen (Eetse), Bohnen (Bunne) und Reis (Riis). Dann noch ein Fass mit Sauerkraut (suure Kappes) und ein Fass mit Heringen. Und in der Ecke, da konnte man eine Petroleumpumpe (Steenolichspomp) erkennen. Ein Berg frischen Brotes und Roggenstuten (Kläroggen) sorgten für den angenehmen Geruch im Laden. Die Theke war schwarz gestrichen, und es lag stets ein dickes Kreidestück zum Anschreiben auf ihr.

In solch einem Laden mussten wir immer unsere Lebensmittel (Spezereiwaren) holen. Was der Mutter so fehlte, schrieb sie auf einen Zettel, den wir Kinder vor dem Unterricht in dem Laden abgaben, um nach dem Unterricht die Lebensmittel mit heim zu nehmen. Das ging abwechselnd unter den Ältesten. Nun war unsere Berta an der Reihe. Das hätte gut geklappt, wenn nicht so schöne getrocknete Pflaumen (schöön jedruchde Pruumen) für die Milchsuppe (Melchzupp) dabei gewesen wären.

Ladenlokal von Mariechen Häger, heute Schmuck- und Optikergeschäft Fabritius

Mit ihren Schulfreundinnen, die auch tragen halfen, nahm sie den kürzesten Weg durch den Wald (Bösch). Und voll des Dankes für das Tragenhelfen fielen der Berta die Pflaumen ein. Bis auf einen kleinen Rest waren bald alle Früchte verzehrt. Die Mutter musste das merken. Berta stand hinter der Mutter und schaute gespannt zu, wie diese auspackte. Da drehte sich die Mutter um und sagte: »So etwas tut man nicht. Ihr könnt zu Hause soviel Pflaumen essen, wie ihr wollt, aber das Naschen unterwegs (Schnööken ongerwächs) gehört sich nicht. Tut, was ich sage, sonst keift der liebe Gott.« Den Ausdruck benutzten wir, wenn ein Gewitter in der Luft lag, dann war »der liebe Gott am Keifen«, das sollte heißen, er schimpfte (woor am Kiefe).

Wieder war Berta an der Reihe, die Lebensmittel mitzubringen. Wieder waren Pflaumen dabei, die ihr keine Ruhe ließen. Sie meinte, einige fehlende fielen doch nicht auf, und begnügte sich auch wirklich mit wenigen. Die Mutter bemerkte tatsächlich nichts. Jedoch, in der nächsten Nacht kam ein schweres Gewitter. Berta, die ja keine saubere Weste hatte (dän Kiddel nit reen hät), kroch zur älteren Schwester ins Bett. Die wurde halb wach (half wakerisch) und fragte: »Was ist denn los (Wat is am Jang?« – »Ach«, sagte die Berta, »ich kann nicht begreifen, wie sich der liebe Gott da oben wegen der paar Pflaumen so aufregen kann (so ne Bedriif mache kan).«

Milch und Obst für den Markt

In Hartegasse liegt auf der Grenze zum Ortsteil Steinenbrück rechter Hand ein Gebäude, auf dem noch undeutlich der Schriftzug »Molkerei« zu erkennen ist. Welche Geschichte verbirgt sich dahinter, wo heute auf dem Gelände nichts mehr auf einen milchverarbeitenden Betrieb hinweist?

Seit der zweiten Hälfte des 19. Jahrhunderts nahmen wie anderswo auch im Bergischen Land Unternehmer oder Genossenschaften die Verarbeitung bäuerlicher Produkte und ihre regionale sowie überregionale Vermarktung verstärkt in die Hand. In Hartegasse gründete der aus Schlesien stammende Reinhold Mittmann (1878 bis 1942) in dem 1860 errichteten Gebäude einer ehemaligen Krautpresse eine Molkerei. Ihm wurde 1909 ein Kessel für den Einsatz einer Dampfmolkerei genehmigt.

Milch en gros und hochfeine Tafelbutter

Drei Jahre nach dem Einbau der Dampfmaschine in Hartegasse stellte sich bei einer außerordentlichen Überprüfung heraus, dass der Kessel offenbar mit zu niedrigem Wasserstand gefahren wurde. In der knappen Beschreibung des Unternehmens war vermerkt, dass er zu diesem Zeitpunkt über eine eigene Tiefkühlanlage verfügte, Milch en gros versandte, hochfeine Tafelbutter herstellte sowie verschickte und einen Telefonanschluss besaß. Zwei weitere Investitions- und Umbaumaßnahmen, Reparaturen sowie Erweiterungen folgten 1913, 1916 und 1920.

Die Molkerei in Hartegasse florierte, und so entschloss sich Reinhold Mittmann, 1927 in der Nähe des Lindlarer Bahnhofs eine Filiale zu eröffnen. Sechs Jahre darauf musste er sie nach der Machtübernahme der Nationalsozialisten schließen, da niemand – wie man wohl sagte – Doppelverdiener sein sollte. Die Neustrukturierung der gesamten Landwirtschaft und ihrer weiterverarbeitenden Betriebe im Reichsnährstand sah offensichtlich eine Molkerei in Lindlar nicht vor. Hinzu kam, dass die Nationalsozialisten die Räumlichkeiten für eine andere Verwendung beschlagnahmten: in das Gebäude zog nach Ausbau der Maschinen

Schriftzug »Molkerei« am ehemaligen Betriebsgebäude auf dem Grundstück Sülztalstraße 88 in Lindlar-Hartegasse

der weibliche Arbeitsdienst ein. Vom Kriegsende bis 1949 stellte Friedrich Wassenberg im ehemaligen Lindlarer Molkereigebäude in der Bahnhofstraße in seiner »Friwa-Nährmittelfabrik« Fertigsuppen, Pasten und Fleischkonserven her.

Die kleinen Molkereien schließen

In Hartegasse bewirtschaftete nach Mittmanns Tod 1942 die Witwe Maria die Firma. Täglich wurden dort in jenen Jahren bis zu 9.000 Liter Milch angeliefert. Dass Maria Mittmann (sie starb 1960) – die einer Molkerei in Hildesheim entstammte – das Geschäft erfolg-

Reinhold Mittmann (?) vor seiner neu erbauten Molkerei in Hartegasse. Im Anbau mit Schornstein befand sich die Dampfmaschine. Über Transmissionsriemen betrieb sie die Wasserpumpe für die Kühlung, sorgte für die Erhitzung der Milch und setzte die Butterknetmaschine in Gang. Ganz links der Koksschuppen

In diesem Gebäude befand sich die Mittmann'sche Molkerei in der Lindlarer Bahnhofstraße. Sie existierte nur sechs Jahre lang bis 1933, dann musste sie geschlossen werden.

Die beiden molkereieigenen Pferde zogen jeden Morgen die für Köln bestimmte Milch zum Lindlarer Bahnhof. Ab Ohl mussten zwei weitere Pferde den Berg hinauf bis Altenlinde Vorspann leisten. Ende der 1920er/Anfang der 1930er Jahre brachten dann zwei Angestellte die Produkte mit einem vollgummibereiften Lkw nach Köln.

reich leitete, zeigt eine Auszeichnung ihrer Markenbutter bei der Frankfurter Agrar-Messe 1949. In der Nachkriegszeit begann eine Phase der Konzentration, in deren Verlauf sich während der 1960er Jahre die Zahl der selbständigen Molkereien in Nordrhein-Westfalen halbierte.

Ende 1965 schloss die Molkerei in Hartegasse. Die Milch aus ihrem Gebiet ging nun nach Hommerich. Der dortige Betrieb hatte sich 1958 mit dem in Drabenderhöhe zusammengeschlossen. Nach und nach übernahm er die Milch aus weiteren kleinen Molkereien der Umgebung. Rechtsrheinisch entstanden aus drei privaten und zehn genossenschaftlichen Molkereien 1971 die »Milchwerke Bergisch Land«. Alle Milchbauern wurden Mitglieder dieser Genossenschaft.

In Hommerich spezialisierte man sich auf die Herstellung von Quark und Milchpulver; die zweite noch erhaltene Molkerei des Bergischen Lands in Wuppertal konzentrierte sich auf Sauermilcherzeugnisse und Joghurt unter dem Markennamen »Tuffi«. Mitte der 1990er Jahre entstanden die »Milchwerke Köln-Wuppertal«, die im Jahr 2000 (mit Lindlar-Hommerich und Wuppertal) Mitglied des international agierenden Unternehmens »Campina« wurden.

Kraut, Krutt oder Peffer

Im Rheinland war es lange Zeit üblich, Äpfel und Birnen zu Kraut (mundartlich Krückche, Krutt, auch Peffer) zu verarbeiten. In jedem Hofverband besaß mindestens ein Bauer eine Einrichtung mit großen Kupferkesseln, in denen das Obst zunächst gedünstet, dann ausgepresst und der gewonnene Saft durch Kochen eingedickt wurde. Seit den 1820er Jahren bemühte man sich im Bergischen Land darum, den Obstertrag zur Selbstversorgung und für

Milchtankwagen an der betriebseigenen Tankstelle in den letzten Jahren der Molkerei, ca. 1963

den Verkauf zu erhöhen. Seit Mitte des 19. Jahrhunderts richteten einige Landwirte gewerbliche Krautpressen (Patschen oder Paaschen genannt) ein.

Während die Krautpressen in der Umgebung von Lindlar Einzelpersonen gehörten, gründete sich in Hartegasse 1898 eine Genossenschaft. Sie ging wahrscheinlich auf eine Initative des Wipperfürther Landrates zurück. Schon 1860 hatte Mathias Löhe eine Krautfabrik in Hartegasse an der Grenze zu Steinenbrück angemeldet. Spätestens 1902 trat die Obstverwertungsgenossenschaft in Hartegasse die Nachfolge dieser Krautpatsche an. In diesem Jahr richtete die Genossenschaft eine Dampfkesselanlage ein. Die Königliche Regierung in Köln bewilligte hierfür ein Darlehen von 15.000 Mark. Das Gebäude der ehemaligen Krautpatsche des Mathias Löhe diente hingegen ab 1909 Reinhold Mittmann als Standort seiner Molkerei.

Doch 1904 löste sich die Obstverwertungsgenossenschaft auf, obwohl, wie es im »Rheinischen Genossenschaftsblatt« hieß, das Unternehmen gesund sei und von einem fähigen Fachmann geleitet würde. Angeblich zogen sich die Mitglieder zurück, als ein eigenes Gebäude notwendig und dafür eine Vermehrung der Genossenschaftsanteile erforderlich wurde. Zum Einbruch der Mitgliederzahl trug – so wurde vermutet – bei, dass Beerenweine nicht so erfolgreich abgesetzt werden konnten wie erhofft, Apfelwein und -kraut hingegen immer rasch vergriffen waren. Hinzu kam, dass die Obsternte 1903 miserabel war.

Arbeitsplätze für junge Frauen

Mit 113 Anteilseignern nahm die »Bergische Obstverwertungsgenossenschaft Lindlar eGmbH zu Hartegasse« wenig später einen neuen Anlauf, und ab dem Frühjahr 1910 kam ein Dampfkessel zum Einsatz. Die Gebäude der ehemaligen Obstfabrik sind bis heute in Hartegasse an der Anton-Esser-Straße 16 erhalten geblieben.

In der Weltwirtschaftskrise scheint die Genossenschaft ins Schlingern geraten zu sein. 1927 stellte man einen Antrag auf Fristung der Betriebsgenehmigung der Kesselanlage, die zu diesem Zeitpunkt bereits seit zweieinhalb Jahre nicht mehr zum Einsatz kam. Kurz darauf erhielt die Obstverwertungsfabrik ein beachtliches Darlehen des Kreises, der Deutschen Rentenbank und zweier Kreissparkassen. Bei der Wiedereröffnung 1928 bestand die Obstkonservenfabrik auch nicht mehr als Genossenschaft, sondern als wirtschaftliche Einrichtung des Kreises Wipperfürth unter der Bezeichnung »Konservenfabrik des Wupper-Aggerkreises«.

Das Gebäude aus den Anfängen der Genossenschaft, ca. 1910

1929 wurde eine neue Halle für die Konservenfabrik errichtet, die auch heute noch der nachfolgenden Werkzeugfabrik als Produktionshalle dient.

In der Fabrik fanden 40 bis 70 überwiegend Mädchen und junge Frauen aus der Umgebung von Hartegasse und Frielingsdorf Beschäftigung. *In diesem Vakuumgebiet an Arbeitsgelegenheit* zählte jeder Arbeitsplatz, wie es in einem Brief vom 8. März 1932 an die Bezirksregierung in Köln als Argument gegen die Schließung der Fabrik heißt. Zusätzlich war es darum zu tun, dem heimischen Obstbau eine Absatzmöglichkeit zu geben durch den Ankauf des witterungsbedingt zumeist unansehnlichen Obstes, das von den Bauern anderweitig kaum verkauft werden konnte.

Die ehemalige Genossenschaft wurde 1928 zum kreiseigenen Unternehmen des Kreises Wipperfürth: Briefkopf von 1930

Unternehmer mit Erfindergeist

Spätestens 1936 war das Ende der Bergischen Obstverwertung gekommen: In diesem Jahr ging das Fabrikgelände an Johann Peffeköver über, der seine Werkzeugproduktion von Bohrern, Schleifkörpern, aber auch Feilen von Engelskirchen nach hier verlagerte und ausweitete. Viele Teile seiner Werkzeugproduktion entwickelte er dabei selbst.

Nunmehr führt sein Enkel, Dipl.-Ing. Hans-Joachim Peffeköver, die Firma mit 16 Mitarbeitern und mit einer anderen Produktpalette als sein Großvater fort. Das Unternehmen fertigt heute in der Produktionshalle der ehemaligen Konservenfabrik hoch spezialisierte Werkzeuge für die Automobilindustrie sowie das Automobilhandwerk: unter anderem Abzieher für Wälzlager und spezielle Prüf- und Einstellvorrichtungen.

Vom Kappenmacher zum Kaufherrn

Als am 23. November 1951 die Kirchenglocken von Sankt Severin in Lindlar läuteten, geschah dies für einen Mann, der viele Jahre lang das unternehmerische Leben in Lindlar entscheidend mitgeprägt hatte. Sie läuteten für Richard Dahl, der 64-jährig verstorben war und nun unter großer Anteilnahme der Lindlarer zu Grabe getragen wurde.

Die Ursprünge

Richard Dahls Vater, Franz Dahl, geboren 1849 in Wipperfürth, hatte wohl kaum geahnt, dass seine Familie und die seines jüngeren Bruders Wilhelm einmal in Lindlar so großen Erfolg als Kaufleute haben würden. Schon in jungen Jahren hatten sie ihrer Heimatstadt den Rücken gekehrt, um sich in Lindlar niederzulassen.

Die beiden Brüder hatten bei ihrem Vater Nikolaus das Kappenmacher-Handwerk gelernt, sie fertigten Kopfbedeckungen an, Mützen und Kappen aller Art, was ihnen die Bezeichnung »Kappen-Dahls« eintrug.

Das Lindlarer Ortszentrum zu Beginn der 1970er Jahren mit dem »Kaufhaus Dahl« an der neu angelegten Dr-Meinerzhagen-Straße

Schon 1881 gründete Franz Dahl in Lindlar eine Kappenmacherei mit Textilverkauf am Kirchplatz und heiratete Maria Josepha Schwirten aus Lindlar. Sein jüngerer Bruder, Wilhelm, meldete im Jahre 1887 sein eigenes Gewerbe an und kaufte 1903 das ehemalige Amtshaus und Gefängnis, heute Haus Pfeifer, Hauptstraße 10.

Die Nachfahren des Wilhelm Dahl führen – heute mit erweitertem modernen Angebot – ihr Haus unter dem Namen »Spielwaren Pfeifer« bis in die Gegenwart fort. Im Jahr 2007 feierte das Einzelhandelsgeschäft mit seinem heutigen Inhaber, Dominik Pfeifer, Urenkel des Gründers, sein 120-jähriges Bestehen.

Im Stammhaus

Franz Dahl fand in seinem Sohn Richard einen tüchtigen Nachfolger für seinen Handel, den er im Jahre 1893 in einen stattlichen Neubau an der Korbstraße verlegt hatte, heute Kirchplatz Nr. 14. Er wurde das Stammhaus der Firma »Franz Dahl«. Das Angebot umfasste nun Textilien, Devotionalien – etwa Kreuze, Rosenkränze, Weihwassergefäße sowie Andachtsbilder –, Spielwaren, Tapeten und Musikinstrumente.

Die Einwohner von Lindlar und der näheren Umgebung fanden unter der Woche keine Zeit zum Einkaufen, da ihr Leben von früh bis spät von harter Arbeit bestimmt war. Doch an Sonn- und Feiertagen öffneten Dahls die Türen und boten neben dem Verkauf ihrer Waren auch oft eine Tasse Kaffee und Kuchen an. Ihre Kunden kamen ja meist – den Anordnungen der katholischen Kirche entsprechend – noch nüchtern aus dem Gottesdienst und hatten zuvor schon weite Wege zu Fuß zurückgelegt. Richard Dahl setzte gemeinsam mit seiner Frau Maria, geborene Miny, aus Aachen die Tradition des Kaufhauses Franz

Das renovierte und erweiterte Kaufhaus nach 1927

Ein großes Angebot hielt das »Kaufhaus Dahl« für seine Kunden bereit. Aufnahme vor 1952

Ausbau und Sortimenterweiterung zu Beginn der 1950er Jahre mit vorgesetzter Glasfassade

Auf einem Zeitungsfoto von 1956 in der »Bergischen Landeszeitung« anlässlich der 75-Jahrfeier des Textilhauses Dahl präsentierte sich das Innere als »moderne Verkaufsstätte auf dem Lande«. Zu erkennen ist das typische Design der 1950er Jahre.

Dahl fort und erweiterte es. 1927 renovierte er die Räume durch Um- und Ausbau, bald gab es zusätzlich Damen-, Herren- sowie Kinderkleidung.

Schon einige Jahre nach dem Ende des Zweiten Weltkrieges ließ das Ehepaar Dahl in Lindlar jährlich eine größere Modenschau ausrichten. Richard Dahl begeisterte sich für die Jagd, und im Jahr 1910 war er auch Schützenkönig in Lindlar.

Die Nachfolge

Nach seinem Tode 1951 übernahm sein Sohn, Diplom-Kaufmann Bernd Dahl, gemeinsam mit seiner Mutter Maria die Leitung des Hauses. Es wurde nach 1952 umfangreich renoviert und das Angebot nochmals vergrößert um Kosmetika, Süßwaren und Haushaltswaren. Zwischen 1965 und 1985 gründete Bernd Dahl zusammen mit seiner Frau Helga mehrere große Filialen im gesamten Oberbergischen Kreis. Schon 1979 bezogen sie einen Neubau an der heutigen Dr.-Meinerzhagen-Straße mit einer Gesamtfläche von 4.000 Quadratmetern sowie mit mehr als 400 fest angestellten Mitarbeitern.

Im Jahr 1989 übergab Bernd Dahl sein Unternehmen in die Hände der Kaufhalle Köln AG. Aber immer noch trauert mancher Lindlarer dem »ahlen Dahl« nach, bei dem man fast alles kaufen konnte, was man für den Alltag benötigte.

Und als sich an die 100 Mitarbeiter 27 Jahre nach Eröffnung des Neubaus noch einmal trafen, meinten sie: »Wir waren fast wie eine Familie«. So berichtete es die »Bergische Landeszeitung« am 4. April 2006.

FAZIT

Die Brüder Müller aus Linde und Dahl aus Lindlar sind mit ihrer gewerblichen Mixtur exemplarisch für eine Zeit, in der bessere Verkehrsverbindungen Handel und Produktabsatz begünstigten. Befestigte Straßen und die spät gebaute Eisenbahn (eröffnet 1912) stellten nun den Anschluss an die Rheinregion her.

Die neuen Möglichkeiten bildeten die Voraussetzung für die Weiterführung der Obstverwertungsgenossenschaft und zogen unternehmerische Persönlichkeiten – wie wahrscheinlich auch Reinhold Mittmann – nach Lindlar. Sie ließen in den Jahren vor Ausbruch des Ersten Weltkrieges auf eine größere wirtschaftliche Blüte in der Gemeinde hoffen.

Gabriele Emrich, Ulrike Marski und Veronika Schmidt

🇬🇧 A village changes

1891: Construction of a hospital, economic growth and rural change of structure

Starting with the construction of a hospital in 1891 the economic growth facilitated the construction of further large public buildings, such as the local court in 1902, the first town hall in 1904 and the technical school for agriculturists in 1910. The progress of commerce, industry and trade improved the infrastructure in Lindlar. This growth was unfortunately stopped for a long time by the two world wars and politically insecure and economically difficult times.

🇫🇷 Un village qui change de visage

1891: la construction de l'hôpital, le début de l'essor économique et l'évolution des structures communales

Après la construction de l'hôpital, commença en 1891 une période de développement au cours de laquelle d'autres bâtiments publics importants ont vu le jour grâce à l'essor économique, tel qu'en 1902 le Tribunal, en 1904 la première mairie de Lindlar et en 1910, l'Ecole rurale d'hiver. Malheureusement, cette expansion économique devait être interrompue par les deux guerres mondiales ainsi que par une époque politique et économique difficile et instable.

🇭🇷 Selo mijenja svoje lice

1891.: Gradnja bolnice, početak gospodarskog napretka i promjena seoske strukture

Gradnjom bolnice 1891. g. započeo je razvitak za vrijeme kojega su pod utjecajem gospodarskog napretka nastale i druge javne ustanove, kao što su općinski sud 1902. g., lindlarska vijećnica 1904. g. i poljoprivredna škola 1910. g. Razvitak industrije, obrta i trgovine utjecali su i na rastuću infrastrukturu. Ovaj gospodarski zamah prekinut će, nažalost na duže vrijeme, dva svjetska rata kao i politički nestabilna i gospodarski teška vremena.

Kapitel 13

Ein Dorf verändert sein Gesicht

Wo Arme und Kranke Wohnung und Behandlung finden sollten

Ein Haus des Rechts für Lindlar

Von der Amtsstube zum Rathaus

Ein Ausbildungsort für junge Landleute

Der Bau des Krankenhauses markiert wirtschaftlichen Aufstieg und dörflichen Wandel.

Ein Dorf verändert sein Gesicht

Die Entwicklung der Gemeinde zu sichern und voranzubringen, scheint um 1900 in Lindlar die Triebfeder für einige weit reichende Entschließungen gewesen zu sein, die innerhalb von rund zehn Jahren im Bau des Amtgerichtes, des Rathauses und der landwirtschaftlichen Winterschule ihren Niederschlag fanden. Leicht sind dem Rat diese Entscheidungen offensichtlich nicht gefallen, davon zeugen die sich teilweise über einige Jahre hinziehenden Diskussionen und das Ringen um die Kosten.

Dass sich die Gemeinde nicht beirren ließ, wird umso verständlicher, wenn man die Niederlage in Betracht zieht, welche Lindlar wenige Jahre zuvor in seinem Bestreben erlitten hatte, den Sitz des Landrates zu behalten. Das Landratsamt war 1883 durch den damaligen Amtsinhaber, Egon Freiherr von Fürstenberg, in einem Flügel der Vorburg von Schloss Heiligenhoven eingerichtet und ebenfalls von seinen Amtsnachfolgern genutzt worden. Der Verwaltungssitz sollte nach Wunsch der Gemeinde auch zukünftig in Lindlar verbleiben. In seiner ersten Sitzung am 4. Januar 1895 beschloss daher der Rat, eine Anleihe in Höhe von 40.000 Mark für den Bau eines neuen Dienstgebäudes nebst Wohnung aufzunehmen. Im April 1896 erhielt allerdings die Stadt Wipperfürth – obwohl die Bauarbeiten in Lindlar schon begonnen hatten – durch Votum des Innenministers den Zuschlag für die wichtigste Behörde des Kreises Wipperfürth.

So können wir sodann heute noch gut nachvollziehen, was Bürgermeister Peiffer (1897 bis 1919) in seiner Festrede zur Übergabe des Amtsgerichts 1902 bewegte: *Mit der Vollendung dieses Hauses ist einer unserer Wünsche erfüllt. Wir wollen hoffen, dass dieses eine gute Vorbedeutung ist dafür, dass auch unsere anderen Wünsche in absehbarer Zeit in Erfüllung gehen und dass dieses Haus nicht allein einen Schlussstein in der Gerichtsgeschichte Lindlars bildet, sondern auch zugleich ein Grundstein zu der kommerziellen Entwicklung unserer Gemeinde ist …*

Im Folgenden soll nun mit dem Amtsgericht (1902), dem Rathaus (1904) und der landwirtschaftlichen Winterschule (1910) das Werden der drei wesentlichen öffentlichen Bauten an der Wende vom 19. zum 20. Jahrhundert näher betrachtet werden. Der eigentliche »Startschuss« in der Entwicklung einer gemeindlichen Infrastruktur lag jedoch bereits etwas früher: im Bau des Krankenhauses als kirchlicher Einrichtung, dessen erste Phase 1891 abgeschlossen war.

Blick auf Lindlar vom »Langen Hahn« aus, um 1910

Der »Engpass« der Hauptstraße Richtung Pollerhofstraße vor annähernd hundert Jahren, rechts mit der späteren Gaststätte »Tönnes Pütz« und links dem Geschäft Lang-Schäfer

Blick in die obere Hauptstraße mit dem »Lindenhof«, um 1910

Wo Arme und Kranke Wohnung und Behandlung finden sollten

In Lindlar ist für die Einwohner ein Gebäude ganz besonders mit Freud' und Leid verbunden: Freude über die Geburten, die hier über lange Jahrzehnte stattfanden, Leid hingegen bei Krankheit und Tod: das »Herz-Jesu-Krankenhaus« in der Hauptstraße 55. Für den Erhalt »ihres« Krankenhauses gingen die Bürger in den 1980er Jahren sogar auf die Straße.

Die Errichtung des Krankenhauses ging auf die Initiative des Pfarrers Johannes Fischer sowie der Stiftung von 36.000 Mark zurück, die er bereits in einem ersten Testament von 1873 niedergelegt hatte. Durch weitere Spenden und Hinterlassenschaften konnte 1883 mit den Arbeiten begonnen werden. Betreut wurde das Vorhaben durch ein Baukomitee, anfangs noch unter Pfarrer Fischers Vorsitz. Fertig wurde das Hospital aufgrund des Kulturkampfes – der Auseinandersetzung zwischen Staat und katholischer Kirche 1871 bis 1887 – erst im Jahr 1891. Wie Pfarrer Fischer in seinem Testament ausführte, war der Bau weniger ein Krankenhaus im heutigen Sinne, sondern *ein Armenhaus oder Hospital …, in welchem arme elternlose Kinder Erziehung, alte Arme Wohnung und Kranke Behandlung und Pflege erhalten*. Die Aufnahme sollte – ungewöhnlich für die Zeit – ohne Unterschied der Konfession stattfinden.

»Arme Dienstmägde« und ländliche Selbstversorgung

Die Versorgung des Krankenhauses übernahmen, wie ebenfalls im Testament vorgeschlagen, Schwestern der »Armen Dienstmägde Christi« aus der Niederlassung des Ordens zu Dernbach.

Johannes Fischer (1806–1884), Pastor in Lindlar 1840–1884

Ihnen oblag neben der Krankenpflege außerdem die Betreuung der aufgenommenen Kinder und nicht zuletzt die vollständige Versorgung, die den Anbau eigener Nahrungsmittel und die Tierhaltung mit einschloss. Hierfür wurden weitere Flächen im Bereich um das Krankenhaus erworben, entwickelte sich im Laufe der Zeit eine vollständige landwirtschaftliche Infrastruktur.

Das Gebäude, an der Kommunalstraße nach Engelskirchen gelegen, wurde aus Lindlarer Bruchstein errichtet. Die streng symmetrisch aufgebaute Anlage bestand aus dem parallel zur Straße liegenden Hauptteil mit dem mittig gelegenen Eingangsportal und seitlichen, mit dem Giebel zur Straße stehenden Querflügeln. Wenige Jahre nach der Errichtung wurde der westliche Flügel verlängert und die Hauskapelle eingerichtet. Für die Unterbringung der Kinder stand östlich des Haupthauses ein separater Trakt zur Verfügung, der gleichermaßen die Stallungen aufnahm. An dessen Stelle errichtete Professor

Der Mitteltrakt des alten Krankenhauses, der 1971 abgerissen wurde.

Dominikus Böhm, Leiter der Abteilung Christliche Kunst an den Werkschulen in Köln, 1928 den ersten Erweiterungsbau mit einer Krankenhauskapelle, die 1930 fertig gestellt war. Bereits 1926/1927 war Böhm in Frielingsdorf tätig geworden, hatte dort die Kirche Sankt Apollinaris zur Ausführung gebracht. Die Erweiterung des Krankenhauses und die Neugestaltung der Krankenhauskapelle war somit seine zweite Aufgabe in der Gemeinde.

Bau des Krankenhauses 1928

Das Krankenhaus muss erhalten bleiben

Mitte der 1950er Jahre verfügte das Haus über drei fest angestellte Ärzte: Chefarzt Dr. Meinerzhagen (Chirurg und Gynäkologe), der seit 1930 tätig war, Dr. Keppel (Internist) und Dr. Keutgen (Versorgung der Tuberkulose-Kranken).

Im Laufe der Zeit trugen immer neue Anbauten und Ergänzungen dem erweiterten Krankenhausbetrieb Rechnung, sodass der Ursprungsbau zu Beginn der 1970er Jahre abgebrochen und durch einen Neubau ersetzt wurde (Richtfest am 29. September 1972). Am 19. Dezember 1975 fand in einem Gottesdienst die Einweihung der umgestalteten Kapelle statt.

Nachdem die »Schwestern der Congregation des hl. Borromäus« nach 1981 die Trägerschaft nicht weiter übernehmen wollten, drohte das Aus für das Krankenhaus als Grundversorgung der Bevölkerung. Daraufhin gründete sich 1982 spontan eine »Bürgerinitiative Krankenhaus«. Durch Bildung der »Herz-Jesu-Krankenhaus Lindlar GmbH« konnte die Schließung sodann abgewendet werden. Alleinige Gesellschafterin war die katholische Pfarrgemeinde in Lindlar, in deren Verwaltungsrat Vertreter des Kirchenvorstandes, des Erzbistums und der Zivilgemeinde berufen wurden.

Seit 1999 gehört das »Herz-Jesu-Krankenhaus« wie das Engelskirchener »St. Josef-Krankenhaus« der »Katholischen Kliniken Oberberg gGmbH« (KKO) an. Das Lindlarer Krankenhaus verfügte von 1999 bis 2008 über die Fachabteilungen Innere Medizin, Anästhesie- und Intensivmedizin, Urologie und Geriatrie, wovon die Innere Medizin Ende 2008 geschlossen wurde. 2002 wurde ein Ärztehaus angebaut, 2006 erfolgte die Fertigstellung der geriatrischen Tagesklinik, im Jahr darauf deren Eröffnung.

Ein Haus des Rechts für Lindlar

Wer die Pollerhofstraße in Lindlar entlanggeht, hat in dem Bruchsteingebäude mit der Hausnummer 19–21 ein wichtiges Zeugnis vergangener Gerichts- und Justizpräsenz in Lindlar vor sich. Seine einstige Funktion verdeutlicht noch heute der Schriftzug, der über dem Eingangsportal zu lesen ist: Amtsgericht.

Mit dem 1902 abgeschlossenen Bau des Amtsgerichts ist untrennbar das Bestreben der Gemeinde Lindlar verknüpft, den von Alters her in Lindlar beheimateten Sitz des Gerichtes zu behaupten. Die lange Tradition kehrte als Begründung stetig wieder, wenn darum gerungen wurde, dass Lindlar – und nicht Engelskirchen – der Sitz des gegen Ende des 19. Jahrhunderts neu zu errichtenden Amtsgerichts werden sollte.

Ein Neubau soll errichtet werden

Schon einmal, im Jahr 1815, im Zuge der Eingliederung des Rheinlandes in das Königreich Preußen, drohte Lindlar den Gerichtssitz zu verlieren. In den 1870er Jahren stand sodann erneut der Verlust des Amtssitzes zur Debatte. Bereits 1878 ist zum ersten Mal in den Ratsprotokollen davon die Rede, dass sich die Gemeinde Lindlar an den Kosten *eines Dienstlokales für das zu etablierende Amtsgericht beteiligen muss.* Bis dahin existierte in Lindlar kein dauerhaftes Gerichtsgebäude, bestand der Dienstsitz mehrfach wechselnd in Privathäusern, zuletzt in der Eichenhofstraße 9 und 11.

So wurde seitens des Landgerichtspräsidenten von der Gemeinde gefordert, für Abhilfe zu sorgen. Die Situation konkretisierte sich 1895. Anfänglich war der Gemeinderat davon ausgegangen, dass die kostenlose Gestellung eines Grundstückes ausreichend sei und die Justizbehörde den Bau auf eigenen Kosten errichten würde. Da die Gemeinde Engelskirchen jedoch ein weitergehendes Angebot vorgelegt hatte, erklärte man sich am 19. Juli 1895 zwangsläufig bereit, daneben die Baukosten zu tragen, die auf rund 25.000 Mark geschätzt wurden. Nun stand dem Bau in der Pollerhofstraße nichts mehr im Weg, der im Jahre 1900 begonnen wurde.

Zweckmäßigkeit gepaart mit opulenter Raumgestaltung

Bis 1902 entstand ein Bauwerk, das nicht nur den Erfordernissen des Justizwesens genügte, sondern einen deutlichen Akzent in der Bebauung Lindlars setzte. Der zentrale Sitzungssaal im Innern des Obergeschosses prägt gleichermaßen das Äußere: ihm ist gewissermaßen ein eigener Gebäudeteil gewidmet, ein Querschiff, das den Kubus des restlichen Baukörpers durchdringt und mit seinem steilen Giebel die eigentliche Fassade bildet.

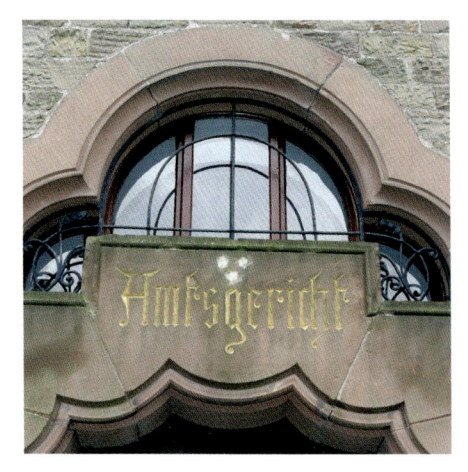

Schriftzug über dem Portal des Amtsgerichts

Bau des Amtsgerichts an der Pollerhofstraße, 1902

Der ehemalige Sitzungssaal des Amtsgerichts Lindlar heute

Die Anordnung des Saales erlaubte zudem eine der Bedeutung entsprechende Innengestaltung: die reich gegliederte hölzerne Kassettendecke wird bis in das Dachgeschoss geführt und schafft so eine größere Raumhöhe als in den übrigen – durchaus verschwenderisch bemessenen – Geschossen. Im Zusammenklang mit der hölzernen Wandvertäfelung und dem Richterpodium wurde so eine ruhige, ja strenge Atmosphäre geschaffen, die letztendlich das Ziel der gesamten Gestaltung war: dem Gericht einen würdigen, Ehrfurcht gebietenden Rahmen zu geben, eine *steinerne Selbstdarstellung staatlicher Gewalt*, wie es die »Bergische Landeszeitung« anlässlich der Auflösung des Amtsgerichts 1975 im Zuge der kommunalen Gebietsreform umschreibt.

Der Treppenaufgang zum Sitzungssaal

Ehemalige Gefängniszellen

Im Inneren leitet ein ausgesprochen großzügiges gewölbtes Treppenhaus, das sein Licht von einem riesigen spitzbogigen, farbig verglasten Fenster empfängt, zu den Amtsräumen im oberen Geschoss, die sich um den Saal gruppieren.

Hinter hohen Mauern verborgen

Im Erdgeschoss befand sich die Wohnung des Gerichtsdieners und in einem Trakt auf der Rückseite verteilten sich die Gefängniszellen über vier Stockwerke. Bis heute sind die Zellen sowie die schweren, innen mit Blech beschlagenen Holztüren erhalten, jede mit einer Klappe zur Ausgabe des Essens und einem »Spion« zur Überwachung der Gefangenen.

Auf jeder Tür ist penibel die Kubikmeterzahl des jeweiligen Raumes vermerkt als Kriterium für die mögliche Belegung. Ein direkter Zugang führt vom Treppenhaus auf den Gefängnishof, der von hohen Mauern mit schweren Eisentoren von der Außenwelt abgeschlossen ist.

Auch nach der Auflösung des Amtsgerichts Lindlar am 1. Januar 1975 bot sich hier ein angemessenes Ambiente für Notariat oder Rechtsanwaltsbüro und bis Ende der 1990er Jahre für die Polizeidienststelle Lindlars. Dazu diente das ehemalige Justizgebäude für rund ein Jahrzehnt als Verwaltungssitz des LVR-Freilichtmuseums Lindlar. Mit der heutigen Nutzung als Jugendzentrum haben Spiel und Spaß in den ehrwürdigen Mauern Einzug gehalten.

Von der Straße Heidplätzchen aus bietet sich der Blick auf den Zellentrakt des ehemaligen Amtsgerichts mit seinen vergitterten Fenstern und der Kletterwand des »Jugendzentrums Horizont«, das seit 2001 in Räumen des alten Amtsgerichts untergebracht ist.

Das schwere Tor links führt in den mauerbewehrten Innenhof, der sich an das Hintergebäude mit dem ehemaligen Gefängnis anschließt. Rechts ist das sandsteingefasste Fenster des Treppenaufganges zum Sitzungssaal im Obergeschoss zu erkennen.

Von der Amtsstube zum Rathaus

Das »Haus der Begegnung« in der Lindlarer Ortsmitte (Korbstraße 3), das im Eigentum des Vereins »Sozialzentrum Lindlar e.V.« steht, lässt heute (Ende 2008) nicht mehr ahnen, dass es ursprünglich für einen anderen Zweck als den aktuellen errichtet wurde. Es beherbergte von 1905 bis 1987 die Verwaltung der Gemeinde Lindlar und ist deren erstes Rathaus.

Auch für das Bürgermeisteramt stand – wie beim Friedensgericht als Vorläuferinstitution des Amtsgerichts – während des gesamten 19. Jahrhunderts kein ausdrücklich zu diesem Zwecke errichtetes Haus zur Verfügung. Stattdessen musste der jeweilige Bürgermeister seine Amthandlungen und Geschäfte in seiner Wohnung oder in angemieteten Räumlichkeiten abwickeln.

Bereits 1895 sollte auf Beschluss des Gemeinderates eine Kommission prüfen, wie ein eigenes Amtsgebäude realisiert werden könnte. 1904 wurde dieses Bestreben wieder aufgegriffen und am 11. Juni der Beschluss zum Erwerb eines geeigneten Grundstückes und zum Bau eines entsprechenden Hauses mit Wohnung für den Bürgermeister gefasst. Praktische Erwägungen wie die Einsparung von Mietkosten, aber genauso der Wunsch, ein repräsentatives Gebäude für Ratssitzungen und den Empfang hochrangiger Persönlichkeiten bieten zu können, standen hinter dieser Entscheidung.

Stilvoll und unauffällig

Bereits im September 1905 wurde das neue Objekt in der Korbstraße seiner Nutzung übergeben. Im Erdgeschoss befanden sich die Amtsräume, im Obergeschoss nahm Bürgermeister Peiffer für eine Jahresmiete von 450 Mark seinen Wohnsitz.

In seiner Gestaltung beansprucht das neue Amt nicht die Sonderrolle des kurz zuvor errichteten Amtsgerichts, sondern fügt sich trotz seiner recht stattlichen Größe von über 180 Quadratmetern Grundfläche in den Baubestand ein: dreigeschossig, verschiefert, die Mittelachse durch einen leicht vorspringenden und ins Dachgeschoss reichenden Risalit betont, nimmt es seine Aufgabe unauffällig, aber würdevoll wahr.

Nachdem die Dienstwohnung zwischenzeitlich für ein Jahrzehnt als Notariat gedient hatte, musste 1936 der Verwaltungsbereich darüber hinaus auf diese Räume ausgedehnt werden. Schon kurz nach dem 50-jährigen Jubiläum des Rathauses stand der Gemeinderat erneut vor der Aufgabe, über einen Anbau entscheiden zu müssen, da die vorhandenen Diensträume zur Erfüllung der gemeindlichen Aufgaben nicht mehr ausreichten. Auf Beschluss des Rates wurde 1956 ein Architektenwettbewerb ausgelobt. Den ersten Preis errang Architekt Wilhelm Fömmel aus Engelskirchen mit einem Entwurf, der die erforderliche Vergrößerung gestalterisch deutlich von der historischen Bausubstanz absetzte.

Das Rathausgebäude in den 1930er Jahren

Das Rathaus mit dem 1957/1958 erfolgten Anbau, im Hintergrund das im Bau befindliche Jugendheim, heute »Adolph-Kolping-Kindergarten Lindlar e. V.«, Aufnahme von 1959

Gute Stube des Gemeinderats

Mit dieser Ergänzung, die unter anderem das Standesamt sowie einen Sitzungssaal umfasste, diente das Gebäude ein weiteres Vierteljahrhundert als Sitz der Kommune. Die Kommunale Neugliederung 1975 hatte zur Folge, dass das Amtsgebäude dem vermehrten Arbeitsanfall und Platzbedarf nicht mehr genügte. Es musste Abhilfe geschaffen werden. Unterschiedliche Lösungen standen im Raum.

Der Gemeinderat entschied sich dann Mitte der 1980er Jahre, das zur Disposition stehende ehemalige Schwesternwohnheim in der Borromäusstraße 1 zu kaufen, während das Krankenhaus ein neues Wohnheim erhalten sollte. Am 1. Mai 1987 zog die Verwaltung in ihr neues Domizil ein. Seine heutige Gestalt erhielt es zwischen 1996 und 1997 aufgrund der Umbau- und Erweiterungsmaßnahmen des Architekturbüros Dahlbender in Köln. Zusätzlich befindet sich seit 1985 im alten Schulhaus aus dem Jahr 1843 (Eichenhofstraße 6) im Obergeschoss über der Gemeindebücherei der »Ratssaal Alte Schule« für besondere Sitzungen und Veranstaltungen.

Das alte Rathaus, das im Gegenzug die »Herz-Jesu-Krankenhaus Lindlar GmbH« erwarb, wollte die katholische Pfarrgemeinde zum Sozialzentrum umnutzen. Da sich dies nicht in der vorgesehenen Form verwirklichen ließ, gründeten neun, der Pfarrgemeinde nahestehende Privatpersonen einen eigenen Verein mit Namen »Sozialzentrum Lindlar e. V.«. Er kaufte das Gebäude, genannt »Haus der Begegnung«, an und ist noch heute (2008) dessen Eigentümer.

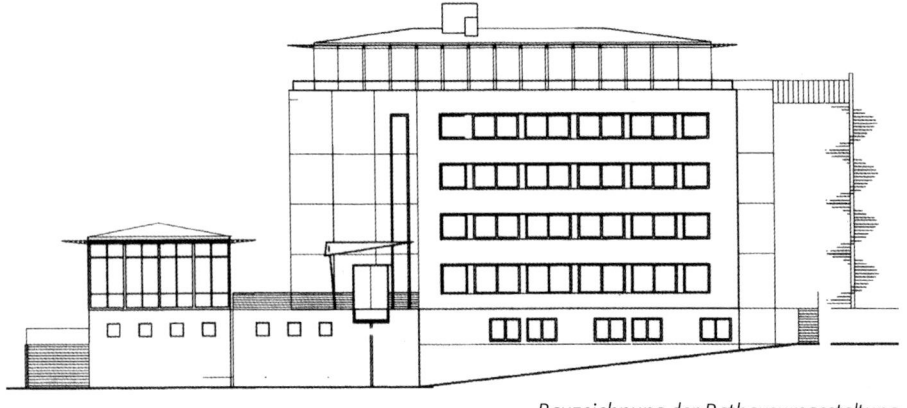

Bauzeichnung der Rathausumgestaltung

Ein Ausbildungsort für junge Landleute

In der Pollerhofstraße 35–37 befindet sich ein Haus für Kunst und Kultur, das bis 1966 die Landwirtschaftsschule des ehemaligen Kreises Wipperfürth beherbergte. Darin sollten den Söhnen und später auch den Töchtern kleiner Landwirte in den Wintermonaten moderne landwirtschaftliche Erkenntnisse und deren Anwendung in der Praxis vermittelt werden.

Die erste Landwirtschaftliche Winterschule wurde 1869 in Ravensburg gegründet. Im Jahr 1883 gab es im Deutschen Reich bereits 57 derartige Einrichtungen, darunter die erste Winterschule der Landwirtschaftskammer Rheinland, die seit 1875 in Gummersbach bestand. Von der Landwirtschaftskammer Bonn ging der Anstoß aus, ebenso im Kreis Wipperfürth eine solche Schulungsstätte einzurichten.

Zähes Ringen um die Kosten

Ähnlich wie bei der Frage, ob Lindlar Sitz des Amtsgerichts sein würde, ging dieser Entscheidung ein langes, zähes Ringen voraus, welche Anteile an den anfallenden Kosten die Kommune übernehmen würde. Der Rat der Gemeinde Lindlar führte als Hauptargument die günstige Lage Lindlars an, die eine gute Erreichbarkeit gewährleiste. Doch Engelskirchen und Wipperfürth hegten ebenfalls Ansprüche auf den Sitz der Einrichtung und unterlegten dies mit entsprechenden Angeboten. Ein Kompromiss brachte letztendlich den Zuschlag für Lindlar: Die Übernahme eines Viertels der einmaligen Baukosten (rund 9.000 Mark) und eines Jahresbeitrages zu den laufenden Kosten blieb unter dem Gebot der Gemeinde Engelskirchen.

Die frühere Winterschule prägt zusammen mit dem ehemaligen Amtsgericht das Bild der Pollerhofstraße.

Des Weiteren war durch die Gemeinde ein Grundstück zu stellen. Die Witwe Klein veräußerte hierzu ihr günstig gelegenes Grundstück an der Pollerhofstraße. Innerhalb weniger Monate wurde das Bauwerk vom Kreisbauamt geplant und ausgeführt, und so konnte der Unterricht tatsächlich am 3. November 1910 termingerecht aufgenommen werden. Auf einer Grundfläche von rund 185 Quadratmetern waren im Erdgeschoss ein großer Klassenraum, Räume für Lehrmittel und Sammlung sowie das Büro, im Obergeschoss hingegen eine sehr großzügige Wohnung für den Direktor untergebracht.

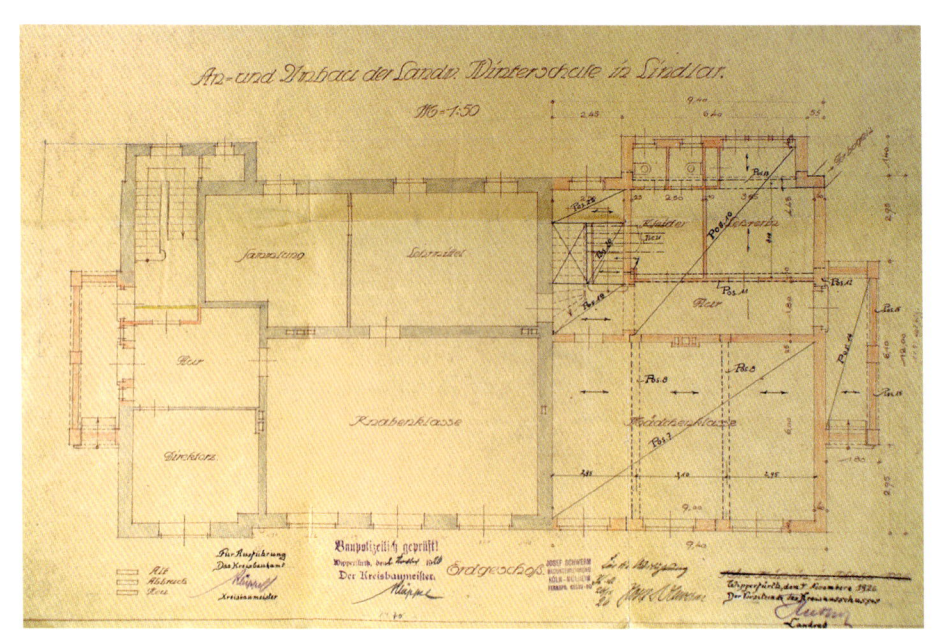

Bauzeichnung von 1926 des Erdgeschosses der Winterschule mit dem neu zu errichtenden Anbau (rot) an das bestehende Gebäude.

Imposanter Bau mit Ausstrahlung

Die heute noch imposante Außenwirkung verdankt die Winterschule dem Bestreben, mit der Einrichtung einer Mädchenparallelklasse gleichzeitig die jungen Landfrauen an der Ausbildung teilhaben zu lassen. Nach dem positiven Beschluss des Kreistages vom Juli 1926 stimmte die Gemeinde den erneuten Kosten für die Erweiterung zu. Der vorhandene Bau wurde fast auf das Doppelte vergrößert, sodass im Erdgeschoss nun zwei Klassenräume zur Verfügung standen. Ergänzende Umbauten im Kellergeschoss erbrachten neben einem Speise- und Handarbeitsraum außerdem eine Kochlehr-Küche. Im Obergeschoss entstanden Wohnräume für die Lehrerin und einen Hausmeister. Am 3. November 1927 begann sodann für die Mädchenklasse der Unterricht.

Das zweigeschossige Gebäude lebt von der horizontalen, gleichmäßigen Reihung der Fenster, die auch den Erweiterungsbau auszeichnet. Dreiteilige, segmentbogige Fenster mit abgetreppten Oberlichtern öffnen die verputzte Fassade im Erdgeschoss und schaffen die erforderliche Belichtung für die Klassenräume. Das in Fachwerk errichtete Obergeschoss weist eine Verschieferung auf, die kleineren Fenster sind noch dichter angeordnet. Der östlich sich anschließende Seitenflügel, der mit seinem Ziergiebel die Dachfläche des Haupthauses durchbricht, bringt mit seiner vertikalen Betonung Leichtigkeit und eine gewisse Eleganz ins Spiel und hebt so den Charakter eines reinen Zweckbaus auf.

Große Wäsche, 2. Lehrgang der Mädchenklasse 1927/1928

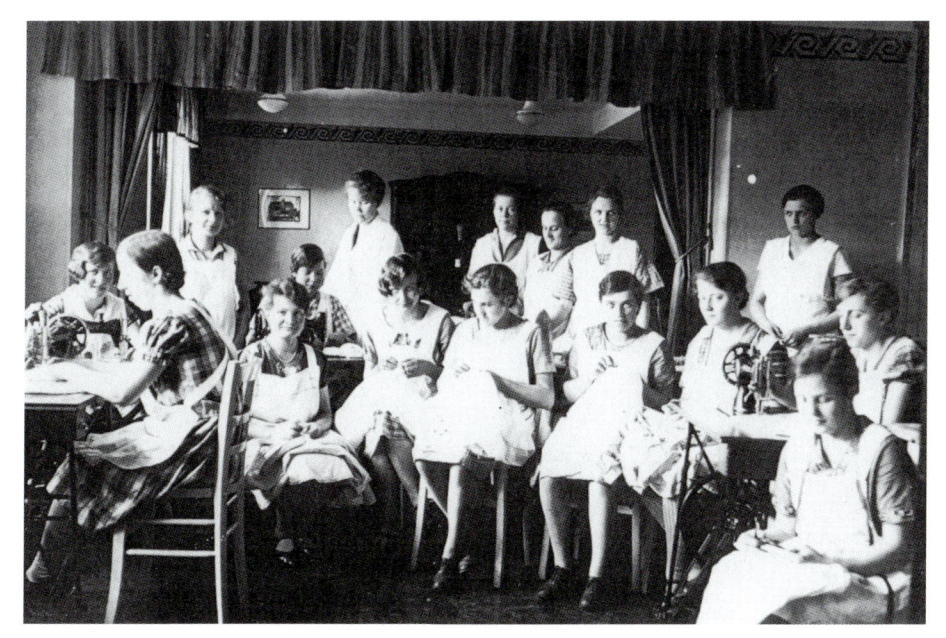

Das Nähzimmer, 2. Lehrgang der Mädchenklasse 1927/1928

In der Lehrküche im Untergeschoss, 2. Lehrgang der Mädchenklasse 1927/1928

Niedergang und neue Nutzung

Noch zum 25-jährigen Jubiläum lag eine weitgehend konstante Auslastung mit Schülerinnen und Schülern vor, und in den Zeitungsartikeln wird mit Stolz von den Modernisierungsmaßnahmen, gerade im Bereich der Lehrküche, berichtet. Doch bereits 1955 wurden Bestrebungen deutlich, dass durch Vergrößerung der Schulbezirke einzelne Schulen geschlossen werden müssten, wogegen Gemeinderat und Presse vehement Einspruch erhoben. Unter Hinweis auf die lange Tradition der Schule in Lindlar und die erheblichen finanziellen Opfer, die erbracht worden waren, setzten sich Gemeinde und Kreisbauernschaft für den Bestand der Landwirtschaftsschule ein. Trotzdem war die Schließung – nicht zuletzt aufgrund der Veränderungen in der Landwirtschaft und sinkender Schülerzahlen – im Jahr 1966 nicht zu vermeiden.

Nach wechselnden Nutzungen übernahm 2001 die »artgenossen GmbH« das Gebäude und entwickelten das Konzept »Ein Haus voll Kunst« als Landarthotel mit Kulturwerkstatt, Tagungsräumen, Restaurant und Café.

FAZIT

Vier Bauwerke, die innerhalb von knapp zwei Jahrzehnten um 1900 in kirchlicher und staatlicher Trägerschaft entstanden, haben das Gesicht des Dorfes Lindlar mit seinen damals 6448 Einwohnern (1904) entscheidend geprägt.

Festzuhalten bleibt, dass die Errichtung der drei Bauten in kommunaler Trägerschaft die Gemeinde finanziell erheblich belastete. Sie ist nur vor dem Hintergrund zu verstehen, dass Bürgermeister und Rat die Bedeutung des Ortes gegenüber den konkurrierenden Nachbargemeinden Engelskirchen und Wipperfürth betonen und mit den öffentlichen Objekten und ihren Funktionen eine Option auf die Zukunft haben wollten.

Dieter Wenig

🇬🇧 The hardships of traffic access in the province

1912: A railway connection between Lindlar, Cologne and the world

Shortly before the beginning of the 1st World War in 1912 Lindlar was at last connected by rail with Cologne and the world. The position of the railway station on a mountain in Altelinde where trains had to go up in large bends from the Sülztal shows the economic reasons for the construction of the railway: the transport of greywacke products to the river Rhine. In the 1920s with the increase of motorisation the expansion of road network that had already started in 1894 with the construction of the Lennefestraße improved with a road through the Sülztal.

🇫🇷 Le raccordement de la province au réseau de transport fut laborieux

1912: les chemins de fer relient Lindlar à Cologne ainsi qu'au reste du monde

Juste avant le déclenchement de la première guerre mondiale, Lindlar fut enfin relié à Cologne par voie ferroviaire. L'emplacement de la gare sur les hauts de Lindlar (Altenlinde) où les trains venant de la vallée de la Sülz y accédaient en lacets, montre qu'il avait été choisi pour des motifs économiques : l'expédition de la production du grès des carrières en direction du Rhin. La construction des routes qui commença déjà en 1894 dans la vallée de la Lennefe, se poursuivit dans les années 20 avec celle de la vallée de la Sülz dans le cadre de la modernisation de la région du Bergisches Land.

🇭🇷 Teško će prometnog povezivanja u provinciji

1912.: Željeznica povezuje Lindlar s Kölnom i svijetom

Nedugo prije izbijanja Prvog svjetskog rata Lindlar je 1912. g. konačno povezan željeznicom s Kölnom i svijetom. Položaj željezničkog kolodvora u Altenlindeu, na koji su pristizali vlakovi iz Sülztala, govori o gospodarskim razlozima za gradnju željeznice: transport sive sedre iz kamenoloma u pravcu Rajne. Izgradnja cesta koja je počela 1894. g. sa cestom Lennefe nastavila se dvadesetih godina XX. st. kad je motorizacija zahvatila i bergsku regiju gradnjom ceste kroz dolinu Sülz.

Kapitel 14

Von der Mühsal der Verkehrserschließung in der Provinz

Die Eisenbahn kommt und neue Straßen entstehen

Die Eisenbahn verbindet Lindlar mit Köln und der Welt.

Von der Mühsal der Verkehrserschließung in der Provinz

Ist er Ihnen schon einmal aufgefallen, der rätselhafte turmartige Bau, der sich in unmittelbarer Nachbarschaft eines Discounters in Lindlar-Altenlinde befindet? Altertümlich anmutend, passt er nicht in dieses ansonsten nüchtern auf Konsum ausgerichtete Umfeld. Stände das Gebäude am Niederrhein, läge die Vermutung nahe, dass es sich um den Torso einer historischen Windmühle handelt. Zwar existierten früher auch im Bergischen Land an besonders exponierten Stellen einzelne windbetriebene Mahlwerke, wie etwa in Solingen; doch in unserer Gemeinde ist keine derartige Anlage quellenkundlich überliefert. Die Archivforschung führt aber schließlich auf die richtige Spur und entreißt ein interessantes Kapitel der Ortsgeschichte der Vergessenheit.

Der Lindlarer Bahnhof heute

Aus dem Eisenbahnzeitalter hat sich hier der Stumpf eines Wasserturms erhalten; der ursprünglich oben aufsitzende Hochbehälter aus Metall ist mittlerweile verschrottet. Mehrere Jahrzehnte versorgte er Dampflokomotiven, die mit ihren Güter- und Personenzügen von Köln über Hoffnungsthal durch das Sültztal nach Lindlar pendelten, mit Wasser.

Ein Relikt aus der Dampfeisenbahnzeit im ehemaligen Bahnhofsbereich von Lindlar: der alte Wasserturm, dessen Hochbehälter fehlt. Viele Jahre speiste er die Dampflokomotiven mit Wasser.

Von der schon seit langem stillgelegten Bahnlinie lassen sich im Ortsbild nur noch wenige Überreste finden.

In der Erinnerungskultur der hiesigen Bevölkerung hat vor allem der ehemalige Bahnhof, heute Sitz einer Spedition, einen festen Platz. Die einstige Eisenbahntrasse hingegen eroberten zwischenzeitlich Natur und Zivilisation. Nur an einigen Stellen – etwa zwischen Falkenhof und dem Hof Schwarzenbach, Brücker Hof und Linde, Welzen und Georghausen – ist sie noch gut zu erkennen und zum Teil begehbar.

Die Eisenbahn kommt und neue Straßen entstehen

Die Eisenbahnära währte in Lindlar verhältnismäßig kurz. Vierundfünfzig Jahre, von 1912 bis 1966, war der bergische Ort durch den Schienenstrang direkt mit Köln und der Welt verbunden. Was mit beträchtlichen Geburtswehen begann, endete weitgehend unter Ausschluss der Öffentlichkeit.

Am 22. Mai 1966 verließ der letzte Güterwagen den Bahnhof. Lastkraftwagen hatten dem Transport auf der Schiene endgültig den Rang abgelaufen. Unmittelbar darauf erfolgte der Rückbau der Strecke. Dabei kann man sich des Eindrucks nicht erwehren, dass die Deutsche Bundesbahn möglichst rasch vollendete Tatsachen schaffen wollte, um jegliche Wiederinbetriebnahme von vornherein auszuschließen. Dabei besaß Lindlar bis 1958 für einige Jahrzehnte Bahnstationen sogar an zwei verschiedenen Eisenbahnlinien. Allerdings ist dies nur noch den älteren Menschen der Gemeinde bewusst. Neben den Stationen der bereits erwähnten Sülztalbahn befand sich ein weiterer Haltepunkt in Kaiserau unten im Leppetal. Dort betrieb die Westdeutsche Eisenbahnbau- und Betriebsführungsgesellschaft seit Herbst 1897 eine Schmalspurbahn, die die Orte Engelskirchen und Marienheide miteinander verband und sich jahrzehnte lang reger Betriebsamkeit hauptsächlich im Güterverkehr erfreute.

Diese sogenannte Leppetalbahn profitierte insbesondere von ihren zeitweise bis zu zehn Werksanschlüssen zu verschiedenen Betrieben der metall- und steinverarbeitenden Industrie. Bis zu 200.000 Tonnen Last wie im Jahr 1913 beförderte das Bähnchen in gemächlichem Tempo durch das Tal. Dieses beeindruckende Frachtaufkommen würde heute dem Ladevolumen von rund 5.000 schweren LKW-Zügen entsprechen. Und gerade dieses Transportmittel trug dazu bei, dass die Leppetalbahn in den 1950er Jahren ihrem unaufhaltsamen Niedergang entgegen sah. Sie erlitt das Schicksal hunderter anderer Neben- und Schmalspurbahnen in Deutschland. Im Frühjahr 1958 stellte die Bahn ihren zuletzt nur noch bescheidenen Betrieb ein. Auch hier hatte sich das Automobil und der sich in ihm konkretisierte Wunsch nach individueller Mobilität als zukunftsträchtiger erwiesen. Selbst Ortskundige tun sich heute schwer, die Trassenführung entlang der Leppe gedanklich zu rekonstruieren.

Die Gemeinde Lindlar ist an ein dichtes und gut ausgebautes Straßennetz angebunden. Die Rhein-Metropole Köln kann in weniger als einer halben Stunde erreicht werden, sofern man nicht in einen Stau gerät. Gewöhnt an schier unbegrenzte Mobilität und Schnelligkeit vermögen wir nur zu erahnen, wie mühsam sich einst unsere Vorfahren fortbewegten.

Im Schneckentempo über Land

Vor rund zweihundert Jahren gab es weder gut ausgebaute Wege noch Eisenbahnverbindungen und erst recht keine Automobile. Der weitaus größte Teil der Bevölkerung auf dem Land lebte deshalb relativ abgeschottet. Nur wenigen Einheimischen bot sich Anlass und Gelegenheit, über das Gebiet ihrer

Mit Brennholz beladenes Fuhrwerk und ein Handwerker auf Wanderschaft, um 1830

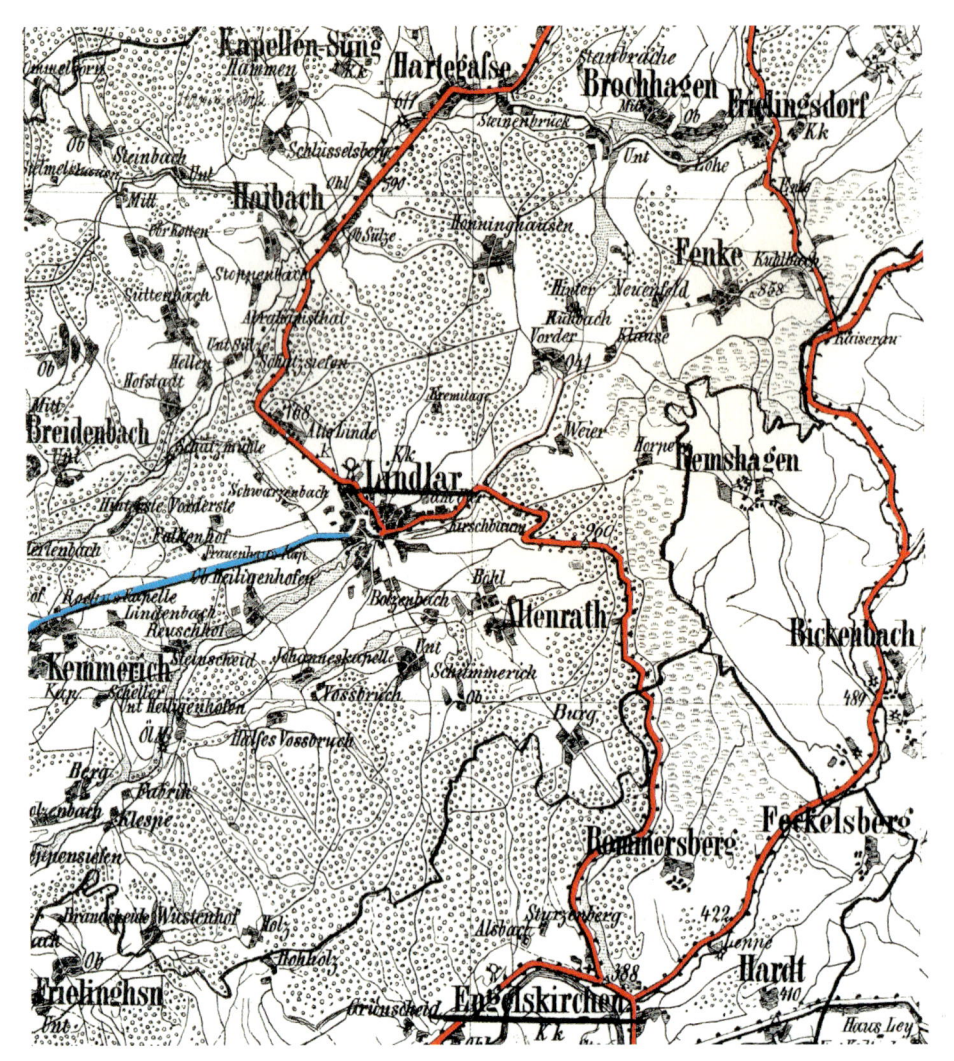

Die wichtigsten Verkehrswege im Lindlarer Einzugsbereich erstreckten sich vor 1850 in Nord-Süd-Richtung (rot). Lediglich untergeordnete Bedeutung besaß der zu jener Zeit schlecht passierbare Höhenweg nach Köln (blau).

Zollstation passieren, denn die heutige Kreisstadt lag bereits in dem kleinen Territorium der Herrschaft Gimborn.

Hinzu kommt, dass in jenen Tagen nur wenige Ortsverbindungswege existierten, die selbst bei schlechtem Wetter oder im Winter halbwegs befahren werden konnten. Teerstraßen waren noch nicht bekannt und die meist von Straßenwärtern gepflegte und mit Schotter oder Split bedeckte Chaussee galt als das Nonplusultra des damaligen preußischen Wegebaus.

Wer jedoch eine solche Route wählte, musste sich zunächst von Lindlar aus durch das obere Sülztal nach Wipperfürth begeben. Dort querte die Fernverkehrsstraße den Ort, die Elberfeld (heute: Wuppertal), das textile Zentrum des Bergischen Landes und »deutsche Manchester«, mit der bedeutenden Messestadt Frankfurt am Main verband.

Ein Blick auf eine historische Landkarte macht den allgemeinen Mangel an Landstraßen auch im Gemeindegebiet von Lindlar deutlich. Dabei fällt auf, dass die Hauptverkehrsroute den Ort in Nord-Süd-Richtung querte.

Eine Tour nach Wipperfürth oder Engelskirchen zu unternehmen, wäre damals den Lindlarern wohl eher in den Sinn gekommen, als nach Köln zu fahren. Dorthin führte lediglich der vor allem in der kalten Jahreszeit sehr beschwerliche Höhenweg über Kemmerich und Schmitzhöhe. An diesen Verhältnissen sollte sich auch in den nachfolgenden Jahrzehnten nichts ändern. 1894/95 nahm die Gemeinde den

Gemeinde hinauszukommen. Wer keinen Warenhandel betrieb oder Auswanderungsabsichten hegte, hatte keinen Grund zu reisen.

Das Maß aller Dinge war die Tagesreise, die im Vor-Eisenbahnzeitalter rund 30 bis 40 Kilometer betrug. Von Kühen, Ochsen oder Pferden gezogene Fuhrwerke und Kutschen legten in der bergigen Hügellandschaft nur wenige Stundenkilometer zurück. Der dänische Philosoph Johan Vilhelm Snellman (1806 bis 1881) bereiste 1840/41 auch das Rheinland und stellte fest, dass die Kut-

schenfahrt hier nicht besonders schnell vonstatten ging. So brauchten die Pferde bergauf nur im Schritt zu gehen und in der Ebene rollte die Kutsche niemals schneller als in mäßigem Trab. Häufig kamen Hausierer und Wanderhandwerker zu Fuß schneller voran. Auch die damalige Kleinstaaterei behinderte in erheblichem Umfang die Mobilität. Es gab Gegenden in Deutschland, wo Reisende während einer Tagesreise mehrere Landesgrenzen überqueren. Lindlarer, die zum Beispiel nach Gummersbach fahren oder gehen wollten, mussten bis 1806 auch im nahen Leppetal eine

Größere Steinbruchbetriebe in der Region unterhielten eigene Werkbahnen. Auf dem Bild von 1913 ist die kleine zweifach-gekuppelte Dampflokomotive im Felsental bei Lindlar zu sehen.

kirchen. Nachdem die Gemeinde an der Agger 1884 einen Eisenbahnanschluss erhalten hatte, erlebten die Lindlarer Steinbrüche eine Blütezeit. Doch bereitete die Strecke über Eichholz dem Fuhrgewerbe erhebliche Probleme. Schwer mit Steinen beladene Wagen konnten nur mit Vorspann befördert werden. Dies bot in Stoßzeiten mit bis zu 2.000 Doppelwagen im Jahr ein eindrucksvolles Bild. Wagen auf Wagen, jeweils mit rund fünf Tonnen Grauwacke beladen, rollte dann vom Brungerst herab. Auf der Höhe bei Eichholz stauten sich die Fuhrwerke in langer Reihe, da die Kutscher dort erst Gespanne mit vier Pferden und zwei Wagen bildeten, bevor sie auf der Gefällestrecke nach Engelskirche weiterfuhren.

Hoffnungsträger Eisenbahn – Dampfzug statt Ochsenkarren

Nach der Eröffnung der ersten deutschen Bahnlinie von Nürnberg nach Fürth im Jahr 1835 gewann der Eisenbahnbau eine Dynamik ungeahnten Ausmaßes. In immer kürzeren Zeitabständen konnten Hunderte von Streckenkilometern freigegeben werden und wenige Jahrzehnte später verband ein dichtes Bahnnetz Aachen mit Königsberg und Flensburg mit Berchtesgaden. Auf die Hauptstrecken, zwischen den größeren Städten, folgte nach der Gründung des Deutschen Reiches 1871 die zügige Erschließung des Hinterlandes durch Nebenbahnlinien. Die allgemeine Euphorie war groß, denn der Dampfzug erwies sich als Konjunkturmotor im reinsten Wortsinn: Fünfzig Jahre nach der Fahrt des »Adlers« zwischen Nürnberg und Fürth verfügte Deutschland mit knapp

Bau der heute stark frequentierten Straße durch das Lennefetal in Angriff, die für eine bessere Verkehrsanbindung in die Rheinmetropole sorgt.

Doch bis dahin war es noch ein weiter Weg. Zunächst konnte Wipperfürth seinen Standortvorteil gegenüber Lindlar weiter ausbauen, als der Schienenstrang 1877 die Stadt an der Wipper erreichte. Dies blieb nicht ohne Folgen für die Kommunikation zwischen beiden Gemeinwesen, die bis zum Ersten Weltkrieg sehr von Konkurrenzdenken geprägt war.

Weniger konfliktreich gestaltete sich der Austausch mit dem nahen Engels-

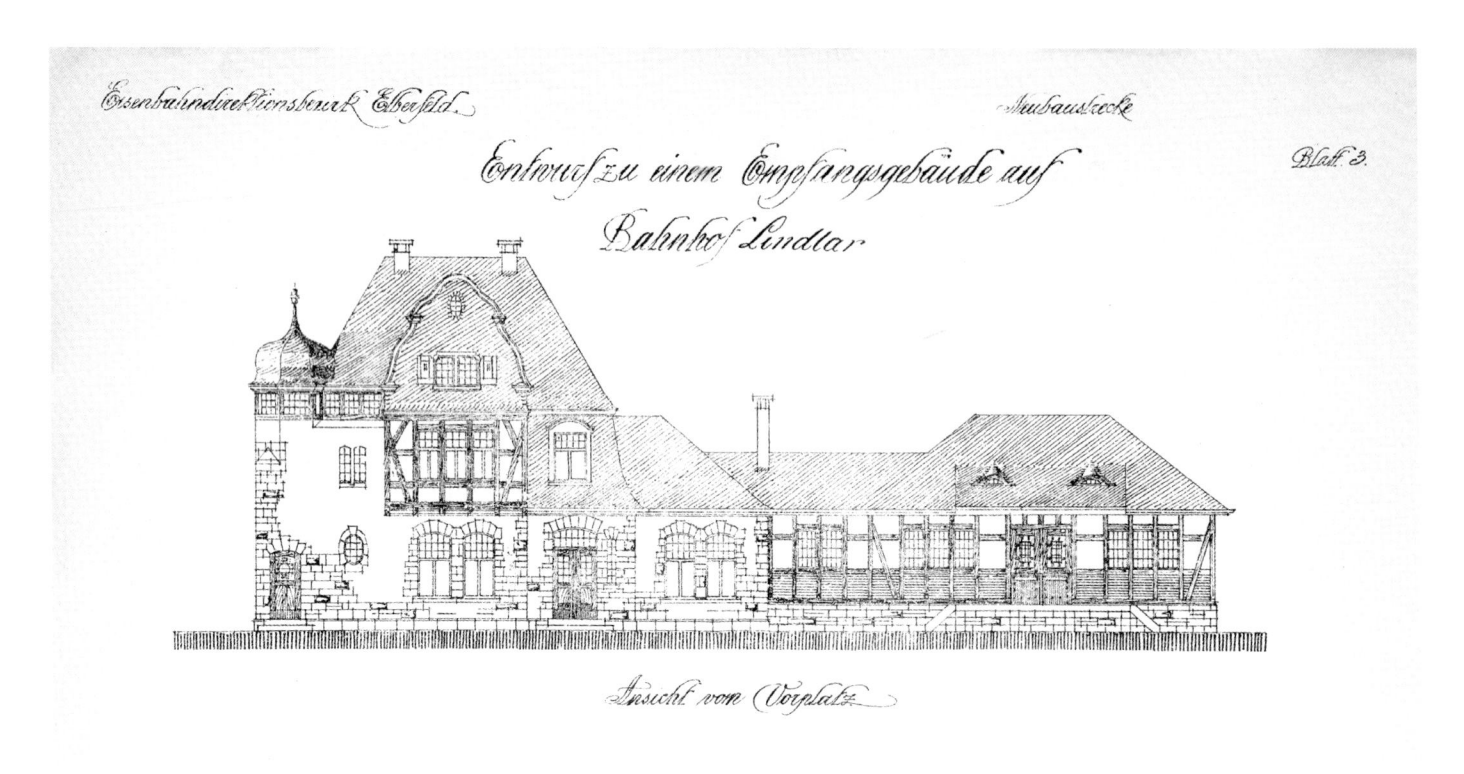

Bauplan des Lindlarer Bahnhofs, der 1912 im Heimatstil mit verspieltem architektonischem Schmuckwerk errichtet wurde.

40.000 Kilometern über das dichteste Bahnnetz in ganz Europa. Diese Erfolgsbilanz darf jedoch nicht darüber hinwegtäuschen, dass es nach wie vor Gegenden gab, die die Eisenbahn noch nicht erreicht hatte. Dazu gehörte auch das Gemeindegebiet von Lindlar.

Mit der Einweihung der schmalspurigen Leppetalbahn von Engelskirchen nach Marienheide trat endlich der ersehnte Aufschwung ein. Bereits im ersten Betriebsjahr 1897 konnten die dortigen Pflastersteinbrüche ihren Absatz merklich steigern. Die Bahnstation von Kaiserau in der Nähe von Lindlar entwickelte sich rasch zu einem wichtigen Warenumschlagsplatz.

Auch im Personenverkehr hatte sich seit dem Bahnanschluss der Komfort spürbar verbessert. Reisende tauschten nun ihren Sitzplatz im langsamen und hart gefederten Pferdeomnibus gegen ein weit bequemeres, im Winter beheizbares Abteil im Zug ein. Darüber hinaus gelangten sie wesentlich schneller an ihr Reiseziel. Die Fahrzeiten halbierten sich im Vergleich zur Postkutsche und das immer dichter werdende Eisenbahnnetz sorgte für weitere Zeitersparnis.

Doch der Patriotismus der Lokalgrößen in Gewerbe und Politik mit Bürgermeister Johann Pfeiffer (Amtszeit: 1898 bis 1919) an der Spitze verlangte unbedingt nach einem direkten Bahnanschluss Lindlars. Mit dramatischen Worten skizzierten er und seine Mitstreiter in diversen Denkschriften den drohenden wirtschaftlichen Niedergang

Die Strecke Immekeppel–Lindlar endete unter den Steinbrüchen des Brungerst.

Das Bahnhofsgelände wird ausgebaut. Im Hintergrund eine Lokomotive mit Wagen vor Wasserturm und Lokschuppen

ihrer Heimatgemeinde. Für sie war die Eisenbahnverbindung zur Lebensfrage für den südwestlichen Teil des Kreises Wipperfürth geworden.

Erst 1906, nach vielen Jahren des Engagements, erreichte das Komitee für den Bau einer Eisenbahn von Immekeppel nach Lindlar schließlich sein Ziel. Der aus Bensberg gebürtige preußische Staatsminister für Öffentliche Arbeiten, Hermann von Budde (1851 bis 1906), bereitete seiner alten Heimat aus dem fernen Berlin ein großzügiges Geschenk, mit dem wohl keiner mehr gerechnet hatte: Allen Wirtschaftlichkeitsberechnungen zum Trotz genehmigte er kurz vor seinem Tod noch die Anlage der über 2,5 Millionen Mark teuren Eisenbahnstrecke durch das Sülztal.

Hätte die Gemeinde diese freudige Nachricht nur einige Jahre früher erhalten, wäre die heutige Landstraße im Tal der Lennefe wohl nicht entstanden. In der Rückschau betrachtet erfüllte diese erst sehr spät errichtete Bahnverbindung eigentlich nie die in sie gesetzten Erwartungen. Doch wäre der Prestigeverlust, den die Gemeinde Lindlar ohne einen eigenen Bahnhof erlitten hätte, letzten Endes wohl zu groß gewesen.

Deshalb zogen die Verantwortlichen die weitaus kostengünstigere Alternative, nämlich die Kleinbahn durch das Leppetal umzuspuren und die Straße zwischen Lindlar und der Station Kaiserau auszubauen, überhaupt nicht in Erwägung.

Dampflok, Schienenbus, Stilllegung – eine Region ohne Bahn

Am 16. Dezember 1912 lief der offizielle Eröffnungszug um 11 Uhr in Lindlar ein. Der ganze Ort strebte dem Bahnhof zu, um dieses Ereignis gebührend zu feiern.

Alle Bahnprotagonisten gaben ihrer großen Freude Ausdruck, dass ihre jahrzehntelangen Bemühungen endlich Früchte trugen. Die anfänglich fünf Personen- und zwei Güterzugpaare an Werktagen erwecken nicht gerade den Anschein einer übermäßigen Auslastung der Bahnstrecke. Und doch fuhren im ersten Betriebsjahr von Lindlar aus immerhin 3.500 Güterwagen in Richtung Köln ab. Vor allem die örtliche Steinbruchindustrie wusste das neue Verkehrsmittel zu schätzen.

Die Zahl der Fahrgäste hielt sich, abgesehen vom Berufsverkehr, von Anfang an in Grenzen. Kaum mehr als 30.000 Personen lösten 1913 eine Fahrkarte auf der Sülztalbahn. Im Hinblick auf die Rentabilität der Strecke hatten Politik und Verwaltung in Lindlar großes Interesse daran, dass die Einwohner die Bahn auch als Fortbewegungsmittel eifrig nutzten. Und so betrachteten sie mit Sorge die nach dem Ersten Welt-

Ab 1924 konnten die Lindlarer ihre damalige Kreisstadt Wipperfürth bequem mit dem Omnibus erreichen. Das Fahrzeug befuhr seinerzeit die Route Köln–Wipperfürth–Lüdenscheid.

In einer Werbeanzeige der 1950er Jahre heißt es: »Die Wupper-Sieg vermittelt mit ihren rot-weißen Omnibussen gute Verkehrsmöglichkeiten im Bergischen Land. Für Sonderfahrten stehen bequeme und moderne Omnibusse jederzeit zur Verfügung«.

krieg zunehmende Motorisierung, zumal diese einen höheren Aufwand für den Unterhalt der gemeindeeigenen Straßen bedeutete.

Im Jahr 1925 hatte die Gemeinde 17 Kilometer Provinizial- und 57 Kilometer ausgebaute Fahrwege zu warten. Die dafür erforderlichen Finanzen belasteten immer stärker den Haushalt, da der zunehmende Autoverkehr fast jährlich die Neudeckung der Straßen erforderte.

Wenig später, im Jahre 1930, erfolgte die Fertigstellung des Verkehrsweges durch das Sülztal. Damals bestanden bereits Busverbindungen in die Kreisstadt Wipperfürth, in das Aggertal und nach Köln. Diese wiederum bereiteten dem Personenverkehr auf der Schiene große Konkurrenz, da sie mit kürzeren Fahrzeiten und besserem Komfort viele Bahnkunden abwarben. Um den Gemeindeetat zu entlasten, forderten die Verantwortlichen Zuweisungen aus der Kraftfahrzeugsteuer.

Der Weltkrieg bedeutete eine Zäsur im Bahnbetrieb. Einerseits waren die Zerstörungen beachtlich, andererseits trieb die in den ausgebombten Städten während der Besatzungszeit herrschende Not viele Menschen auf der Suche nach Lebensmitteln, zum »Hamstern«, aufs Land. Mit dem 15. Oktober 1946 begann die Wiedergeburt der Sülztalbahn: Nachdem alle Schäden an den Eisenbahnbrücken beseitigt werden konnten, erreichte erstmals seit Kriegsende wieder ein Zug aus Köln Lindlar. Seine Ankunft war mit ähnlichen Hoffnungen verbunden wie die Streckeneröffnung 34 Jahre zuvor. Doch die Erwartungen sollten sich nicht erfüllen. Um Kosten zu sparen, setzte die Deutsche Bundesbahn schon früh dieselbetriebene Fahrzeuge ein. So fuhren auch die einst in Wuppertal stationierten Diesellokomotiven der Baureihe 236 auf der Strecke.

Als kleines Medienereignis galt der Einsatz des Verbrennungstriebwagens der Reihe 25 mit Beginn des Sommerfahrplans 1954. Der Zeitungsredakteur schwärmte damals, dass der Wagen sehr geräumig sei, den Reisenden bequeme Sitzmöglichkeiten biete und jede Fahrt zwischen Köln und Lindlar zu einem Erlebnis werden lasse. Außerdem würde die Bundesbahn erhebliche Betriebskosten gegenüber den teuren Dampflokomotiven einsparen.

Dieseltriebwagen der Baureihe VT 95, auch »Nebenbahnretter« genannt. Fahrzeuge dieses Typs verkehrten viele Jahre auf der Strecke Köln-Lindlar.

Doch alle Maßnahmen der Bahnverwaltung, den defizitären Betrieb wieder in die Gewinnzone zu bringen, zeitigten keinen Erfolg. Selbst der als »Nebenbahnretter« apostrophierte Schienenbus vermochte keine Wende mehr herbeizuführen. Ihm blieb es vorbehalten, am 1. Oktober 1960 die letzten Fahrgäste von Lindlar nach Köln zu befördern.

Zuvor, als die Gerüchte um die Stillegung des Personenverkehrs kein Ende nehmen wollten, berief der Rat der Gemeinde Lindlar am 5. Januar 1959 eine außerordentliche Sitzung ein. Die Kommunalpolitiker verfassten damals eigens eine Resolution, die ein Argument enthält, das bemerkenswerterweise nach wie vor aktuell ist: *Die Bundesbahn darf aber nicht nur von Rentabilitätserwägungen ausgehen. Sie ist kein privates Wirtschaftsunternehmen, sondern eine öffentliche Einrichtung mit besonderen Aufgaben … Es geht deshalb nicht an, die einträglichen Strecken zu unterhalten und die weniger rentablen aus dem Gesamtgefüge auszuscheiden.*

Die endgültige Stilllegung und der Abbau der Sülztalbahn bildeten sechs Jahre später dennoch den Auftakt für den nahezu vollständigen Rückzug der Deutschen Bundesbahn aus dem ursprünglich weitverzweigten Nebenbahnbetrieb im Bergischen Land.

FAZIT

Der Strukturwandel hatte es mit sich gebracht, dass einst beliebte Bahnausflugsziele wie Hückeswagen, Morsbach, Nümbrecht, Radevormwald, Waldbröl, Wermelskirchen, oder Wipperfürth heute nicht mehr auf der Schiene erreicht werden können.

Heutzutage werden landesweit ehemalige Bahnstrecken aus ihrem Dornröschenschlaf geweckt und – auch in Lindlar – einer neuen Nutzung zugeführt: Die »BahnflächenEntwicklungsgesellschaft NRW mbH«, eine gemeinsame Gesellschaft des Landes Nordrhein-Westfalen und der Deutschen Bahn AG, beabsichtigt, alte Bahntrassen durch Anlegung von »Alleeradwegen« aufzuwerten, womit sie gleichzeitig für die Zukunft erhalten bleiben.

Daher soll bis zum Ende des Jahres 2009 eine neun Kilometer lange Strecke parallel zur L 284 zwischen Lindlar und Hommerich zum Rad- und Gehweg ausgebaut werden. Auf dem Teilstück zwischen Lindlar und Schlürscheid/Quabach dürfen demnächst Radwanderlustige die alte Bahntrasse nutzen, während von Quabach bis Hommerich ein bereits vorhandener Wirtschaftsweg hergerichtet werden wird.

So können Touristen zwar schon lange nicht mehr mit dem Zug nach Lindlar reisen, demnächst aber auf der Bahntrasse der ehemaligen Sülztalbahn mithilfe des Drahtesels gemächlich die Gegend erkunden.

Christa Joist und Michael Kamp

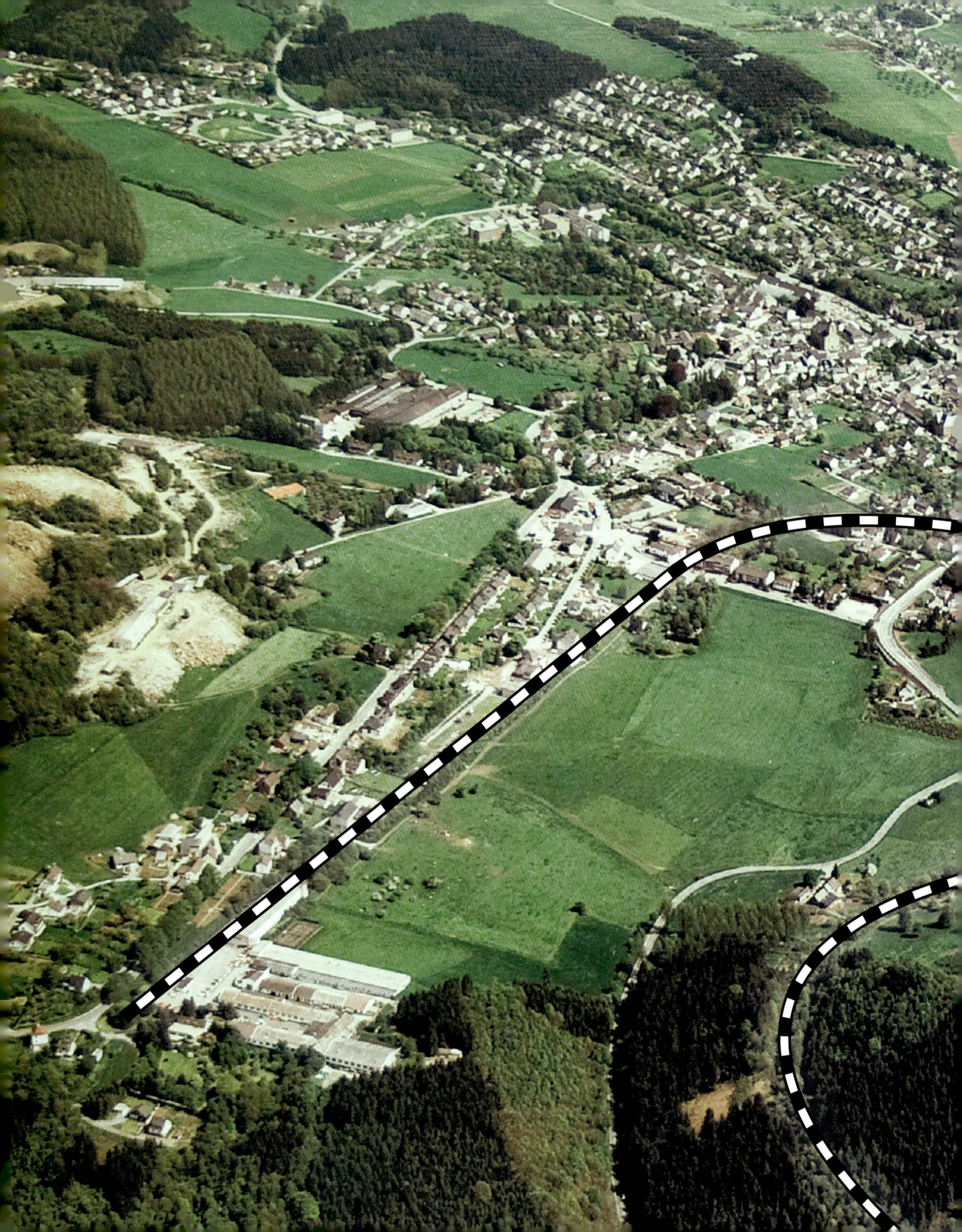

Luftaufnahme 1982 mit dem eingezeichneten ehemaligen Streckenverlauf der Eisenbahn von Merlenbach bis Altenlinde

Ein preußischer Eisenbahnminister

Hermann von Budde (1851–1906) als Leiter der Eisenbahnabteilung im Großen Generalstab

Auf dem Bensberger Friedhof erhebt sich eine imponierende Grabstätte, die im Jahr 1908 von Eisenbahnbeamten in Dankbarkeit für einen Mann errichtet wurde, der durch sein sozialpolitisches Handeln in ihrer Gunst stand. Das Monument hält die Erinnerung an den Generalmajor und Staatsminister Hermann von Budde (1851 bis 1906) wach, der auch für Lindlar segensreich wirkte.

Hermann von Budde wurde als Sohn eines Oberlehrers am Königlichen Kadettenhaus im Schloss Bensberg geboren. Er schlug die militärische Laufbahn ein und wurde Mitglied des Generalstabs. Im Jahr 1902 ernannte der Kaiser den Generalmajor a. D. zum Minister der Öffentlichen Arbeiten. In seinen Zuständigkeitsbereich fielen auch die preußischen Eisenbahnen. Er war dabei mit einer Machtfülle ausgestattet, die ihn – auf die heutigen Verhältnisse übertragen – gleichermaßen Chef der Eisenbahn und Verkehrsminister in einer Person sein ließ.

Minister von Budde führte in seiner knapp vierjährigen Amtszeit zahlreiche Verbesserungen im Eisenbahnwesen für die »kleinen Leute« ein. So erhielten die Personenzüge bessere

Das am 28.04.1908 errichtete Grabmal des Reichsministers auf dem Bensberger Friedhof, unterhalb von St. Nikolaus

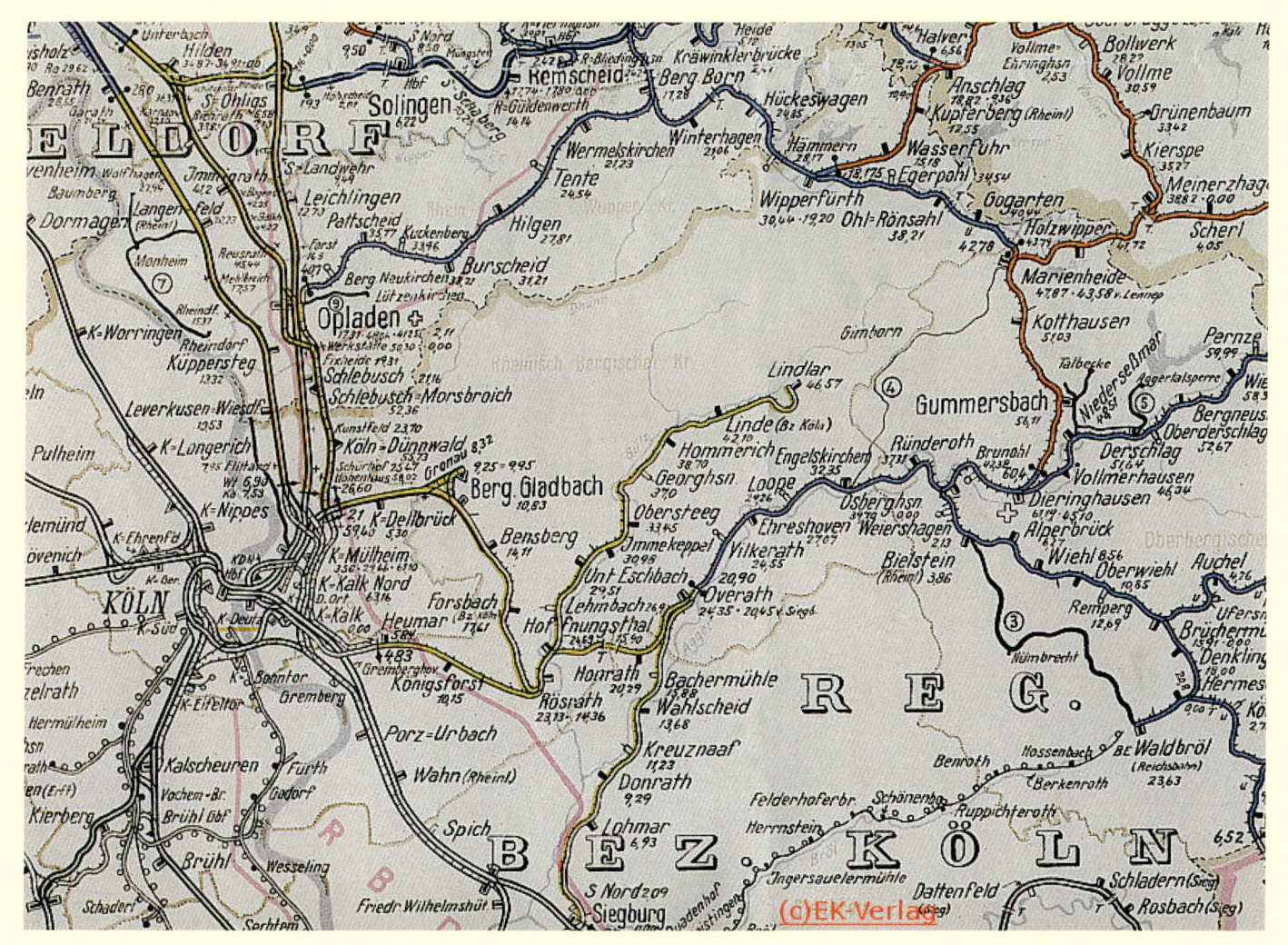

Streckenplan der Sülztalbahn

Heizungen und Beleuchtungen, auch ließ er die Waggons der vierten Klasse mit Sitzbänken ausstatten. Ebenso sorgte er für mehr Wirtschaftlichkeit des Güterverkehrs und für leistungsfähigere Lokomotiven.

Die Ernennung eines Mannes aus der Bergischen Region ließ 1902 auch das Lindlarer »Komitee für den Bau einer Eisenbahn von Immekeppel nach Lindlar« hoffen, dass seine Eingaben, den Bau einer Bahnstrecke bis Lindlar betreffend, im fernen Berlin Gehör finden würden.

Der Minister setzte sich dann auch tatsächlich für den Bau der Bahnstrecke Immekeppel–Lindlar ein, und genehmigte den Bau der Strecke kurz vor seinem Tod.

Hermann von Budde, seit 1904 Ehrenbürger von Bensberg, sah den Tod aufgrund einer langjährigen schweren Erkrankung nahen und wollte in der Heimat beigesetzt werden.

So bewegte sich am 2. Mai 1906 der von zwei schwarz verhüllten Pferden gezogene Leichenwagen und der Trauerzug vom Bahnhof zum Friedhof unterhalb der Bensberger Kirche Sankt Nikolaus. Auch heute noch ist das Grabmal unübersehbar auf dem Friedhof vorhanden und wurde zum 100. Todestag des Staatsministers neu hergerichtet. Unter einem Torbogen aus vier quadratischen Pfeilern mit dem eingemeißelten Namen v. BUDDE im Fries ist seine Büste platziert.

Gabriele Emrich

🇬🇧 Women in Lindlar

1919: Carola Lob and Luise Kremer – the first women in Lindlar's municipal council

After voting rights for women were introduced in Germany after the 1st World War, emancipation came to Lindlar: three women had an impact on Lindlar's fate till the end of the 2nd World War. Carola Lob, only child of a family that owned a quarry, was very wealthy and her charitable action made her famous far beyond the borders of Lindlar. Luise Kremer, country woman and member of the council like Carola Lob was later member of the board of trustees and examiners of the technical school for agriculturists. Ottilie Frielingsdorf was well-known as district nurse and midwife.

🇫🇷 Les femmes à Lindlar

1919 : Carola Lob et Luise Kremer sont les premières femmes au Conseil communal

Avec l'introduction du droit de vote des femmes en Allemagne après la première guerre mondiale, l'émancipation arriva aussi à Lindlar. Trois femmes marquèrent peu après la guerre l'histoire de Lindlar :
- Carola Lob, fille unique d'une famille d'exploitants de carrières, connue au delà de Lindlar par ses actions caritatives et par sa générosité.
- Luise Kremer, fermière et membre du Conseil communal comme Carola Lob puis plus tard, membre du Conseil d'administration ainsi que du jury d'examens de l'Ecole agricole de Lindlar.
- Ottilie Frielingsdorf, infirmière et sage femme.

🇭🇷 Žene u Lindlaru

1919.: Carola Lob i Luise Kremer su prve lindlarske žene u lindlarskom općinskom vijeću

Uvođenjem prava glasovanja za žene u Njemačkoj nakon Prvog svjetskog rata i u Lindlar je došla emancipacija: tri žene su u vremenu do Drugog svjetskog rata obilježile lindlarsku povijest: Carola Lob, kao jedino dijete imućne obitelji iz poduzeća koje se bavilo iskapanjem kamena, bila je poznata po svojem dobrotvornom djelovanju i izvan granica Lindlara. Luise Kremer, poljoprivrednica, članica vijeća kao i Carola Lob, kasnije članica kuratorija i ispitne komisije poljoprivredne škole u Lindlaru i Ottilie Frielingsdorf, medicinska sestra i babica.

Kapitel 15

Frauen in Lindlar

Vielseitig veranlagt und tatkräftig:
Carola Lob und Luise Kremer

Wichtige Hilfe für Lindlars Frauen:
Ottilie Frielingsdorf

1919

Carola Lob und Luise Kremer kommen als erste Frauen in den Lindlarer Gemeinderat.

Frauen in Lindlar

Drei Frauen haben vom Beginn des 20. Jahrhunderts bis in die Zeit kurz nach dem Zweiten Weltkrieg die Lindlarer Geschicke mitgeprägt:

Die erste, Carola Lob, kann aufgrund ihrer Herkunft als einziges Kind aus einer Familie von Steinbruchunternehmern als wohlhabend bezeichnet werden. Als junges Mädchen besuchte sie sogar zwei Jahre lang, von Oktober 1897 bis Juli 1899, die Ursulinenschule

Darstellung der Ursulinenschule in Verviers-Séroule, die Carola Lob 1897–1899 besuchte.

Gebundene Kladde der Ursulinenschule mit dem goldgeprägten Namenszug »Carola Lob«

in Verviers-Séroule, Belgien. Der Gesellschaftsvertrag, den sie mehrere Jahre nach dem Tode ihres Vaters mit ihrer Mutter abschloss, bezeugte ein florierendes Geschäft. Ebenfalls gibt ein Inventar im Kirchenarchiv einen Einblick in ein gut situiertes Wohnumfeld. In ihrem karitativen Einsatz war sie über die Grenzen Lindlars hinaus bekannt.

Luise Kremer hingegen entstammte dem bäuerlichen Milieu. Sie wuchs mit sieben Geschwistern auf. Drei Schwestern blieben wie sie unverheiratet. Der Hof in Unterschwarzenbach, der zeitlebens ihr Zuhause war und der noch in Familienbesitz ist, wird heute tagtäglich von vielen Pendlern passiert, die vom Ortszentrum Lindlars in Richtung Bergisch Gladbach oder Wipperfürth hinab ins Sülztal fahren.

Die dritte im Bunde, Ottilie Frielingsdorf, war auf anderem Gebiet wichtig für die Gemeinde und hier unmittelbar für die Frauen. Als Hebamme und Gemeindeschwester stand sie den Müttern bei und holte über Jahrzehnte Lindlarer Kinder ans Licht der Welt. Auch wenn über ihre Lebensdaten nur spärliche Informationen erhalten geblieben sind und wir keinerlei Kenntnisse über Kindheit und Jugend besitzen, so ist sie doch nicht vergessen. Fällt im Gespräch ihr Name, so ist sie es, die ein Lächeln der Erinnerung auf das Gesicht vieler älterer Einwohner zaubert.

Das Leben der meisten Frauen in Lindlar und Umgebung war geprägt von harter körperlicher Arbeit und der Aufzucht vieler Kinder. Foto von 1912

Vielseitig veranlagt und tatkräftig: Carola Lob und Luise Kremer

Im Schweizer Kanton Appenzell-Innerrhoden dürfen Frauen seit 1990 wählen, in Saudi-Arabien und auch im Scheichtum Brunei wird ihnen dieses Recht auf Mitbestimmung bis heute verwehrt. Das US-Territorium Wyoming war 1869/1870 der erste Staat, in dem Frauen ohne Einschränkungen wählen durften. 1893 folgte Neuseeland, 1902 Australien. In Europa waren die Finnen die ersten, die 1907 den Bürgerinnen das uneingeschränkte aktive und passive Wahlrecht zugestanden. Bis die Frauen in Deutschland mitreden und mitbestimmen durften, sollte es noch weitere 12 Jahre dauern: 1919 war es soweit.

Wahlrecht für Frauen

Was für uns heute Normalität ist, war vor rund 90 Jahren eine Sensation. So mögen es auch Carola Lob und Luise Kremer empfunden haben, als sie am 12. Oktober 1919 in den Lindlarer Gemeinderat gewählt wurden und fortan das Gemeindeleben aktiv mitgestalten konnten. Als Mitglieder der Zentrumspartei setzten sie sich für die Belange der Bürgerinnen und Bürger ein, Carola Lob über einen Zeitraum von 14 Jahren, bis 1933, davon neun als einzige Frau unter Männern. Beide waren in vielerlei Hinsicht engagiert, sowohl politisch als auch gesellschaftlich, sozial und kulturell. Heute gibt es leider nur noch wenige Quellen, die einen Einblick in das Leben und Wirken der beiden Lindlarer Frauen geben.

Carola Lob wurde 1882 in Lindlar geboren. Ihr Großvater, Heinrich Lob, betrieb am Brungerst einen Steinbruch, den die Söhne August und Hubert später übernehmen sollten. Vor allem August Lob, Carolas Vater, trieb die Geschäfte voran und war sehr erfolgreich damit. Maßgeblich war er am Bau des Lindlarer Krankenhauses und der Kirchen in Immekeppel, Offermannsheide und Engelskirchen beteiligt. August Lob verstarb 1889 mit nur 48 Jahren. Nach seinem Tod nahm seine Frau Stefanie Lob geb. Offermann die Geschäfte in die Hand. Ihre Tochter Carola unterstützte sie schon sehr früh bei der Arbeit. Im Laufe der Zeit hatten sich die Lobs auf die Herstellung von Pflastersteinen und Bordsteinen spezialisiert, was ein ertragreiches Geschäft war. Absatz fanden die Steine aus dem Lob'schen Steinbruch nicht nur in der näheren Umgebung, sondern weit über die Landesgrenzen hinaus. Vom Kölner Hafen bis nach Holland sind sie mit Schiffen exportiert worden.

Luise Kremer auf einem Foto derselben Zeit

Carola Lob um 1900

Erfolgreiche Geschäftsfrau in einem Männergewerbe

1905 schlossen sich die beiden Geschäftsfrauen der Bergisch-Märkischen Steinindustrie an, die sich einige Jahre später wiederum mit der Basalt AG aus Linz am Rhein verband. Als Stefanie Lob 1914 verstarb, war Carola im Alter von 32 Jahren gezwungen, die Steinbruchgeschäfte alleine weiterzuführen. Es bedurfte wohl einiges an Durchsetzungskraft und Unternehmergeist, sich in der damals noch von Männern dominierten Geschäftswelt zu behaupten und Erfolg zu haben.

Neben ihrer Arbeit im Steinbruchbetrieb und ihren politischen Aktivitäten im Lindlarer Gemeinderat engagierte sich Carola Lob in vielen weiteren Bereichen. Als Diözesanleiterin des Verbandes der Jungfrauenkongregation der Erzdiözese Köln kümmerte sie sich vor allem um die Belange zukünftiger Mütter, und auch das Rote Kreuz wurde von ihr unterstützt. Dort war sie als aktives Mitglied im Vorstand. Jahrelang machte

Damengesellschaft um Carola Lob (Mitte) auf dem Schlossweiher in Heiligenhoven, um 1900

Carola Lob (1. v. l.) anlässlich einer Karnevalsgesellschaft in ihrem Hause Ende der 1920er Jahre

Beerdigung Carola Lobs (1. R. v. l. n. r.): Vikar Frings, Kardinal Frings, Kaplan Wistuba

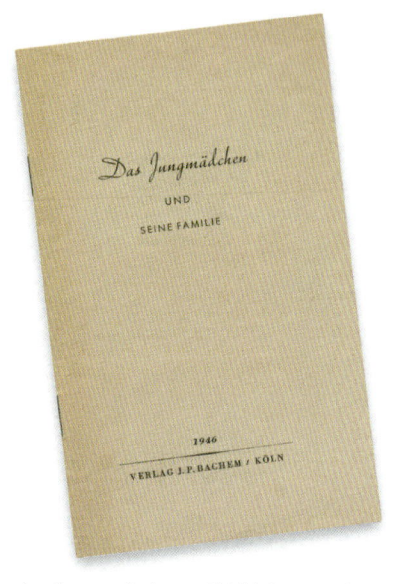

Unmittelbar nach dem 2. Weltkrieg, 1946, verfasste Carola Lob diese sittlich-moralische Schrift für junge katholische Mädchen.

sie sich zudem als ehrenamtliche Kreisjugendpflegerin des ehemaligen Kreises Wipperfürth stark für die Einrichtung von Jugendherbergen – etwa in Kapellensüng, Köttingen, Wipperfürth, Kürten und Engelskirchen.

Ein Begriff, der immer wieder mit ihr in Zusammenhang gebracht wird, ist der der Heimatverbundenheit. Diese spiegelt sich in ihrem Einsatz für den Verein der Kultur- und Heimatpflege Lindlar wider, vor allem aber in ihrer schreibenden Tätigkeit: Neben Heimatliedtexten verfasste sie auch Theaterstücke wie »Lenkeln 1848«, das die 1848er Revolution in Lindlar thematisiert. Carola Lob starb 1950. Unter Beteiligung von Kardinal Frings, dem Erzbischof von Köln, wurde sie auf dem Lindlarer Friedhof beigesetzt.

Wie die Luisenstraße zu ihrem Namen kam

Ebenso engagiert und geschäftstüchtig wie Carola Lob war Luise Kremer (1883 bis 1954) vom Hof »In der Schwarzenbach«. Da sie aus einer bäuerlichen Fami-

Abschlussjahrgang der Landfrauenschule vor der Winterschule Anfang der 1930er Jahre, abgebildet sind: vorderste Reihe in der Mitte: Oberlandwirtschaftsrat Johannes Hoffmann, in der 2. Reihe 3. von links: Carola Lob und in der 3. Reihe 4. von rechts: Luise Kremer, die zwischen 1928 und 1933 Vorsitzende der Landfrauenvereinigung des Kreises Wipperfürth, Mitglied des Kuratoriums der Landwirtschaftsschule und der Prüfungskommission war.

lie stammte, setzte sie sich im Lindlarer Gemeinderat vor allem für die sozialen Belange und Rechte der Kleinbauern aus der Gegend ein. Diese Arbeit führte Luise Kremer nach dem Ausscheiden aus der Kommunalpolitik weiter.

Der Kremer'sche Hof in Schwarzenbach mit einer Größe von 12,5 Hektar war eine angesehene Beratungsstelle in allen ländlich-hauswirtschaftlichen Fragen. Er galt als mustergültiger, bäuerlicher Betrieb, in dem zahlreiche Hauswirtschaftslehrlinge ausgebildet wurden. In ihrem Nachruf 1954 beschreibt die Bergische Landeszeitung Luise Kremer als Vorbild für den bäuerlichen Nachwuchs, als eine anerkannte und ideenreiche Frau mit fortschrittlichem Geist, der die Ausbildung der Jugend sehr am Herzen lag. Dies wird auch durch ihre Tätigkeit als Mitglied des Kuratoriums und der Prüfungskommission der Landwirtschaftsschule Lindlar deutlich.

Die im Volksmund »Luisenstraße« genannte Verbindung zwischen Schwarzenbachstraße und Bahnhofstraße erinnert an den Einsatz Luise Kremers für den Ausbau des Straßennetzes in und um Lindlar. Dieser Name wurde allerdings erst später durch einen Gemeinderatsbeschluss akzeptiert. Carola Lob hingegen wurde inzwischen mit dem Carola-Lob-Weg in der Ortsmitte ein Denkmal gesetzt.

Carola Lob und Luise Kremer, beide unverheiratet und kinderlos, entsprachen wohl kaum dem damals gängigen Gesellschafts- und Familienverständnis, das für die Frauen die drei großen K's vorsah, nämlich Kinder, Küche, Kirche. Im Gegenteil: Mit ihrem politischen und sozialen Engagement, ihrem Unternehmergeist und Geschäftssinn waren sie der Zeit ein Stück weit voraus und sicherlich auch ein Vorbild für viele andere Frauen in Lindlar. Carola Lob und Luise Kremer sind zwei bemerkenswerte Persönlichkeiten, die das Gemeindeleben geprägt haben, jede auf ihre Art und Weise.

Luise Kremer, rechts, im Kreise ihrer Familie vor dem elterlichen Hof in Schwarzenbach

Wichtige Hilfe für Lindlars Frauen: Ottilie Frielingsdorf

Anders als Carola Lob und Luise Kremer wirkte Ottilie Frielingsdorf auf einem Gebiet, das von jeher eine Tätigkeit von Frauen für Frauen war. Sie übte den Beruf einer Hebamme aus und wurde am 10. Juni 1872 in Lindlar geboren als Mathilde Clara Steinbach, Tochter von Adolph Steinbach und Sophie geborene Bosbach. Dieses Mädchen sollte einige Jahrzehnte später zahlreichen Kindern der Gemeinde Lindlar dazu verhelfen, auf die Welt zu kommen.

Ottilie Frielingsdorf in der Tracht einer Gemeindeschwester, 1920er Jahre

Eine Frau findet ihre Berufung

Mathilde Clara nannte sich später »Ottilie« und wurde von den Leuten allgemein nur kurz »Tilia« genannt. Mit 23 Jahren, am 21. Oktober 1895, trat sie die Nachfolge der Witwe August Brunsbach an und sollte in der Gemeinde Lindlar Frauen bei der Geburt beistehen. Hierfür erhielt sie ein staatliches Jahresgehalt von 140 Mark, inklusive der Zahlung für die Behandlung armer Frauen, denen die Gebühren erlassen wurden. Weil sie 1894 ihre Ausbildung zum Betrag von 400 Mark in der Hebammenlehranstalt zu Köln auf Kosten der Gemeinde Lindlar erhalten hatte, musste sie sich verpflichten, ihren Wohnsitz für mindestens zehn Jahre im Umkreis von Lindlar beizubehalten und im Falle einer Kündigung den vollen Betrag zu ersetzen.

Reich konnte Ottilie durch ihre Arbeit nicht werden. Zwar mussten die Familien für ihre Dienste in der Geburtshilfe festgesetzte Beträge nach der amtlichen Gebührenordnung bezahlen, viele waren dazu aber nicht in der Lage, das Entgelt blieb dann aus. Nicht wenige Menschen in Lindlar und in der näheren Umgebung waren zu Beginn des 20. Jahrhunderts arm, als die junge Frau ihren Beruf aufnahm. Die meisten einfachen Leute lebten von den Erträgen der Landwirtschaft oder arbeiteten in den Steinbrüchen bei Lindlar. Nur wenige hatten ein regelmäßiges ausreichendes Einkommen, jedoch hatten sie zahlreiche Kinder. Diese leisteten begehrte Hilfsarbeit bei der Tierhaltung, auf den Feldern und im Haushalt.

Geburten fanden in der Zeit, als Ottilie Frielingsdorf ihren Beruf ausübte, in der Regel zu Hause statt. Das Krankenhaus in Lindlar war bis 1930 nur ein Belegkrankenhaus, die beiden praktischen Ärzte in Lindlar, Dr. Alfred Joerrens und Dr. Walter Peiniger, behandelten ihre stationären Patienten dort selber. Es gab keinen Facharzt und keine ärztliche Leitung dort, bis am 1. August

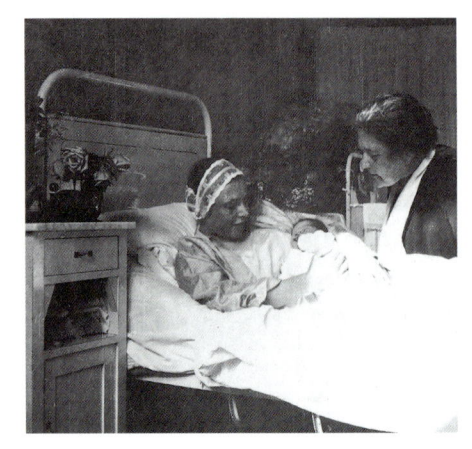

Ottilie Frielingsdorf am Bett einer Wöchnerin im Krankenhaus, ca. 1940er Jahre

1930 Dr. Wilhelm Meinerzhagen als ausgebildeter Chirurg und Gynäkologe seinen Dienst am Krankenhaus antrat. So musste Ottilie um 1900 und noch Jahre danach für ihre Tätigkeit oft lange Wege in Lindlar und zu den weit verstreut liegenden Höfen der Umgebung zu Fuß zurücklegen, wenn sie etwa nach Rübach, Eichholz, Burg, Altenrath oder Schümmerich und Vossbruch gerufen wurde.

Die Hebamme auf dem »Hermännchen«

Später hatte sie dann ein Fahrrad und zuletzt sogar ein »Hermännchen«, ein Fahrrad mit Hilfsmotor, auf dem sie mit wehender blauer Schwesternhaube durch die Ortschaften knatterte. Das geschah bei Tag und Nacht, bei Wind und Wetter, bei Regen und Schnee, im Sommer und Winter. Und manchmal standen sogar mehrere Geburten gleichzeitig an. Sie erlebte in ihrem Beruf ganz besonders intensiv Hungerjahre und Inflation, den Ersten und den Zweiten Weltkrieg. Dieser Einsatz – seit den 1920er Jahren des 20. Jahrhunderts auch als Gemeindeschwester – unter manchmal schwierigsten Bedingungen, hat sie sicher auch geprägt. Sie galt als

Im Hause Leonartz in der Hauptstraße 48 in Lindlar lebte Ottilie Frielingsdorf viele Jahre.

sehr resolute, energische Frau, mit viel Können und reicher Erfahrung ausgestattet, die mit den Menschen auf Du und Du stand, die aber auch durchaus in der Lage war anzuordnen, wo es ihrer Meinung nach langzugehen hatte.

Damals galt es allgemein noch nicht als notwendig, Kinder über die Vorgänge bei einer Geburt genau aufzuklären, und so brachte sie wohl auch manch ein Geschwisterchen in ihrem Köfferchen mit ins Haus, so erzählte man es jedenfalls den Kindern. Sie »half« dem »Klapperstorch«, ein Baby zu bringen, deshalb nannten die Kinder die Hebamme die »Storchentante«.

Verheiratet war sie mit August Frielingsdorf, jedoch verstarb ihr Ehemann schon lange vor ihr. Ihr 50-jähriges Berufsjubiläum konnte sie noch mit vielen Lindlarern feiern, bis sie am 19. März 1947 nach schwerer Krankheit verstarb.

Vielen alten Einwohnern der Gemeinde Lindlar ist sie als eine tüchtige, erfahrene und sozial engagierte Frau bis heute in dankbarer Erinnerung geblieben.

Fahrzeug mit Hilfsmotor, im Volksmund »Hermännchen« genannt, Hebammenmoped der Fa. REX von 1953, Moped: Astrid Althoff

Geburtsurkunde von Mathilde Clara Steinbach, der späteren »Ottilie« Frielingsdorf

FAZIT

Drei unterschiedliche Frauenleben wurden charakterisiert, stellvertretend für die vielen namenlosen Lindlarerinnen, die ihre Tätigkeiten als einfache Bäuerinnen, Handwerks- oder Arbeiterfrauen in Haushalt und Landwirtschaft verrichteten. Diese durchlebten zusätzlich zur Arbeit noch Schwangerschaften und Geburten und versorgten meist noch nebenbei eine große Kinderschar.

Für Carola Lob, Luise Kremer und Ottilie Frielingsdorf bestand der Preis des Herausgehobenseins aus der traditionellen weiblichen Bestimmung im Verzicht auf eine eigene Familie. Ottilie Frielingsdorf war als einzige der drei Frauen verheiratet. Später als Witwe lebte sie viele Jahre ihres Lebens zusammen mit ihrer Freundin und Haushälterin Agnes Dostal im Haus Leonartz in der Hauptstraße in Lindlar.

Anka Dawid und Veronika Schmidt

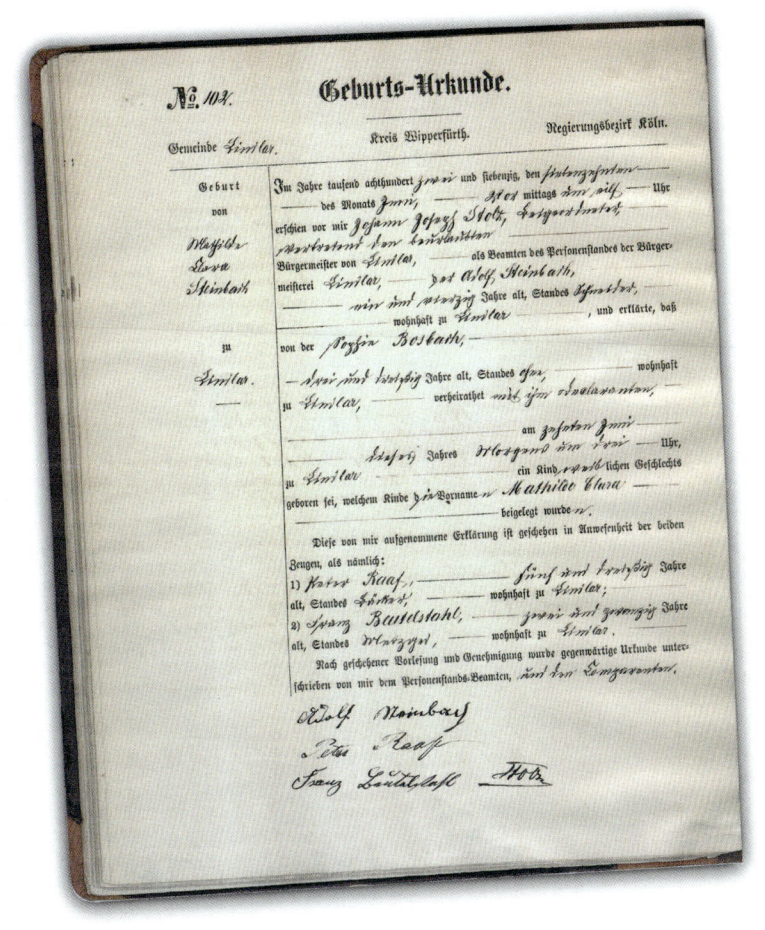

🇬🇧 Celebrations and festivities in Lindlar

1925: the Lindlar Schützenverein celebrates its 85th anniversary and the residents of Eichholz celebrate their annual Hahneköppen

In the 1920s many clubs were established in Lindlar like some marksmen confraternities like "St. Johannes-Schützenbruderschaft Helling 1925 e.V.", the "St. Sebastianus-Schützenbruderschaft Schmitzhöhe e.V.", "Schützenverein Waldbruch e.V.". There had been some clubs in the 19th century but they were often interferred by the authorities as again after 1933. The Nacional Socialists exerted influence on the gun clubs through "Gleichschaltung", so they had to join the Association of sport shooters. Less known is the tradition of Hahneköppen which was a neighbourly event in the 1920s and was revived in other parts of Lindlar.

🇫🇷 Festivités et célébrations

1925: l'association de la Confrérie St Jean des tireurs de Helling se forma

Au cours des années 20, de nombreuses associations se formèrent à Lindlar comme les associations de tir : l'association de la Confrérie St Jean des tireurs de Helling créée en 1925, la Confrérie St Jacques de Schmitzhöhe ainsi que la Confrérie de Walbruch. Bien qu'elles aient existé déjà au 19ème siècle, ces associations étaient cependant sous la tutelle de l'état tout comme cela se produisit à nouveau à partir de 1933 dans le cadre de l'uniformisation des structures. Le nationalisme influença grandement les associations de tir qui durent adhérer à des fédérations. La tradition peu connue du «Hahnekoppens» (qui consiste à décapiter un coq en bois avec un bâton) se pratiquait entre voisins à Eichholz dans les années 20 et se développa à l'ensemble de Lindlar après la deuxième guerre mondiale.

🇭🇷 Svečanosti i proslave u Lindlaru

1925.: Lindlarska streljačka udruga svečano obilježava 85 godina postojanja a stanovnici Eichholza slave godišnje klanje pijetlova

Dvadesetih godina XX. stoljeća osnivaju se u Lindlaru brojne udruge kao što su streljačka udruga »St. Johannes-Schützenbruderschaft Helling 1925 e.V.«, »St. Sebastianus-Schützenbruderschaft Schmitzhöhe e.V.« te »Schützenverein Waldbruch e.V.« Već su u 19. stoljeću nastale neke udruge, ali od strane državnih vlasti kao što će se dogoditi i 1933. g. takozvanim prinudnim uključivanjem. Nacionalsocijalisti su imali jak utjecaj na streljačke udruge koje su morale ući u streljački sportski savez. Malo je poznat običaj klanja pijetlova koji je u Eichholzu dvadesetih godina XX. st. bio lokalna tradicija a ponovno oživljava nakon Drugog svjetskog rata.

Kapitel 16

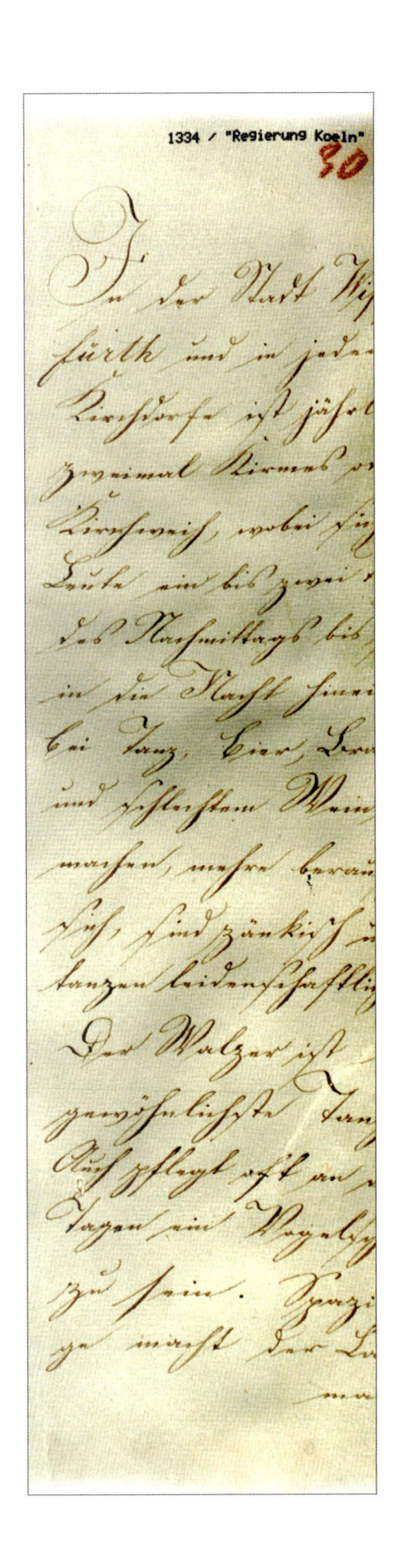

Feste und Feiern in Lindlar

Schützenfest in Lindlar

Hahneköppen

Die Lindlarer Schützen begehen festlich das 85-jährige Bestehen ihres Vereins.

Feste und Feiern in Lindlar

In den vergangenen Jahrhunderten wurde der Ablauf des Jahres in Lindlar von schwerer körperlicher Arbeit in Landwirtschaft und Gewerbe geprägt. Deshalb boten kirchliche und weltliche Feste und Feiern den Menschen eine willkommene Abwechslung. Sie unterbrachen das Einerlei des Alltags und hoben besondere Tage und Ereignisse aus dem gewohnten Gang heraus – auch tun sie es bis heute noch.

Der Kreisphysikus (Amtsarzt) des Kreises Wipperfürth, zu dem auch Lindlar gehörte, wusste 1827 von folgenden Vergnügungen zu berichten: *In der Stadt Wipperfürth und in jedem Kirchdorfe ist jährlich zweimal Kirmes oder Kirchweih, wobei sich die Leute ein bis zwei Tage des Nachmittags bis spät in die Nacht hinein bei Tanz, Bier, Branntwein und schlechtem Wein lustig machen, mehre berauschen sich, sind zänkisch und tanzen leidenschaftlich.* Mit der Kirmes, so der Physikus weiter, verband sich oft ein Vogelschießen.

Das vom Kreisphysikus Hachenberg erwähnte Vogelschießen dürfte ein Hinweis auf eine der wichtigsten Veranstaltungen im rheinischen Festkalender sein, dem Schützenfest. Heute wie früher ging es einher mit Musik und Tanz und bot der Dorfjugend eine willkommene Gelegenheit, mit dem anderen Geschlecht anzubandeln. Dabei kam es häufiger zu Rivalitäten mit handfesten Auseinandersetzungen – wie ältere Einwohner noch zu berichten wissen –, wenn die männliche Jugend der umliegenden Nachbarorte den Ortsansässigen die Mädchen »ausspannten«.

Weit verbreitet war und ist im Bergischen Land das Hahneköppen. Es ist ein Brauch, der uns in seiner ursprünglichen Ausgestaltung sehr martialisch und grausam erscheint. Er wird heute in mehreren Ortschaften der Gemeinde Lindlar in abgeschwächter Form oder nur noch mit symbolischen Requisiten gepflegt. Beide, das allseits bekannte und im Rheinland nicht wegzudenkende Schützenfest und das weniger bekannte Hahneköppen haben ihre Bedeutung für die örtliche Fest- und Feierkultur. Sie sollen hier stellvertretend für ein lebendiges Miteinander vorgestellt werden.

In der »Medizinisch-topographischen Beschreibung« von 1827 findet sich ein Bericht über die Vergnügungen im Kreis Wipperfürth, zu dem Lindlar gehörte.

Schon im 16. Jh. fand das Vogel- und Scheibenschießen mit Armbrust und Büchse statt.

Schützenfest in Lindlar

Im Gemeindearchiv in Lindlar hat sich eine Festschrift aus dem Jahr 1925 erhalten, die *zur 85jährigen Jubelfeier und Weihe einer neuen Fahne des Schützenvereins in Lindlar am 2., 3. und 4. August und zur Erinnerung an das mehr als vierhundertjährige Schützenwesen im Kirchspiel Lindlar* herausgegeben wurde. Sie soll Ausgangspunkt unserer Betrachtungen zu Schützenvereinen im Allgemeinen und der Lindlarer Schützen im Besonderen sein.

Vom Ursprung des Schützenwesens

Das Schützenfest ist seit alters her Höhepunkt im Jahreslauf jeder Schützenvereinigung und deren Schießveranstaltungen; es ist seit dem späten 15. Jahrhundert nachzuweisen. Die Termine verteilen sich überwiegend auf die Sommermonate. Schützenvereinigungen entstanden im Laufe des Mittelalters offenbar in Flandern, von wo sie sich in rascher Folge über die Niederlande, das Rheinland und Westfalen sowie den nordwestdeutschen Raum ausbreiteten.

Die ältesten rheinischen Schützenbruderschaften stammen aus dem 14. und dem beginnenden 15. Jahrhundert. Deren Entstehung hängt eng mit dem vermehrten Gebrauch von Schießwaffen nach den Kreuzzügen und mit der Entwicklung des Städtewesens im Spätmittelalter zusammen, ihr Zweck war in erster Linie der Umgang mit Waffen: Schießübungen sollten die Bürger nach und nach in die Lage versetzen, die Verteidigung ihrer Stadt sowie Dienste im Heer des Landesherrn zu übernehmen.

Ein Vogelschießen zu Beginn des 19. Jh.

Festlich beging der Schützenverein Lindlar 1925 sein 85-jähriges Bestehen.

Wann in Lindlar die erste Schützengesellschaft entstanden ist, lässt sich bisher nicht beantworten. Das Schützenwesen jedenfalls hat hier eine lange Tradition, wie den Kirchenrechnungen der katholischen Pfarrgemeinde zu entnehmen ist. Dort steht unter Einnahmen des Jahres 1502 verzeichnet: *ltem noch entfangen von eyn huntzkogell* (Schützengruppe der Honschaft) *swert ind lanzen*. Die erste namentliche Erwähnung einer Schützenbruderschaft findet sich in der Kirchenrechnung des Jahres 1637. Dort ist verzeichnet, dass die *Bruderschaft der Schützen in Hartegasse ein Jahrgedächtnis habe, und zwar auf Sebastianustag*. Im 18. Jahrhundert gibt es auch Jungschützen. Sie erhalten 1764 eine Fahne, wie die Rechnung von 1764 vermerkt: *Item ist zum behuff Eines newen fahne vor die Junggesellen zusahm gebracht worden ad 36 Thl. 25 Albus 4 Heller*.

Nach der Besetzung der Rheinlande 1795 durch französische Truppen kam das Schützenwesen vorübergehend fast völlig zum Erliegen. In der zweiten Hälfte des 19. Jahrhunderts erfolgten zahlreichen Neugründungen: Getragen von der Aufbruchsstimmung *nationaler Begeisterung tun sich Studenten, Turner, Sänger und Schützen zusammen, um die Idee der ›neuen Demokratie‹ (Paulskirche 1848) zu fördern*.

Eine Gründungswelle erfasst Lindlar

In diese Zeit fielen auch die Vereinsgründungen in Lindlar. Nach langen Verhandlungen wurde am 21. August 1840 der Schützenverein Lindlar *für die Bewohner der Bürgermeisterei Lindlar* gegründet, das Statut am 12. November 1841 durch die Königlich-Preußische Regierung zu Köln genehmigt, 1864 folgte die »St. Sebastianus-Schützenbruderschaft Süng«.

Auf den Kriegerverein von 1872 geht die »St. Sebastianus-Schützenbruderschaft Linde 1921 e.V.« zurück. Sie übernahm zunächst die noch erhaltene Fahne des ehemaligen Kriegervereins. Sie hat heute ihren Ehrenplatz auf dem Schießstand der Bruderschaft. Die »St. Sebastianus-Schützenbruderschaft Frielingsdorf 1883 e.V.« entstand zu Anfang des Jahres 1883, sodass die Frielingsdorfer Schützen im Jahr 2008 zwischen dem 13. Juni und 16. Juni ihr 125-jähriges Jubiläum feiern konnten.

Der »Bergische Agent« druckte im März 1905 diese Ankündigung des Schützenvereins Lindlar zu dessen Karnevalsveranstaltung ab.

Bundesschützenfest in Düsseldorf, 1878

Im frühen 20. Jahrhundert formierten sich weitere Schützenvereinigungen. Die »St. Johannes-Schützenbruderschaft Helling 1925 e.V.« rekrutiert sich aus den Ortschaften Altenrath, Böhl, Bolzenbach, Burg, Eichholz, Horpe, Schümmerich und Vossbruch. In einer ehemaligen Gaststätte in Kalkofen stand 1928 die Wiege der heutigen »St. Sebastianus-Schützenbruderschaft Schmitzhöhe e.V.« auf der »Freudenbünn«, einem Saal in der oberen Etage dieser Gaststätte, machte man die ersten Gehversuche. In die 1920er Jahre konstituierte sich ebenfalls der »Schützenverein Waldbruch e.V.«

In Dritten Reich nahmen die Nationalsozialisten starken Einfluss auf die Schützenvereine, die dem Schiesssportverband beitreten mussten. Nach dem Krieg war das Wiederbeleben eines Vereins, der sich im Schießsport betätigt, zunächst unmöglich. Die Beschränkungen wurden 1949 aufgehoben, dann fanden sich allenthalben Mitglieder bereit, das Vereinsleben wieder wachzurufen. Die Lindlarer Schützen gehören teilweise – wie mehr als 900 Bruderschaften im rheinischen Schützengebiet – dem »Bund der Historischen Deutschen Schützenbruderschaften e.V.« an.

Kirchliche Bindungen

Der Historiker der rheinischen Schützenbruderschaften Christoph Nohn betont den religiösen Entstehungshintergrund, nämlich das Aufblühen geistlicher Bruderschaften. Danach bestand von Anfang an eine enge Bindung an die Kirche. Auf dieser Tradition beruht auch die Teilnahme an der Fronleichnamsprozession. Der Fronleichnamstag gehört oft zu ihren höchsten Festen neben dem Schützenfest. Auf das alte Herkommen der Prozessionsbegleitung verwiesen auch die Lindlarer Schützen in einem Schreiben aus den letzten Jahren vor der französischen Revolution an den Kurfürsten, mit dem sie Stellung zur Anklage wegen Exzessen und Meuterei nehmen.

Nicht zuletzt stellen sich die Schützen unter den besonderen Schutz eines Heiligen. Ihr Hauptheiliger ist Sebastianus, der unter dem römischen Kaiser Diokletian den Märtyrertod durch Bogenschützen erlitt; hinzu treten die Heiligen Hubertus, Antonius, Georg und Rochus als Schutzpatrone. Sebastian (gestorben 288 in Rom?) stammte vermutlich aus Mailand. Der Legende nach ließ ihn der römische Kaiser Diokletian – als er von Sebastians Glauben erfuhr – an einen Baum binden und von Bogenschützen erschießen. Von den Pfeilen nicht getötet, wurde er im Zirkus von Rom zu Tode gepeitscht. Sebastianus wurde zum Patron vieler rheinischer Schützenvereinigungen, die seinen Gedenktag (22. Januar) als Patronatsfest mit Festmesse, Umzug und Mitgliederversammlung begehen.

Schießspiele und Schützenfest

Seit dem 15. Jahrhundert entstanden die Schießspiele (Freischießen), die bis zum Dreißigjährigen Krieg üblich waren. Veranstalter war gewöhnlich eine Stadt, welche die Schützen der Nachbarstädte oder auch entfernt liegender Orte zu einem Wettschießen einlud. Beim Freischießen handelte es sich um

Das Königspaar 1989/1990 zum 150-jährigen Jubiläum des Schützenvereins Lindlar, Wilfried und Inge Werner

eine Art Turnier, das mehrere Tage dauerte. Dabei wurde ursprünglich mit der Armbrust geschossen, im 16. Jahrhundert war schon vorrangig die Büchse in Gebrauch.

Da sich bei den Schießspielen die Städte gewissermaßen präsentierten, entfaltete sich auf den Veranstaltungen immer größere Pracht. Die überlieferten Ladebriefe (Ausschreibung oder Einladung) belegen die ausgesetzten Geldpreise und Sachpreise wie Kannen, Becher, Bestecke in Gold, Silber, Kupfer oder Zinn.

Beim Königsschießen wurde nach älteren Überlieferungen auf einen »Papageien« geschossen; der Papagei-Vogel war durch die Kreuzzüge als orientalische Einfuhr bekannt geworden. Er wurde aber vom Adler verdrängt. Schützenkönig wurde und wird noch heute der Bewerber, der den Vogel von der Stange abzuschießen vermag. Die Königswürde gilt bis zum nächsten Vogelschießen.

Dem Statut des Schützvereins Lindlar ist zu entnehmen, dass es in der Gründungszeit des Vereins noch zwei Kirmessen gab, aber nur bei der ersten Kirmes das Königsvogelschießen stattfand. Das Hauptschützenfest sollte alter Gewohnheit gemäß am Sonntag der ersten Kirmes, zwei Wochen nach Pfingsten, gefeiert werden. Nach den Gewerbeakten im Gemeindearchiv wurde hingegen 1922 die Kirmes in Lindlar *mit marktähnlichen Veranstaltungen* auf den jeweils letzten Sonntag im August festgesetzt und vom Provinzialrat genehmigt.

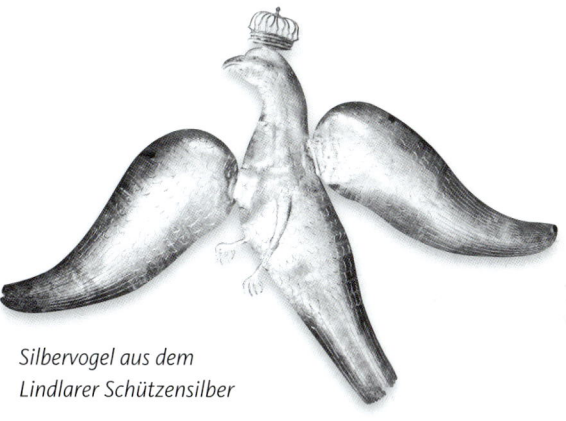

Silbervogel aus dem Lindlarer Schützensilber

Wer beim Vogelschießen den letzten Rest des Holzvogels von der Stange abgeschossen hatte, war Schützenkönig und erhielt den uralten Silbervogel als äußeres Zeichen der Königswürde. In älterer Zeit war der König Nutznießer obrigkeitlicher Freigiebigkeit. Meist genoss derjenige, *der bei dem jährlichen Vogelschießen die Königswürde erlange, Freiheit von Kriegslasten, Wachen und ähnlichen Diensten.* Auch standen dem Schützenkönig Geld-, Tuch- oder Weinspenden zu.

Das Schützensilber

Der kostbarste Besitz einer jeden Schützenvereinigung ist das Schützensilber (Kleinod). Wohl nach dem Vorbild der Amtsketten für Bürgermeister oder Zunftvorsteher legten sich die Schützengesellschaften eine Kette mit Kleinodien für den Schützenkönig zu. Die Königsketten hatten ursprünglich nur einen Anhänger. Im 16. Jahrhundert wurde es üblich, weitere Schilder hinzuzufügen, welche die Könige stifteten, und einen silbernen Vogel anzuhängen. Auf das jährlich hinzu kommende Schild werden die Initialen oder der volle Name des Königs eingraviert. Die ältesten erhaltenen Königsketten im Rheinland sind aus dem letzten Drittel des 15. Jahrhunderts.

Seit 1855 trägt der Schützenkönig von Lindlar gegenüber den Königen der meisten anderen Schützenvereine und -bruderschaften eine einfache Königskette, die wegen ihres ideellen Wertes

Vor- und Rückseite der Königskette des Lindlarer Schützenkönigs seit 1855 mit der Umschrift: Friedrich Wilhelm IV. König v. Preussen

bedeutungsvoll ist. Der Schützenhauptmann Notar Peter Melchers hatte in einer Eingabe an die Behörden wissen lassen, *daß beim Schützenfest am 11.6.1855 das Königsvogelschießen traditionsgemäß durch den amtierenden Schützenkönig im Namen des Königs Friedrich Wilhelm IV. von Preussen eröffnet und sogleich mit dem ersten Schuß das Krönchen des Königsvogels errungen wurde.* Auf diesen Bericht hin verlieh der König den Schützen *für den beim diesjährigen Königsvogelschießen daselbst in Allerhöchst dero Namen gethanen besten Schuß die beifolgende Medaille als Andenken.*

Diese Medaille wird seitdem an einer doppelten Silberkette als höchste Auszeichnung vom jeweiligen Lindlarer Schützenkönig getragen. Der Silbervogel und die Königsschilder wurden auf Samtkissen geheftet und werden alljährlich als Zeugnisse der Schützentradition im Festumzug mitgeführt.

Schützensilber mit der Aufschrift: Gewidmet von C. Krebeler den 15. Juny 1846

Schützensilber mit Aufschrift: Zum Andenken gewidmet von Joseph Peffekoven, Schützenkönig in Lindlar im Jahre 1847.

Die Schützenketten können, sofern sie sich von der Gründung bis in unsere Tage komplett erhalten haben, als Chronik der Schützengesellschaft und ihrer Könige gelesen werden. Von den Königsschildern des Schützenvereins Lindlar beispielsweise sind noch 32 aus den Jahren von 1844 bis 1924 vorhanden, die zusammen mit dem Silbervogel und einem großen Silberschild, verliehen von der Bürgermeisterei Lindlar zum Vereinsjubiläum 1924, das Lindlarer Schützensilber darstellen.

Hahneköppen als Nachbarschaftsfeier

Zwei historische Fotos zeigen einen in der Gemeinde Lindlar noch gelegentlich ausgeübten, vor allem in linksrheinischen Regionen aber weit verbreiteten Brauch: das »Hahneköppen« – hier aufgenommen am 19. September 1920 und 21. August 1921 in Lindlar-Eichholz.

Das Hahneköppen ist einer der bekanntesten Kirmesbräuche, vorwiegend in den Kreisen Aachen, Düren, Euskirchen, auch im Rhein-Kreis Neuss oder im Rhein-Sieg-Kreis anzutreffen. Eine eigene Tradition haben Hahneköpper-Feste entsprechender Vereine im Bergischen Land. Dort findet sich dieser Brauch auch als Attraktion unterschiedlicher Ortsfeste, veranstaltet von ansässigen Vereinen.

Hahneköpper-Vereine im Bergischen Land

Die Hahneköpper-Vereine, deren Zentrum die Schneidwarenstadt Solingen ist, pflegen eine eigene Tradition, die identitätsstiftende Funktion besitzt. Sie dient vor allem der Selbstdarstellung der alten, durch die Verstädterung bedrohten Hofgemeinschaften.

Es sind gestandene Männer, überwiegend in der heimischen Stahlindustrie und im Handwerk Beschäftigt, die sich in ihrer Freizeit der vereinsmäßigen Pflege des vermeintlich ›uralten‹ Volksspiels annehmen. Höhepunkt des Vereinsjahres ist die dreitägige »Hofkirmes«, an deren Hauptfesttag das Hahneköppen erfolgt: Der zu diesem Zweck beschaffte Hahn – meist ein altersschwaches Zuchttier – wird etliche Stunden vorher betäubt und dann mittels eines sauberen Stichs durch die Halsschlagader getötet. In mehreren Durchgängen folgt sodann das Ausschlagen des neuen Königs unter den Vereinsmitgliedern. Ist der neue Hahnenkönig bestimmt, werden ihm und seiner Gattin bzw. Braut die Königs- und Königinneninsignien überreicht: die Königskette, eine Anstecknadel oder auch ein Diadem.

Im Bergischen Land gibt es ferner ähnliche Vereinigungen, die sich auf andere Herkunftsüberlieferungen berufen. 1932 wurde der Hahneköppverein »Kikiriki« in Wermelskirchen-Dabringhausen von Nachbarn und Freunden spontan gegründet. Das Hahneköpp-Wochenende, als Alternative zur Dabringhauser Kirmes, entwickelte sich über die Jahrzehnte zu einem eigenen Volksfest. Die Vereinsmitglieder fanden im Dorfleben ihren Platz, regelmäßig marschieren sie beispielsweise beim Rosenmontagszug mit.

Hahneköppen in Klause und Kemmerich

In der Gemeinde Lindlar ist das Hahneköppen als Wettbewerb zur Ermittlung eines Hahnenkönigs zu verschiedenen Festanlässen bekannt, so früher etwa in Klause. Bis zum Ende der 1970er Jahre bewohnten den Lindlarer Ortsteil Klause – das heutige Industriegebiet der Gemeinde Lindlar – nur wenige

In den 1920er Jahren war das Hahneköppen ein fester Bestandteil des jährlichen Festkalenders in der kleinen Ortschaft Eichholz.

Neben den Bewohnern von Eichholz ließen sich auch Besucher aus der näheren und weiteren Umgebung das Hahneköppen nicht entgehen.

Familien, die von der Landwirtschaft lebten. Immerhin existierte bereits eine Gastwirtschaft da, wo sich heute das »Outback Bistro« befindet. Karl Klee, er lebte von 1901 bis 1974, führte diesen Gasthof zusätzlich zu seiner Landwirtschaft. Genaues ist nicht mehr bekannt, jedoch scheint er der Begründer des Hahneköppens in der Klause gewesen zu sein. Bis Anfang der 1970er Jahre trafen sich die Bewohner Klauses und der umliegenden Höfe beim Patronats- und Erntedankfest zu Ehren des heiligen Maternus im September neben der Sankt Luciakapelle zu diesem Spiel.

An den Ablauf der Veranstaltung erinnert sich eine ehemalige Bewohnerin der Klause noch heute: Ein zuvor getöteter Hahn wurde mit dem Kopf nach unten in eine Kiste oder einen Weidenkorb gesteckt, der an einem Gestell hin – »wie an einem Galgen« wie diese Zeitzeugin zu berichten weiß. Nach Zahlung eines kleinen Geldbetrages durften die Männer, deren Augen verbunden waren, mit »einer Art Schwert« nach dem Kopf zielen. Wer traf und den Kopf abschlug, war Hahnenkönig.

Auch der »Gemischte Chor Kemmerich e.V.« lädt zu diesem Brauch ein. Die Anfänge des Festes sind nicht mehr genau bekannt. Wahrscheinlich geht es auf die Initiative von Anwohnen Kemmerichs aus der Zeit der 1950er Jahre zurück. Heute findet das Hahneköppen alljährlich am dritten Wochenende im August auf der Wiese gegenüber der einzigen Gaststätte des Ortes, dem »Hubertushof«, statt. Seit rund vierzig Jahren wird der Wettstreit mit einem echten, allerdings toten Hahn vollzo-

Der Kemmericher Hahnenkönig von 1992 mit Hahnenkette und -kappe. In der linken Hand hält er die Hahnenstange mit dem Hahnenemblem auf der Spitze.

gen, den der amtierende Hahnenkönig zuvor zu besorgen hat. Dem aus dem Wettstreit hervorgehenden neuen Hahnenkönig wird im Anschluss die Hahnenkette überreicht und der Hahn tags darauf von den Vereinsmitgliedern verzehrt. Ungefähr drei bis vier Wochen nach seiner »Krönung« erhält der amtierende Hahnenkönig ein weiteres Zeichen seiner Würde: Der vorjährige König überreicht ihm eine Stange mit einem Hahnenemblem darauf. Sie wird sodann neben seiner Haustür aufgepflanzt. Anschließend richtet der amtierende Hahnenkönig seinen Mitstreitern einen gemütlichen Abend aus.

Die »Große Karnevalsgesellschaft Rot Weiß Lindlar Falkenhof« pflegt die Sitte schon seit Mitte der 1950er Jahre. Jährlich wird bei einem gemütlichen Beisammensein ein neuer Hahnenkönig ermittelt. Die Teilnehmer schlagen einer aus Leder gefertigten Hahnattrappe mit einem Säbel den Kopf ab. Für den »Bürgerverein Scheel« ist das Hahneköppen seit Mitte der 1970er Jahre ein Höhepunkt ihres Dorffestes am zweiten Augustwochenende. Allerdings hat das Spiel keine längere örtliche Tradition, sondern wurde erst 1979 ins Leben gerufen. Gewöhnlich führt der amtierende Hahnenkönig den erste Schlag auf einen Stoffhahn im Blecheimer aus.

Brauchdeutungen

Der martialische Brauch des Hahneköppens regt zu vielen Spekulationen über die Herkunftsdeutungen an. Da gibt es zum Beispiel den germanisch-heidnischen Mythos. Danach sei es ein uralter Zauberritus zur Beschwörung eines Korndämons gewesen. Diese Deutung, die der mythologischen Forschungsrichtung des 19. Jahrhunderts entstammt, ist längst widerlegt.

Der rheinische Mythos besagt: Der Brauch sei besonders in den französisch besetzten rheinischen Territorien bis 1814 geübt worden. *Damals mußten die Hähne als Symbol des verhassten ›gallischen Hahns‹, des Wappentiers Frankreichs, herhalten. Einen ähnlichen dumpfen politischen Hintergrund soll das Hahneköpfen auch in der Zeit nach dem ersten Weltkrieg wiedergewonnen haben,* wie noch in den 1990er Jahren in Zeitungsberichten zu lesen war. Dieser Erklärungsversuch kann durch keine Quellenüberlieferung belegt werden.

Nahe liegend scheint eine dritte Interpretation zu sein, Hahneköppen als ein Volks-Spiel zu sehen. Dieser Erklärung zufolge ist es ein Beispiel, wie Menschen mit Tieren spielen. Der nie-

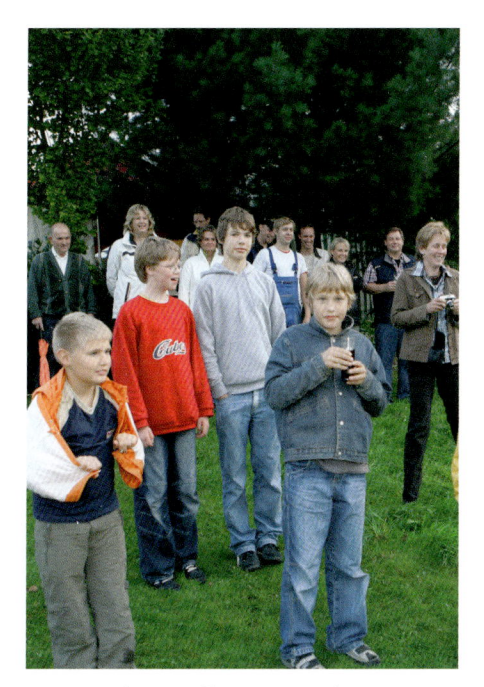

Junge Zuschauer voller Spannung beim Hahneköppen

Im August 2007 entstand diese Aufnahme beim Hahneköppen in Kemmerich: Ein Teilnehmer holt zum Schlag auf den Hahn aus.

derländische Ethnologe de Vroede teilt solche Tierspiele in drei Kategorien ein: Zuerst sind da die Tierspiele, in denen es zum Wettkampf zwischen den Tieren kommt, zum Beispiel der Hahnenkampf. In einer zweiten Kategorie steht die Konfrontation von Mensch und Tier im Mittelpunkt, etwa die spanische Corrida (Stierkampf). Schließlich sind die Quälspiele mit Tieren zu nennen.

Hahneköppen und die Obrigkeit

Tierspiele wie das vor allem am Niederrhein und im Bergischen Land verbreitete Gänsereißen bzw. Gänsereiten oder das Eifeler Hahneköppen erregten schon in früheren Zeiten die Aufmerksamkeit der Behörden. In den vergangenen Jahren machten entsprechende Stellungnahmen auf tierschutzrechtliche Bestimmungen aufmerksam. In einer Verfügung des Kölner Regierungspräsidenten vom 24. Januar 1977 werden die Oberstadt- und Oberkreisdirektoren aufgefordert, die Veranstalter in geeigneter Weise aufzuklären und anzuhalten, das Hahneköppen zu unterlassen. Eine gesetzliche Grundlage zum Verbot des Hahneköppens gibt es nicht, indes ist auf § 17 Ziffer 1 des Tierschutzgesetzes vom 24. Juli 1977 zu verweisen: »Mit Freiheitsstrafe bis zu zwei Jahren oder Geldbuße wird bestraft, wer ein Wirbeltier ohne vernünftigen Grund tötet.« Dies trifft beim Hahneköppen dann zu, wenn die Tiere ausschließlich zu diesem Zwecke getötet werden. Dies ist laut Gesetz Tierquälerei – so führte die Bezirksregierung von Köln 1998 weiter aus – es sei denn, dass die Hähne anschließend dem Verzehr zugeführt werden, der Hahn also sowieso im Kochtopf landen würde. Im Jahre 1996 wurden die Veterinärämter nochmals gebeten, die Veranstalter auf die einschlägigen Bestimmungen des Tierschutzgesetzes hinzuweisen und sie aufzufordern, Hahnattrappen zu verwenden. Ähnlich argumentiert die Bezirksregierung Düsseldorf, die ebenfalls eine Verwendung von Attrappen empfiehlt.

FAZIT

Schützenfest und Hahneköppen stehen stellvertretend für vielfältige Formen des Feierns, die Freude, ja Begeisterung und Teilnahme hervorrufen. Beim Schützenfest geschieht dies in straff organisierten Strukturen nach altem Herkommen, beim Hahneköppen mehr als spontane nachbarschaftliche Belustigung, aus der sich dann – oft über Jahrzehnte geübt – wiederum eine Tradition formiert. Beiden Festen ist gemeinsam, dass sie den nachbarschaftlichen oder vereinsmäßigen Zusammenhalt fördern.

Alois Döring

🇬🇧 Lindlar under the Nazi flag

1933: fanaticism, arbitrariness, inhumanity, terror and persecution escalated in Lindlar

The era of National Socialism, certainly the darkest period of German history, that led to fanaticism, arbitrariness, inhumanity, terror and persecution and denied Christian values did not exclude Lindlar. Lindlar citizens were imprisoned without cause in the prison of the local court in Lindlar, in SA camps in Wipperfürth and Cologne-Porz, in the EL-DE Haus – officially the National Socialist Documentation Center and in the Klingelpütz prison in Cologne. They were interrogated and tortured, often to death. Disabled people disappeared also in Lindlar and were killed in Hadamar. Anonymous graves on cemetaries remind us of the large number of foreign workers, treated as "subhumans", who had to live next to the locals and work in factories and farms. The courage of the factory owner Johannes Peffeköver must be mentioned, who temporarily employed 40 to 50 people. Even if Lindlar fortunately escaped large destructions in the 2nd World War, on Lindlar's cemetaries alone there can be found more than 180 wartime casualties, thereof 46 foreigners. More than 500 citizens were killed being soldiers.

🇫🇷 Lindlar sous le joug de la croix gammée

1933 : fanatisme, injustice, barbarie, terreur et persécutions frappèrent aussi cruellement Lindlar

L'époque du nazisme qui fut la période la plus sombre de l'histoire allemande, remit également en cause les valeurs chrétiennes et engendra fanatisme, injustice, barbarie, terreur et persécutions. Des habitants de Lindlar furent injustement emprisonnés au Tribunal de la ville, dans les locaux des nazis à Wipperfurth et à Cologne-Porz, dans le EL-DE Haus (prison de la Gestapo), dans la Klingelpütz (prison municipale) à Cologne et furent interrogés, martyrisés et torturés à mort dans les camps de concentration. Des handicapés, originaires de Lindlar, disparurent également et furent exterminés dans les camps de la ville d'Hadamar. Des tombes inconnues dans les cimetières rappellent le grand nombre d'étrangers et de travailleurs forcés qui vivaient et travaillaient dans les usines et les fermes et qui furent traités sauvagement sous les yeux des habitants. Mais il faut aussi mentionner le courage de l'industriel Johannes Peffeköver qui accueillit entre 40 et 50 personnes dans son usine à Hartegasse. Bien que la commune de Lindlar ne connût pas de grande destruction au cours de la deuxième guerre mondiale, on recense au cimetière du village plus de 180 victimes de guerre dont 46 étrangers. Plus de 500 soldats originaires de Lindlar périrent au front.

🇭🇷 Lindlar pod kukastim križem

1933.: Fanatizam, samovolja, nečovječnost, teror i progoni zahvaćaju i Lindlar

Vrijeme nacionalsocijalizma, koje je bilo najmračnije razdoblje njemačke povijesti, dovelo je i u Lindlaru odbacivanjem kršćanskih vrijednosti do fanatizma, samovolje, nečovječnosti, terora i progona. Lindlarski građani su nevini ispitivani, mučeni i ubijani u zatvoru lindlarskog Općinskog suda, u SA-logoru u Wipperfürthu i Köln-Porzu, u zatvorima EL-DE-Haus i Klingelpütz u Kölnu, kao i u koncentracijskim logorima. U Lindlaru su također nestajali invalidi, koji su u Hadamaru pali kao žrtve smaknuća. Bezimeni grobovi podsjećaju na veliki broj stranih zarobljenika i prinudnih radnika prema kojima se odnosilo kao ljudima nižeg reda i koji su pred očima Nijemaca radili u tvornicama, te na seoskim imanjima. Treba spomenuti i hrabrost tvorničara Johannesa Peffekövera koji je u svoju tvornicu primio i do 50 ljudi. Iako je općina bila pošteđena većih razaranja za vrijeme Drugog svjetskog rata, na lindlarskom groblju leži više od 180 ratnih žrtava, od kojih je 46 stranaca. Više od 500 lindlarskih građana poginulo je kao vojnici.

Kapitel 17

Leben unterm Hakenkreuz

Zwischen Machtübernahme und Krieg

Die Zeit des Krieges

1933

Fanatismus, Willkür, Unmenschlichkeit, Terror und Verfolgung greifen in Lindlar um sich.

Leben unterm Hakenkreuz

Die Zeit des Nationalsozialismus ist wohl die dunkelste Zeit deutscher Geschichte. Auch in Lindlar gab es in bewusster Ablehnung christlicher Werte in vielerlei Hinsicht Fanatismus, Willkür, Unmenschlichkeit, Terror, Verfolgung. Lindlarer Bürger wurden unschuldig im Gefängnis des Lindlarer Amtsgerichtes, in SA-Lagern in Wipperfürth und Köln-Porz, im EL-DE-Haus und im Klingelpütz in Köln und auch in Konzentrationslagern verhört, gequält, gefoltert und in den Tod getrieben. Wer weiß um die täglichen Drangsalierungen, die Gehässigkeiten und Schikanen, um die Existenz- und Lebensangst, die Nichtmitläufer ertragen mussten? Auch in Lindlar verschwanden Behinderte, die in Hadamar der Vernichtung zum Opfer fielen. Namenlose Gräber auf den Friedhöfen erinnern an die große Zahl der ausländischen Fremd- und Zwangsarbeiter, die als Untermenschen behandelt, in Sichtweite der Einheimischen lebten und in den Fabriken und auf den Bauernhöfen arbeiteten.

Amtswappen vom Schreibtisch des Bürgermeisters in der NS-Zeit

Sippentag unter der Hakenkreuzfahne 1936 in Lindlar, links die Gaststätte »Tönnes Pütz«, seit 1930 Parteilokal der NSDAP

Soldatengräber und Ehrenmal auf dem Friedhof in Lindlar

Auch in Lindlar veränderten sich mit der Machtübernahme durch Hitler bei vielen die Verhaltensnormen: Man schaute lieber weg, nahm keine Notiz, tolerierte und machte mit, um dazuzugehören, aus Angst vor Repressionen. Umso größer war der Mut derer, die schon 1933 öffentlich davor warnten, dass das scheinbar Harmlose nur der Anfang eines Weges ins Verderben war. Ungeheuer war der Mut, aber auch die Todesangst der Bürger, die Juden oder politisch Verfolgte versteckten. Der Fabrikant Johannes Peffeköver nahm zeitweise 40 bis 50 Menschen in seiner Fabrik in Hartegasse auf. J. Peffeköver selbst war Mitglied der NSDAP, sonst hätte er für sein Unternehmen keine Aufträge bekommen, lagerte aber im Keller Unmengen von Waffen für die Widerstandkämpfer des 20. Juli 1944. Andere Lindlarer ließen den Elendsgestalten der an den Bahngleisen arbeitenden Russen Brot zukommen, was unter Strafe stand.

Das Schicksal des amerikanischen Fliegers Viktor Rutkowski, der am 15. Oktober 1944 im westlichen Gemeindegebiet per Fallschirm aus dem brennenden Flieger absprang und nach Lindlar in die Parteibaracke verbracht wurde, bleibt im Dunkeln.

Wenn auch die Gemeinde von größeren Zerstörungen im Zweiten Weltkrieg verschont blieb, so liegen doch allein auf dem Lindlarer Friedhof mehr als 180 Kriegstote, davon 46 Ausländer. Über 500 Lindlarer Bürger sind als Soldaten ums Leben gekommen.

Das folgende Kapitel versucht, einen Einblick in die Zeit »Lindlar unter dem Hakenkreuz« zu geben. Dabei ist der Fokus auf Menschen gerichtet, die angesichts des Unrechts nicht schwiegen und die Opfer des verbrecherischen Systems wurden.

Das »Denkmal der Versöhnung« auf dem Brungerst in Altenlinde erinnert an den Piloten Victor S. Rutkowski, der 1944 mit dem Fallschirm absprang und anschließend getötet wurde. Die Stele wurde im April 2005 eingeweiht.

Zwischen Machtübernahme und Krieg

Die 1985 neu erbaute Filiale der Kreissparkasse Köln in der Eichenhofstraße bildet einen Halbkreis um eine große Eiche, in deren Schatten das 1877 errichtete Kriegerdenkmal steht. Wir blicken mit der »Bergischen Wacht« zurück auf den 1. Mai 1933. *Der gegen Abend stattgefundene Umzug gestaltete sich zu einem wahren Triumphzug, wenigstens für Lindlarer Verhältnisse. Unter ungeheurer Beteiligung der Bevölkerung wurde am Kriegerdenkmal, wo der Umzug sein Ende nahm, die Hitler-Eiche gepflanzt, deren Sinn und Bedeutung die Herren Bellinghausen und Bürgermeister Jung in ihren Ansprachen besonders würdigten.*

Fortan musste jeder, der an dem Baum vorbeiging, diesen mit dem »deutschen Gruß« ehren, wie ja auch Grußpflicht gegenüber der Hakenkreuzfahne bestand. Auf dem Weg zur Post nahm nun manch ein Lindlarer ständig einen Umweg in Kauf, um dieser Willkür zu entgehen. Andererseits gab es auch Paare, die sich unter dieser Hitlereiche das standesamtliche Ja-Wort gaben.

Das Kriegerdenkmal im Schatten der ehemaligen Hitlereiche vor der heutigen Kreissparkasse in der Eichenhofstraße

Wie lief die Machtergreifung ab in Lindlar, einer katholischen Gemeinde, in der das Zentrum traditionell die stärkste Partei war? Bei den Wahlen am 12. März 1933 hatte das Zentrum noch 61,3 Prozent, die NSDAP 17,9 Prozent der Stimmen erhalten, obwohl diese Abstimmung schon unter massiver Beeinträchtigung der politischen Gegner durch die Nationalsozialisten stattgefunden hatte. Immerhin waren zum Zeitpunkt dieser Volksabstimmung bereits mindestens zehn KPD-Mitglieder in »Schutzhaft« genommen. Schutzhaft wurde gehandhabt als *eine reine polizeiliche Maßnahme, bei der jede Mitwirkung der Gerichte ausgeschlossen ist.* Grundlage dafür war das »Gesetz zum Schutz von Volk und Staat«, welches nach dem Reichtagsbrand erlassen wurde und zu willkürlichen Verfolgungen führte. Mindestens sechs Lindlarer kamen bis 1945 – soweit bekannt – als Folge von Verfolgung und Misshandlungen oder im Konzentrationslager ums Leben.

Von Bürgermeister Dr. Jung wurde die neue Zeit im April 1933 als *nationale Wiedergeburt* begrüßt, *die jedes echten Deutschen Herz höher schlagen lässt.* Im Frühjahr desselben Jahres glaubten auch Zentrumspolitiker noch, das ei-

Pflanzung der »Hitler-Eiche« 1933 neben dem Kriegerdenkmal von 1877

gene politische Überleben ermöglichen zu können. Man nahm das Verschwinden der »Linken« billigend in Kauf. Ein gängiges Schlagwort war: *Lieber tot als rot*!

Bald waren alle politischen Parteien verboten oder hatten sich aufgelöst. Ab dem 1. Januar 1934 gab es nur noch ernannte Ratsmitglieder. Protest oder erkennbaren Widerstand auf der öffentlichen politischen Bühne gab es dabei nicht, auch nicht, als Bürgermeister Jung in Zusammenarbeit mit den Organisationen der örtlichen NSDAP mit Übereifer Verhaftungen und die Beschlagnahme der Parteivermögen vornahm und Hausdurchsuchungen bei der Friedensgesellschaft stattfinden ließ, oder als die Schreie der im Amtsgericht Gefolterten zu hören waren. Mut bewiesen in Lindlar nach der Machtübernahme katholische Priester und einzelne Laien, die zur Geistlichkeit hielten. Das wird deutlich an dem beispielhaften Verhalten von Vikar Fritz Pösch, Lindlar, und Pastor Franz Martin, Frielingsdorf.

Kirchlicher Widerstand: Kaplan Pösch und Pfarrer Martin

Vikar Friedrich Pösch (1906 bis 1940) war sich mit Pastor Peter Bürschgens (1879 bis 1944) einig in der Ablehnung der NS-Ideologie; beide bekämpften diese mutig und unerschrocken. Die NSDAP propagierte aggressiv die Mitgliedschaft in der Hitlerjugend und im Bund Deutscher Mädel. Man drohte massiv sogar mit dem Verlust des Arbeitsplatzes, wenn Kinder nicht Mitglied der staatlichen Jugendorganisationen würden.

Vikar Friedrich Pösch (1906–1940), Kaplan in Lindlar 1932–1938

Die kirchliche Jugendarbeit und die Seelsorge wurden argwöhnisch von Nazi-Anhängern beobachtet. Die Tätigkeiten der katholischen Gruppierungen wurden dem Kaplan unter Androhung von Strafe am 26. Juli 1933 verboten, da sie angeblich eine *Gefahr der öffentlichen Ruhe und Ordnung* darstellten. In der Schule stellte man fest, dass an der Tafel der Vers »O Deutschland hoch in Ehren« weggewischt und das Christuszeichen stattdessen an die Tafel gemalt worden war. Der Vikar verlangte, statt des verordneten »Heil-Hitler-Grußes« mit »Grüß Gott« zu grüßen, was sofort an den Bürgermeister gemeldet wurde.

Der Geistliche ließ sich aber nicht abschrecken. In seinen Jungschargruppen führte er den »Treu-Heil-Gruß« mit gestrecktem Daumen, Mittel- und Zeigefinger ein. Die Schriften von Bischof von Galen oder Predigten des Bischofs Bornewasser wurden heimlich in Lindlar verbreitet, unter den Dachpfannen versteckt und nachts unter die Türen der Häuser von Bewohnern, auch der lokalen Nazigrößen, geschoben. *Eigentlich kann keiner in Lindlar sagen, das habe ich nicht gewusst*, sagt Frau Martha Schmitz und spürt heute noch

Das Grab der Familie Pösch auf dem Kölner Melatenfriedhof, neben seinen Eltern ruht hier der Vikar Friedrich – Fritz – Pösch.

die Angst, die sie alle beim Verteilen begleitete. Sie bekommt noch immer eine Gänsehaut, wenn sie die gesungenen Parolen der Nazigruppierungen zitiert: *Hängt die Schwarzen, hängt die Pfaffen an die Wand; haut, haut sie in die Schnauze …*

Es kam in der folgenden Zeit immer wieder zu neuen Auseinandersetzungen mit der Staatsgewalt. Der Bürgermeister beschloss 1935, sämtliche bisherigen Verträge und Abmachungen, die Vikarie Lindlar betreffend, sowie alle diesbezüglichen Gemeinderatsbeschlüsse mit sofortiger Wirkung aufzuheben. Man versuchte, den Vikar immer wieder einzuschüchtern mit Verhören, Verwarnungen, Vorladungen vor die Gestapo Köln, mit Postüberwachung und Wohnungskündigung sowie dem Verbot, Religionsunterricht zu erteilen. Schließlich wollte der Gemeinderat ihm das Betreten des Lindlarer Friedhofs verbieten, was allerdings nicht umgesetzt werden konnte, da es keine Möglichkeit gäbe, einem Volksgenossen das Betreten des Friedhof zu untersagen. Im Februar 1938 wurde der in Lindlar äußerst beliebte Vikar versetzt mit der Auflage, zwei Jahre lang den Ort nicht mehr zu betreten. Lindlarer besuchten ihn in Düsseldorf und heimlich war er auch bei Lindlarer Freunden. Er starb 33jährig am 9. September 1940 an einem Hirntumor und wurde auf dem Friedhof Köln-Melaten beigesetzt.

Ganz besonders zu leiden hatte Franz Martin (1881 bis 1960), Pastor in Frielingsdorf. Immer wieder wurde gegen ihn Anzeige erstattet aus lächerlichen Gründen, insgesamt waren es

Pfarrer Franz Martin (1881–1960), Pastor in Frielingsdorf 1920–1953

Feierliche Wiedereinführung von Pfarrer Franz Martin 1945 in Frielingsdorf

19 Anschuldigungen. Gleichzeitig kam es zu Übergriffen auf kirchliches Eigentum wie Einbrüche in Kirche und Jugendheim. Die Übeltäter wurden in keinem Fall ausfindig gemacht. Die Denunziationen, Verleumdungen und Verhöre setzten ihm gesundheitlich schwer zu. Im Jahresrückblick 1939 wagte er, die Einführung der Einheitsschule, das Entfernen der Kreuze aus der Schule und den Kriegsbeginn als wichtige Ereignisse des Jahres zu nennen. Man warf ihm daraufhin vor, diese Ereignisse in ursächlichen Zusammenhang gebracht zu haben. Die Folge war: Die Gestapo Köln wies ihn am 11. April 1940 aus der Rheinprovinz aus wegen staatsfeindlichen Verhaltens. Erst im Mai 1945 kehrte Pastor Franz Martin mit großer Anteilnahme der Bevölkerung in seine Frielingsdorfer Kirche und Pfarrgemeinde zurück.

Unweit der St. Apollinariskirche erinnert eine Straße an den kämpferischen Frielingsdorfer Pastor Franz Martin.

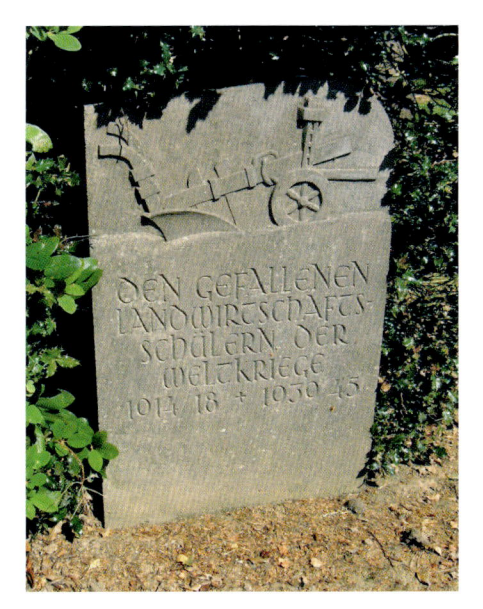

Gedenkstein für die gefallenen Landwirtschaftsschüler auf dem Lindlarer Friedhof

Die Gleichschaltung ergriff auch in Lindlar schnell das gesellschaftliche Leben: Alle Vereine und kleinste Gruppierungen erhielten ihren »Führer«. Landwirtschaftsrat Hoffmann weigerte sich, die Hakenkreuzfahne über der Winterschule wehen zu lassen; aber der Verein der ehemaligen Landwirtschaftsschüler wurde schon am 20. Mai und der Schützenverein Lindlar am 30. Juni 1933 gleichgeschaltet. Um der Zwangsanpassung zu entgehen, beschloss der Hellinger Schützenverein am 28. Mai 1933, Mitglied der Erzbruderschaft vom hl. Sebastianus und somit eine katholische Organisation zu werden, die als solche nach dem Konkordat mit dem Vatikan unter besonderem Schutz gestanden hätte. In einer Mitgliederversammlung nahm man zwar drei NSDAP-Mitglieder in den Vorstand auf, wählte aber Karl Stiefelhagen, Böhl, wieder mit 44 bei 8 Gegenstimmen zum Vorsitzenden. Das missfiel natürlich der Ortspartei und hatte das Verbot des Schützenfestes und aller Schützenaktivitäten in der Helling zur Folge. Erst 1950 wurde die Vereinstätigkeit wieder aufgenommen.

Die »Helling-Aktion«

Am 12. November 1933 wurden in einer Volksabstimmung die Bürger in Deutschland gefragt: *Billigst Du, deutscher Mann, und Du, deutsche Frau, die Politik Deiner Reichregierung?* 95 Prozent aller Wahlberechtigten in Deutschland antworteten mit »Ja« und bei der gleichzeitig stattfindenden so genannten Reichstagswahl wählten 92,2 Prozent die Einheitsliste der NSDAP. Relativ gesehen wurden im Rheinisch-Bergischen Kreis, wozu Lindlar damals noch gehörte, die meisten Neinstimmen in der Gemeinde Lindlar abgegeben; das Entsetzen der »Ortsgrößen« war riesig. Das schlechteste Ergebnis brachte der Stimmbezirk Helling. Mehr als 40 Prozent hatten sich der Stimme enthalten oder mit »Nein« gestimmt. In der Nacht zum 21. November 1933 folgte dann die »Helling-Aktion«, wie zwischen Bürgermeister, Ortsparteivorsitzendem, Blockwart und einem Vertreter der Kreisleitung der NSDAP, der in der Helling wohnte, besprochen: SA-Männer auch benachbarter Ortsverbände umstellten einige Ortschaften der Honschaft Helling (Eichholz, Altenrath, Böhl, Bolzenbach und Schümmerich). Gegen vier Uhr nachts wurde an den Haustüren von 22 Einwohnern geklopft, geschrien bzw. die Haustüren eingetreten und die Gebäude nach belastendem Material durchsucht, die Männer verhaftet und in einem offenem Lastwagen in das SA-Schutzhaftlager Am Hochkreuz in Porz-Gremberghoven transportiert. Zwei weitere Einwohner, die in Porz arbeiteten, brachte man am folgenden Tag dorthin. Die Verhöre, begleitet von Misshandlungen und Folterungen, sollten belegen, dass Karl Stiefelhagen *staatsfeindliche* Propaganda gemacht habe und ihm das schlechte Wahlergebnis zu verdanken sei. Bei ihm selbst verlangten SA-Führer in derselben Nacht in einer Hausdurchsuchung mit gezogener Pistole die Herausgabe aller Vereinsunterlagen – fruchtlos; eine Woche später wurde er von der Gestapo Köln verhört – ebenfalls ergebnislos. Laut Bericht der Parteiorganisationen warf man den Opfern eine kommunistische Gesinnung vor. Die letzten Verhafteten kamen nach drei Tagen wieder frei, alle waren zum Schweigen verurteilt. Auf Grund des Erlebten beging einer der Verhafteten Selbstmord.

Bis Ende des Jahres 1933 waren seit der Machtergreifung durch die Nazis 83 Männer aus Lindlar von der Ortspolizei, unterstützt von SA-Leuten, verhaftet worden. Die von den Nazis ernannten Nachfolger von Dr. Jung im Bürgermeisteramt, Max Berwald (1934) und Fritz Bergerhoff (1934 bis 1945), richteten ihr Augenmerk, unterstützt von Denunzianten, weiterhin auf *Aktivitäten der Staatsfeinde*. Harmloseste Alltagstagsdinge wurden von ihnen zu staatsgefährdenden Vorgängen hoch stilisiert, um auf diese Weise eine Handhabe für willkürliche und illegitime Vorgehensweisen zu haben. Bis 1935 wurden im Rheinisch-Bergischen Kreis 225 Personen in Schutzhaft genommen, davon kamen allein 89, also 40 Prozent aus Lindlar, Zahlen, die den Verfolgungswahn der Nazis in Lindlar deutlich machen. Die nationalsozialistische Zeit war in Lindlar vor allem von der Konfrontation zwischen »Kreuz« und »Hakenkreuz« gekennzeichnet.

Die Zeit des Krieges

Wie in vielen Städten und Gemeinden des damaligen Deutschen Reiches gab es auch in Lindlar Fremdarbeiter. Bei der Papierfabrik »Nord-West« an der Bismarckstraße bestand laut den Erzählungen einer ehemaligen Fremdarbeiterin das Gemeinschaftslager aus einer Männer- und einer Frauenbaracke; hinter dem Stacheldraht hatten die Einwohner ihre Gemüsegärten. Auf dem Falkenhof befand sich ein Lager mit Franzosen.

Kleinere Gruppen waren unter anderem in der Uferstraße untergebracht. Französische Kriegsgefangene, meist bei Bauern eingesetzt, hatten ihr Lager im Saal Sprenger in Hartegasse. In Frielingsdorf zählte man im Januar 1945 im Saal Ommer 48 dienstverpflichtete Holländer und Belgier. Täglich wurden durch Frielingsdorf Scharen von Russen aus dem Lager in Habbach und Ukrainer von Unterhabbach nach Kaiserau getrieben.

Andere Fremdarbeiter waren auf dem Werksgelände der Firma Schmidt + Clemens untergebracht. In Berghausen zählte man zeitweise 250 Zivilarbeiter. In Unterwürden waren meist Belgier, Holländer und Franzosen, und im Eibacher Hammer gab es ein großes Lager mit 700 bis 800 russischen Staatsangehörigen. Weitere kamen zu Fuß von Gimborn, wo im Frühsommer 1940 die ersten im Saal des Gasthauses neben dem Schloss einquartiert wurden.

In Karlsthal gab es Baracken mit Kriegsgefangenen und Zivilarbeitern russischer und auch französischer oder belgischer Herkunft. In Remshagen lebten in Baracken oder Steinhäusern etwa 50 Russen, die zumeist in einer Achsenfabrik in Bickenbach eingesetzt waren.

Vor allem Arbeiter aus dem Osten kamen nach tagelangen Transporten in Viehwaggons halb verhungert und halb verdurstet in den Lagern an. Dort angelangt, konnten sich an einer Ladung Steckrüben bedienen. *Mehr als zwölf Stunden mussten sie Schwerstarbeiten verrichten und bekamen kaum etwas zu*

Fremdarbeiter treffen sich bei der Gärtnerei Tepper, Kirschbäumchen.

Das Lager am heute nicht mehr vorhandenen Eibacher Hammer für holländische, belgische und französische Zivilarbeiter und später russische Kriegsgefangene essen. Wer nicht mehr konnte wurde gefoltert, das wurde am Eibacher Hammer erlebt. Es gab mutige Einheimische, die Mitleid hatten mit den Arbeitskollegen im Betrieb, mit den vorbeiziehenden bewachten Elendsgestalten oder mit den vielen, die an den Bahngleisen tagein – tagaus arbeiteten. Sie ließen ihnen heimlich Butterbrote zukommen und brachten sich dabei selbst in Gefahr. Samstags hatten manche Ausgang: Einige kamen mit verrosteten Blechbüchsen und bettelten auch in Lindlar an den Türen.

Die Zwangsarbeiter haben hier gewohnt und gelebt, hier am Ort war für jeden sichtbar, wie die Nazis mit den so genannten »Untermenschen« umgingen. Besonders grausam war die Behandlung der Lagerinsassen im Hommerich, wo unter dem Lagerleiter Fuchs von den 98 dort untergebrachten Russen 42 umkamen und teils auf einer Weide bei Ebbinghausen verscharrt wurden.

Im Jahr 1944 mussten immer mehr Evakuierte in Lindlar untergebracht werden: Die Schar der Ausgebombten und Flüchtlinge aus dem Westen wurde immer größer. Parteiorganisationen, militärische Einheiten, Behörden verlagerten ihren Sitz in das Gebiet östlich des Rheins. Ende 1944 bis Anfang 1945 zogen täglich Kolonnen von Soldaten aller Waffengattungen, von Flüchtlingen, von Fahrzeugen, militärische und private, beladen mit gerettetem Hab und Gut, durch Lindlar. In Schulen, Kino, Arbeitsdienstlager und in Privathäusern wurden Flüchtlinge einquartiert; das Krankenhaus war überfüllt vor allem mit Verletzten, die aus Nach-

Das Essen trugen die Helferinnen in 20 Literkannen vom Eibacher Hammer nach Unterwürden.

barorten und aus dem Kölner Raum gebracht wurden. Immer wieder heulten die Sirenen, immer häufiger gab es Bombenalarm, tauchten Tiefflieger auf, folgte die Explosion einer Bombe oder der Beschuss durch Bordwaffen.

Lindlar-Ortsmitte am 10. April 1945

Wie so oft in den letzten Monaten und Tagen war im Ort das Heulen der Tiefflieger zu hören. Jeder versuchte, sich in Sicherheit zu bringen. Aber plötzlich ein heftiger Luftzug, eine dichte braune Staubwolke, Dunkelheit am helllichten Tag. Angstvolle Schreie, Husten und bange Ungewissheit über das, was passiert war, bis sich die Staubwolke allmählich gelegt hatte und zu erkennen war, dass das Haus der Familie Müller-Klein direkt unterhalb der Kirche, ein altes Fachwerkhaus, von Bomben ge-

troffen worden war: Zehn Menschen hatten ihr Leben verloren, Bewohner des Hauses und einquartierte Ausgebombte aus Köln. Eine junge Frau, die sich auf dem Weg zum Bürgermeisteramt befand, war durch den Luftdruck gegen die Kirchenmauer geschmettert worden.

Martha Schmitz 1944 »In der Angst« auf dem Weg zum Friedhof, nach feindlichen Fliegern Ausschau haltend.

Der 90jährige Großvater und Eigentümer des zerstörten Hauses und seine Enkelin überlebten, weil sie sich im Garten in der Pollerhofstraße aufhielten. Es blieb das einzige Haus in der Gemeinde Lindlar, das völlig zerstört worden war. Nach dem Krieg trug das Katholische Männerwerk in den Jahren 1952 und 53 durch Geldsammlung und Eigenleistung dazu bei, dass ein neues Haus in der Pollerhofstraße für die Überlebenden errichtet werden konnte.

Ein Arzt für Lindlar

Dr. Wilhelm Meinerzhagen (1893 bis 1974), geboren in Oberhausen, Soldat an der Westfront im Ersten Weltkrieg, Facharzt für Chirurgie und Gynäkologie, wurde 1930 Chefarzt in Lindlar. Er machte aus dem Lindlarer Krankenhaus, das gerade einen Anbau erhalten hatte und das bisher eher ein Invaliden- und Waisenhaus war, zu einer weit über Lindlar hinaus angesehene Klinik. Seine umfangreichen Forschungen führten in den 30er Jahren zur Anerkennung der Staublunge als Berufskrankheit, so dass zahlreiche Lindlarer Witwen von Steinhauern eine Rente erhielten.

Als leitender Oberstabsarzt des nach 1942 im Lindlarer Krankenhaus untergebrachten Lazaretts rettete Dr. Wilhelm Meinerzhagen Menschen vor der Verfolgung durch die Nazi-Schergen, ungeachtet der Nationalität der Betroffenen. Die eine oder andere Blinddarmoperation hat Verfolgten das Leben gerettet oder auch junge Männer davor bewahrt, in den letzten Tagen des Krieges noch als Kanonenfutter an der Front verheizt zu werden. Schon in den ersten Jahren nach der Machtübernahme hatte Dr. Meinerzhagen von Hitler als einem *kriminellen Verbrecher* gesprochen. Später wurde er als Leiter eines Lazaretts in Russland Mitglied von zwei Widerstandsgruppen und stand zusammen mit anderen auch auf der Liste derer, die nach Ansicht der Ortspartei zu beseitigen waren. Ihn haben wahrscheinlich das große Ansehen, das er in der Bevölkerung genoss, und seine Stellung als Oberstabsarzt geschützt. Ihn zeichnete neben überragenden ärztlichen Fähigkeiten eine außerordentliche Menschlichkeit aus, er fühlte sich aus einem vorbildlichen Arztethos heraus allein dem Wohl seiner Patienten verpflichtet und half selbstlos jedem, der seine Hilfe brauchte.

Als Lindlar und besonders das Krankenhaus am 12. April 1945 unter schwerem Artilleriebeschuss lag, verfasste Dr. Meinerzhagen einen Brief in englischer Sprache und ließ ihn an die Kommandeure des amerikanischen Gefechtstandes in Eichholz-Burg bringen. Er erreichte das sofortige Ende des Beschusses und bewahrte Lindlar so vor größerem Schaden.

Dr. Wilhelm Meinerzhagen (1893–1974)

Primizfeier 1933, rechts ist das 1945 bei einem Angriff zerstörte Haus Müller-Klein zu erkennen.

Kriegsende in Lindlar

Am Abend des 12. April 1945 standen die Amerikaner im Halbkreis von Burg über Frielingsdorf und Hartegasse um Lindlar und rückten dann am frühen Morgen des 13. April kampflos in Lindlar ein. Tapfere Lindlarer, allen voran die Frauen, hielten die zahlreichen immer noch kampfbereiten fanatischen Hitleranhänger davon ab, mit der Waffe den Feind aufzuhalten und den »Endsieg« in Lindlar herbeizuführen. Besonders gefährlich für den Ort war ein junger Soldat, der am frühen Morgen noch versuchte, die weiße Fahne vom Kirchturm herunter zu holen. Hier schritt Pastor Theodor Braun ein, ehe er unweit der Pumpe am Kirchplatz zusammen mit dem deutsch-amerikanischen Pastor Rehbach und dem Ortskommandanten der deutschen Wehrmacht Lindlar an die von der Klause her einrückenden Amerikaner übergab.

Während manch ein Bewohner vom Brungerst, wo er sich vor dem Artillerie-Beschuss in Sicherheit gebracht hatte, zurück in den Ort kam, verschwanden schnell braune Uniformen, NSDAP-Mitgliedsausweise und Parteiabzeichen. So ist das Amtswappen auf dem Bürgermeisterschreibtisch unter den Holzboden geschoben worden; es wurde 1987 bei Renovierungsarbeiten dort gefunden. Es gab welche, die sich wohl mehrere Wochen im Brungerst versteckt hielten. Hatten sie zu Recht ein schlechtes Gewissen? Andere dachten daran, beim Plündern der Parteibaracke und anderer NS-Depots in allen Lindlarer Ortsteilen etwas mitzubekommen; es gab ja kaum etwas zu essen, und dort waren Sachen gehortet worden, die man seit langem nicht mehr erwerben konnte.

Das Ausmaß der Zerstörung im Ort wurde jetzt wahrgenommen: Von den zahlreichen Einschlägen waren Dächer, Fensterscheiben, Hauswände zerstört und beschädigt; es hatte auch Schwerverletzte und Tote gegeben: sechs deutsche Soldaten in Hönighausen, zwei am Stolleneingang in der Kamperstraße, Jakob Ditzer in der Pollerhofstraße, ein Schüler in Voßbruch, ein junger Mann in Untersteinbach.

Einige amerikanische Soldaten wurden in Lindlarer Häuser einquartiert, während der Hauptteil weiter zog und noch am gleichen Tag Linde, Schmitzhöhe und die westlichen Ortsteile der Gemeinde einnahm, um dann nach Wipperfürth weiter zu ziehen.

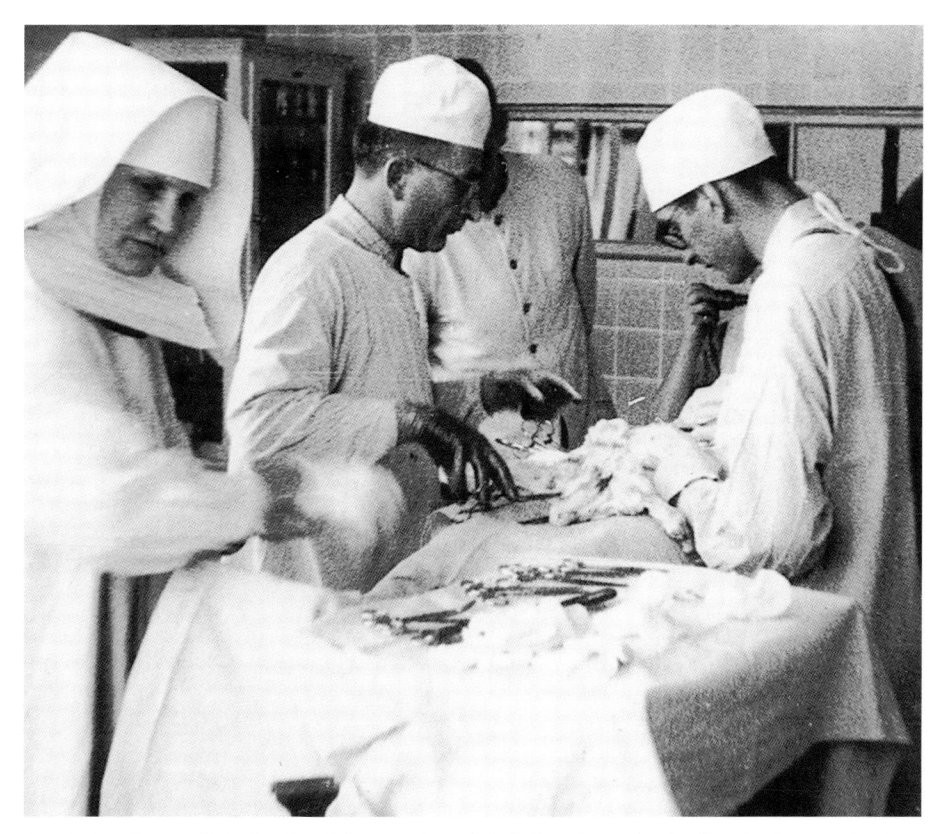

Dr. Meinerzhagen (Mitte) neben Schwester Servula bei einer Operation im Krankenhaus und Lazarett Lindlar während des Krieges

Damit endete am 13. April 1945 für Lindlar der 2. Weltkrieg und das dutzendjährige Reich.

Nur wenige Wochen danach erhielt die Lindlarer Bevölkerung noch einmal einen bitteren Nachgeschmack von der Schreckensherrschaft der Nazis. Die Amerikaner zwangen sie am 15. Juni 1945 an den offenen Särgen vorbeizugehen, die die stark verwesenden Leichname von zehn erschossenen Zwangsarbeitern enthielten.

Über dieses Begräbnis an der Kirche drehten die Amerikaner einen Film, der in den Wochenschauen und in den Lagern mit deutschen Kriegsgefangenen gezeigt wurde. Im März 1947 wurden die Toten umgebettet und fanden am südlichen Rand des Lindlarer Friedhofs ihre letzte Ruhestätte.

Die Plünderung der Parteibaracke nach Einmarsch der Amerikaner am 13. April 1945

Annele Meinerzhagen, Dr. Wilhelm Meinerzhagen, Bürgermeister Josef Bosbach, die beiden Söhne Ulrich und Lothar Meinerzhagen, Frau Buchbender geb. Meinerzhagen, Frau Baronesse Thea von Fürstenberg bei der Ehrenbürgerverleihung für Dr. Wilhelm Meinerzhagen 1968.

Wem konnte man nach dem Zusammenbruch noch trauen? Wie sollte es gelingen, unter der amerikanischen, ab Juli englischen Besatzung das tägliche Leben neu zu organisieren? Es begann die Zeit des Aufbaus, die Stunde erneuten großen Einsatzes derer, die auch in der nationalsozialistischen Zeit Mut bewiesen und ihrer Überzeugung treu geblieben waren. Die ersten Bürgermeister der Nachkriegszeit, Hoffmann, Müller, Stiefelhagen, waren die Männer, die die NSDAP Ende 1944 beseitigen wollte, die aber, durch Dr. Meinerzhagen gewarnt, sich rechtzeitig verstecken konnten. Er war bald einer der ernannten Beigeordneten in der Gemeinde Lindlar und gleichzeitig trug er maßgeblich zum Aufbau des Gesundheitswesens in der rechtsrheinischen Region bei. Dr. Wilhelm Meinerzhagen erhielt 1968 für seine Verdienste als erster und bisher einziger Lindlarer die Ehrenbürgerwürde der Gemeinde Lindlar.

FAZIT

Auch Jahrzehnte nach der Nazidiktatur darf es ein Vergessen nicht geben. Das Erinnern schulden wir nicht zuletzt den Opfern. Aber auch aus Verantwortung für die Zukunft müssen wir uns der Vergangenheit stellen. Freiheit und dauerhafter Frieden setzen Erinnern und Verzeihen aber auch Wachsamkeit und Zivilcourage voraus.

Elisabeth Broich

Eine Zeitzeugin aus Polen

Grabmal der 1945 erschossenen »Russen« auf dem Lindlarer Friedhof

Die 84jährige Polin, Helena Sykut, legte im Mai 2006 einen Strauß roter Rosen auf die Grabstelle der zehn im April 1945 erschossenen »Russen« auf dem Lindlarer Friedhof nieder.

Helena Sykut wurde zusammen mit ihrer Schwester aus Polen zur Zwangsarbeit nach Deutschland verschleppt und arbeitete zunächst auf einem Bauernhof in der Nähe von Köln. Bei einem Bombenangriff auf »ihre« Baracken, verbrannten ihre wenigen Habseligkeiten. Sie wurde in dem Ostarbeiterlager im Saal des Bergischen Hofes in Overath untergebracht. Dort erlebte sie die Geschehnisse nach der Ermordung des Parteigenossen Schwamborn. Dieser wurde in der Nacht zum 31. März 1945 auf der Straße erschossen und seine Leiche vor den Eingang des Saales geschleift. Ihre Unterkunft durchsuchte man am nächsten Morgen nach Waffen. Nach stundenlangem Zählappell wurden schließlich mehr als 20 Personen, Russen, Polen, Ukrainer, Weißrussen und andere Osteuropäer selektiert. Man sperrte sie im Keller ein und gab ihnen reichlich Alkohol zu trinken.

Irgendwann wurden sie abtransportiert. In der Kaiserhalle, die damals an der Eichenhofstraße / Ecke Friedhofstraße stand, verbrachten sie ihre letzte Nacht. Sie wurden noch in der Dunkelheit durch den Fronhofsgarten zur Eremitage getrieben, dort exekutiert und in einer Mulde unter Reisig verscharrt. Nach dem Einmarsch der Amerikaner erhielten sie ihre Ruhestätte auf dem Kirchplatz und später am Rande des Friedhofes. Heute wissen wir, dass in dem Grab mit der kyrillischen Inschrift nicht nur Russen, sondern zehn Osteuropäer verschiedener Nationalität bestattet sind.

Elisabeth Broich

🇬🇧 Schmitzhöhe – change of structure and a new start

1954: Start of construction of the residential area Gartenstraße in Schmitzhöhe

The post-war period was characterized by the large moving-in of refugees and expellees that changed the image of the communitiy as well as their confessional mixture. Later on people from Cologne and its surrounding area also moved to Lindlar. Numerous residential areas emerged, e.g. in Schmitzhöhe, Bolzenbach or Falkenhof. In 1949 the first Protestant parish was founded. Its Jubilate church, inaugurated in 1956, became another landmark of Lindlar.

🇫🇷 Schmitzhöhe – Modifications structurelles et nouveau départ

1954: début de la construction du lotissement dans la «Gartenstaße» à Schmitzhöhe

L'après-guerre à Lindlar fut caractérisé par un vaste afflux de réfugiés ayant fui leur région d'origine, ce qui modifia l'aspect de la commune mais aussi la répartition des confessions au sein de la population. Une vague de nouveaux arrivants en provenance de Cologne suivit quelques années plus tard. C'est ainsi qu'un nombre important de lotissements ce créèrent comme par exemple à Schmitzhöhe, à Bolzenbach ainsi qu'à Falkenhof. La première communauté protestante fut fondée en 1949 et l'église «Jubilate» qui devait devenir par la suite un édifice significatif du village, fut inaugurée en 1956.

🇭🇷 Schmitzhöhe – promjena strukture i ponovni početak

1949.: Početak gradnje naselja u ulici Gartenstraße u Schmitzhöheu

Posljeratno razdoblje u Lindlaru obilježava veliki dolazak izbjeglica i prognanika koji su promijenili sliku mjesta ali i religijsku vjeroispovijest stanovništva, prije nego što su se prilikom sljedećeg doseljavanja ovdje nastanili ljudi s kelnskog područja. Tako su nastala brojna naselja kao npr. Schmitzhöhe, Bolzenbachu i Falkenhof. 1949. g. osnovana je prva protestantska općina u kojoj je 1956. g. posvećena crkva postala zaštitni znak mjesta.

Kapitel 18

Schmitzhöhe – Strukturwandel und Neubeginn

»Anfangs sehr fremd« –
die Integration der Heimatvertriebenen

Interviews mit Zeitzeugen

Ein Haus des Herrn entsteht

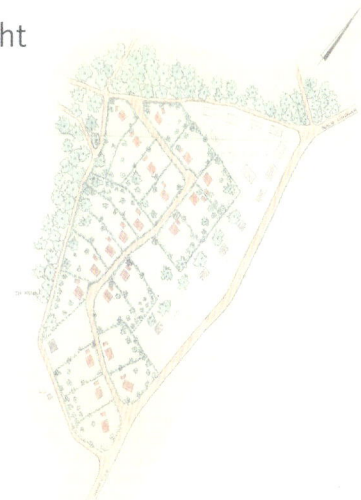

1954

In Schmitzhöhe wird eine Siedlung für Flüchtlinge aus den Ostgebieten gebaut.

Schmitzhöhe – Strukturwandel und Neubeginn

Schmitzhöhe, das im Jahr 1478 erstmals als »hoee« erwähnt wurde, liegt oberhalb von Sülz und Lennefe als westlichster Teil der Gemeinde Lindlar. Er zeichnet sich heute durch eine dichte Neubebauung längs der Straße von Lindlar über Immekeppel nach Bensberg aus. Die Nähe zur Rheinschiene und die landschaftlich reizvolle Lage sind auch heute attraktiv für Zuwanderer, sodass »Neu-Schmitzhöhe« seit den 70er Jahren des 20. Jahrhunderts den ursprünglichen Kern der Ansiedlung unterhalb der Sankt-Rochus-Kapelle an der Straße nach Köttingen weit übertrifft.

In der preußischen Zeit nach 1815 gehörte der Wohnplatz zur Pfarre Hohkeppel in der Bürgermeisterei Engelskirchen, später bis zur Gebietsreform von 1974 zur Gemeinde Hohkeppel, die wiederum Teil des Amtes Engelskirchen war. In einer Aufstellung aus dem Jahr 1830 wird der Weiler Schmitzhöhe mit 77 Einwohnern aufgeführt. Die ursprüngliche Gehöftlage wurde nach dem Zweiten Weltkrieg namengebend für die neuen Baugebiete an der Straße von Lindlar nach Immekeppel und Bensberg.

Lange Jahre fungierten zwei Betriebe im Sülztal als bedeutende Arbeitgeber Schmitzhöhes: die Molkereigenossenschaft in Hommerich, später »Tuffi«, und das Kunststoffpresswerk Josef Schröder. Hinzu kam in den 50er Jahren des 20. Jahrhunderts die Bauunternehmung Peter Löhr, welche die Siedlung der Firma Schröder errichtete und am Bau der Nebenerwerbsstellen in Schmitzhöhe beteiligt war. Auffallend ist in den früheren Jahrzehnten die Existenz vieler kleinerer Betriebe, zum Teil noch bis in die 1970er Jahre hinein. Mehrere Fruchtmühlen lagen in Verbindung mit Bäckereien in Lennefermühle, Kepplermühle und Vellingen sowie Georghausen. Außerdem bestanden Einzelhandelsgeschäfte für Gemischtwaren, Lebensmittel, Fleischwaren oder Textilwaren in der Nachbarschaft. Mehr als heute prägte somit vor fünfzig Jahren ein vielfältiges gewerbliches Leben die Höhensiedlung und ihr Umland.

Bestimmend für die Entwicklung des Ortes wurden neben dem Strukturwandel und -verlust die Flüchtlinge und Heimatvertriebenen, bevor sich in einer weiteren Zuzugswelle Menschen aus dem Kölner Raum hier niederließen. Vom Neuanfang und der gesellschaftlichen Eingliederung unmittelbar nach den Jahren des Zweiten Weltkrieges berichtet das nachfolgende Kapitel.

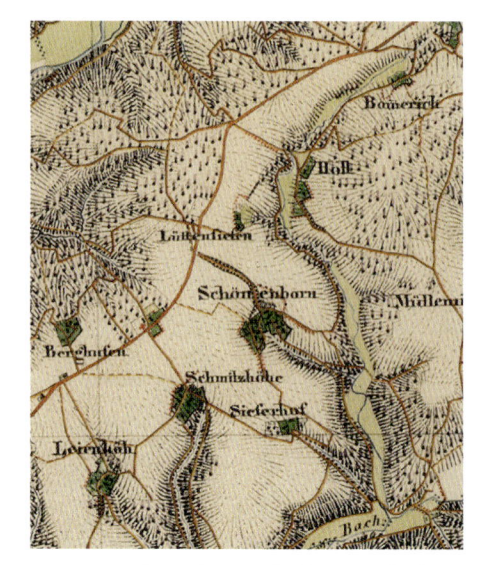

Kartenausschnitt der preußischen Uraufnahme von 1845 mit dem alten Dorfkern von Schmitzhöhe unterhalb der Höhenstraße

Die Firma Schröder in Hommerich, 1957

»Anfangs sehr fremd« – die Integration der Heimatvertriebenen nach 1945

Aus dem Tal der Sülz führt bei Georghausen der alte Fahrweg, Kutschweg genannt, hinauf nach Schmitzhöhe zur alten Höhenstraße. Hier findet sich in unmittelbarer Nachbarschaft die Gartenstraße. Nichts Ungewöhnliches begegnet uns in ihr. Vielleicht fallen uns die Häuser auf, die mittlerweile zwar individuell gestaltet wurden, den einheitlichen Baugedanken jedoch noch erahnen lassen. Die Ursprünge dieser Sieldung reichen zurück in die Nachkriegszeit, als entwurzelte Menschen in die Gemeinde Lindlar kamen, um hier auf Dauer heimisch zu werden.

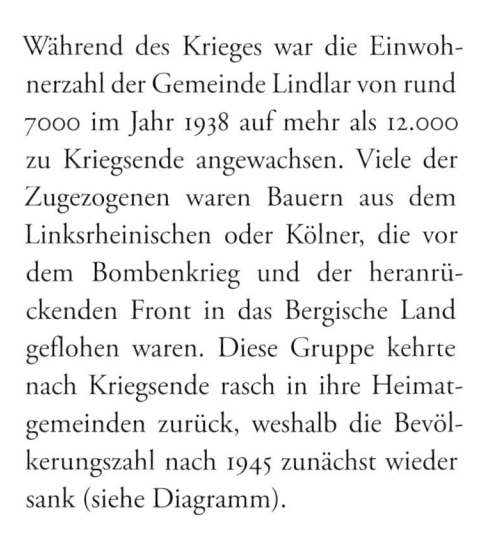

Garage der »Wupsi«, vormals Lager und Altenheim in Falkenhof

Während des Krieges war die Einwohnerzahl der Gemeinde Lindlar von rund 7000 im Jahr 1938 auf mehr als 12.000 zu Kriegsende angewachsen. Viele der Zugezogenen waren Bauern aus dem Linksrheinischen oder Kölner, die vor dem Bombenkrieg und der heranrückenden Front in das Bergische Land geflohen waren. Diese Gruppe kehrte nach Kriegsende rasch in ihre Heimatgemeinden zurück, weshalb die Bevölkerungszahl nach 1945 zunächst wieder sank (siehe Diagramm).

Eine zweite große Gruppe von Neubürgern, die Flüchtlinge aus den ehemaligen preußischen Provinzen Ostpreußen, Pommern und Schlesien, sollte jedoch dauerhaft bleiben und insbesondere den konfessionellen Charakter der Gemeinde in den kommenden Jahren nachhaltig verändern.

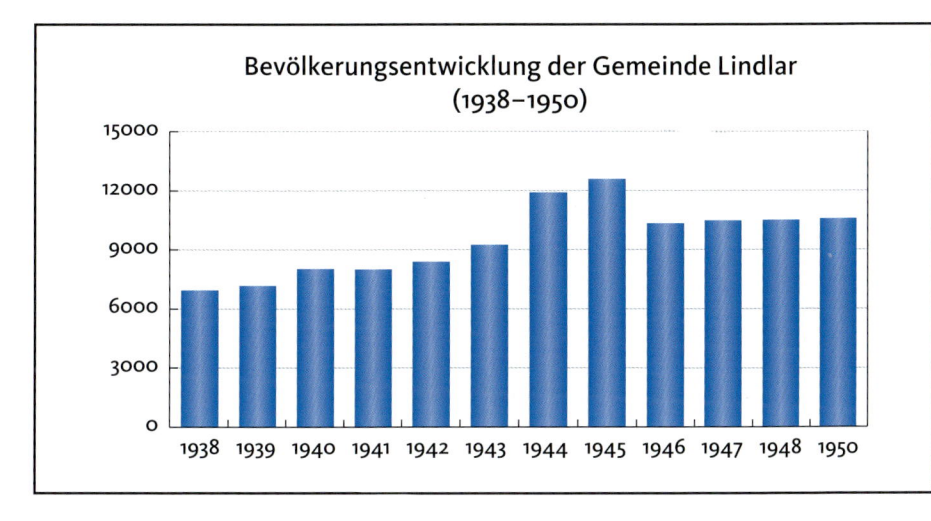

Bereits am 13. Januar 1945 hatte die Rote Armee im Rahmen einer langfristig vorbereiteten Großoffensive die deutsche Reichsgrenze in Ostpreußen überschritten. Im Februar eroberten die sowjetischen Streitkräfte auch Pommern und Schlesien, um schließlich am 16. April über die Oder nach Berlin vorzustoßen, wo sich Hitler im Bunker unter der Reichskanzlei durch Selbsttötung seiner politischen Verantwortung entzog. Die Ostdeutschen zahlten den Preis für Hitlers rassistischen Wahn vom Lebensraum im Osten. Beim Heranrücken der Roten Armee versuchten Millionen Ostdeutsche, gegen den Widerstand fanatischer Gauleiter wie Robert Koch, Richtung Westen zu fliehen. Die meisten Flüchtlinge wurden jedoch von der rasch vorwärts rückenden Front überrollt. Die zurückbleibende Zivilbevölkerung – zumeist Frauen, Kinder und alte Menschen – war der Rache der russischen Soldaten hilflos ausgeliefert. Fast überall kam es zu Vergewaltigungen und Plünderungen. Besonders schwer traf es die eingekesselten Bewohner Ostpreußens, von denen viele verzweifelt versuchten, zu Fuß über das zugefrorene Haff an die Ostseeküste oder Richtung Danzig zu fliehen. Unter ihnen war die heute in Hartegasse lebende Elsbeth Borrmann (geb. 1919). Sie erinnert sich an die die dramatischen Umstände der Flucht: »Es war lebensgefährlich: Fuhr man zu dicht mit den anderen Wagen, brach man durch die Eisdecke«.

Ein schwieriger Neubeginn

Die auf der Potsdamer Konferenz im August 1945 erzielte Übereinkunft der Siegermächte, die *Überführung der deutschen Bevölkerungsteile* aus Ost- und Mitteleuropa in *ordnungsgemäßer und humaner Weise* vorzunehmen, wurde praktisch nirgendwo eingehalten. Von insgesamt rund 15 Millionen Entwurzelter sollten mehr als zwei Millionen bei Flucht und Vertreibung den Tod finden. Für die Überlebenden begann in Westdeutschland ein steiniger Neuanfang. Die Siegermächte strebten mit Blick auf die zu erwartenden Belastungen *eine gerechte Verteilung dieser Deutschen auf die einzelnen Besatzungszonen* an. Viele der Heimatlosen aber zog es aus der Sowjetischen Besatzungszone unwiderstehlich weiter in den »goldenen Westen«, wo das 1947 neu gebildete Bundesland Nordrhein-Westfalen bald zum Flüchtlingsland Nummer eins avancierte.

Zur Kanalisierung der Menschenströme richtete die britische Militärverwaltung in der Nähe des Bahnhofs Wipperfürth ein Barackenlager ein, in dem täglich 1.000 bis 1.800 Deutsche aus dem Osten eintrafen. Von diesem Durchgangslager aus wurden im Verlaufe eines Jahrzehnts eine Millionen Flüchtlinge auf die Städte und Gemeinden in der gesamten Region verteilt. Der Zustrom verebbte erst 1961 mit dem Bau der Mauer. Wer das Glück hatte, Zuflucht bei Verwandten oder Freunden im Westen gefunden zu haben, dem blieben die unhygienischen und beengten Verhältnisse in den Auffanglagern erspart. Die Unterbringung der Fremden stellte die Gemeinden, vor dem Hintergrund des kriegsbedingt ohnehin schon knappen Wohnraums, auf Jahre hinaus vor kaum lösbare Schwierigkeiten.

Unmittelbar nach dem Krieg nutzte die Gemeinde Lindlar zunächst die Baracken der Firma Radium Gummiwerke mbH am Falkenhof als provisorisches Auffanglager. Nach Auskunft eines zeitgenössischen Zeitungsartikels lange Zeit ein *Ort der Not und des Elends*, bis die Baracken 1949 durch den Kreis aufgekauft, saniert und in ein Altenheim umgewandelt wurden.

Für die meisten der hier Gestrandeten blieb das Auffanglager Falkenhof zum Glück nur eine düstere Zwischenstation auf dem Weg in eine hellere Zukunft. Im Rahmen der Zwangsbewirtschaftung von Wohnraum wurde den Neubürgern eine Unterkunft unter dem Dach von Einheimischen zugewiesen. Die bildete über viele Jahre eine Quelle fortdauernder Spannungen und Konflikte.

Beengte Wohnverhältnisse für Alt- und Neubürger

Den Interessen der Alteingesessenen, die wenig Neigung verspürten, ihre ohnehin beengten Wohnungen mit wildfremden Familien aus dem Osten zu teilen, stand das verständliche Interesse der Hinzugekommenen nach einer menschenwürdigen Unterkunft gegenüber. Grundlage für die Zuweisung von Ostflüchtlingen war die Größe der Wohnfläche in Relation zur Zahl der Bewohner. Dies bot jedoch Interpretationsspielräume. Auf einer Großkundgebung in Lindlar warf der örtliche Vertriebenenvertreter, Dr. Wildangel, 1949 den Einheimischen vor, sie hätten Wohnräume gezielt für gewerbliche Zwecke umgebaut oder Zwischenwände entfernt, um nur ja keine

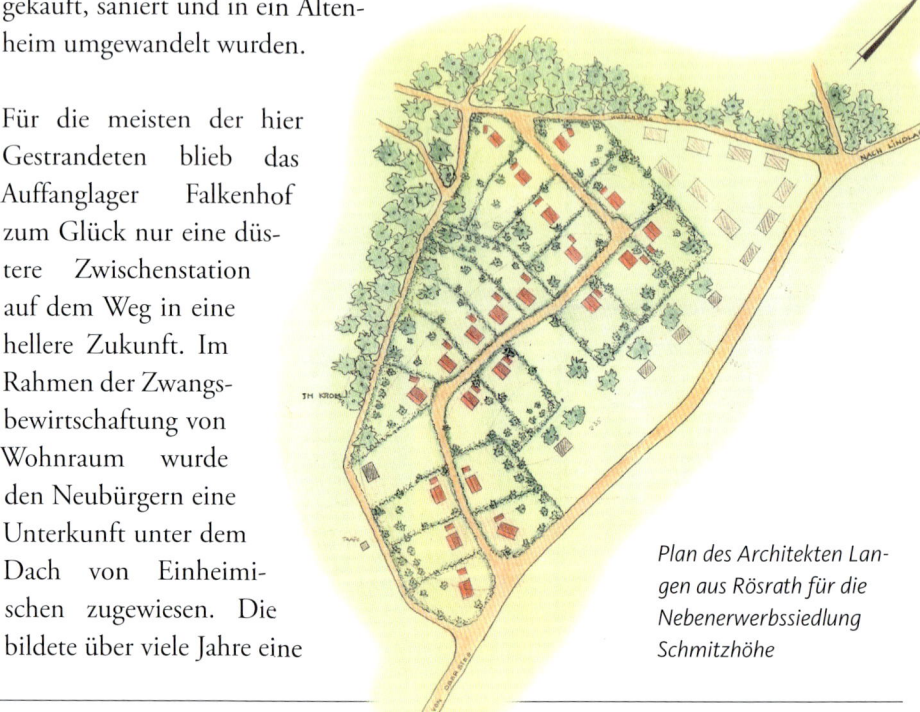

Plan des Architekten Langen aus Rösrath für die Nebenerwerbssiedlung Schmitzhöhe

unliebsamen Mitbewohner aufnehmen zu müssen. Eine längerfristige Lösung des Problems konnte nur der Wohnungsneubau bringen.

1954 wurde mit dem Bau der Siedlung an der Gartenstraße in Schmitzhöhe begonnen. Die Vertriebenen finanzierten die Häuser durch günstige Darlehen, Mittel aus dem Lastenausgleich und nicht zuletzt ihre »Muskelhypothek«. Da sie meist aus ländlich gepräg-

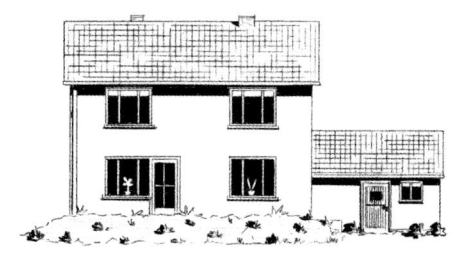

Nebenerwerbsstelle mit Anbau

ten Regionen Ostdeutschlands stammten, wollten sie ihren Lebensunterhalt durch Gartenbau und Kleintierzucht aufbessern. Diesem Wunsch entsprechend konzipierte der Rösrather Architekt Jakob Langen die Häuser an der Gartenstraße als landwirtschaftliche Nebenerwerbsbetriebe mit angeschlossenen Ställen für die Kleinviehhaltung und sehr großen Gärten. Die heute noch existenten Wohnungen haben eine Grundfläche von 80 bis 90 Quadratmetern und sind auf die Bedürfnisse von Kleinfamilien zugeschnitten.

Eine große Herausforderung bereitete die Versorgung der Siedlung mit Trinkwasser. Bis 1950 verfügte lediglich Lindlar über eine zentrale Wasserversorgung, hingegen besaß der größte Teil der Gemeinde Privatbrunnen. Da die

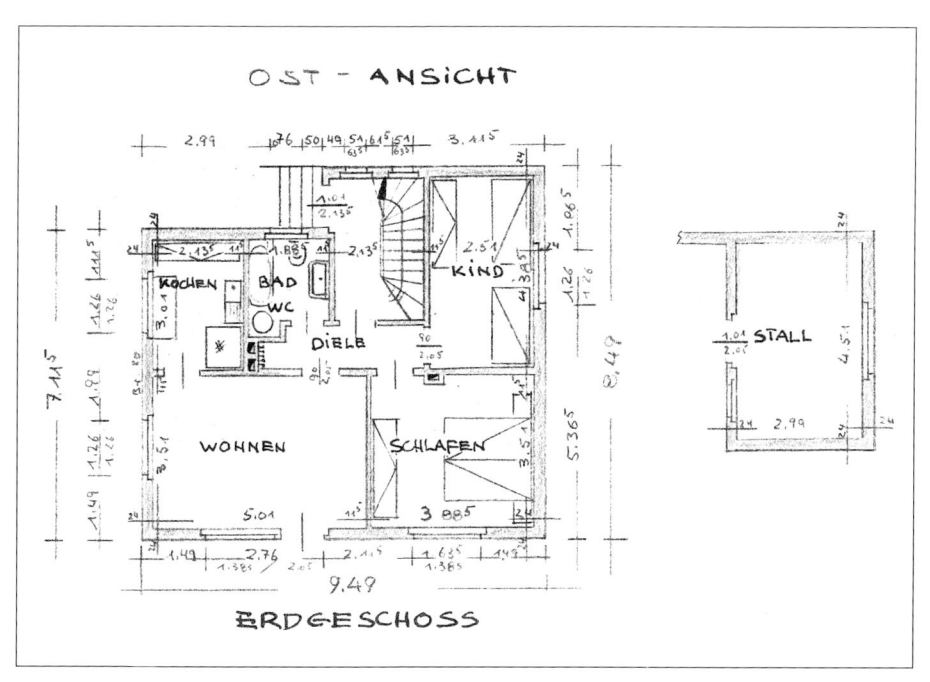

Nach den beengten Wohnverhältnissen der Behelfsheime lebten die Familien in der Gartenstraße auf ca. 80 qm mit Bad / WC recht komfortabel.

Einwohner Schmitzhöhes eine Wasserbelieferung unabhängig von der Belkaw (Bergische Licht-, Kraft- und Wasserwerke GmbH) in Bergisch Gladbach anstrebten, betätigte sich der aus Schönenborn stammende Wilhelm Eschbach als Wünschelrutengänger. 1954 stieß er unterhalb seines Heimatortes auf eine Wasserader. Ein Pumpenhaus bei Köttingen lieferte das kostbare Nass zum Hochbehälter in der Gartenstraße. Die Wasserversorgung existiert heute noch. Lediglich der alte Hochbehälter wurde durch einen modernen ersetzt und dient heute der Feuerwehr als Reservetank.

Die soziale Integration schreitet voran

Mit der Errichtung von Schmitzhöhe und anderen Siedlungen waren die unmittelbaren Wohnraumprobleme der Nachkriegszeit gelöst. Wie aber stand es um die soziale Integration der Neubürger? Um dies herauszufinden, führten Schülerinnen der Geschichts-AG des Gymnasiums Lindlar einige Zeitzeugenbefragungen durch.

1954 stieß Wilhelm Eschbach aus Schönenborn auf eine Wasserader. Ein Pumpenhaus bei Köttingen lieferte das kostbare Nass zum Hochbehälter in der Gartenstraße, der heute noch steht.

Interviews mit Zeitzeugen

Am Gymnasium Lindlar besteht als feste Einrichtung eine Geschichts-Arbeitsgemeinschaft, an der wechselnde Schüler der Jahrgangsstufen 9 bis 10 zu unterschiedlichen Themen mitarbeiten. Das Kapitel über Schmitzhöhe und die Heimatvertriebenen haben drei Schülerinnen im Alter von 13 bis 16 Jahren zusammen mit ihrem Geschichtslehrer erarbeitet und die nachfolgenden Interviews geführt.

Interview mit Herta Mirbeth (geb. Scholz), geboren am 30. April 1929 in Lauterseifen (Schlesien), heute wohnhaft in Hartegasse:

Frau Herta Mirbeth (hintere Reihe Mitte) Ende der 1930er Jahre in Niederschlesien

Am 12. Februar 1945 musste die Familie Scholz das erste Mal fliehen. Die Front rückte näher und man zog langsam durch die Dörfer. »Als wir drei Monate später zurück konnten, war unser Haus von den russischen Soldaten verwüstet worden«, berichtet die 78-Jährige. Man brachte alles, so gut es eben ging, in Ordnung und bestellte die Felder, wobei die Ernte nach Russland ging. Ein halbes Jahr später kamen die Polen und nahmen mehrere Orte in Besitz. »Wir wurden aus den Häusern vertrieben und mussten uns mit unserem Hab und Gut auf dem Dorfplatz einfinden, wo ein großer Pferdewagen für uns bereit stand.« Nach ein paar Tagen Fahrt wurden die Familien in Viehwagen untergebracht und mit dem Zug bis nach Wipperfürth gefahren. »Wir hatten Angst, in Sibirien zu landen«, erzählt Frau Mirbeth. Ihre Mutter, Frieda Scholz, übernachtete mit ihren drei Kindern, darunter Herta Mirbeth, in dem großen Flüchtlingslager in Wipperfürth. Sie wurden am nächsten Tag mit Bussen auf andere Lager verteilt, da immer mehr Vertriebene ankamen. »Wir übernachteten wenige Wochen in einem Lager bei Lindlar-Falkenhof, bevor wir in einer Gastwirtschaft in Hartegasse-Süng untergebracht wurden.«

»Wir kamen gegen Ende 1946 hierher. Es war reiner Zufall. Wir konnten uns den Ort nicht aussuchen«, antwortet die nette Dame auf die Frage, wann und warum sie ins Bergische Land gekommen war. Frau Mirbeth berichtet, dass es nicht sonderlich schwer war, Arbeit zu finden. Man half natürlich im Haushalt und Fabriken konnten immer Leute für Fließbandarbeit gebrauchen. »Mein Bruder konnte eine Ausbildung als Kfz-Mechaniker machen.«

Aus dem Interview geht hervor, dass die Reaktionen der Einheimischen sehr verschieden waren. »Viele sträubten sich verständlicherweise dagegen, Flüchtlinge aufzunehmen. Es herrschte viel Misstrauen. Uns war das alles sehr unangenehm, denn wir konnten uns ja nicht selbst versorgen! Wir hatten kein gutes Ansehen zu der Zeit«, erklärt die 78-Jährige. Man hörte oft von Konflikten wegen der verschiedenen Konfessionen. »Wir waren alle evangelisch getauft, wie die meisten in unserer Heimat, was aber in Hartegasse keine Schwierigkeiten bereitete. Ich konnte 1955 in der katholischen Kirche evangelisch heiraten, da es noch keine evangelische Kirche in Lindlar gab.« Haben Sie manchmal Heimweh? »Das Heimweh verging nach einiger Zeit, da ich mit einigen Bekannten hier angekommen war. Schon lange hab ich mich eingelebt.«

Das Interview führte Nicole Rüggeberg

Die Geschichts-AG des Gymnasiums Lindlar: von links nach rechts Lehrer Andreas Witt, die Schülerinnen Anouk Winkler und Annabelle Walter, es fehlt Nicole Rüggeberg.

Zu Beginn der 1950er Jahre feierten die Großeltern von Frau Mirbeth Goldhochzeit in Breun.

Interview mit Olga Klemke, geboren am 06. August 1927 in Poszeszupie, Kreis Sudauen, Polen:

Am 3. August 1944 floh Olga Klemke, die nahe der litauischen Grenze geboren wurde, mit ihrer Familie vor der heranrückenden Front: »Wir waren praktisch die letzten, haben lange gezögert, als wir endlich flohen, hörten wir schon den Geschützdonner der Front in Litauen«. 1944 floh die Familie zunächst nach Ostpreußen, am 18. Januar 1945 aber dann zurück in das innere Polens nach Plock.

Wie viele andere in Polen verbliebene Volksdeutsche wurden Olga Klemke und ihre Familie nach dem Krieg zunächst im Lager Litzmannstadt interniert und anschließend bei polnischen Bauern zur Zwangsarbeit in der Landwirtschaft eingesetzt. Diese Zwangsarbeit galt als Reparationsmaßnahme im Rahmen der von den Alliierten Siegermächten getroffenen Beschlüsse auf der Potsdamer Konferenz.

Dank verwandtschaftlicher Kontakte in das Siegerland durften sie und ihre Familie 1950 in die Bundesrepublik ausreisen. Über das Durchgangslager Friedland, wo Olga Klemke auch ihren späteren Mann kennenlernte, gelangte sie nach Netphen im Kreis Siegen-Wittgenstein. Direkt nach ihrer Heirat begann sie, sich gemeinsam mit ihrem Mann in Zeitungsinseraten nach einer landwirtschaftlichen Nebenerwerbsstelle umzusehen.

Ihr Mann entdeckte schließlich eine preiswerte Stelle in Lindlar-Hohbusch, auf der Viehwirtschaft betrieben werden konnte. Olga Klemke erinnert sich, das ihr erster Eindruck des »Hofes« niederschmetternd gewesen war: »Als ich ankam, wollte ich mich am liebsten wieder auf dem Absatz umdrehen«. Am größten Gebäude, dem Stall, war

Das Haus in den 1960er Jahren, davor Frau Klemke

das Dach eingefallen, weshalb es nicht als Wohnraum in Frage kam. Die daneben liegende Holzbaracke »war jedoch windschief und wir mussten drei Karren Dreck raus bringen, bevor wir einziehen konnten.« Der erste Winter in der Holzbaracke war dementsprechend bitterkalt.

Dank eines fähigen Architekten und viel Muskelarbeit besserte sich die Wohnsituation jedoch schon bald. Auch von den Nachbarn erfuhr Olga Klemke Akzeptanz und Hilfe, obwohl sie evangelischer Konfession ist.

Über die Frage nach der alten Heimat kann sie nur schmunzeln: »Heimweh hab ich keins, weil Heimat da ist, wo man sich wohl fühlt.«

Das Interview führte Andreas Witt

Die neue Bleibe der Familie Klemke, ca. 1953: links das im Umbau befindliche Wohnhaus, das ursprünglich ein Stall war, rechts die Holzbaracke, die nach der Fertigstellung des Hauses abgerissen wurde, davor Frau Olga Klemke mit ihrem Sohn.

Die Zeitzeugen berichten Widersprüchliches vom Miteinander der Konfessionen. Während Frau Mirbeth, geboren 1929 in Schlesien, »keine Schwierigkeiten« verspürte, fühlte sich die Zeitzeugin Elsbeth Borrmann, geboren 1919 in Ostpreußen, als Evangelische »anfangs sehr fremd«. Insbesondere stießen gemischtkonfessionelle Ehen zunächst auf Widerstände. Insgesamt verlief die Integration der Heimatvertriebenen jedoch erstaunlich reibungslos.

Einen Fall besonders gelungener Eingliederung bietet die Familie Lukas. Frau Ruth Eschbach geborene Lukas wurde 1938 in Preußisch-Eylau in Ostpreußen geboren und floh 1945 gemeinsam mit ihrer Mutter und den Geschwistern Richtung Westen.

Ihr Weg führte über Danzig, wo ihr Bruder auf tragische Weise bei einem Luftangriff ums Leben kam, weiter nach Gernrode im Harz, wo sie ihren aus dem Krieg kommenden Vater, Friedrich Lukas, wieder traf. Mit Blick auf die fehlenden Arbeitsmöglichkeiten im Harz beschloss die Familie, weiter nach Westen zu ziehen. Da ihr Vater Schmied war, gelang es der Familie leicht, Arbeit zu finden. Die Bauern der Gemeinde Hohkeppel suchten nämlich schon lange einen Schmied. Als der im Juni 1945 von den Alliierten eingesetzte Bürgermeister von Hohkeppel, Johann Breidenaßel, von der Ankunft eines Schmiedes aus dem Osten erfuhr, war er hoch erfreut und vermittelte der Familie Lukas eine Unterkunft bei der Familie Eschbach in Schönenborn. Schon 1950 konnte die Familie Lukas die beengten Verhältnisse verlassen und ein eigenes Haus mit Schmiede in Fahn beziehen.

Auch privat bahnte sich eine Verbindung zwischen Alt- und Neubürgern

Die Jubilate-Kirche kurz nach ihrer Errichtung 1956 und der »Korb«

Das Brautpaar Willi Eschbach und Ruth Lukas 1963 vor dem Elternhaus der Braut in Fahn, das die Eltern nach ihrer Ankunft in Lindlar selbst gebaut hatten.

an. Bereits während ihrer provisorischen Unterkunft im Hause Eschbach hatte Ruth Lukas ihren späteren Ehemann, Willi Eschbach, kennen gelernt. Innerhalb ihrer Ausbildung wurden sie ein Paar. Sie heirateten 1963 in der evangelischen Jubilate-Kirche in Lindlar, nachdem der katholische Pfarrer aus Hohkeppel eine gemischtkonfessionelle Verbindung abgelehnt hatte.

Nicht alle erlebten die Kontaktaufnahme zur einheimischen Bevölkerung als so unproblematisch. Herta Mirbeth, geb. 1929 in Schlesien, die 1946 als junges Mädchen aus Schlesien nach Lindlar kam, berichtet, es habe viel Misstrauen geherrscht und auf Tanzveranstaltungen sei sie wegen ihrer Herkunft nur selten aufgefordert worden. Luzie Walter (geboren 1933 in Schlesien), die erst 1957 über das Erzgebirge nach Lindlar kam, charakterisiert die Reaktion der Einheimischen als »kritisch«, dies habe jedoch nachgelassen, als klar wurde, dass die Zugezogenen bereit waren, sich anzupassen.

Eine bedeutende Veränderung durch die Neubürger lag in der Auflockerung der konfessionellen Struktur Lindlars. Schon 1945 war Rudolf Majert als Hilfsprediger zur seelsorglichen Betreuung der evangelischen Kriegsflüchtlinge aus dem Rheinland nach Lindlar gekommen. Seine Tätigkeit war nur als kriegsbedingtes Provisorium gedacht, doch durch den Zustrom der Ostvertriebenen, die dauerhaft blieben, wuchs in Lindlar eine lebensfähige evangelische Gemeinde heran. Im Februar 1950 wurde Rudolf Majert im Beisein des Kölner Superintendenten und mehrer Amtsbrüder feierlich als evangelischer Pfarrer in Lindlar eingeführt. Zunächst nutzte die evangelische Gemeinde die katholischen Pfarrkirchen in Lindlar und Frielingsdorf. Auch stellte der Inhaber der Nord-West-Papierwerke, Karl Götze, einen Gottesdienstraum für die Evangelischen und sein privates Wohnzimmer für evangelische Trauungen zur Verfügung. In Schmitzhöhe trafen sich die Gemeindemitglieder in privaten Wohnhäusern, später in der Schule. Ein gebraucht angeschafftes Moped, eine NSU Quickly, erleichterte dem Katecheten Kurt Appelt ab 1953 die Fahrten nach Schmitzhöhe. Schon 1954 erfolgte der Spatenstich für die eigene Jubilate-Kirche, die am Sonntag »Jubilate«, dem 22. April 1956, feierlich eingeweiht werden konnte.

Wenn nach dem zweiten Weltkrieg eine lutherische Gemeinde in Lindlar gegründet wurde, so resultierte dies im Wesentlichen aus den Zuzügen aus dem Osten. Die konfessionelle Verankerung, das eigene Haus mit Nutzgarten und die Möglichkeit, eine Anstellung zu finden, führte wiederum zur schnellen Akzeptanz der neuen Lebenssituation. Als Indikator für den Grad der Integration kann die Anzahl der Sitze des BHE (Bund der Heimatvertriebenen und Entrechteten) im Lindlarer Gemeinderat dienen. Zog diese Vertriebenenpartei 1952 zunächst mit drei Sitzen in den Rat ein, so schrumpfte ihr Anteil bei der Wahl 1956 auf einen Sitz und schon nach der Wahl von 1961 verschwand sie aus der Gemeindevertretung.

FAZIT

Festlich begingen die Gläubigen im Jahr 2006 den 50. Jahrestag der Einweihung ihrer Jubilate-Kirche im Hauptort Lindlar. Ein Jahr zuvor feierten sie die Einweihung des Gemeindezentrums in Schmitzhöhe, das der Kölner Architekten Ulrich Coersmeier farbenfroh und in moderner Bauart ausgeführt hatte. Die anfänglich Fremden sind längst heimisch geworden und der Ort Schmitzhöhe sowie die Gemeinde Lindlar haben mit ihnen an Vielfalt hinzugewonnen.

Andreas Witt

Ein Haus des Herrn entsteht

Der 1. April 1949 war ein denkwürdiger Tag für die evangelischen Einwohner Lindlars. Nachdem fast 2.000 evangelische Vertriebenen nach dem Zweiten Weltkrieg nach Lindlar gezogen waren, entstand an diesem Tag eine selbständige evangelische Gemeinde, die jedoch noch kein eigenes Gotteshaus besaß.

Viereinhalb Jahre später, am 28. September 1953, versammelte sich die Gemeinde mit Pfarrer Majert zum ersten Spatenstich auf dem Bauplatz der zukünftigen Kirche. Bedingt durch einen langen Winter erfolgte die Grundsteinlegung erst ein Jahr später, am 24. Oktober 1954. Planung und Bau lagen in den Händen der Antoniter-Siedlungsgesellschaft mbH der evangelischen Kirchengemeinden in Köln. Die Kirche sollte 300 Gläubigen Platz bieten, weitere Gemeinderäume waren unter dem Kirchenschiff geplant.

Am 10. Juni 1955 feierte die Evangelische Kirchengemeinde Lindlar das Richtfest ihrer Kirche, am Sonntag »Jubilate« 1956 (22. April) erfolgte die feierliche Weihe nach zweieinhalbjähriger Bauzeit. Zum Konfirmationstag 1957 wiederum waren die neuen Altarfenster fertig gestellt, die zusammen mit dem umlaufenden Glasband dem Kirchenraum Licht geben.

Bildhauer Ernst Thomas Reinboldt aus Köln-Rodenkirchen fertigte die Entwürfe der drei Bibelfenster. Reinboldt legte der Bildgestaltung die Psalmworte »Alle Welt lobe den Herrn« (Psalm 104 und 148) zugrunde. Die Bildfenster preisen in ihrer reichen symbolhaften Sprache die Werke der Schöpfung. In der Bildmitte weist der Fingerzeig Gottes auf die Rose aus der Wurzel Jesse. Symbolhaft sind auch die Strahlen mit ihrem Hinweis auf die Trinität. Im linken Bild Darstellung des Psalmisten David mit der Harfe, ergänzt durch die Tiere der Wildnis, während uns im rechten Bild wie in einem Spiegel des tätigen Lebens Ackersmann und Steinmetz begegnen.

Das Gotteshaus weist den Grundriss einer Parabel auf, deren enger Bogen im Osten den Altar aufnimmt. Betreten können wir die Kirche durch den Windfang des unteren Turmgeschos-

Die Jubilate-Kirche mir ihrem offenen Glockenturm

Der Steinhauer aus dem Bildfenster hinter dem Altar

Die Grundsteinlegung

Die Fundamentgräben sind angelegt.

Die Glocken werden hochgezogen.

ses. Im Westen befindet sich auch die Empore für Orgel und Chor. Über der Vorhalle erhebt sich der Turm aus fünf Grauwackesäulen. Sie bündeln sich in 20 Metern Höhe unter einem Schieferdach zum Glockengeschoss. Ein Relief aus verschiedenfarbiger Grauwacke auf der Giebelseite zeigt den segnenden Jesus. Das Kirchenschiff mit aufsteigendem Dachfirst ist aus kleinformatigem geschlämmten Kalksandstein errichtet. Eine besondere Verspannung im zeltartig anmutenden Kircheninnern bewirkt, dass auf störende Pfeiler verzichtet werden konnte.

Seit mehr als fünfzig Jahren steht die Kirche nun für evangelische Identität und Präsenz in Lindlar. Josef Külheim schrieb 1956 zur Einweihung der Jubilate-Kirche in der Bergischen Landeszeitung: *Möge von dieser Stätte Gottes Gnade sich ergießen über alle Gemeindemitglieder, die sich hier Kraft für das Leben in der Welt erbitten.*

Gabriele Emrich

Der Altarraum der Jubilate-Kirche mit den Bildfenstern

🇬🇧 Art in Lindlar in public places

1978: The bronze cross was raised in a pond in castle Heiligenhoven

Various works of art in public places are the signs of a vital community whose artists are interested in its nature and culture. Already in 1978 the bronze cross made by the internationally well-known sculpturess Yrsa von Leistner was raised in a pond in castle Heiligenhoven. In the years that followed many other works of art were placed in the city of Lindlar, e.g. life-size "Bessemsbenger" by the former mayor and "Herrgottsschnitzer" Josef Bosbach, "Steenkühler" by painter and artist Manfred Hamm, the stainless steel sculpture "Sechs Kirchdörfer" by Georg Vogt at the town hall, "Arche Noah" by Gottfried Mauksch at the St. Severin's Church, "Große Frauenkopf" by sculpturess Christiane Tyrell under the old trees next to the "Alten Amtshaus" at the Marktplatz and the sculpture "Brücken schlagen" by Kira Hanusch on the roundabout at the industrial park Klause.

🇫🇷 Lindlar et l'art accessible à tous

1978 : installation de la croix en bronze de l'étang du château de Heiligenhoven

Les nombreuses réalisations artistiques «à ciel ouvert» montrent le dynamisme de la commune dont les artistes ont su s'intégrer à la fois dans l'environnement culturel et naturel. Dès 1978, la sculpteure Yrsa von Leistner, connue au plan international, érigea une croix en bronze dans l' étang du château de Heilighoven. Dans les années qui suivirent apparurent au sein de la commune de nombreuses créations comme par exemple :

- le «Bessemsbenger» (personne méritante) grandeur nature de l'ancien maire Josef Bosbach, aussi nommé le «Herrgottsschnitzler» (sculpteur sur bois de figurines sacrales).
- le «Steenkuhler» (tailleur de pierres) du peintre et artiste Manfred Hamm
- la fontaine en inox «Sechs Kirchdörfer» (les 6 paroisses) de Georg Vog située à la mairie
- la «Reinoldusstein Arche Noah» (une arche de Noé en pierre) de Gottfried Mauksch située à l' église paroissiale St Séverin
- la «Große Frauenkopf» (la grande tête de femme) de l'artiste Christiane Tyrell située sous les arbres centenaires à coté de l'ancienne mairie (Alten Amtshaus) sur la place du marché
- l'œuvre «Brückenschlagen» («fraternisation») de l'artiste en métaux Kira Hanusch située sur un rond point dans la zone industrielle de la Klause au numéro 19 de la «Kreissstrasse.»

🇭🇷 Lindlarska umjetnost u javnim prostorima

1978.: Postavlja se brončani križ u predvorju dvorca Heiligenhoven

Bogat kulturni život općine dokazuje djelovanje umjetnika koji se jednako bave prirodnim i kulturnim krajolikom, te njihova brojna umjetnička djela koja se mogu naći u »javnim prostorima«. Već 1978. postavlja se brončani križ pred dvorcem Heiligenhoven, djelo međunarodno poznate kiparice Yrse von Leistner. Sljedećih godina u mjestu su se pojavila djela kao što je »Metlar« u prirodnoj veličini, djelo bivšeg gradonačelnika Josefa Bosbacha, »Kamenoklesar« djelo majstora i umjetnika Manfreda Hamma, zdenac »Šest sela« od čelika djelo Georga Vogta, »Noina arka« od Gottfrieda Mauksche koja se nalazi ispred župne crkve Sv. Severina. »Velika glava žene« djelo kiparice Christiane Tyrell nalazi se pored stare vijećnice na tržnici, kao i umjetnički objekt »Rušenje mostova« umjetnice Kire Hanusch u industrijskoj zoni Klause.

Kapitel 19

Lindlars Kunst im öffentlichen Raum

Aus Lindlars Mitte
und von weither

*Das Bronzekreuz im Schlossteich
von Heiligenhoven wird errichtet.*

Lindlars Kunst im öffentlichen Raum

Im Park von Schloss Heiligenhoven, das heute dem Landschaftsverband Rheinland gehört, scheint am Ende einer kleinen Insel eine Bronzeplastik aus dem Schlossteich zu wachsen, die sich immer wieder durch die wechselnden Farbeinflüssen der Jahreszeiten in die Wasserlandschaft einfügt. Das große Holzkreuz mit dem Korpus Christi trägt den Titel: »Es ist vollbracht«.

Die Plastik ist kein Einzelexemplar. Der gleiche Korpus aus Bronze steht auch in der Kathedrale von Melbourne und gibt einen Hinweis auf die internationale Bedeutung der Bildhauerin, die dieses Werk schuf: Yrsa von Leistner, die 1917 als Tochter eines Kirchenbaumeisters und einer dänischen Sängerin geboren wurde. Als die Künstlerin 1955 nach Bonn übersiedelte, wurde sie mit vielen öffentlichen Arbeiten beauftragt: Sie führte unter anderem Porträtbüsten von Konrad Adenauer und Heinrich Lübke aus. Seit 1981 lebt Yrsa von Leistner zurückgezogen in St. Augustin.

Inmitten einer Hecke geht eine zweite Bronzeplastik der Künstlerin, »Das große Welttheater«, nahezu ein Symbiose ein mit dem umgebenden Grün. 1955 hat Yrsa von Leistner das Original gestaltet. Das Relief, außerdem eine Büste von Paul Lücke, die ehemals im Foyer des Schlosses stand und sich heute in der Stegerwald-Stiftung in Köln befindet, sowie das Kreuz im Schlossteich sind Werke, die nicht originär für Heiligenhoven gefertigt wurden. Es sind Bronzegüsse, die die »Stegerwald-Stiftung Köln«, ab 1969 Nachfolgerin des »Sozialwerks Adam Stegerwald e. V.«, in ihrer »Bildungsstätte Schloss Heiligenhoven« 1978 aufstellte.

Den Kontakt zur Künstlerin stellte vermutlich der ehemalige Bundesminister Paul Lücke (1914 bis 1976) her.

Kruzifix »Es ist vollbracht« im Schlossteich von Schloss Heiligenhoven

Gebürtig aus Marienheide, saß Lücke zwischen 1949 und 1972 als CDU-Mandatsträger im Deutschen Bundestag. Unter Konrad Adenauer wurde er 1957 Wohnungsbauminister und im Kabinett Ludwig Erhards von 1965 bis 1968 Bundesinnenminister. 1969 übernahm er die Geschäftsführung der DEWOG und später den Vorsitz des Stiftungsrates der Stegerwaldstiftung. Wenn hier durch Paul Lücke Kunst nach Heiligenhoven »importiert« wurde, wie steht es heute um das kreative Schaffen ortsansässiger Künstler und was wird als Kunst verstanden?

In Lindlar ist der Begriff »Kunst« sehr breit gefächert – Skulpturen, Plastiken und Installationen findet man als Ausdruck bodenständiger Kunst, als am christlichen Glauben orientierte Plastiken und als zeitgenössische Kunst. Eine hohe Identifikation haben viele Lindlarer vor allem mit den Werken ihrer »Volkskünstler«, die leicht verständlich Lindlarer Handwerk und den Alltag der Vergangenheit in Plastiken und Skulpturen dargestellt haben.

»Das große Welttheater« vor dem Schloss

Aus Lindlars Mitte und von weither

Künstler in Lindlar: Einige wurden hier geboren, erlernten handwerkliche Berufe und bildeten ihr künstlerisches Geschick als Autodidakten aus. Andere kamen von außerhalb nach einer akademischen Ausbildung an Kunsthochschulen und nachfolgenden Wanderjahren nach Lindlar, um hier zu leben und zu arbeiten. Einige Künstler, deren Werke auf Plätzen und vor öffentlichen Gebäuden Lindlars zu sehen sind, werden hier vorgestellt.

Manfred Hamm
»Steenkühler-Brunnen«

Das Leben der Lindlarer »Steenkühler« vor über 100 Jahren setzte der Malermeister und Künstler Manfred Hamm gemeinsam mit dem Vorstand des Verkehrs- und Verschönerungsverein in einer groß angelegten Brunnenanlage am Marktplatz um. Im Maßstab 1:1 wurden die Lebensumstände einer Steinhauerfamilie dargestellt: Die waschende Hausfrau und Bäuerin mit Waschtrog am Bach, der Mann, der kraftvoll mit dem Hammer einen Keil in einen Grauwackeklotz hineintreibt. Im Vordergrund kniet eine trinkende Ziege am Bachlauf, der sich durch die Pflastersteine schlängelt. Ein Mädchen spielt daneben mit seiner Puppe.

Zunächst hatte Manfred Hamm, vom VVV als »Vereinskünstler« bezeichnet, den Entwurf abstrakt gestaltet. Man entschied sich für die realistisch gestalteten Figuren. Die Arbeiten wurden von den Vorstandsmitgliedern des VVV unter Hamms Leitung ausgeführt. Unverwüstlich ist diese bei Kindern und Besuchern des Platzes beliebte Brunnengestaltung – sie wurde in Bronze gegossen. Zehn Jahr lang hatte der Verein für das 45.000 Mark teure Projekt angespart, Lindlarer Firmen beteiligten sich mit Spenden und Leistungen, der Verein investierte 1.000 Arbeitsstunden ehrenamtlich.

Ausschnitt aus dem Relief im Rathausfoyer

Der »Steeenkühler-Brunnen« zeigt das alltägliche Leben

Sein universelles schöpferische Potenzial bewies Manfred Hamm, der auch an der Werkkunstschule Köln studiert hat, ebenfalls mit einer Baumstele neben der Kirche Sankt Severin: Die vergängliche Holzplastik stellt ein Abbild der Weltsituation dar, symbolisiert auf der begrünten Seite die im Überfluss lebende Bevölkerung des nördlichen Teils der Erde, die geschwärzte an der anderen Hälfte ist Sinnbild für die südlichen Staaten in ihrer Not und Überbevölkerung.

Abstrakt formulierte Manfred Hamm eine Arbeit, die 2001 im Foyer des Rathauses eingeweiht wurde. Für die lange Wand schuf er ein Relief mit Symbolen und geometrischen Formen, das in einer vielseitigen Formensprache die heutige multikulturelle Gesellschaft Lindlars gegenüber der monotheistischen Vergangenheit darstellt: die sechs Dörfer der Gemeinde Lindlar mit ihrer unterschiedlichen Bevölkerungsstruktur, das »Auge Gottes«, das Grundgesetz und den Menschen, der skurril mit einem Pyramidenhütchen dargestellt wird.

Josef Bosbach »Bessemsbenger«

Den lebensgroßen »Bessemsbenger«, der Besenbinder aus der Steinhauerzunft, ist eine Arbeit des verstorbenen Lindlarer Alt-Bürgermeisters Josef Bosbach. In großzügigen Umrissen arbeitete Bosbach die kniende Figur aus einem dicken Holzstamm. »Eine traurige Berühmtheit hat der Bessemsbenger eigentlich erlangt«, erklärte der 80-Jährige im September 1984 die Skulptur bei der Enthüllung am ursprünglichen Standort in der Hauptstraße, mitten in einem bunten Blumenfeld. »Er erinnert an die durchlebte Armut früherer Zeit. Das soll uns zu Bescheidenheit mahnen.« In späteren Jahren wurde der ursprünglich dunkelbraune »Bessemsbenger« coloriert. Auch an seinem heutigen Standort vor der Alten Schule in der Eichenhofstraße verdeutlicht er den Lindlarern einen ortsüblichen Beruf vor über 100 Jahren – den Steinhauer, der in den Lindlarer Steinbrüchen die Grauwacke brach und im Nebenberuf in den Wintermonaten die typischen Reisigbesen für den Broterwerb band.

Die Anregung für diese lebensgroße Holzplastik kam vom Verkehrs- und Verschönerungsverein Lindlar (VVV). Die Idee war, den Betrachter dazu anzuregen, sich der Armut in Lindlar zu erinnern, die viele Menschen durchleben mussten, und die Tugend der Beschiedenheit nicht zu vergessen. Bereits 1963 schuf Bosbach für den Papierfabrikanten Karl Götze zu dessen 60. Geburtstag eine Holztafel mit einem plastisch herausgearbeiteten Besenbinder in Verbindung mit dem Lindlarer Wappen.

Der »Bessemsbenger« an der Alten Schule in der Eichenhofstraße

Der gelernte Feilenhauer Josef Bosbach ging bis zu seiner Pensionierung nur in seiner Freizeit der geliebten Bildhauerei nach. Erst im Ruhestand konnte er seiner Leidenschaft widmen, gab sogar sehr gut besuchte Holzschnitzer-Kurse in der Volkshochschule. Für viele Kirchen in der weiten Umgebung kreierte der »Herrgottschnitzer« Bosbach prägnante Marienbilder und Krippenfiguren, die in der Weihnachtszeit aufgestellt werden und sich als wesentlicher Bestandteil der Krippenführungen im Bergischen Land etabliert haben. Am bekanntesten sind die Madonna in der Pfarrkirche Sankt Severin und der Korpus auf dem Kreuz hinter dem Altar der Schmitzhöher Kirche.

Georg Vogt
»Die sechs Kirchdörfer«

Auf die sechs Kirchdörfer von Lindlar bezieht sich auch die Brunnenplastik aus Edelstahl von Georg Vogt am Rathaus. Sechs Edelstahlrohre fasste der früher im Gießereifach tätige Autodidakt zu einem Bündel zusammen, die aus einer stählernen Brunnenschale in den Himmel ragen. An Rand der Schale findet man die eingravierten Bezeichnungen der sechs Dörfer: Lindlar, Hohkeppel, Schmitzhöhe, Linde, Hartegasse-Süng und Frielingsdorf-Scheel als Dokument der Stärke und des Zusammenhalts. Grundlage für diese Idee war für Vogt die alttestamentarische Erzählung vom Vater mit den sechs zerstrittenen Söhnen, die es nicht schaffen, sechs gebundene Stöcke zu zerbrechen. Nur der Vater schafft es mühelos und demonstriert seinem Nachwuchs, dass eine Familie nur Bestand hat, wenn sie nicht zerfällt.

Diese biblische Metapher, deren Symbolgehalt in besonderem Maße auf die Gemeinde Lindlar mit ihren Kirchdörfern zutrifft, stellte der Frielingsdorfer Georg Vogt in abstrahierter Form mit gebündelten, lebhaft sich empor reckenden Edelstahlrohren für die Brunnenanlage dar.

1991 hatte der Ausschuss für Ortskernverschönerung Georg Vogt beauftragt, Entwürfe für die Brunnengestaltung am Marktplatz zu gestalten, nachdem in Lindlar von 1986 bis 1990 die Ortskernsanierung und Neugestaltung durchgeführt worden war. Damals blieben von dem 2,5 Millionen Mark umfassenden Etat immerhin 50.000 Mark für das Kunstwerk übrig. Skeptisch begutachtete der Rat zunächst das Modell des Entwurfs, ließ sich aber von der Umsetzung überzeugen.

Doch verloren stand die Brunnenanlage seit Anfang der 1990er Jahre auf dem Platz neben dem Kaufhaus »Multistore«, wurde bald mit Bierdosen und Dreck verschandelt. 1998 stellte der Verkehrs- und Verschönerungsverein den Antrag, die Anlage auf die Grünfläche am Rathaus in der Borromäusstraße zu versetzen. Im April 2001 erhielt Vogts stählerne Brunnenanlage einen würdigen Standort vor dem inzwischen aufgestockten und sanierten Rathaus.

Die stählerne Brunnenanlage als Sinnbild der Lindlarer Kirchdörfer vor dem Rathaus

Gottfried Mauksch
»Arche Noah«, der Reinoldusstein

Typisch für Lindlar scheint der gemeinschaftliche Einsatz für die Umsetzung eines künstlerischen Projektes zu sein. Dies beweist auch die Umsetzung der Skulptur »Arche Noah«, die 1999 zum 800-jährigen Bestehen der Pfarrkirche St. Severin eingeweiht wurde. Die Idee für die »Arche Noah« mit den Tieren auf dem bewegten Schiff und der Friedenstaube mit dem Ölzweig hatte der erste Vorsitzende der Sankt Reinoldus Steinhauergilde, Stefan Blumberg. Steinhauer Gottfried Mauksch setzte das Motiv zeichnerisch und später auch mit Hammer und Meißel um.

Die ersten Schläge an dem tonnenschweren Grauwackestein wurden von Pastor Josef Rottländer, Bürgermeister Konrad Heimes und rund 50 Lindlarer Bürgern vollzogen. Später durfte jeder gegen eine kleine Spende den 7,5 Tonnen schweren Rohling »mitbehauen«. Die Feinarbeit übernahm später Gottfried Mauksch, der mit Hammer und Meißel meisterhaft und fast filigran die Motive aus dem schwierig zu bearbeitenden Stein herausarbeitete.

An der Außenseite des Chores steht die mit dem Sockel circa drei Meter hohe Skulptur. Rechts oben blickt man auf die schützende Hand Gottes, darunter wölbt sich ein Regenbogen, dessen eigentliche Farbschattierungen von Mauksch meisterhaft durch unterschiedlichen Schliff herausgearbeitet wurden. In der auf bewegten Wellen schwimmenden Arche entdeckt man Tiere der Schöpfung: Links zwei Pferde, die früher auch im Steinbruch eingesetzt wurden, daneben zwei Kühe, ein großer Elefant und ein langhalsige Giraffe. Auf die eigentlich typische Ziege des »kleinen Mannes« musste verzichtet werden, weil sie in den Proportionen nicht zwischen Kuh und Elefant gepasst hätte.

Auf dem Arche-Dach liegt eine Katze als Symbol für häusliche Geborgenheit. Links oben sieht man die Taube mit dem Ölzweig im Schnabel als internationales Zeichen für den Frieden. In das Schriftband drunter wurde das Thema des Reinoldus-Steins eingraviert: »Frieden, Herr zeige mir was ich tun soll«.

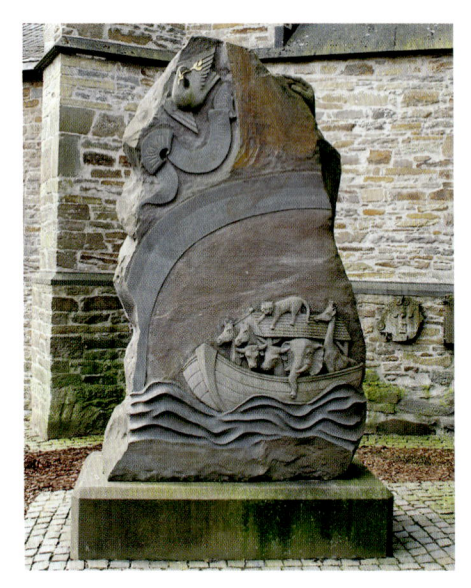

Friedenstaube mit Ölzweig im Schnabel

Der »Reinoldusstein« aus Grauwacke vor dem Chor der Kirche als Zeichen Lindlarer Steinmetzkunst

Die »Arche Noah« mit Pferden (Arbeitstiere im Steinbruch), Kühen (gehörten neben Ziegen zu jedem Steinhauer-Haushalt), einem Elefanten (Ausdauer), einer Giraffe (Weitblick) und auf dem Dach eine Katze (häusliche Geborgenheit)

Christiane Tyrell
Frauenkopf und Land-Art

Unter den alten Bäumen neben dem »Alten Amtshaus« am Marktplatz steht der »Große Frauenkopf« der Bildhauerin Christiane Tyrell an einem markanten Punkt. Die in Bronze gegossene Arbeit zeigt zwei Gesichter eines Menschen – ein ungleiches Gleichgewicht. 1999 konnte der Kopf von der Kulturstiftung der Kreissparkasse Köln anlässlich der Sanierung und Einweihung des »Alten Amtshauses« angekauft werden.

Drei Jahre später, im Juni 2002, wurde die »Ökumenische Kapelle« in Lindlar-Remshagen eingeweiht. Christiane Tyrell gibt dem Kapellenraum mit ihrer künstlerischen Gestaltung Anstoß zur Besinnung. Hinter dem Altar ist eine »Schale mit Apfel« angebracht, sie trägt den ökumenischen Gedanken, ungeachtet der Religionszugehörigkeit, in sich: geben und nehmen, zelebrieren, darreichen, bewahren – der Apfel als schützenswertes Gut, hier ein Symbol für die Unerschöpflichkeit der Natur.

Nur kurzzeitig war das Kunstprojekt »Haltung«, ein Ensemble aus sieben Bildstöcken, welches die Bildhauerin für das Kulturprogramm des 31. Deutschen Evangelischen Kirchentages in Köln entwickelte, auch in Lindlar zu sehen. Im Oktober 2007 wurden die Stelen entlang der Straße zwischen der katholischen Kirche Sankt Severin und der evangelischen Jubilate-Kirche aufgestellt – als Anfang und Ende eines Meditationsweges. Die sieben Reliefs führen grundlegende Daseinsweisen des Menschen vor Augen. Wie in einem

Frauenkopf im Garten des »Alten Amtshauses«

Spiegel erscheinen Mut, Beharrlichkeit, Ängstlichkeit und Offenheit, aber auch Konfrontation und tragische Unentrinnbarkeit.

Im Mai 2008 setzte Christiane Tyrell im Auftrag des Bergischen Freilichtmuseums mit ihren drei Installationen »Obstbäume – Eimer – Abendrot« weithin sichtbare Akzente für die Ausstellung »Alles im Eimer«. Über Monate konnten Besucher und Passanten ihre Installationen, bestehend aus 1.500 Eimern, im Wechsel des Lichts und der Jahreszeiten auf sich wirken lassen.

Christiane Tyrell ist 1952 in Schleswig-Holstein geboren und studierte in Braunschweig und Berlin Freie Bildhauerei. Sie lebt und arbeitet seit 1984 in Lindlar. Die hier präsentierten Werke zeigen nur einen kleinen Teil ihres Oeuvres, neben Köln, München, Nürnberg, Wuppertal, Gummersbach, Blois (Frankreich).

Die Eimer-Installation auf einem Hang im Bergischen Freilichtmuseum im Sommer 2008

Martin Rosswog
»Ländliche Innenräume«

Mit der fotografischen Sammlung »Ländliche Innenansichten« ist der Fotograf Martin Rosswog seit vielen Jahren in einer Dauerausstellung in Schloss Heiligenhoven vertreten. Der Landschaftsverband Rheinland kaufte schon früh einen Teil des inzwischen wertvollen Oeuvres des Künstlers auf, der in den 1980er Jahren an der Staatlichen Kunstakademie Düsseldorf studierte und Meisterschüler von Bernd Becher war.

Martin Rosswog entwickelte über mittlerweile drei Jahrzehnte hinweg eine eigene, konsequente Bildsprache: In den Dörfern Europas, zwischen Ost und West, Nord und Süd nimmt er die Innenräume der teils archaisch wirkenden Bauernhäuser auf, richtet den Blick auf die Koch-, Wohn- und Schlafstätten: Er schafft Studien von den typischen Einrichtungen. In manchen Räumen scheint die Zeit stehen geblieben zu sein, jedoch haben moderne Gegenstände wie Plastikeimer, Kühlschränke, Elektroherde und Radios ihren Platz in den Wohnstätten als Zeichen der Veränderung gefunden. Parallel zu diesen Bilderzyklen fotografiert Martin Rosswog die Landschaft und die Menschen, die in den Häusern wohnen. Mit sparsamen Linien bildet er die Landschaft ab und die Menschen in ihrer natürlichen Haltung.

Von circa 1980 stammt ein Porträt von Karl Jäger, einem pensionierten Landwirt aus Remshagen, und seiner Küche. Diese und weitere Porträts, veröffentlicht in dem Bildband »Menschenbilder« bei DuMont, waren die ersten Anfänge der dokumentarischen Arbeit von Martin Rosswog. Im Bildband »Ländliche Innenräume in Europa«, 1996 herausgegeben, befinden sich auch Studien aus Wohnräumen aus der Umgebung Lindlars. Mit inzwischen sieben monografischen Buchveröffentlichungen, Ausstellungen in bedeutenden Museen und Galerien steht der 1950 in Bergisch Gladbach geborene Fotograf in einer Reihe mit international bedeutenden Kunstfotografen.

Seit vielen Jahren ist er in Lindlar sesshaft, zunächst in Remshagen, später in Kurtenbach in einem kleinen Fachwerkhaus. Das bewusst einfache Leben dort scheint eine der Grundlagen für seine Arbeit zu sein, die nie das Spektakuläre sieht, sondern die Ästhetik des eigentlich Unscheinbaren.

Küche von Karl Jäger Remshagen, um 1980

Unterbergscheid bei Schmitzhöhe, 1991

Kunstobjekt »Brücken schlagen« auf dem Kreisel am Industriepark Klause

Kira Hanusch
»Brücken schlagen«

Seit 2006 bestimmt das Kunstobjekt »Brücken schlagen« die Landschaft auf der Kuppe, als »optisches Tor« nach Lindlar und zum Industriepark Klause an der Kreisstraße 19. Konzipiert wurde das Kunstprojekt von der Metallbildhauerin Kira Hanusch, die sich am Rande des Industrieparks ein Atelier eingerichtet hat.

Vier rechteckige patinierte Lärchenholzstelen ragen im Winkel von circa 80 Grad acht Meter hoch in den Himmel. Jeweils zwei von ihnen werden mit je einem sechs Meter langen polierten Edelstahlrohr auf sechs Meter Höhe mittig durchbrochen. Zwischen den beiden Edelstahlrohren existiert ein geringer Abstand.

Vom ersten Entwurf bis zur Fertigstellung arbeitete Kira Hanusch drei Jahre an dem Projekt. Auch im Herbst 2008 war das Projekt noch nicht abgeschlossen – die umgebende Grünfläche soll noch gestaltet werden.

Finanziert hat Hanusch das Kunstwerk durch die »Kultur- und Umweltstiftung« der Kreissparkasse Köln, die zehn Prozent der erforderlichen Summe stellte, durch weitere finanzielle Spenden, durch den Verkauf einer Grafikedition und Arbeitsleistungen, die sie und viele andere unentgeltlich ausführten. Ein Schild an der Informationstafel zum Industriepark an der Schlosserstraße listet alle 40 Förderer auf.

Kira Hanusch, 1963 in Ludwigsburg geboren, studierte an der Hochschule der Künste in Berlin, und war Meisterschülerin bei Michael Schoenholtz. Seit 2002 lebt und arbeitet die Künstlerin in Lindlar und in Berlin. Ihre Arbeiten werden auf international bedeutenden Ausstellungen, in Museen, auf Kunstmessen und in Galerien gezeigt. Kraftvoll wirken ihre Metallobjekte, aggressiv die scharfen Metallspitzen, die sich leicht in eine geplante Bewegung begeben, und damit eine nicht erwartete Harmonie des Objektes offenbaren.

Spannkraft und Ruhe, Leichtigkeit und Schwere, Fragilität und Festigkeit sind die Polaritäten, die Kira Hanusch mit intuitiver Sicherheit in ihren Werken umsetzt. Dies wird auch bei dem Großprojekt »Brücken schlagen« sehr deutlich. Mit innerer Bereitschaft, sich auf diese Kontrapunkte einzulassen, sollte der Betrachter auch das Kunstprojekt »Brücken schlagen« auf sich wirken lassen.

artgenossen – Kunst und Kultur in der ehemaligen Winterschule

Das Landart-Hotel in der Pollerhofstraße stellt eine Besonderheit in der Region dar mit seiner Ausrichtung auf Kunst und Kultur in Kombination mit Restauration und Übernachtung. Im Jahr 2001 wurde die ehemalige Winterschule für angehende Landwirte von den »artgenossen« übernommen. Mit viel Engagement setzten die Lindlarer Franz und Gunhild Hermann, Sebastien Guesnet und Ursula Neumann das Konzept für »Ein Haus voller Kunst« als »arthotel auf dem Lande« um. Neben weiteren Künstler aus der Region wie Dominik Böhringer (Kürten), Ulrike Oeter (Rösrath), Maria Schätzmüller-Lukas (Kürten), Margret Schopka (Overath), Helmut Stürtz (Overath) sowie Michael Wittassek (Bergisch Gladbach), schufen Christiane Tyrell und Martin Rosswog aus Lindlar in den Schlafräumen jeweils ein »Künstlerzimmer«.

Unter dem Leuchterrad aus Küchen- und Haushaltsgegenständen lässt es sich gut speisen

Rund um die Winterschule ist inzwischen ein kleiner Skulpturenpark mit Plastiken und Installationen entstanden. Auch in den Galerien ist man von zeitgenössischer Kunst umgeben. Im Frühstückszimmer beherrscht der mächtige Lüster von Bettina Gruber den Raum. Er ist bestückt mit ausrangierten Küchen- und Haushaltsgegenständen aus Glas, Metall sowie Plastik. Unvergessliche Literatur- und Performancenächte rund um die alte Winterschule machen einen Besuch bei den »artgenossen« zu einem Erlebnis.

Zu einer festen Institution hat sich die monatliche Vernissage »Künstler kochen und bitten zu Tisch« etabliert, bei der namhafte Künstler wie Rainer Gaertner, Josef Snobl und Thomas Baumgärtel nicht nur ausstellen, sondern mit dem Küchenchef ein kunstbasiertes Menü kreieren. Konzertabende und Kulturwerkstatt ergänzen das Programm – eine echte Bereicherung für Lindlar und die Region. Seit dem das Ehepaar Hermann ausgeschieden ist, führen Ursula Neumann und Sebastien Guesnet das Konzept fort.

Heute wird da getafelt, wo sich früher die Knabenklasse der landwirtschaftlichen Winterschule befand.

FAZIT

Es ist und war nicht einfach, Kunstprojekte im ländlichen Lindlar umzusetzen. Mit der Finanzierung durch den Verkehrs- und Verschönerungsverein konnten Arbeiten wie der »Bessemsbenger« und der »Steenkühler-Brunnen« verwirklicht werden. Doch nur mühsam gelingt es, auch zeitgenössische Kunst in Lindlar zu etablieren.

Kunst kann im hohen Maße dazu beitragen, das Bewusstsein für Natur und Landschaft, für Entwicklungen in der Gesellschaft und für philosophische Ansätze zu erweitern. Entwicklung findet dort statt, wo man sie zulässt.

Gisela Schwarz

Aktion »Schattenlicher« 2004 bei den artgenossen, im Fenster: Schauspielerin Heike Bänsch

🇬🇧 From Lindlar into the big, wide world

1985: Bergisches Freilichtmuseum, Lindlar's town twinning and the construction of the industrial park Klause

Whereas in many parts of Germany the so-called economic boom already started in the 1960s, Lindlar's expansion had its peak in the 1970s and 1980s. This boom covered different sectors of the community and opened Lindlar to the big, wide world. The Bergisches Freilichtmuseum contributed to this development. It is today one of the most important sights and also gives a good impression of the landscape around Lindlar. A secret of the small economic boom of Lindlar lies on the other side of Lindlar at the road to the Leppetal. It is the industrial park Klause that started to grow in the 1980s and today provides space for 125 companies and 1,500 jobs. Many firms do business with companies all around the world. Although Lindlar is a small community, some courageous people started town twinning in all European directions: Shaftesbury in Dorset, Brionne in Normandy and Kastela on the shores of the Adriatic Sea. In the course of European integration a network came into being that made Lindlar a pleasant village in the heart of Europe.

🇫🇷 Le Bergisches Land s'ouvre au grand monde

1985 : le «Bergische Freilichtmuseum» (musée à ciel ouvert), les jumelages et la construction de la zone industrielle de Lindlar

Alors que dans de nombreuses régions de l'Allemagne, le miracle économique des années 60 prenait son essor, il n'apparut vraiment à Lindlar que dans les années 70 et 80 dans de nombreux secteurs de la commune, ce qui permit à Lindlar de s'ouvrir sur le plan international. Le «Bergische Freilichtmuseum» par exemple, qui est aujourd'hui une des attractions locales les plus importantes, en harmonie avec la nature, illustre ce développement. A l'autre extrémité de la commune, le long de la route de la vallée de la Leppe, se trouve un exemple du «petit miracle économique» de Lindlar : la zone industrielle de la Klause qui commença à se développer dans les années 80 et qui compte aujourd'hui 125 entreprises et 1500 emplois. A partir de ce pole, de nombreuses sociétés ont développé des relations internationales dans le monde entier. Dans cet esprit, des habitants motivés mirent sur pied pour une localité de taille relativement modeste des relations de jumelage avec de nombreuses destinations européennes : avec Shaftesbury/Dorset au Royaume-Uni, avec Brionne/Normandie en France et ainsi qu'avec Kaštela en Croatie sur la cote adriatique. En parallèle avec l'intégration européenne, un noyau d'activités se développa faisant de la petite commune du Bergisches Land une municipalité attachante, au cœur de l'Europe.

🇭🇷 Iz bergskog kraja u »široki svijet«

1985.: Bergski muzej na otvorenom, lindlarski gradovi prijatelji i industrijska zona Klause u izgradnji

Dok je u mnogim dijelovima Njemačke šezdesetih godina XX. st. njemačko gospodarsko čudo poprimalo svoj oblik u Lindlaru se tek sedamdesetih i osamdestih godina pokazala veća ekspanzija koja je zahvatila brojna područja općine i u vrijeme koje se Lindlar otvorio svijetu. Doprinos ovom razvitku dao je između ostalih i Bergski muzej na otvorenom, danas jedna od najvećih atrakcija u skladu s krajolikom okolice Lindlara. Tajna malog lindlarskog gospodarskog čuda nalazi se u Leppetalu: to je industrijska zona Klause, koja se osamdesetih godina naglo počela širiti i danas ima preko 125 poduzeća te nudi 1500 radnih mjesta. Osim toga mnoge tvrtke imaju poslovne veze u cijelom svijetu. Lindlarci su započeli i prijateljstva s gradovima u različitim dijelovima Europe: s engleskim Shaftesburyem u Dorsetu, francuskim Brionnom u Normandiji i hrvatskim Kaštelima na Jadranu. Paralelno s integracijom Europe nastala je tako i za Lindlar povezanost s eurpskim gradovima, koja ovu malu bergsku općinu čini gostoprimljivom zajednicom u srcu Europe.

Kapitel 20

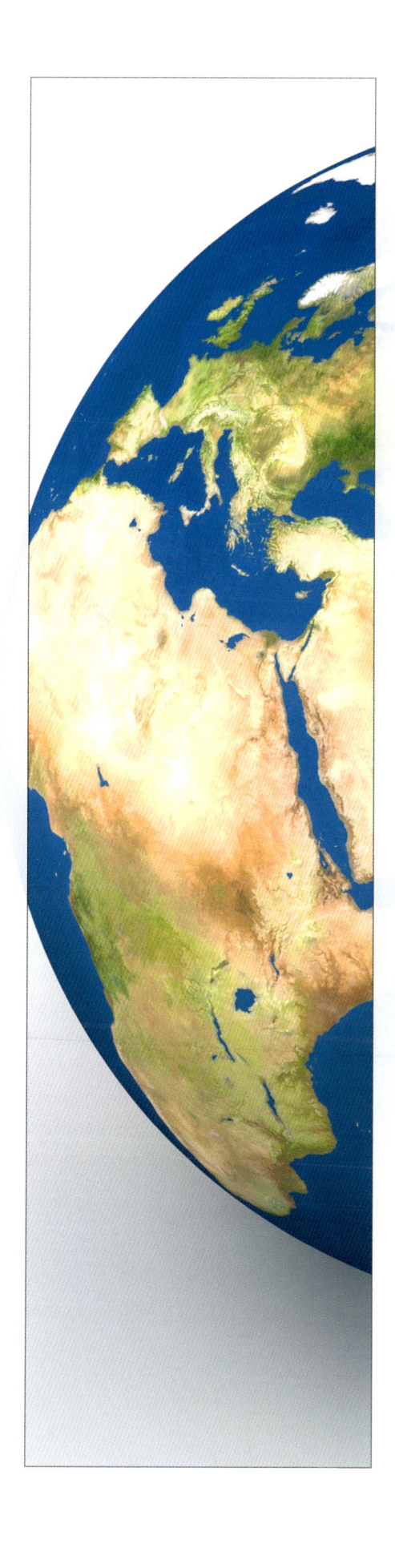

Aus dem Bergischen in die weite Welt

Das LVR-Freilichtmuseum Lindlar beliebt in der Region, ausgezeichnet von der UNESCO

Lindlar International: Städtepartnerschaft mit (Süd-) Ost und West

Hinter modernen Fassaden: Die Gemeindeverwaltung im Aufwind

Industriepark Klause: Landwirtschaft weicht Weltwirtschaft

1985

Freilichtmuseum, Städtepartnerschaften und Industriepark zeugen von Lindlars Weltoffenheit.

Aus dem Bergischen in die weite Welt

Typisch bergisch: Die Baugruppe »Hof zum Eigen« im Freilichtmuseum

Obwohl fernab von den Ballungsgebieten im Westen und den Menschenbewegungen des Ostens, bot Lindlar nach dem Zweiten Weltkrieg dennoch ein Spiegelbild sowohl deutscher als auch europäischer Geschichte: In manchen Behelfsheimen lebten noch die evakuierten Städter, die Züge waren übervoll von Pendlern, während Flüchtlinge aus dem Osten begannen, sich nach ihrer langen Reise in Lindlar anzusiedeln. Auch kamen Spätheimkehrer zum Teil traumatisiert zu ihren Familien zurück. Manchem Daheimgebliebenen fiel es schwer, darüber zu sprechen, was zwischen 1933 und 1945 geschehen war. Statt dessen flüchteten sich die Menschen in den Wiederaufbau und kämpften einen harten Existenzkampf. Die Gläubigen unter ihnen belebten das kirchliche Leben wieder, diejenigen, die sich politisch verantwortlich fühlten, machten zaghaft erste kommunalpolitische Schritte, und alle verband der Versuch, irgendwie zur Normalität zurückzufinden.

Während in vielen Teilen Deutschlands das sogenannte Wirtschaftswunder der Bundesrepublik Konturen gewann, zeichnete sich in Lindlar erst in den 1970er und 1980er Jahren eine stärkere Expansion in der Gemeinde ab, die zahlreiche Bereiche erfasste und in deren Verlauf sich Lindlar zur »großen weiten Welt« hin öffnete. Noch heute wird das im Ortsbild kaum deutlich, man muss schon genauer hinschauen um zu entdecken, wie weltoffen sich diese Gemeinde im Herzen des Bergischen Lands in den letzten 20 bis 30 Jahren entwickelt hat.

Kommt man von Westen durch das Lennefetal, so entdeckt man noch weit vor dem Ortseingang, in völligem Einklang mit der Naturlandschaft, eine der größten Attraktivitäten der Gemeinde, das Freilichtmuseum. Welche Hürden es beim Aufbau diese Museums zu überwinden galt, welches »Alleinstellungsmerkmal« dabei behilflich war und wie stark das Freilichtmuseum heute über die Grenzen Deutschlands hinaus bekannt ist, davon wird in diesem Kapitel zu berichten sein.

Hat man dann nach ein paar hundert Metern auf der Landstraße von Untereschbach nach Lindlar das Ortsschild erreicht, so kündet eine bescheidene Tafel mit blauem Grund an, dass die städtepartnerschaftlichen Beziehungen der relativ kleinen Gemeinde in alle Richtungen Europas reichen: nach England, Frankreich und Kroatien. Entstanden sind diese Freundschaften mit Städten aus den ehemaligen »Feindstaaten« Anfang der 1980er Jahre, als der bewusste Umgang mit der Vergangenheit zu einer größeren Öffnung über die Staatsgrenzen hinweg führte, auch für die Lindlarer. Wie stark dieses internationale Netz geworden ist und wie sehr vor allem auch die Jugend an den Projekten beteiligt ist, wird ein weiterer Beitrag beleuchten.

Während eine Reihe von öffentlichen Gebäude wie das Amtsgericht, das alte Rathaus und das Krankenhaus aus einer relativ wohlhabenden Zeit um die vorletzte Jahrhundertwende entstanden, ist gleichsam als Symbol für den neuen Aufbruch in den 1980er Jahren am neuen Standort östlich des Ortskerns ein modernes Rathaus entstanden, dessen bemerkenswerte Fassade eng mit der wirtschaftlichen Aufwärtsbewegung der Gemeinde in den letztern Jahrzehnten verbunden ist.

Ein Geheimnis des kleinen Lindlarer Wirtschaftswunders liegt jedoch hinter den Bergen, vom Ortskern unsichtbar an der Straße ins Leppetal: der Industriepark Klause. Während hier noch vor einigen Jahrzehnten Kühe auf den kargen bergischen Wiesen weideten, dehnt sich heute hier ein Gewerbepark aus, dessen atemberaubende Expansion einige Lindlarer Bürger zu beunruhigen beginnt. Unumstritten bleibt die Tatsache, dass die über 125 Betriebe nicht nur rund 1.500 Arbeitsplätze bieten, sondern darüber hinaus von solch hoher internationaler Bedeutung mit Geschäftsbeziehungen in alle Welt sind, wie sich viele kaum vorstellen können.

Das LVR-Freilichtmuseum Lindlar – beliebt in der Region, ausgezeichnet von der UNESCO

Freilichtmuseen zählen in Deutschland zu den populärsten Museen überhaupt. Die meisten Besucherinnen und Besucher kommen, um einen abwechslungsreichen Ausflugstag zu verbringen, ihre nostalgischen Sehnsüchte zu stillen oder ganz einfach zu entspannen. Deshalb schätzen besonders Familien Freilichtmuseen sehr, denn in keinem anderen Museumstyp können sich Kinder so unbeschwert bewegen und kreativ sein.

Mit dem festen Vorsatz, sich kulturgeschichtlich weiterzubilden, dürften nur wenige Menschen anreisen. Vielmehr wird der im Museum präsentierte historische Alltag von den meisten en passant wahr- und aufgenommen. Überraschenderweise ändern anschaulich gestaltete Ausstellungen, wie sie das LVR-Freilichtmuseum zu bieten hat, daran zunächst einmal wenig. Wichtiger ist vielmehr, dass die Vermittlungsangebote ständig optimiert werden, nicht allein um Bedürfnisse und Wünsche der Gäste zu erfüllen, sondern auch, um mit den Ansprüchen einer sich ständig wandelnden Gesellschaft Schritt halten zu können.

Von der Bauhistorie zur Ökologie

Kulturelle Netzwerke, Barrierefreiheit und Zielgruppenmarketing standen noch nicht Pate, als sich der Landschaftsverband Rheinland (LVR) Anfang der 1980er Jahre entschloss, ein zweites Freilichtmuseum auf den Weg zu bringen. Sicher hat diese Entscheidung in den politischen Gremien für viel Diskussionsstoff gesorgt, existierte doch bereits seit 1958 in Kommern das bekannte Rheinische Freilichtmuseum mit dem Anspruch, die ländliche Bauweise seines großen Einzugsgebietes umfassend zu dokumentieren und dem Publikum darzustellen. Konsequenterweise gab es dort bereits eine Baugruppe »Bergisches Land«, bevor in Lindlar überhaupt der erste Spatenstich getan wurde.

Doch die Zeiten hatten sich geändert: Fiel die Aufbauphase des Rheinischen Freilichtmuseums noch in die letzten Jahre des ungetrübten bundesdeutschen Wirtschaftswunders, so befasste sich die Politik in den 1980er Jahren intensiv mit dem noch jungen Thema Umweltschutz. Erinnert sei an das Waldsterben und vor allem an die Reaktorkatastrophe von Tschernobyl als epochales Ereignis des 20. Jahrhunderts. Vor diesem Hintergrund entstand die neuartige Idee eines ökologisch ausgerichteten Freilichtmuseums, in dem Umweltbildung eine zentrale Bedeutung besitzt. Nach wie vor hat dieses Konzept nichts von seiner Innovationskraft eingebüßt. Dieses Alleinstellungsmerkmal hat letztendlich alle Gremien des LVR überzeugt, neben Kommern ein weiteres Freilichtmuseum einzurichten. Doch nach dem Gründungsbeschluss gab es viele Hürden zu nehmen. Hans Haas, der von 1985 bis 2003 das Haus leitete, hatte nicht nur Verbündete im Boot.

Ein Standort wird gefunden

Der jetzige Standort im Lingenbachtal musste behauptet, Teile der Bevölkerung besänftigt und das Museumskonzept praxisorientiert umgesetzt werden. Es galt, wirklichkeitsfremde Vorstellungen wie die eines Freilichtmuseums ohne Gebäude und ohne Besucherparkplatz ebenso abzuwehren wie Freunde und Fürsprecher zu finden, die die musealen Intentionen unterstützten. An dieser Stelle gebührt ganz besonders der Gemeinde Lindlar großer Dank für beständige Unterstützung der Museumsidee. Außerdem konstituierte sich im Sommer 1988 der Museumsförderverein als engagierter und verlässlicher Partner des LVR-Freilichtmuseums.

Sehr beliebt bei Kindern und Jugendlichen ist die traditionelle Kartoffelernte. Nach dem Auflesen werden die Erdäpfel im offenen Feuer gegart und verzehrt.

Kleinkinder bei der Gartenarbeit

Darüber hinaus knüpfte Hans Haas enge Kontakte mit anderen Museen über die »Internationale Vereinigung der agrarhistorischen Museen« (AIMA). Der inhaltliche Austausch mit dem bedeutenden Ungarischen Landwirtschaftsmuseum in Budapest besteht nach wie vor.

1991 konnte im noch größtenteils offenen Gelände als erstes Museumsgebäude die Scheune aus Much-Reinshagen eingeweiht werden. Jahr für Jahr folgten weitere kulturhistorische Wohn- und Wirtschaftsbauten aus dem großen Einzugsgebiet, das weitgehend mit dem Territorium des einstigen Herzogtums Berg identisch ist. Besondere Höhepunkte waren die offizielle Eröffnung des Bergischen Freilichtmuseums im Jahr 1998, die Einweihung der Museumsgaststätte im November 2001 und des modernen Eingangsgebäudes im August 2007.

Parallel dazu musste auch die museale Infrastruktur optimiert werden. In Scheller wuchs der Museumsbauhof über viele Jahre hinweg aus kleinsten und bescheidensten Anfängen heraus mit seinen Werkstätten zu der vorbildlichen Einrichtung heran, die er jetzt darstellt. In der mittelfristigen Planung ist daran gedacht, die Museumsverwaltung aus Schloss Heiligenhoven in das Museumsgelände zu verlagern. Provisorien werden aber auch künftig manche Bereiche des Bergischen Freilichtmuseums begleiten. Einerseits als Belastung empfunden, zeichnen sie aber andererseits das Haus als eine Institution aus, die sich am Puls der Zeit orientiert und sich ständig und nachhaltig weiterentwickelt.

Publikumsmagnet im Bergischen Land

Mittlerweile ist das LVR-Freilichtmuseum Lindlar der größte Kulturdienstleister im Bergischen Land. 2008 besuchten mehr als 100.000 Menschen das vom Landschaftsverband Rheinland betriebene Museum. Lediglich das Bergische Museum Schloss Burg in Solingen konnte in der Region mehr Besucherinnen und Besucher verzeichnen. Doch kein weiteres zwischen Sieg und Wupper gelegenes Museum, die Großstädte Remscheid und Wuppertal eingeschlossen, fand größere Beachtung in der Öffentlichkeit als das Freilichtmuseum in Lindlar.

Zweifelsohne hat es sich zu einem Publikumsmagneten entwickelt. Allein in den letzten Jahren nahm der Anteil Museumsinteressierter in Lindlar stetig zu; seit 2004 immerhin mit einer Steigerungsrate von rund 50 Prozent. Dieser erfreuliche Zuspruch betrifft alle Sparten des Museums: die Veranstaltun-

Aktive der Internationalen Jugendgemeinschaftsdienste (IJGD) bei der Landarbeit im Museum

gen und die pädagogischen Angebote ebenso wie die neu geschaffenen Ausstellungsbereiche oder wieder errichteten historischen Gebäude. Daran wird deutlich, dass der in den letzten Jahren eingeschlagene Weg, sich stärker an den Bedürfnissen des Publikums zu orientieren, richtig ist.

In der Mehrzahl sind es Familien mit Kindern und Reisegruppen, die einen Ausflug in das Bergische Freilichtmuseum unternehmen und hier einen schönen Tag verbringen möchten. Sie genießen die attraktive Landschaft und erfreuen sich an den vielen Möglichkeiten, die Ihnen ein Museumsaufenthalt für vergleichsweise kleines Geld bietet. Rund die Hälfte der Tagesgäste kommt aus der näheren Umgebung, doch hat insbesondere an Veranstaltungstagen der Anteil derjenigen, die aus dem nahen Ballungszentrum Köln oder dem Bergischen Städtedreieck anreisen, beachtlich zugenommen.

Nachhaltige Entwicklung und Zukunftsplanung

Das aktuelle, im Jahre 2006 verabschiedete Museumskonzept sieht den kontinuierlichen Ausbau der Einrichtung vor. Dabei steht eine erheblich Erweiterung des Museumsgeländes, das sich zur Zeit auf 25 Hektar erstreckt, nicht so im Vordergrund wie die Verdichtung der vorhandenen Baugruppen mit bau- und kulturhistorisch interessanten Gebäuden. Dies soll nicht wahllos geschehen, sondern letzten Endes einer fortwährenden Optimierung der umweltpädagogischen Angebote des Hauses geschuldet sein. Immerhin bildet die Ökologie das Alleinstellungsmerkmal des Bergischen Freilichtmuseums und unterscheidet es damit von den meisten anderen Museen. Konsequenterweise richtet sich sein Auftrag inhaltlich an der Agenda 21 aus. Dieses weltweite wirtschafts- und umweltpolitische Aktionsprogramm zur nachhaltigen Entwicklung wurde 1992 auf der Konferenz von Rio de Janeiro verabschiedet.

In diesem Sinn tragen der aus dem nahen Leppetal hierher versetzte Müllershammer oder der in der Aufbauplanung befindliche historische Gutshof Dahl aus Wülfrath zu einer weiteren Schärfung des umweltpädagogischen Profils bei. Ersterer wird unter anderem einer Umweltwerkstatt Raum bieten. Das Ensemble des Gutshofes dient fortan als Schulbauernhof sowie als weitgehend barrierefreie Museumsherberge. Entsprechend soll das Dienstleistungsangebot für das Museumspublikum stetig verbessert werden.

So ist an spezielle Angebote für ältere Leute und für Menschen mit Migrationshintergrund gedacht. Künftig werden sie einen noch exponierteren Platz im Kanon musealer Tätigkeiten erhalten. Dieses Ziel lässt sich jedoch nur mittels Grundlagenforschung und Netzwerkbildung realisieren.

Die im Freilichtmuseum an der Lebenswirklichkeit orientierte Arbeit hat nur mehr wenig mit dem nach wie vor gängigen Klischee des langweiligen, verstaubten Vitrinenmuseums gemein. Museum heute, dies bedeutet vor allem, auf die Dynamisierungsprozesse in der Gesellschaft einzugehen und diese aktiv mit zu gestalten.

Das Symposium »Perspektiven – Bergisches Freilichtmuseum 2015« befasste sich 2006 mit Ideen zur weiteren Gestaltung der Einrichtung.

Seit 2006 wird das LVR-Freilichtmuseum Lindlar für seine innovative umweltpädagogische Arbeit von der UNESCO ausgezeichnet.

Lindlar International: Städtepartnerschaften mit (Süd-) Ost und West

Die wenigen hundert Meter vom Gelände des Bergischen Freilichtmuseums zum Ortseingang von Lindlar bilden eine Kulisse aus unterschiedlichen Zeitschnitten: Schloss Heiligenhoven ursprünglich aus dem 14. Jahrhundert, links das Neubaugebiet Lindlar-West, und schließlich das in den 1970er Jahren errichtete Sportzentrum: Bescheiden wirkt da das Schild, das auf Lindlars Partnerstädte aufmerksam macht, und dennoch ist es ein Zeugnis einer ereignisreichen internationalen Entwicklung.

Bei der Suche nach einer englischen Partnerstadt ereilte Lindlar ein Stück Kriegsgeschichte: Die Gründungsväter und -mütter stießen auf einen Lindlarer Bürger, der lange Zeit in Südengland in Kriegsgefangenschaft gewesen war, der dort aber bei der Arbeit auf einer Farm schon damals festgestellt hatte, dass Feinde genau so gut auch Freunde sein können: Alo Höller aus Schmitzhöhe. Da er mittlerweile durch die Arbeit auf seinem Hof »Kollege« seines ehemaligen Patrons geworden war und der Kontakt nie unterbrochen wurde, führte der Weg für die Lindlarer direkt nach Shaftesbury.

Und so kam es – nach einer ersten Sondierungsreise namhafter Lindlarer Bürger nach England – am 12. Dezember 1981 in Lindlar im Beisein einer 50köpfigen englischen Delegation und 300 Lindlarer Bürger zur feierlichen Unterzeichnung der ersten Partnerschaftsurkunde, bestätigt im Mai des folgenden Jahres in England. Die Reise von und nach Shaftesbury – per Bus und Fähre – dauerte wesentlich länger als heute und wurde durch lange Zollformalitäten erschwert, aber die Euphorie schlug Wellen. Die Gründung eines Partnerschaftskomitees sollte kommunale Verantwortung mit bürgerschaftli-

Die Väter der Städtepartnerschaften am Ortseingang Lindlars

Unterzeichnung der Partnerschaftsurkunde mit Shaftesbury

Enthüllung eines Gastgeschenks in England: der Wegweiser nach Lindlar

chem Engagement verknüpfen und vor allem Vereine und Schulen mit einbinden, die zu zahlreichen Besuchen und Gegenbesuchen aufbrachen.

Ein »europäisches Dreieck« entsteht

Den Lindlarern, die in den Shaftonians nun wieder ausländische Partner auf Augenhöhe kennen gelernt hatten, war natürlich nicht entgangen, dass sie auf dem Weg auf die Insel ein anderes interessante Land passierten. Dessen Geschichte wurde jahrhundertelang von kriegerischen Auseinandersetzungen mit seinem großen Nachbarn im Osten geprägt, mit dem Elysee-Vertrag zwischen De Gaulle und Konrad Adenauer öffnete sich jedoch ein neues Kapitel der zaghaften Freundschaft: die französische Republik. Lindlarer sind nun eben einmal nicht nur klug, sie sind auch schlau. Und so nutzten sie die Freundschaft der Stadt Shaftesbury mit dem nordfranzösischen Städtchen Brionne in der Normandie, um sich 1983 in den Reigen eines europäischen Dreiecks einzubinden. Ohne Euro und Schengener Abkommen, ohne europäisches Autobahnnetz und ohne manche Normen, mit denen Brüssel später dann das Leben in Europa ein wenig »standardisierte«, waren natürlich die ersten Begegnungen mit den Freunden in dem noch fernen Frankreich besonders spannend. Hinzu kam das nahe gelegene Meer, die liebliche Landschaft, das französische »savoir vivre« und viele kulturellen Genüsse, die bis heute den Reiz der Begegnungen ausmachen.

Schon wähnten sich die Lindlarer in eine ruhige Phase der Freundschaft mit den ehemaligen Kontrahenten im Westen versetzt, als wenige Zeit später der Wunsch aufkam, mit der mediterranen Welt, dem einstigen Stammland der antiken Kulturen in näheren Kontakt zu treten. Gab es in Lindlar nicht eine Menge Jugoslawen, die seit einigen Jahren in friedlicher Koexistenz nicht nur Arbeitplätze, sondern auch Straßen und Wohnstätten mit den Lindlarer teilten? War da nicht sogar ein »Club Jugoslavia« entstanden, dessen folkloristische Attraktionen die Lindlarer mit einer gewissen orientalischen Wehmut erfüllt hatten? Waren nicht zahlreiche Lindlarer selbst oft genug an die Küste zwischen Rijeka und Dubrovnik gereist, wo sie nicht nur Sonne und Wasser, sondern auch die herzliche Lebensfreude der Leute in Dalmatien kennen gelernt hatten?

Mediterranes Temperament und rheinischer Frohsinn

Gewiss, es war fast ein exotisches Abenteuer, eine Freundschaft und Partnerschaft mit der Stadt Kaštela einzugehen, deren Stadtväter in sozialistischer Verantwortung noch recht unterschiedliche Vorstellungen vom staatlichen und wirtschaftlichen Zusammenleben hat-

»Herzlich willkommen in Brionne«

Lindlarer als Freunde willkommen in der Normandie

Lindlarer Musikvereine spielen in Split.

Das Rote Kreuz Lindlar-Frielingsdorf spendet einen Transporter für das Rehabilitationszentrum »MIR« in Kaštela«.

Jugendleiter aus Lindlars und Kaštelas Partnerstädten begründen mit dem ersten europäischen Jugendlager 2004 in Kaštela eine Erfolgsgeschichte.

Gemeinsames Konzert mit Musikern aus Kaštela in Frielingsdorf

ten, einer Stadt, die zwar der Tourismus mit prägt, deren Einwohner selbst aber wenig mit individuellen Reiseinitiativen vertraut waren.

Dennoch: Der Funke sprang schnell über. Ob die viel beschworene Affinität der Meeresbewohner mit der heiteren Lebensweise der Rheinländer, die ja auch Lindlar bevölkern, den Ausschlag gab, wer weiß. Jedenfalls entwickelte sich ein dichtes Netz von Begegnungen zwischen Musikern und Sängern, Jugendlichen und Erwachsenen, Schülern und Lehrern, Feuerwehrleuten und Sanitätern, das bis heute wie zum Trotz gegen die große räumliche Distanz von 1.500 Kilometern besonders intensiv geknüpft worden ist und nach zwanzig Jahren immer noch zu wachsen scheint.

Bei den Feierlichkeiten zur großen Osterweiterung der Europäischen Union im Mai 2004 trafen Vertreter aller drei Partnerstädte zu einer multinationalen Veranstaltung zusammen, ergänzt durch Schulprojekte mit Kontakten zu Polen, der Slowakei und Griechenland.

So setzte sich dieser Trend zur Ausweitung der klassischen bilateralen Städtepartnerschaftstreffen zu multilateralen Veranstaltungen vor allem im Jugendbereich durch: Lindlar wurde Motor von Jugendcamps und Outdoor-Treffen, zu denen auch Jugendliche aus anderen, westlichen wie östlichen Staaten Europas von Italien bis Polen, zusammenkommen, um die Integration Europas zu beschwören und zu leben – Lindlar, 900 Jahre nach seiner Gründung – ein Stück Europa.

Hinter modernen Fassaden: die Gemeindeverwaltung im Aufwind

Am 1. Mai 1987 zog die Verwaltung aus dem alten Rathaus in der Korbstraße – heute »Haus der Begegnung«– in das ehemalige Schwesternwohnheim hinter dem Herz-Jesu-Krankenhaus um. Attraktiv war der Gebäudeklotz mit den mächtigen Betonbalkonen nicht. 1995 ergab sich die Gelegenheit, nicht nur über Sanierung, Umbau und Finanzierung zu diskutieren, sondern mit einem Lindlarer »Kabinettstückchen« in die Tat umzusetzen.

Ein »Brautgeschenk«

Als in dieser Zeit die Erneuerung der Lieferverträge mit der Gasgesellschaft Aggertal mbH anstand, die bis dahin die Lindlarer mit Erdgas versorgt hatte, gab die Gemeinde die jahrzehntelange Geschäftsbeziehung auf. Ein neuer Geschäftspartner hatte ein unwiderstehliches Angebot gemacht: Lindlar schloss einen Kontrakt mit der Belkaw ab, dem Energieversorger in Bergisch Gladbach, der von nun an 20 Jahre lang die oberbergische Kommune Lindlar mit Erdgas und Strom versorgen sollte und dafür 1,3 Millionen Mark quasi als »Morgengabe« für die Vertragsunterzeichnung einbrachte.

Mit diesem »Brautgeschenk« der Belkaw konnte 1996 die Sanierung der Rathausfassade durchgeführt werden. Zug um Zug wurden die Pläne für eine Energie einsparende, mit glatt geschliffenen Natursteinplatten versehene Fassade und Isolierfenstern in dazu passenden blauen Rahmen umgesetzt.

Für den Bereich zwischen Rathausfoyer und Beratungspavillon der Belkaw hatte der Architekt ein Podest vorgesehen, das vom Parkplatz aus über eine Rampe und eine Treppenanlage erreichbar sein sollte. Die alten Balkons wurden in einer sehr staubigen Aktion abgeschlagen.

Weil das Rathaus schon wieder viel zu wenig Platz bot, erhielt dessen Flachdach ein weiteres Stockwerk mit reduzierter Grundfläche. Dieses glasverkleidete Staffelgeschoss mit Edelstahldach und Sonnenschutzrollos bot mit 300 Qua-

1996 konnte die Verwandlung des ehemaligen Schwesternwohnheims der 1960er Jahre zum modernen Rathaus durchgeführt werden.

Das Rathaus nach der Renovierung

Eine staubige Aktion war das Abschlagen der alten Balkone aus Beton zu Beginn der Bauarbeiten im Sommer 1996.

Gründungsarbeiten für den Pavillon der BELKAW

Das stattliche »Alte Amtshaus« am Markt wurde vor vermutlich 300 Jahren als Verwaltungssitz des Amtes Steinbach errichtet. Die Gemeinde kaufte das denkmalgeschützte Gebäude 1996 auf und sanierte es. Seit Ende 2000 finden sich hier ein Restaurant der gehobenen Gastronomie und die »LindlarTouristik« unter einem Dach vereint.

dratmetern Platz für Büros und einen Sitzungssaal für Ausschüsse. Außerdem wurden in dem sanierten Rathaus ein schmuckes Foyer, ein bürgerfreundliches Einwohnermeldeamt, ein Kassenraum und zwei Büros für die Polizei geschaffen oder die vorhandenen Einrichtungen verbessert. Insgesamt kostete der Umbau inklusive der Beteiligung der Belkaw 3,7 Millionen Mark. Darin enthalten sind auch 850.000 Mark für die Aufstockung, die die Gemeinde trug.

Ein altes Gebäude wird zum Schmuckstück

Auch an anderer Stelle war die Gemeinde in dieser Zeit aktiv: 1996 kaufte die Bau-, Grundstücks- und Wirtschaftsförderung GmbH der Gemeinde Lindlar das denkmalgeschützte »Haus Kürle« am heutigen Marktplatz (Marktplatz 1) und baute es in den Jahren 1999 und 2000 zu einem Blickpunkt im historischen Ortskern um. Seitdem beherbergt es neben dem Restaurant »Altes Amtshaus« und einem Biergarten im Erdgeschoss mit dem Fremdenverkehrsamt »LindlarTouristik« den einzigen Fachbereich der Kommunalverwaltung, der nicht im Rathaus untergebracht ist. Und Paare, die den Bund fürs Leben schließen wollen, können sich im Trauzimmer über dem Verkehrsamt stilvoll das Jawort geben.

Auch das nach dem Konzept des Kölner Architekturbüros Dahlbender neu gestaltete Rathaus beweist sich heute – zehn Jahre später – als architektonisches Kleinod auf dem Wiesengelände an der Borromäusstraße.

Der Industriepark Klause: Landwirtschaft weicht Weltwirtschaft

»Der Viehhändler und Freunde waren mit Hängern gekommen – schließlich mussten ja alle Kühe mit umziehen«, erinnerte sich die Lindlarerin Else Wagner um die Jahrtausendwende an jenen Tag im Jahr 1990, als der Bauernhof, den sie und ihr Mann im Jahr 1968 bei Klause aufgebaut hatten, nach Brochhagen umzog. Umziehen musste. Denn der Industriepark Klause, der seit den 1970er Jahren zu einem der wirtschaftlichen Aushängeschilder der Gemeinde avancierte und heute auf rund 60 Hektar 125 Unternehmen mit rund 1.500 Mitarbeitern Raum bietet, brauchte mehr Platz.

Neue Betriebe sollen einen Standort finden

Die Grundlagen für das Industriegebiet auf dem Höhenzug zwischen Lindlar und Frielingsdorf wurden bereits Anfang der 1970er Jahre gelegt: In einer Sondersitzung erörterte der Lindlarer Gemeinderat am 21. Juni 1971 die Entwicklungsprobleme der Gemeinde. Ein Schwerpunkt damals: die Wirtschaftsförderung und die Ansiedlung neuer Betriebe im Gemeindegebiet. Bald wurde eine neue Fläche für Gewerbe- und Industrieansiedlung nur gut zwei Kilometer vom Ortskern entfernt ausgewiesen, die Geburtsstunde des »Industrieparks Klause«. 1975 wurde mit der Erschließung des ersten Bauabschnittes begonnen, betreut von der Oberbergischen Aufbaugesellschaft (OAG).

Zwei Jahre später fand die offizielle Eröffnung des für 4,5 Millionen Mark erschlossenen ersten Bauabschnitts statt. Für 15 Mark war damals der Quadratmeter zu haben. Zum Vergleich: Im vierten Bauabschnitt, der 1999 erschlossen wurde, kostete der Quadratmeter bereits 85 Mark, im Jahr 2008 muss ein Unternehmen für die gleiche Fläche 50 Euro zahlen. Bis zum dritten Bauabschnitt habe das Land NRW zwischen 70 und 80 Prozent der Kosten finanziert, erinnert sich Gemeindekämmerer Werner Hütt, der zugleich Geschäftsführer der gemeindlichen Bau-, Grundstücks- und Wirtschaftsförderungsgesellschaft (BGW) ist.

Die Anfänge des Industrieparks Klause: »Landwirtschaft weicht Weltwirtschaft«.

Die Firma Holz Richter war Ende der 1970er Jahre eins der ersten Unternehmen, das in dem neuen Industriegebiet baute. Innerhalb kürzester Zeit war die Fläche vergeben, ebenso der 1980 erschlossene zweite Bauabschnitt. 22,8 Hektar umfasste der Industriepark Klause zu diesem Zeitpunkt. Der Bauernhof der Wagners lag damals noch außer Reichweite der Holz, Metall und Kunststoff verarbeitenden Betriebe, der Maschinenbauer, Autohäuser und Bauunternehmen, die im Industriepark ihr Domizil gefunden hatten. Ein Drittel der damals »auf der Klause« ansässigen 34 Betriebe war aus anderen Kommunen in das Lindlarer Industriezentrum übergesiedelt, 19 waren aus dem Lindlarer Gemeindegebiet hierhin umgezogen, vier Betriebe hatten Firmengründer im Industriepark Klause ganz neu aus der Taufe gehoben. Allein im ersten Bauabschnitt waren 126 neue Arbeitsplätze geschaffen und 88 durch Umsiedlungen gesichert worden. Im zweiten Bauabschnitt kamen noch einmal 60 hinzu.

Das Industriegebiet dehnt sich aus

Mit der Erschließung des dritten Bauabschnitts im Jahr 1988 hatte sich das Industriegelände so weit in Richtung Remshagen ausgebreitet, dass es eng wurde für die Wagnersche Landwirtschaft: »Da gab es auf eine Bauvoranfrage für einen Boxenlaufstall plötzlich keine Genehmigung mehr«, erinnerte sich Else Wagner später. Aus der Zeitung erfuhr die Bauersfamilie, dass wohl auch ihre Landwirtschaft dem expandierenden Industriepark weichen müsse – zahlreiche Eigentümer der umliegenden, von Wagners angepachteten Weiden hatten bereits verkauft.

Während die Wagners mit ihrem Hof umsiedelten, diesmal nach Brochhagen, wurden auf der Klause die Vorbereitungen für die Ausweisung des 185.000 Quadratmeter großen vierten Bauabschnitts getroffen, der 1998 als »Interkommunales Gewerbegebiet« der Gemeinden Lindlar und Engelskirchen erschlossen wurde. An Nachfrage mangelte es nicht: 47 Firmen standen schon bei Baubeginn des vierten Bauabschnitts auf der Warteliste. Die Wirtschaftsgebäude des Wagnerschen Bauernhofs waren da längst dem Bagger zum Opfer gefallen. Auf der großen Wiese neben dem Bauernhof entstand eine riesige Industriehalle. Und dort, wo vormals Kühe grasten, rangieren seitdem Lastwagen und verladen die Metall- und Kunststofferzeugnisse der Firma »Konrad Kraus«.

Durch den vierten Bauabschnitt kletterte die Zahl der im Industriepark ansässigen Unternehmen auf 125 – mit Arbeitsplätzen für rund 1.500 Menschen. Der Lindlarer Industriepark hatte sich längst zum Vorzeigeprojekt entwickelt. Der Landesplanungsbericht NRW nannte ihn damals als *gutes Beispiel* für *regional bedeutsame Gewerbegebiete*. Und die Entwicklung hält bis ins Jubiläumsjahr an: Nach den bereits 2007 vorgestellten Plänen für die Erschließung eines fünften Planabschnitts auf der bislang bewaldeten Kuppe Richtung Lindlarer Ortskern, die noch stärker ökologischen Anforderungen Rechnung tragen muss, schlagen die Wellen bei der Planung einer 20 Hektar großen nördlichen Erweiterung noch höher. In Fenke gründet sich sogar eine Bürgerinitiative, die eine Umsetzung der Pläne verhindern will. Erklärtes Ziel der Verantwortlichen im Lindlarer Rathaus und in der gemeindlichen Bau-, Grundstücks- und Wirtschaftsförderungsgesellschaft ist es, eine Sowohl-als-auch-Strategie, einen Ausgleich zwischen Tourismusentwicklung und Wirtschaftsförderung zu erreichen. Dabei soll die Attraktivität Lindlars insbesondere für Ausflügler und Kurzurlauber gestärkt, zugleich aber auch das Angebot von Arbeitsplätzen vor Ort ausgebaut werden – auch unter Einbeziehung der Interessen von Forst- und Landwirtschaft.

Luftaufnahme mit den Anfängen des Industrieparks Klause und Remshagen, 1982

Der Industriepark Klause hatte auch einen wichtigen Anteil an der Lindlarer Bevölkerungsentwicklung: Während des Aufschwung des Industrieparks und der Ausweisung verschiedener Neubaugebiete verzeichnete die Gemeinde Lindlar von Mitte der 1970er Jahre bis zur Jahrtausendwende einen Bevölkerungszuwachs von 6.500 Einwohnern – damit war die Einwohnerzahl um gut 30 Prozent gestiegen. Zum Vergleich: Das Bevölkerungswachstum betrug im Oberbergischen Kreis im gleichen Zeitraum durchschnittlich nur knapp 15 Prozent.

Nicht unwesentlich beigetragen hat zur rasanten Entwicklung des Industrieparks auch der Bau der Kreisstraße 19, die über Bickenbach und den Autobahnzubringer im Aggertal eine schnelle Anbindung an die A4 bietet. Es ist nicht übertrieben, diese Straße als die Verbindung des Industrieparks Klause mit der Weltwirtschaft zu bezeichnen. Wer sich von Westen vorbei am beschaulichen Ambiente des Bergischen Freilichtmuseums dem teilweise idyllisch anmutenden Ortskern Lindlars nähert, wird kaum vermuten, dass zahlreiche Unternehmen des Industrieparks Klause durch eine erfolgreiche Exportpolitik den Namen Lindlars seit den 1980er Jahren in aller Welt bekannt gemacht haben, wie drei Beispiele auf Seite 290 und 291 zeigen.

FAZIT

Das Motto der 900-Jahr-Feier Lindlars »traditionell jung« wird bei dieser Zeitreise vom Freilichtmuseum zum Industriepark besonders deutlich: Im Museum wird die Erinnerung an die Sozialgeschichte des Bergischen Lands lebendig erhalten, moderne Fassaden wie beim Rathaus und den zahlreichen Firmenbauten weisen auf die Einbindung des modernen Lindlars in die Globalisierung hin, die zielstrebig auf die Zukunft ausgerichtet ist. Nicht zuletzt durch seine städtepartnerschaftlichen Beziehungen wird Lindlar zu einem weltoffenen Ort im Herzen Europas.

Michael Kamp, Gisela Schwarz, Guido Wagner, Robert Wagner

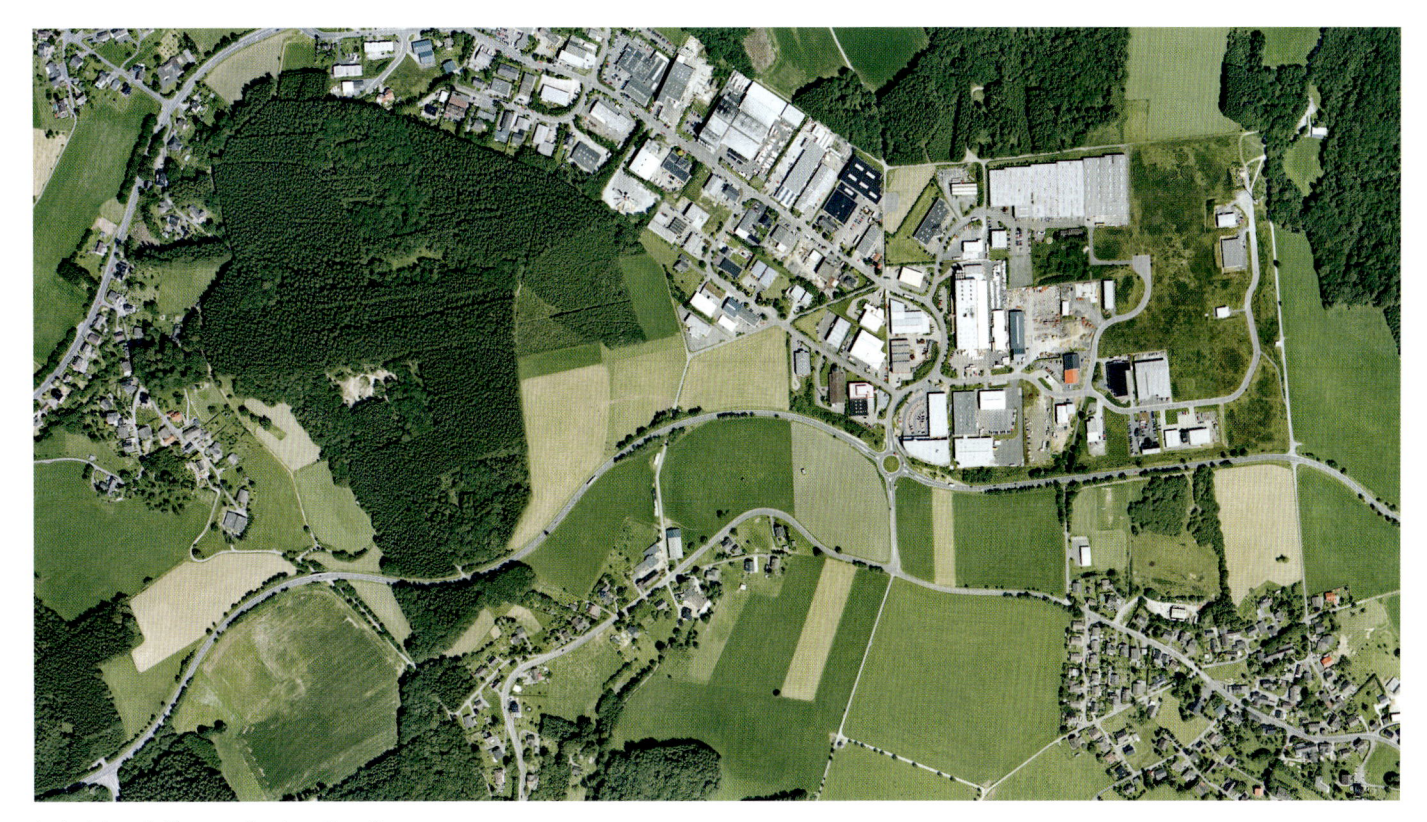

Industriepark Klause mit seinen Erweiterungen, 2004

Beispiele aus dem Industriepark Klause …

Die Firma »Holz-Richter GmbH«, als eine der ersten Firmen vom Ortskern in den Industriepark Klause übergesiedelt, hat ihren Lieferradius in den letzten Jahren ständig erweitert. Die Ursachen liegen einmal an dem steigenden Bekanntheitsgrad, zum anderen an der größeren Wertschöpfung in den Produkten: Die Erzeugnisse werden hochwertiger und sind meist fertig veredelt im Vergleich zu mehr rohstoffnahen und geringwertigeren in der Vergangenheit. Diese hochwertigen Fertigwaren vertragen mehr Logistikkosten und können leicht auch über größere Distanzen geliefert werden. In den letzten drei bis fünf Jahren wurde dieser Trend noch durch Internetaktivitäten verstärkt: Über Internetrecherche finden Kunden im gesamten Bundesgebiet und dem angrenzenden, deutschsprachigen Ausland die Lindlarer Firma und über ein ausgeklügeltes Logistiksystem steigt der Lieferumfang von Monat zu Monat.

Neubau Holz-Richter im Industriegebiet

GIARDINO – »Schöner Wohnen in Haus und Garten«

Die »LANG AG« ist einer der führenden europäischen Großhändler für die Vermietung und den Verkauf von visueller Präsentationstechnik und deren Peripherie. Das 1978 gegründete Unternehmen etablierte sich mit der Diaprojektion im Markt und schuf sich durch kreative Eigenschöpfungen früh einen Namen. Im Sortiment sind ausschließlich modernste Geräte von hoher Qualität und großer Stückzahl. Interesse an

Präsentation auf überdimensionaler Leinwand

Luftaufnahme der Gebäude und Hallen Holz-Richter

Verleih in alle Richtungen bei der Firma Lang

Gebäude der Firma Lang im Industriegebiet

Seit nun 40 Jahre entwickelt die »Flemming Automationstechnik GmbH« umfassende Prozessautomatisierungsanlagen sowie spezielle sicherheitsgerichtete Überwachungs- und Steuerungssysteme für die Öl- und Gasbranche.

Über zehn Prozent aller seegehenden Flüssiggastanker weltweit wurden bereits mit dem Ladungs-Steuerungs- und Überwachungssystem von Flemming ausgerüstet. Die Anlagen werden unter anderem nach China, Korea, Singapur, aber auch ins europäische Ausland geliefert. Eine Anlage umfasst etwa 20 lfd. Meter Schaltschränke mit einem Auftragsvolumen von rund 300.000 Euro. Parallel zu den Schiffen plant Flemming aktuell Landanlagen für Kasachstan, Turkmenistan, Indien, Pakistan und Algerien.

Gas-Treatment, Turkmenistan

progressiven Techniken, Investitionsbereitschaft in langfristige Partnerschaften und der starke Anspruch an die eigene Innovationsfähigkeit sind bereits lebendige Visionen der »LANG AG«, die auch weiterhin in die Zukunft projiziert werden sollen.

Xinjiang, ein Truck wird befüllt.

Automationstechnik der Firma Flemming auf den Weltmeeren. LPG Carrier, China

🇬🇧 900 years of Lindlar – What comes next?

2009: mayor's future prospect

The history of the city of Lindlar contained 20 chapters and we quoted a wide a range of examples – from ancient to nowaday times. Maybe history showed us unknown details and new connections but at the end of the book we may also ask about the future. To enlighten this question, Guido Wagner interviewed Dr Hermann-Josef Tebroke, mayor of Lindlar in spring 2008: they talked about population growth, rise of the elderly population, Lindlar's attractiveness for young people and tourists, the "Regionale 2010" – the structural programme of this region and they talked about the first road running event in Lindlar's centre. A central theme was the quarry industry, the expansion of the industrial park Klause and the "Leitbild 2020" – a future concept. The mayor feels confident about the future because Lindlar has both, the "cheerful soul" of the Rhine region and a sane pragmatism, a combination that will help Lindlar to cope with the next 900 years.

🇫🇷 Les 900 ans de Lindlar – Que réserve l'avenir ?

2009 : les perspectives du maire

Nous venons en 20 chapitres de retracer l'historique très étendu de Lindlar, de l'origine il y a des millions d'années jusqu'au seuil du 21ème siècle. Après ce retour dans le passé qui nous a permis de découvrir des détails inconnus et qui nous a dévoilé de nouvelles relations de cause à effet, se pose la question, à la fin de ce récapitulatif historique, de ce que nous réserve l'avenir.
Pour répondre à cette question, Guido Wagner a interrogé au printemps 2008 le maire de Lindlar, le Dr Hermann-Joseph Tebroke, notamment en ce qui concerne le développement de la population et son vieillissement, l'attractivité de Lindlar pour les jeunes et les touristes, le projet Régionales 2010 et la manifestation sportive «Lindlar läuft» (course à pied organisée dans la ville et ayant pour but de sponsoriser des projets locaux), activité des carrières, l'extension de la zone industrielle de la Klause et l'Objectif 2020 furent également évoqués.
Le maire regarde confiant vers l'avenir car à ses yeux, la mentalité rhénane alliée à un solide pragmatisme, permettront surement de faire face aux 900 prochaines années.

🇭🇷 900 godina Lindlara – Što dolazi nakon toga?

2009.: Gradonačelnikov pogled u budućnost

Kroz 20 poglavlja bavili smo se poviješću Lindlara i pritom obuhvatili dugi period od prapovijesnog vremena prije stotinu milijuna godina do praga 21. stoljeća. Ako nam je ovo bavljenje poviječšu otkrilo nepoznate detalje i nove poveznice, tako se na kraju knjige postavlja pitanje što nam donosi budućnost.

Kako bi rasvijetlio ovo pitanje Guido Wagner je u proljeće 2008. g. intervjuirao gradonačelnika, gospodina dr. Hermanna-Josefa Tebrokea: između ostalog o porastu stanovništva te sve brojnijim starijim stanovnicima, o privlačnosti Lindlara za mlade ljude i turiste, o razvojnoj 2010. godini i prvoj lindlarskoj dobrotvornoj utrci. Tema razgovora je bila i industrija kamenoloma, proširenje industrijske zone Klause i »vizija 2020. g.«

Gradonačelnik sa sigurnošću gleda na budućnost, a po njegovom su mišljenju u Lindlaru povezani rajnski mentalitet i zdravi pragmatizam, kombinacija koja će zasigurno prevladati i sljedećih 900 godina.

Ausblick

Die Zeitreise endet mit dem Ausblick des Bürgermeisters.

Ausblick

Lindlar steht im Jubiläumsjahr 2009 in mancherlei Hinsicht an Wendepunkten in seiner Entwicklung – im Hinblick auf seine Bevölkerungsstruktur ebenso wie in wachstumspolitischer Hinsicht. Über Gedanken und Pläne für Lindlars Zukunft sprach Guido Wagner mit Bürgermeister Dr. Hermann-Josef Tebroke.

Lindlar steht seit kurzem vor einer neuen Situation: Erstmals seit dem Zweiten Weltkrieg stagniert die Einwohnerzahl oder sinkt sogar leicht. Sind die Zeiten des Wachstums vorbei?

Die Zeiten des Wachstums wie in den Vorjahren sind in der Tat vorbei. Aber die Bevölkerungsentwicklung in Lindlar ist im Vergleich zu den Werten auf Regional- und Bundesebene immer noch überdurchschnittlich gut. Die meisten Studien wie die der Bertelsmann-Stiftung gehen sogar für die nächsten Jahre noch von einem leichten Wachstum der Bevölkerungszahl in Lindlar aus.

Aber es wird auf jeden Fall einen demographischen Wandel im Hinblick auf die Alterspyramide geben. Wie stellt sich Lindlar darauf ein, dass das Durchschnittsalter seiner Einwohner künftig weiter steigen wird?

Ich glaube, das ist der entscheidende Punkt: Die Altersstrukturentwicklung wird Lindlar wie auch andere Gemeinden sehr stark betreffen. So wird nach den vorliegenden Prognosen die Zahl der unter 18-Jährigen in Lindlar bis zum Jahr 2020 gegenüber heute um rd. 900 auf etwa 3700 Personen sinken, nahezu ein Viertel der Bevölkerung wird bis zum gleichen Jahr 60 Jahre und älter sein.

Andererseits zeigt sich bereits heute, dass 60 Lebensjahre längst kein Alter mehr sind wie vielleicht noch vor 50 Jahren. Schon heute haben wir die Rente mit 67, im Jahr 2020 wird man im Regelfall vielleicht erst mit 70 in den Ruhestand gehen. Wir werden zwar mehr ältere Menschen zählen, aber diese werden aller Wahrscheinlichkeit nach nicht nur später in den »Ruhestand« gehen, sondern auch länger fit sein. Und sie werden sicher auch länger in vielerlei Hinsicht ehrenamtlich aktiv sein. Dieser Trend zeichnet sich Gott sei Dank heute schon deutlich ab.

Natürlich wird es in Lindlar auch einen steigenden Anteil älterer Menschen geben, die besondere medizinische und pflegerische Versorgung und Unterstützung im Lebensalltag benötigen – eine Herausforderung für die Angehörigen und auch für die Kommune, der wir frühzeitig begegnen müssen.

Wie zum Beispiel?

Es geht beispielsweise darum, bei Baumaßnahmen im öffentlichen Raum auf Bedürfnisse von älteren Menschen und Menschen mit Behinderungen einzugehen. Wir haben einen runden Tisch »Barrierefreies Lindlar« eingerichtet, der deutlich und auch öffentlich macht, wo Handlungsbedarf besteht. So sind wir beispielsweise mit einem Mitbürger im Rollstuhl durchs Rathaus gegangen, um zu sehen, wo dort überall Barrieren existieren.

Planungen zum Aus- und Umbau von Straßen und öffentlichen Plätzen sind in diesem Sinne kritisch zu begleiten. Denken Sie nur daran, dass ältere Menschen immer häufiger auch mit dem Rollator im Ort unterwegs sein werden. Im Hinblick darauf ist mehr noch auf die Absenkung von Bordsteinen und hinreichend breite Bürgersteige und Bewegungsflächen zu achten. Die Frage ist auch, inwieweit das Grauwackepflaster, das sicher auch die Attraktivität unseres Ortskern mit ausmacht, in Zukunft noch zweckmäßig ist oder ob wir nicht vielleicht mindestens einige Asphaltbänder brauchen, damit sich gehbehinderte Menschen darauf ungefährdet durch den Ortskern bewegen können.

Ähnlich sieht's mit dem »Haus der Begegnung« aus, das im Ortskern auch in Zukunft wichtige Funktionen erfüllen kann. Für Gehbehinderte ist es heute kaum zu nutzen und müsste entsprechend umgebaut werden. Überhaupt müssen wir uns um Möglichkeiten bemühen, für ältere Menschen bedarfsgerechte Wohnungen und Aufenthaltsräume zu schaffen – möglichst jeweils mitten im Ort, mitten drin im Geschehen.

Die Lebenshilfe ist mit ihrem neuen Projekt des Betreuten Wohnens und dem »komm-center« an der Kamper Straße ja auch schon mitten in den Ort hineingegangen …

Ja, das halte ich auch für ein ganz wichtiges Signal der Integration, denn die beginnt dort, wo wir Wohn- und Lebensräume behinderter und weniger behinderter Menschen vermengen. Das gilt auch im Hinblick auf das Zusammenleben von älteren und jüngeren Menschen, Alleinstehenden und Familien.

Und wie muss sich Lindlar neben baulichen Veränderungen im Hinblick auf Angebote für den älter werdenden Großteil der Bevölkerung verändern?

Angebote, die leicht vor Ort zu erreichen sind, werden noch wichtiger werden: Park- und Ruhebänke, Spiel- und Freizeiteinrichtungen, Cafés und Begegnungsräume. In diesem Sinne wäre auch zu überlegen, die Gemeindebücherei zu einem Medienzentrum mit PC-Arbeitsplätzen, Internetanschlüssen, Leseraum mit Tageszeitungen etc. weiterzuentwickeln.

Aber auch in der kommunalpolitischen Arbeit stellen wir die Senioren stärker in den Mittelpunkt, was nicht zuletzt durch die Umbenennung des Sozialausschusses als »Ausschuss für Jugend, Senioren und Soziales« zum Ausdruck kommt. Ganz wichtig ist aber auch hier das Angebot aus dem ehrenamtlichen Bereich. Hier können Politik und Verwaltung Anstöße geben und Initiativen wie beispielsweise die »Aktiven Senioren Lindlar« unterstützen.

Darüber hinaus werden wir in Zukunft das Arbeitsfeld des so genannten Sozialmanagers stark ausbauen müssen. Ziel ist es, für hilfsbedürftige ältere Menschen als Alternative zum Altenpflegeheim Möglichkeiten ambulanter Pflege oder Betreuung in ihren eigenen vier Wänden zu finden. Die aktuelle Diskussion zeigt das große Interesse der Menschen, auch im Alter möglichst zu zuhause zu wohnen und selbständig zu leben. In diesem Bereich haben wir in Lindlar schon heute ein wertvolles Angebot so genannter niederschwelliger Hilfsangebote, etwa der Annele-Meinerzhagen-Stiftung, über die wir sehr froh sind und die wir künftig noch viel stärker unterstützen sollten – zumal die Aufgabe des Sozialmanagements dort wahrscheinlich viel besser erledigt wird als es auf einer Verwaltungsstelle möglich wäre.

Mit dem gesamten Netzwerk, das eine solche vor allem ehrenamtlich getragene Organisation bereits hat ...

Genau, das ist es, was wir weiter voranbringen wollen: die Verknüpfung und Stärkung von Netzwerken. Ich denke, dass dadurch auch eine Seniorenarbeit möglich ist, die die im Vergleich zu früher wesentlich agileren Senioren selbst mit all ihren Fähigkeiten und Kompetenzen sehr gut einbinden kann. Die Einbindung der älteren Menschen wird dann auch für die jüngere Generation ein Gewinn sein.

Wünschen Sie sich da nicht die Mehrgenerationenfamilie zurück, die es jedoch auch auf dem Land immer seltener gibt?

Verwandtschaftliche Verbindungen prägen in Lindlar nach wie vor das Zusammenleben von Jung und Alt. Zugleich nimmt die Zahl der Großfamilien auch in Lindlar deutlich ab. Immer mehr Menschen leben allein oder in Kleinfamilien. Die klassische Mehrgenerationenfamilie verliert auch in Lindlar als Ort generationenübergreifenden Zusammenlebens an Bedeutung. An ihre Stelle müssen andere Verbindungen treten – Netzwerke, die Alt und Jung integrieren. Beispielsweise können Ältere Hausaufgabenhilfe und Jüngere Hilfe beim Einkaufen einbringen. Schon heute kenne ich beispielsweise Fußball-Bambinis hier in der Gemeinde, die von einem »Opa«, der nicht ihr eigener ist, beigebracht bekommen, wie man den Ball richtig tritt, wie man aufeinander Rücksicht nimmt und in der Mannschaft spielt – ein Projekt, das beiden Seiten unheimlich viel gibt.

Prognose Hauptwohnsitze Lindlar im Jahr 2022

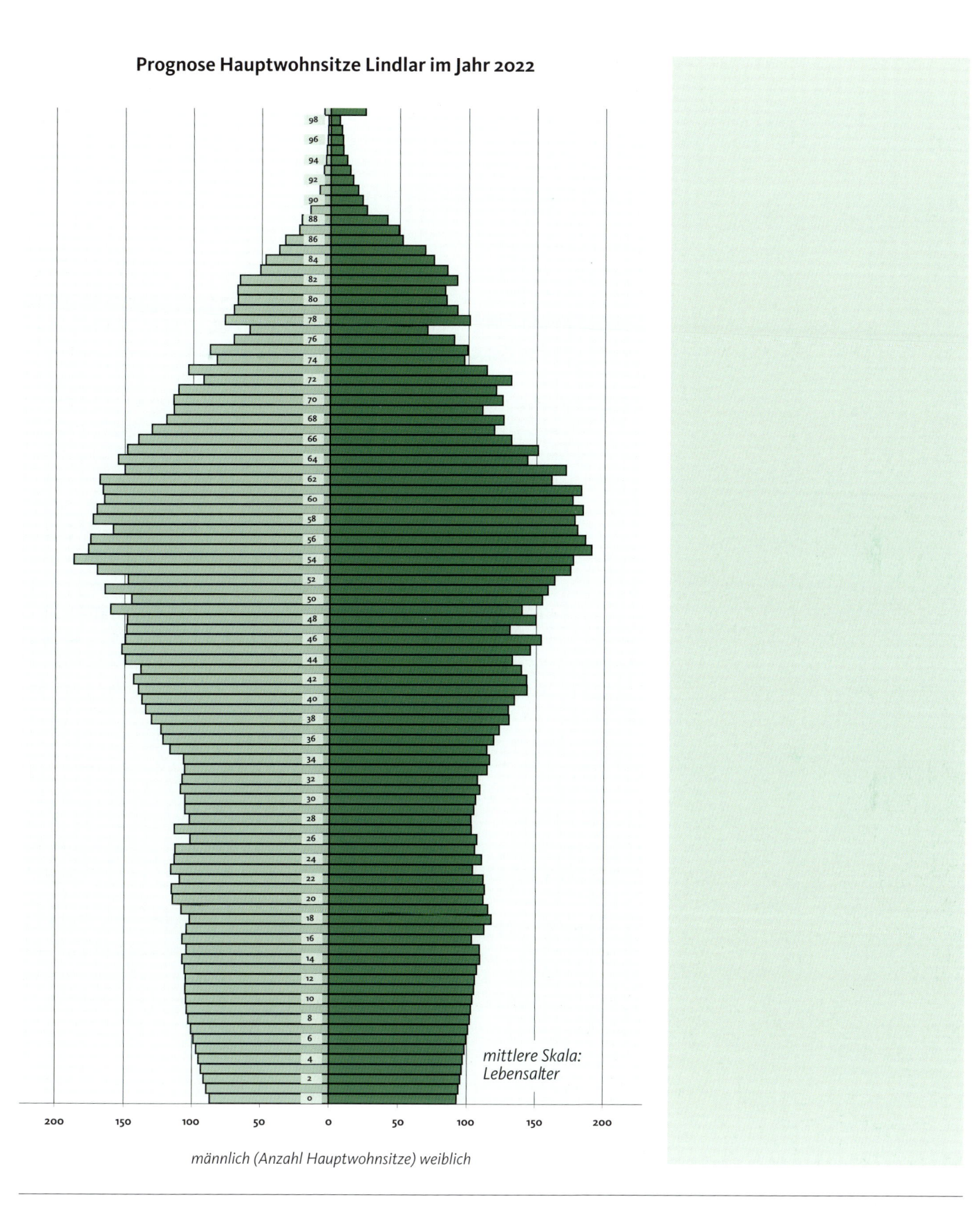

mittlere Skala: Lebensalter

männlich (Anzahl Hauptwohnsitze) weiblich

Was macht Lindlar ansonsten in Zukunft für junge Menschen interessant?

Eine wichtige Frage, denn wir wollen attraktiv für ältere Menschen sein, aber nicht »Senioren City« ohne junge Menschen. Das wäre auch nicht im Interesse der älteren Generation, die ja gerade über die Generationen hinweg Kontakt sucht und Verantwortung übernehmen will.

Wichtig für Kinder und Jugendliche sind Bewegungs- und Sportmöglichkeiten. Und da hat der ländliche Raum schon einmal einen klaren Vorteil: Wir haben in der Regel mehr Platz auf den eigenen Grundstücken, eine weniger dichte Bebauung und meist noch eine Wiese oder Waldparzellen in der Nähe. Nicht selten auch eine verkehrsberuhigte Straße vor der Haustüre, auf der man spielen kann.

Hinzu kommt, dass wir schon heute in Lindlar eine gute Ausstattung mit Sportanlagen haben. Diese haben wir jüngst durch die Neugestaltung der Sportanlage der weiterführenden Schulen in Lindlar als Kunstrasenplatz mit Tartanumlaufbahn noch attraktiver gemacht. Und das war nur möglich durch die Unterstützung zahlreicher Personen und Initiativen. Tatsächlich war das Jahr 2008 unter dem Motto »Lindlar Sportiv« in diesem Sinne bereits sehr erfolgreich – nicht zuletzt auch durch Veranstaltungen wie den erstmalig ausgerichteten Ortskernlauf »Lindlar läuft«, was ja auch so viel heißt wie »Lindlar ist in Bewegung«. Und daran haben die Sportvereine in Lindlar einen großen Anteil. Ihre Arbeit ist großartig! Insgesamt haben wir – nicht nur für junge Leute – ein gutes Angebot an Spiel- und Sportmöglichkeiten. Dabei ist der Erhalt der Spiel-, Bolz- und Sportplätze sehr aufwendig.

Warum?

Aufgrund der stetig steigenden Sicherheitsanforderungen ist schon heute ein Mitarbeiter fast ständig unterwegs, die Plätze und Spielgeräte zu kontrollieren. Aber trotzdem halte ich es für wichtig, dass man diese Plätze beibehält, vielleicht sogar noch ausbaut. Manchmal reicht ja auch eine kleine grüne Ecke, wo kleine Kinder spielen und ältere Menschen sich vielleicht mal auf eine Bank setzen können.

Wichtig ist aber für junge Menschen auch das musische Angebot: Da kann sich Lindlar ebenfalls bereits auf eine gute Vereinsstruktur stützen. Was in dieser Hinsicht in den Musikvereinen geleistet wird, ist kaum wegzudenken. Vielleicht könnte man die Kooperation im Bereich der Nachmittagsangebote an den Schulen noch ausbauen.

Was denken Sie denn, fehlt jungen Menschen in Lindlar noch?

Wenn ich Jugendliche danach frage, bekomme ich immer wieder zu hören: Wir wollen ein »Kino« hier in Lindlar. Aber damit – das ergibt sich erst aus Nachfragen – steht weniger die Filmvorführung im Vordergrund. Offensichtlich geht es vor allem um »Kino« als Ort der Begegnung für die Jugendliche. Für ein großes Kino als Lichtspielhaus, in dem täglich mehrere Filme in verschiedenen Sälen parallel angeboten werden, ist Lindlar sicher zu klein. Worum wir uns aber noch mehr bemühen müssen, sind Räume, wo sich junge Menschen treffen können, wo man auch mal 'ne Fete feiern kann. Ja, an dieses Thema müssen wir noch viel konsequenter 'ran. Ich bin froh über die Jugendarbeit in den Vereinen, aber wir müssen in Zukunft wohl auch die offene Jugendarbeit stärker noch fördern, vielleicht auch durch einen Streetworker – denn auch z.B. Skater, die sich im Freizeitpark treffen oder Jugendliche, die nicht im Verein organisiert sind, verdienen unsere Aufmerksamkeit. Wichtige Arbeit leistet hier heute schon der runde Tisch »Jugendarbeit«.

Lindlar lebt – nicht nur als Ziel für Wochenendtouristen und Kurzurlauber – von der Natur, die es umgibt: Was tut die Gemeinde bzw. was müsste sie noch mehr tun, um die Idylle im Grünen zu erhalten?

Die Näher zur Natur – ich habe ein Problem mit dem Wort »Idylle« – ist ein Vorzug, ein echtes »Pfund«, mit dem Lindlar wuchern kann. Ich glaube, dass zur Erhaltung dieses Vorzuges das Umweltbewusstsein der Menschen entscheidend ist. Rücksichtnahme sowie Einsatz für unsere Umwelt erreichen wir darüber, dass wir die Verletzlichkeit der Natur – für mich auch Schöpfung – erkennen. Wir müssen ihre Reize erleben und schätzen lernen. Und was man schätzt, das schützt man. Insofern geht es nicht darum, lediglich ganz viele Wälder und Wiesen zu haben, sondern auch darum, zu lernen, wie man damit verantwortlich umgeht.

In diesem Zusammenhang ist sicher auch das Freilichtmuseum für Ökologie und bäuerlich-handwerkliche Kultur von großem Wert. Ich denke da an die Anlage selbst und auch an das abwechslungsreiche Programm, z.B. aktuell die Überlegungen, die Kläranlage im Lennefetal unter dem Aspekt der Kreislaufwirtschaft in die Konzeption des Freilichtmuseums aufzunehmen. Oder das mittlerweile erfolgreich qualifizierte »Regionale 2010«-Projekt :metabolon auf der Leppe-Deponie. Dort entsteht ein außerschulischer Lernstandort, auf dem zu sehen ist, wie Abfall bewirtschaftet wird, wie mit ihm verantwortlich umgegangen wird und was entsteht, wenn Abfall nur abgelagert wird und »Gras drüber wächst«.

Einen konkreten Beitrag für die Umwelt leistet die Gemeinde Lindlar zum Beispiel dadurch, dass sie nach dem Orkan Kyrill beim Windwurf auf Gemeindeflächen nicht nur Fichtenmonokulturen o. ä. wieder aufforstet, sondern durch Mischwald und andere ökologisch höherwertige Maßnahmen durchführt. Auch ist es wichtig, ökologische Ausgleichsmaßnahmen für Baumaßnahmen nicht irgendwo, sondern ortsnah in der Gemeinde vorzunehmen.

Mit der 2007 und 2008 wieder aufgegriffenen Planung für eine mögliche Erweiterung des Industrieparks Klause »auf der Platte« (V. Planabschnitt) rückt das Industriegebiet erstmals in Sichtweite des »schnuckeligen« Ortskerns von Lindlar. Muss sich die Gemeinde jetzt entscheiden, Tourismusziel oder Gewerbe-Dorado sein zu wollen?

Es geht nicht um ein Entweder-oder, sondern um ein Sowohl-als-auch. Erstens: Lindlar als Tourismusstandort – ja, aber nicht im Sinne eines »schnuckeligen«, verschlafenen Ortes, der nur auf Tourismus im traditionellen Sinne setzt und sich der wirtschaftlichen und technologischen Entwicklungen verschließt. Und genauso zweitens: Lindlar als Standort für Unternehmen und Gewerbereibende – ja, aber nicht als ein Dorado, in dem sich außer Gewerbe- und Industriebetrieben niemand mehr wohl fühlt.

Die Interessen der Unternehmer – und hier denke ich auch an Land- und Forstwirtschaft, Handwerk, Dienstleistungen und Tourismus –, die Interessen der Arbeitnehmer in den zahlreichen Betrieben und die Interessen der Menschen, die vor Ort leben und das natürliche Umfeld genießen wollen, sind aufeinander abzustimmen und abzuwägen. Das ist sicher nicht immer einfach und setzt gegenseitiges Verständnis und Rücksichtnahme voraus.

Entscheidend ist, wo und wie wir in Lindlar Industrie- und Gewerbeflächen ausweisen. Eigentlich hätten wir uns deshalb schon eher und intensiver um die Erweiterung des Industrieparks Klause bemühen müssen. Denn wir schaffen dort ja auch Raum für Unternehmen, die derzeit vielleicht noch in einem Wohngebiet angesiedelt sind. Bei der Erschließung werden wir bei der aktuellen Erweiterung des Industrieparks Klause stärker noch ökologischen Anforderungen Rechnung tragen. Das gilt nicht nur für eine mögliche Erweiterung zum Norden hin, wozu bereits Anfragen vorliegen. Auch wollen wir bei der mittel-/langfristigen Erweiterung zum Süden hin die so genannte Platte nicht einfach »putzen«, ein Gewerbegebiet anlegen und dann auf Investoren warten. Stattdessen ist angedacht, die Flächen nach der Erschließung und Terrassierung mit Kurzumschlaghölzern wie Pappeln oder Erlen wieder aufzuforsten, bis die einzelnen Grundstücke dann verkauft und die Hölzer als Energieträger geerntet werden können.

Gleichzeitig wollen wir uns dem Tourismus stärker widmen – schließlich ist auch das ein Teil der Wirtschaftsförderung und soll darum künftig von der gemeindlichen Bau-, Grundstück- und Wirtschaftsförderungsgesellschaft BGW mit betrieben werden. Tourismusförderung wirkt nach außen und innen. Sie bedeutet für Lindlar Anstrengungen, möglichst viele Gäste nach Lindlar zu ziehen, und zugleich, Lindlar für die Bürgerinnen und Bürger, die hier leben, noch attraktiver zu machen.

Nochmals: Es geht um Tourismus, wohnen und arbeiten. Dass sich ein erfolgreicher Wirtschaftsstandort Lindlar ohne attraktives Wohnumfeld auf Dauer nicht realisieren lässt, machen die Rückmeldungen der seit langem in Lindlar ansässigen Betriebe und der Zuzüge deutlich. Für die Unternehmen ist es leichter, qualifizierte Mitarbeiter zu finden und dauerhaft zu halten, wenn die Mitarbeiter und ihre Familien sich vor Ort wohl fühlen. Das wiederum setzt ein gutes Schulangebot, attraktive Sport- und Freizeitmöglichkeiten und ein attraktives natürliches Umfeld voraus.

Lindlars Geschichte und historisches Selbstbewusstsein ist maßgeblich durch die Steinbruchindustrie bestimmt. Spielt das auch künftig eine Rolle?

Die Relevanz ist unstrittig. Aber die Steinbruchindustrie in Lindlar prägt nicht nur das historisch gewachsene Bewusstsein der Menschen hier, sondern sie hat auch Zukunft. Umso mehr, als dass die Lindlarer Steinbruchbetriebe schon heute die Grauwacke nicht nur brechen, sondern den Stein weiter verarbeiten, ihn veredeln und Dienstleistungen rund um die Grauwacke anbieten.

In diesem Zusammenhang haben wir im letzten Jahr auf Kreisebene vor dem Hintergrund der Regionale 2010 und unseres 900-jährigen Jubiläums eine Initiative angestoßen, Geschichte und Perspektiven der Grauwacke auch über die Grenzen Lindlars hinweg noch stärker zu präsentieren. Dazu ist mittlerweile eine konzertierte Aktion unter Beteiligung bergischer und insbesondere Lindlarer Steinbruchbetriebe und ihres Verbandes, der Naturena und des Bergischen Freilichtmuseums, des Regionalebüros sowie des Kreises und der Gemeinde Lindlar entstanden. Geplant ist ein umfangreiches mehrjähriges Programm, das Ende des Jahres 2008 starten soll.

Die Bekanntheit Lindlarer Grauwacke nochmals gesteigert haben natürlich auch der Film von Werner Kubny, der im Bayerischen Rundfunk ausgestrahlt worden ist, und die Szenen aus Lindlar, die im WDR-Dreiteiler »Zeitreise Rheinland« vorkamen. Darüber hinaus hat Herr Kubny ja einen eigenen Steinhauerfilm gemacht, der im November vorgestellt wurde und sehr gut angekommen ist.

Die Grauwacke und die Arbeit in den Steinbrüchen hat die Geschichte Lindlars geprägt. Sie ist heute weit mehr als irgendein Stein, der hier gewonnen, zerkleinert und dann abtransportiert wird, sondern ein angesehenes Qualitätsprodukt, das man an zahlreichen, auch sehr prominenten Stellen in der Welt findet und dort für den Standort Lindlar wirbt.

Welche Weichen muss Lindlar aus Ihrer Sicht noch in Richtung Zukunft stellen?

Bei der Auseinandersetzung mit diesen Fragen haben wir jüngst das Leitbild »Lindlar 2020« entwickelt, das die Perspektiven und Entwicklungspotenziale aufzeigt (siehe Kasten). Es ist ein dynamisches Leitbild, das in den kommenden Jahren fortgeschrieben wird und Richtschnur für politisches Handeln in Lindlar sein soll.

Seit dem Zweiten Weltkrieg sind Sie nach Gemeindedirektor Richard Fabritius und dem Gemeindedirektor und späteren hauptberuflichen Bürgermeister Konrad Heimes erst der dritte »Chef« im Lindlarer Rathaus. Ihre Vorgänger waren beide über 20 beziehungsweise über 30 Jahre im Amt. Sie selbst wurden 2004 gewählt. Wo sehen Sie sich persönlich im Jahr 2020?

Seit 1999 hat der »Verwaltungschef« im Rathaus zusätzlich die Funktion, die bis dahin jeweils die ehrenamtlich tätigen Ersten Bürgermeister wahrgenommen haben – insofern zähle ich auch Karl Stiefelhagen, Wilhelm Fischer, Josef Bosbach und Siegfried Sax zu meinen Vorgängern. Und die Leistung aller schätze ich sehr!

Die Aufgabe des hauptamtlichen Bürgermeisters ist außerordentlich interessant und herausfordernd. Ich persönlich könnte mit schon vorstellen, über das Jahr 2009 hinaus Bürgermeister von Lindlar zu sein – ohne aber irgendeinen Rekord brechen zu wollen. (lacht)

Haben Sie eine Vision davon, wie Lindlar beim 1000-jährigen Gemeinde- oder vielleicht dann ja Stadtjubiläum aussehen könnte?

Ob Lindlar 2109 eine Gemeinde oder eine Stadt sein wird, ist weniger wichtig als der Umstand, dass die Menschen sich hier wohlfühlen. Wenn ich mir Lindlar im Jahr 2109 ausmale, dann denke ich daran, dass sich die Informationstechnologie gigantisch entwickelt haben wird und die Menschen dauernd neben der völlig veränderten realen (vielleicht sogar im Weltraum) auch in einer virtuellen Welt unterwegs sein werden. Aber auch wenn sie mehr außerhalb von Lindlar unterwegs sein werden, so ist es doch entscheidend, dass sie hier im eigentlichen Sinne des Wortes zuhause sind. Dafür ist es wichtig, wie die Menschen sind, dass die Infrastruktur stimmt und etwas Unverwechselbares da ist, das Lindlar ausmacht. Ich hoffe und gehe davon aus, dass sich Lindlar auch im Jahr 2109 seine lebendige und liebenswürdige Eigenart bewahrt hat.

Was macht diese Lindlarer Eigenart aus?

Lindlar zeichnet sich durch die Offenheit und Lebensfreude seiner Bewohner aus – und dadurch, dass Veränderungen – zumindest überwiegend doch – als Chance wahrgenommen werden. Und den Menschen hier war es immer wichtig, etwas füreinander zu tun, sei es in der bereits seit mehr als 300 Jahre bestehenden Steinhauergilde, im heutigen modernen Vereinswesen oder auch ohne großes Aufsehen im nachbarschaftlichen oder familiären Miteinander.

Was wünschen Sie den Einwohnern von Lindlar zum 900. Geburtstag Ihres Ortes?

Ich hoffe, dass die Menschen Freude haben an den Feierlichkeiten, dass sie sich ihre Zuversicht für die Zukunft erhalten und gleichzeitig ihre Bodenständigkeit. Rheinische Frohnatur ist hier in Lindlar mit einem Das-packen-wir-jetzt-aber-auch-an-Pragmatismus verbunden. Eine gute Mischung, um auch die nächsten 900 Jahre zu meistern – mit Selbstbewusstsein und Veränderungsbereitschaft, konstruktiver Kritikfähigkeit und Hilfsbereitschaft. Ich wünsche Lindlar die Bereitschaft seiner Bewohner, sich auch künftig so überzeugend zu engagieren.

Anhang

Glossar

Abkürzungsverzeichnis

Quellen- und Literaturverzeichnis

Abbildungsverzeichnis

Autorenverzeichnis

Glossar

Abgaben	Jede an die höhergeordnete Gewalt (Grundherr, Stadt, Staat) erbrachte Geld- oder Sachleistung (Steuern, Zehnt, Zoll usw.).
Ämter	Verwaltungs- und Gerichtsbezirk, besonders im späteren Mittelalter und der frühen Neuzeit. Die Ämterverfassung ist die häufigste Form der Verwaltungsgliederung.
Ära	Längerer, durch etwas Bestimmtes gekennzeichneter oder geprägter Zeitabschnitt.
Areal	Bereich, Fläche, Gebiet.
Armenprovisor	Vorsteher, Verwalter der Gelder, die für die Armen bereitgestellt wurden.
Beinhaus	Die Bestattungsdichte auf den engen Kirchhöfen führte dazu, dass die Gebeine, um Platz zu schaffen, aus dem Grab in ein überdachtes Gebäude (lat. ossuarium) am Rande des Friedhofes umgebettet wurden. Sie lagerten hier nicht im Skelettverband, sondern wurden einzeln aufgeschichtet.
Bergfried	Speicherbau oder Zufluchtsstätte auf einem befestigten Bauernhof, »Bergfried« heißt zunehmend seit dem 19. Jh. der wehrhafte höchste Turm der mittelalterlichen Burg.
Bossierhämmer	Die nur roh zugerichtete, daher bucklige Vorderseite eines Werksteins wurde mit dem Bossierhammer herausgearbeitet.
Bruderschaft	Religiöse Vereinigung zur Pflege der Frömmigkeit, des Gebets und des Gottesdienstes.
Demarkationslinie	Durch Vertrag zwischen Staaten oder Kriegsparteien festgelegte Grenzlinie, die keine völkerrechtliche Grenze ist, sondern die jeweilgen Hoheitsbefugnisse oder Einflusssphären voneinander trennt.
Devon	Periode des Erdzeitalters.
Dinger	Der Grundherr ernannte einen Richter (Dinger) im Hofgericht (Ding = Thing), der dem Gericht vorsaß und mit den Scheffen (Schöffen) an bestimmten Tagen des Jahres Recht sprach.
Domänenkammer	Die Finanz-, Domänen- oder Hofkammer beaufsichtigte die Güter (Domänen), welche zum Unterhalt des Landesfürsten, dessen Familie dienten und zu anderen landesfürstlichen Kosten herangezogen wurden. Die Abgaben von diesen Gütern waren in die Domänenkammer zu liefern.

Edikt	Erlass des Landesherren.
Enklave	Kleinerer Gebietsteil innerhalb eines zusammenhängenden Staatsgebietes, der einem fremden Staat gehört.
Freiheit	Ein von bestimmten Lasten und Einschränkungen befreiter, mit (landesherrlichen) Privilegien ausgestatteter Ort
Fronhof	Herrenhof (frô = Herr), Zentralhof des herrschaftlichen Eigenbetriebes einer Grundherrschaft. Er bestand aus den Wohngebäuden des Grundherrn bzw. seines Verwalters (Meier), des Hausgesindes und der Tagelöhner sowie der Wirtschaftsgebäude. Ihn umgaben die Hofgüter der abhängigen Bauern, die Hand- und Spanndienste zu leisten hatten, etwa bei der Feldbestellung und bei Bauarbeiten. Der Fronhof war auch Sitz des Hofgerichts.
Gefälle	Zu bestimmten Terminen fällige Abgaben, welche man dem Grundherrn oder der Obrigkeit von einem Gut oder von einer Sache entrichtete.
Grundherr	Besitzer einer Grundherrschaft, der Herrschaft über Land und Leute ausübte. Die daraus resultierende Wirtschaftsform prägte die Agrarkultur Europas über eine langen Zeitraum.
Haubüsche	Laubgehölz, zumeist (Hain)buchen und Eichen, wurde in einem Turnus von 10–20 Jahren über dem Wurzelstock gekappt und das so gewonnene Holz zu Holzkohle verschwelt. Die aus dem Wurzelstock wieder austreibenden Laubbäume bildeten keine Krone mehr aus, sondern blieben buschartiger Niederwald.
Hausteinbetrieb	Steinmetzbetrieb.
Hörige	Der Begriff umschreibt eine sehr vielschichtig abgestufte Abhängigkeit der bäuerlichen Bevölkerung von einem ▶ Grundherrn.
Hufe (Mansen)	Bäuerliche Siedlerstelle, die mit Abgaben an den Grundherrn und mit der Verpflichtung zu bestimmten Diensten auf dem ▶ Fronhof belastet ist.
Jungfrauenkongregation	Marianische Jungfrauenkongregation, eine besondere Vereinigung, gegründet zur Verfolgung bestimmter religiöser Ziele.
Kannenbäcker	Töpfer.
Kanoniker	Stiftsherr, Angehöriger eines Stiftes.

Kellner	Kellerer, in großen Grundherrschaften (Klöstern) der Gehilfe des Verwalters, der die Aufsicht über den Weinberg und Keller führte. Später Name für den Beamten, der die Einkünfte aus den Domänen (▶ Domänenkammer) einzieht und die gesamte Wirtschaftsverwaltung innehat.
Kirchmeister	Kirchenältester, der mit der Verwaltung der Güter und Einkünfte der Kirche betraut ist.
Kirchspiel	Pfarrbezirk.
Kollegiatkirche	Kirche eines ▶ Stiftes.
Landgericht	Das alte bergische Amt Steinbach (bis 1808) besaß nach der Gerichtserkundigung von 1554 neben dem Stadtgericht Wipperfürth vier Landgerichte: Hohkeppel-Lindlar, Kürten, Overath und Wipperfürth. Die nächsthöhere Instanz für das Landgericht war das Hauptgericht in Porz.
Landschreiber	Gerichtsschreiber des Landgerichts.
Lei oder Leie	Schiefer, allgemein auch für Stein.
Medizinisch-topographische Beschreibung	Zu Ende der 1820er Jahre mussten die Kreisphysici (Amtsärzte) der rechtsrheinischen Kreise der preußischen Regierung in Köln umfassende Beschreibungen ihrer Bezirke abliefern. Hierzu zählten nicht nur Angaben zum Gesundheitszustand der Bevölkerung, sondern ausführliche Beobachtungen des täglichen Lebens und Arbeitens etc.
Meier	Verwalter des Herrenhofs einer Grundherrschaft ▶ Grundherr.
Mühlengerechtsame	Das Vorrecht des Landesherren, den Bau der Mühlen jedem Einwohner zu verbieten, und nur sich und denen, welchen sie es erlauben, vorzubehalten.
Niederwaldfluren	▶ Haubüsche.
Palas	Wohnteil einer Burg.
Pfarrsprengel	▶ Kirchspiel, Pfarrbezirk.
Realteilung	Erbteilung unter Berücksichtigung aller Kinder zu gleichen Anteilen.
Sakralbau	Kirche.

Schirmvögte	Der Schirmvogt ist Richter im Immunitätsgericht (Immunität = Kult- und Asylstätte). Aus der Immunität leitet die Kirche den Anspruch auf Befreiung kirchlicher Personen und Institutionen von öffentlichen Lasten und eine eigene Gerichtsbarkeit über Klerus und Laien innerhalb scharf abgegrenzter Bezirke (Klosterhöfe) ab.
Schultheiß	Er ist unterhalb des Amtmanns der Richter im ▶ Landgericht.
Schwellenbau	Der auf einem unteren Querholz (Schwelle) aufgerichtete Fachwerkbau.
Steinartefakte	Von Menschen hergestellte Objekte aus Stein.
Steinhauer	Steinmetz.
Stift	Seit dem Hochmittelalter auftretende, mit Grundvermögen ausgestattete und nach weltlichem und kirchlichem Recht unabhängige körperschaftsähnliche Vereinigung der Geistlichen eines Kapitels (Gesamtheit der Geistlichen eines Doms oder eines Stiftes) an einer Stifts- oder Kollegiatkirche.
Stiftshintersassen	Hintersassen: »Die hinter einem Herrn sitzen« als Sammelbegriff für die von einem ▶ Grundherrn abhängigen Bauern, hier abhängig vom (Severin)stift.
Stiftskämmerei	Kämmerei = Finanzwesen, Kämmerer = Finanzbeamter, Schatzmeister.
Territorialstaat	Der flächenhaft geordnete landesherrliche Staat im Gegensatz zum älteren Personenverbandsstaat.
Territorium	Klar definiertes Gebiet, worauf ein Macht- oder Hoheitsanspruch erhoben wird.
Urkarte	Erste katastermäßige Aufnahme eines Gebietes zum Zwecke der Steuerklassifizierung.
Visitation	Von einem höheren Geistlichen regelmäßig vorzunehmender Besuch seines Gebietes.
Vogtei	Richteramt.
Zehnt	= zehnter Teil (lat. decima), eine der ältesten Abgaben als einem Zehntel der landwirtschaftlichen Erzeugnisse an den Bischof oder Einzelkirchen, später auch an weltliche Grundherren.

Abkürzungsverzeichnis

ACH	Achera. Beiträge zur Geschichte der Stadt Overath	KMS	Klingenmuseum Solingen	MRD	Medienzentrum Rheinland Düsseldorf
AHVN	Annalen des Historischen Vereins für den Niederrhein	KR	Kölnische Rundschau	Not. Rep.	Notar-Repertorium
		KrARh	Kreisarchiv des Rheinisch-Bergischen Kreises	PfASL	Pfarrarchiv St. Severin Lindlar
BezK	Bezirksregierung Köln, Abteilung 7 – Geobasis NRW [ehemals Landesvermessungsamt NRW Bonn]	LAVK	Landesarchiv, Generallandesarchiv Karlsruhe	PfAW	Pfarrarchiv Wipperfürth
		LAVR	Landesarchiv NRW Abt. Rheinland [ehemals Hauptstaatsarchiv Düsseldorf]	RB	Romerike Berge
BLZ	Bergische Landeszeitung			RBAK	Rheinisches Bildarchiv Köln
BPK	Bildarchiv Preußischer Kulturbesitz Berlin	LAW	Landratsamt Wipperfürth	Reg.K.	Regierung Köln
		LVA	Landesvermessungsamt NRW Bonn ▶ siehe BezK	RLMB	Rheinisches Landesmuseum Bonn
DJb	Düsseldorfer Jahrbuch			RVjbll	Rheinische Vierteljahresblätter
EAK	Erzbischöfliches Archiv Köln	LVR	Landschaftsverband Rheinland	SAD	Stadtarchiv Düsseldorf
FrBl	Freilichtblick	LVR-AB Ast. Ov.	LVR-Amt f. Bodendenkmalpflege, Außenstelle Overath	SASchwH	Stadtarchiv Schwäbisch Hall
GAL	Gemeindearchiv Lindlar			SLD	Sächsische Landesbibliothek Dresden
GNN	Germanisches Nationalmuseum Nürnberg	LVR-AD	LVR-Amt für Denkmalpflege Pulheim-Brauweiler	UBH	Universitätsbibliothek Heidelberg
GVR	Geschichtsverein Rösrath e.V.	LVR-FML	LVR-Freilichtmuseum Lindlar [ehemals Bergisches Freilichtmuseum Lindlar]	UBK	Universitätsbibliothek Köln
HAEK	Historisches Archiv des Erzbistums Köln			Ur.-Nr.	Urkunden-Nummer
HASK	Historisches Archiv der Stadt Köln	LVR-Inst.LR	LVR-Institut für Landeskunde und Regionalgeschichte [ehemals LVR, Amt für rheinische Landeskunde Bonn]	ZBGV	Zeitschrift des Bergischen Geschichtsvereins
HuGVW	Heimat- und Geschichtsverein Wipperfürth e.V.				
		MARW	Museum Achse, Rad & Wagen Wiehl		

Quellen- und Literaturverzeichnis

Grundlegende Literatur zur Heimatgeschichte der Gemeinde Lindlar

Breidenbach, Wilhelm: Beiträge zur Heimatgeschichte der Gemeinde Lindlar, hrsgg. von J. Gronewald. Lindlar 1977.
Gerst, Thomas: Da schleicht Erinn'rung heimlich sich zu Dir … Zur Sozialgeschichte Lindlars im 19. Jahrhundert. Lindlar 1990.
Gronewald, Josef: Gebäude und Straßen in Lindlar. Lindlar 1996.
Haselbeck, Karl: Frielingsdorfer Heimat. Engelskirchen 1949, Nachdr. o. J.
Jux, Anton / Külheim, Josef: Heimatbuch der Gemeinde Hohkeppel zur Jahrtausendfeier 958–1958. Engelskirchen 1955, bearb. Neuauflage Lindlar 2003.
Kirchenchor St. Cäcilia und der **St.-Sebastianus-Schützenbruderschaft** (Hrsg.): Dorfchronik Linde. Lindlar 1996.
Kühlheim, Josef: Forscher und Erforschtes. Sonderveröffentlichung zum 6. Tag des Bergischen Geschichte in Bergisch Gladbach am 1. Juli 1962, hrsgg. im Auftrage der Abteilung Rheinisch-Bergischer Kreis des Bergischen Geschichtsvereins. Bergisch Gladbach 1962, S. 34–42. (Bibliographie der fast 300 Beiträge von Josef Kühlheim zur Geschichte Lindlars).
Ders.: Lindlar. (= Bergische Heimtführer) Wuppertal 1955.
Müller, Gerd: Lindlar – eine Bergische Gemeinde erzählt … Lindlar 1976.
Opladen, Peter: Das Dekanat Wipperfürth. Siegburg 1955
Scherer, Anne: Alt-Hohkeppel. Historisches und Histörchen. Bergisch Gladbach 1984.

Karten:

»**De Hertochdomme Gulick Cleve Berghe en den Graefschappen vander Marck en Ravensbergh**« 1610, Beilage des RBK 52 (1982); **Generalkarte des Parcellar-Katasters** der Steuergemeinde Breun von 1832; LAVR Bestand Ghzgt. Berg Nr. 11312 Bl. 54a; (**Geometrischer Plan über die Weege Verbesserung im Canton Lindlar**, 1811) und Kartenbestand Nr. 2556 (Jordan von der Waye, **Die Herrschaft Gimborn**, 1610); **Karte des Kreises Wipperfürth** 1862, hrsgg. v. LVA, Bonn 1991 [nunmehr: BezK]. Kartenaufnahme der Rheinlande unter v. Müffling 1825, hrsgg. v. LVA, Bonn 1987; LVA; **Luftbild** 4910 (Lindlar) 1982, **Luftbild** 4910 (Lindlar) 2004; LVR-Freilichtmuseum Lindlar (Hrsg.): Karte »**Grundris des Guhtes zu der Wiedenhoff und des zu hiesiger Pastorat gehörigen Zehnten**« von 1807, Lindlar 1987; GAL, Luftbild ca. 1983. **Preußische Uraufnahmen** M 1 : 25.000 von 1844 Nr. 4909, 4910, 5009, 5010, hrsgg. v. LVA; **Katasterarchiv Gummersbach: Preußische Urkarten** M 1 : 2.500 von 1832 der Steuergemeinde Gimborn Flur 27 (Würden), Steuergemeinde Breun Flur 12 (Neuenberg) und Flur 14 (Neuekirche) sowie Steuergemeinde Breidenbach Flur 6 (Kurtenbach).

Quellen und spezielle Literatur, soweit nicht als Grundlagen aufgeführt:

Kap. 1 Annäherung an Lindlar

Ploennies, Erich Philipp: Topographia Ducatus Montani 2 Bde., hrsgg. von Burkhard Dietz. (= Bergische Forschungen 20) Neustadt/Aisch 1988; **Schmidt-Bleibtreu**, Wilhelm: Das Stift St. Severin in Köln. Siegburg 1982.

Kap. 2 Aus Meer wird Stein – vom Stein lebt Lindlar

EAK: **Tauf- und Heiratsbücher** von St. Severin Lindlar, Einträge der Jahre 1693, 1695, 1706, 1770, 1790–1797, 1805–1807; **Wegerhoff**, Norbert u. **Jacobi**, Günter: Taufbuch 1644 bis 1695 Sankt Severin Lindlar. Lindlar 2005.
Blumberg, Stefan: 300 Jahre Sankt Reinoldus Steinhauergilde Lindlar. Lindlar 2005; **Hilden**, Hans Dieter: Bergische Geschichte und Vulkane, Natur pur, in: RBK 77 (2007), S. 160–171; Jacobi, Günter: Lindlarer Marmor. Lindlar 2008.

Kap. 3 Die Anfänge links und rechts von Sülz und Lennefe

Becker, Thomas / **Bemmelen**, Nicole: Baubeobachtungen zur St. Laurentius-Kirche in Lindlar-Hohkeppel, Oberbergischer Kreis, in: Archäologie im Rheinland 2003 (2004), S. 150–151; **Dösseler**, Emil: Die bergischen Besitzungen der alten stadtkölnischen Stifter und Abteien, in: DJb 48 (1956), S. 199–263; **Speer**, Lothar: Die Schenkungsurkunde von 958 – ein sicheres Indiz für die Datierung der Gründung Hohkeppels? in: Heimat zwischen Sülz und Dhünn 11 (2004), S. 2–5; **Gechter**, Michael: Caesars erster Rheinübergang, in: Rhein. Landesmuseum Bonn (Hrsg.): Krieg und Frieden. Kelten – Römer – Germanen. Bonn 2007, S. 200–202; **Marschall / Narr / von Uslar**: Die vor- und frühgeschichtliche Besiedlung des Bergischen Landes, in: ZBGV 73 (1954), S. 1–272; **Gechter-Jones**, Jennifer: Die Vorgeschichte des Oberbergischen Kreises. in: Oberbergischer Kreis (Hrsg.): Museum Schloss Homburg – Museumsführer. Gummersbach 2001, S. 110 bis 121; **Brendler**, Albrecht / **Herborn**, Wolfgang: Von 750 bis 1275, in: Goebel, Klaus (Hrsg.): Oberbergische Geschichte 1: Von den Anfängen bis zum Westfälischen Frieden. Wiehl 2001, S. 135–228; **Steinbach**, Franz: Beiträge zur Bergischen Agrargeschichte. Vererbung und Mobilisierung des ländlichen Grundbesitzes im bergischen Hügelland. (= Rheinisches Archiv 1) Bonn 1922.

Kap. 4 Unter bergischer Herrschaft

Bosbach, Definitor: Landwirtschaftlicher Betrieb auf den Kameralhöfen des Amtes Steinbach im 15. Jahrhundert, in: ZBGV 53 (1922), S. 8–16; **Engels**, Wilhelm: Aus der Geschichte der Burg Neuenberg bei Frielingsdorf, in: ZBGV 64 (1936), S. 89–97; **Heuser**, Karl Wilhelm: Die Burg Steinbach, Ein Beitrag zur Geschichte des bergischen Amtes Steinbach, in: RB 25 (1975), S. 55–66; **Janssen**, Wilhelm: Landesherrliche Verwaltung und landständische Vertretung in den niederrheinischen Territorien 1250–1350, in: AHVN 173 (1971), S. 85–122; **Kolodziej**, Axel: Herzog Wilhelm I. von Berg (1380–1408). (= Bergische Forschungen 29) Neustadt/Aisch 2005; **Ommerborn**, Hermann J.: Historisches von Burg Steinbach, in: Bergische Heimat. Beilage zur Bergischen Wacht, Lindlarer Zeitung, Overather Volksblatt, Mucher Tageblatt Nr. 8 (1932), S. 58–60; **Panofsky-Soergel**, Gerda: Rheinisch-Bergischer Kreis 2: Klüppelberg-Odenthal. (= Die Denkmäler des Rheinlandes 19) Düsseldorf 1972.

Kap. 5 Alte Grenzen – neue Grenzen

Engels, Wilhelm: Die Landwehr Ibachtal-Leppetal und die Frielingsdorfer Pforte. Ein Beitrag zur Geschichte der bergischen Landwehren, in: RVjbll 5 (1935), S. 148–159; **Ders.**: Die Landwehren in den Randgebieten des Herzogtums Berg, in: ZBGV 66 (1938), S. 61–253; **Kober**, Ulrich: Eine Karriere im Krieg. Graf Adam von Schwarzenberg und die kurbrandenburgische Politik von 1619 bis 1641. Berlin 2004; **Külheim**, Josef: Geschichte des Hofes Remshagen (40 Jahre Freiwillige Feuerwehr Remshagen. Festschrift zum 40. Stiftungsfest). Engelskirchen 1952.

Kap. 6 Pestilenz und Krieg

Bergdolt, Klaus: Der schwarze Tod in Europa. Die Große Pest und das Ende des Mittelalters. 5. Aufl. München 2003; **Ehrenpreis**, Stefan (Hrsg.): Der Dreißigjährige Krieg im Herzogtum Berg und in seinen Nachbarregionen. (= Bergische Forschungen 28) Neustadt a. d. Aisch 2002; **Ders.**: Von 1521 bis 1648, in: Goebel, Klaus (Hrsg.): Oberbergische Geschichte 1: Von den Anfängen bis zum Westfälischen Frieden. Wiehl 2001, S. 285–364; **Ders.**: »Wir sind mit blutigen Köpfen davongelaufen …« Lokale Konfessionskonflikte im Herzogtum Berg 1550–1700. Bochum 1993; **Mering**, Freiherr von: Die Pest in Cöln im Jahre 1665–1666. Sonderdruck 1858 aus: AHVN 5 (1857), S. 137–157; **Nicke**, Herbert: Die Heidenstraße. Nümbrecht 2001; **Scherer**, Anne: »Alte Karte enthüllt Neues«, in: ACH 6 (1999), S. 50–63; **Dies.**: Konflikte im Grenzbereich zweier Pfarreien – Die Umpfarrung der Honschaft Vilkerath, in: ACH 7 (2001), S. 83–99; **Dies.**: Der Hohkeppeler Wegestreit, in: FrBl 9 (1996), S. 57–60.

Kap. 7 Zeugnisse alter Adelskultur

Brendler, Albrecht: Burgen, Schlösser, Adelssitze. Eine Entdeckungsreise zu den historischen Zentren der Macht im Oberbergischen Land. Wiehl 2008; **Droege**, Georg: Über die Rechtsstellung der Burgen und festen Häuser im späteren Mittelalter, in: Niederrheinisches Jahrbuch 4 (1959), S. 22–27; **Emrich**, Gabriele / **Euler**, Hans: Die fast vergessene Burg Mittelheiligenhoven wiederentdeckt! in: Archäologie im Rheinland 1993 (1994), S. 136–137; **Jacobi**, Günter: Die Familie von Fürstenberg in Heiligenhoven, in: Verein der Freunde und Förderer des Bergischen Freilichtmuseums e.V. (Hrsg.): Zur Geschichte und Nutzung von Schloss Heiligenhoven. Köln 2002, S. 49–56; **Mettlach**, Marie-Luise: Georghausen: Von der Außenstation zum Golfhotel. Tradition und Fortschritt in der Idylle des Sülztals bei Lindlar, in: RBK 58 (1988), S. 24–31; **Niederau**, Kurt: Die jülich-bergische Kanzlerfamilie Lüninck. Nachträge und Anmerkungen, in: DJb 51 (1963), S. 259–280.

Kap. 8 An der Schwelle zur Moderne

Kapp, Richard: Die Feder so gut wie das Schwert, in: BLZ, Ausgabe RRB, vom 26. Oktober 1985; **Ders.**: Zur Familiengeschichte des Heldenpastors, in: RBK 53 (1983), S. 197–201; **Ders.**: Zur Zweinamigkeit des »Heldenpastors« in: RBK 54 (1984), S. 195–197; **Wagner**, Guido: Gottesmann mit Degen und Talar, in: BLZ Ausgabe RON, 4. Januar 2001; **Schmitz**, Ferdinand: Zur Lebensgeschichte des bergischen Helden Johann Peter Ommerborn, in: ZBGV 53 (1922), S. 26–32; **Overath**, Joseph: Rheinische Kirchgänge: Monumentaltheologische Überlegungen. Siegburg 2005; **Voigt**, Wolfgang / **Flagge**, Ingeborg (Hrsg.): Dominikus Böhm 1880-1955. Berlin 2005; **Weiner**, Ulrich (Hrsg.): Böhm: Väter und Söhne. Kunsthalle Bielefeld. Bielefeld 1994.

Kap. 9 Ex ruinis renovata – der Neubau der Severinskirche

Akten des PfASL Nr. 634–637, GAL Nr. 333, 547, 549, 553, 554 und des PfAW Nr. 12.

Kap. 10 Abwandern – Auswandern – Niederlassen

Akten des GAL Nr. 698; Maria Wingensiefen, **Erinnerungen**, unveröffentliches Manuskript, ohne Datum, Abschrift von Ursula Homberg, 1998.
Dittmar, Petra: Zwischen Kohleherd und Kuhstall. Zur Bewirtschaftung von Hof Peters im Zeitschnitt der 1950er Jahre, in: Holzstuben und Thüringer Leitern, Thüringer Hefte 2 (2005), S. 85–96; **Gerst**, Thomas: Die historische Entwicklung des Weilers Steinscheid, in: FrBl 3 (1992), S. 9–13; **Ders.**: Der Weiler Steinscheid. Eine sozialgeschichtliche Untersuchung: Arbeitsblätter des Bergischen Freilichtmuseums für Ökologie und bäuerlich-handwerkliche Kultur. Köln 1991; **Pomykai**, Gerhard: Alltägliches Leben aus ärztlicher Sicht. Der Kreis Gummersbach 1825 im Spiegel zweier medizinischer Topographien (= Beiträge zur Gummersbacher Geschichte, Bd.1), Gummersbach 1988; **Wagner**, Robert: Die Herren von Heiligenhoven gingen, und Hitler wäre beinahe gekommen …, in: Verein der Freunde und Förderer des Bergischen Freilichtmuseum Lindlar e.V. (Hrsg.): Zur Geschichte und Nutzung von Schloss Heiligenhoven. Köln 2002; **Fabritius**, Richard: Der Komponist der »filia hospitalis«, in: RBK 56 (1986), S. 107–112.

Kap. 11 Industrialisierung im Leppetal

Nehls, Alfred: Aller Reichtum lag in der Erde. Die Geschichte des Bergbaus im Oberbergischen Kreis. Gummersbach 1993; **Ders.**: Als in den Tälern die Hämmer dröhnten. Die Geschichte der Eisenindustrie im Oberbergischen Kreis. Wiehl 1996; **Tieke**, Wilhelm: Nach der Stunde Null. Not und Hungerjahre im Oberbergischen 1945–1949. Gummersbach 1987.

Kap. 12 Handel und Handwerk entwickeln sich

Adreßbuch der Kreise Gummersbach, Waldbröl und Wipperfürth: Teil 3,2 Kreis Wipperfürth. Siegburg 1911; **Adreß-Buch** für Rheinland-Westphalen. 1834; **Bergischer Agent**. Halbmonatsschrift für das bergische Land. 2. Jg. Nr. 21, 1.3.1905; **BLZ**, **KStA**, **OVZ**: Artikel aus den Jahrgängen 1956, 1979, 1981; **Akten** des **GAL**, Nr. 664, 694, 696 sowie **Chronik der Schule zu Linde**; **LAVR**, LAW Nr. 489 und Not. Rep. Nr. 3314 Ur.-Nr. 192, 1007; Rep. 3319 Ur.-Nr. 1932, 2605; Rep. Nr. 3320 Ur.-Nr. 4583; KrARh, 1/1707. **Cornelissen**, Georg (Hrsg.): Das rheinische Platt – eine Bestandsaufnahme. Handbuch der rheinischen Mundarten. Köln 1989.

Kap. 13 Ein Dorf verändert sein Gesicht

Akten des **GAL** Nr. 49f., Nr. 497, 546, 546 b, 632; **Gronewald**, Josef: Landgericht, Friedensgericht, Amtsgericht Lindlar. Geschichte der Rechtspflege in Lindlar. Lindlar 1990; **Jacobi**, Günter: Altes Amtshaus. Lindlar 2000.

Kap. 14 Von der Mühsal der Verkehrserschließung in der Provinz

Akten des **GAL** Nr. 80 (Verwaltungsberichte), II 369 (Gemeinderatsprotokolle); **Kopper**, Christopher: Hermann von Budde und die Preußische Eisenbahn, in: Bergischer Geschichtsverein Rhein-Berg. e. V. (Hrsg.): Heimat zwischen Sülz und Dhünn 14 (2007), S. 32–33; **Lenzen**, Th. J. J.: Beyträge zur Statistik des Herzogthumes Berg. Düsseldorf 1802 (Heft 1); **Snellman**, Johann Vilhelm: Deutschland. Eine Reise durch die deutschsprachigen Länder 1840-1841. Helsinki 1984; **Eisenbahnen** im Oberbergischen und die Geschichte des BW Dieringhausen. Nümbrecht 2005; **Eisenbahnatlas** Deutschland, Eupen 2002; **Kurz**, Heinz R: Die Triebwagen der Reichsbahn-Bauarten. Freiburg 1988.

Kap. 15 Frauen in Lindlar

Akten des **GAL** Nr. 495, 496 und 498; GAL, Sonderarchiv Ursula Homberg, Ordner zu Carola Lob; **PfASL** Nr. 408; **Nachruf** für Carola Lob, in: BLZ vom 11. September 1950; **Nachruf** für Luise Kremer, in: BLZ vom 25. April 1954; **Bosbach**, Josef: Lebenserinnerungen eines Lindlarer Originals. Lindlar 1993; **Reichel**, Klaus: Sie gingen voran. in: Die Zeit vom 8. März 2007; »Straße nach Carola Lob benannt«, in: KR vom 26. März 2004; **Wagner**, Guido: Eine vergessene Lindlarerin? in: KR vom 3. August 2002.

Kap. 16 Feste und Feiern in Lindlar

500 Jahre Schützenwesen in der Gemeinde Lindlar 1502–2002. Festschrift; **Döring**, Alois: Rheinische Bräuche durch das Jahr. Köln 2007 (2. Auflage); Informationen folgender **Internetseiten** wurden verwandt: http://www.tierrechtsnetz.de/brauchtum/Brauchtum%20ohne%20tote%20Tiere.htm, abgerufen am 08.09.2008. Die Schützenvereine und -bruderschaften abgerufen am 08.09.2008 über: http://www.lindlar.de/lindlar-im-ueberblick/sport-und-freizeit/vereine/adresse/schuetzenbruderschaft.html.

Kap. 17 Lindlar unterm Hakenkreuz

Akten des **GAL** Nr. II / 184, 185, 188, 296, 366; **PfASL** Nr. 21–32, 81; **Gernert**, Dörte: Zwischen Kreuz und Hakenkreuz. Mit Beiträgen von Elisabeth Broich und Guido Wagner. Lindlar 1995; **Fabritius**, Richard: Lindlar, eine Gemeinde im »Dritten Reich«. Lindlar 1995; **Broich**, Elisabeth: Dr. Wilhelm Meinerzhagen, unvergessen in Lindlar. Lindlar 2006.

Kap. 18 Schmitzhöhe – Strukturwandel und Neubeginn

Ruhl, Klaus-Jörg (Hrsg.): Neubeginn und Restauration. Dokumente zur Vorgeschichte der Bundesrepublik Deutschland 1945–1949. 3. Aufl. München 1989; **Külheim**, Josef: Kundgebung der Ostvertriebenen und Fliegergeschädigten. Scharfe Kritik – Einstimmige Entschließung. BLZ 8. November 1949; **Ders.**: Weihestunden der neuer richteten evangelischen Kirchengemeinde. Einführung des Pfarrers Rudolf Majert in Lindlar. BLZ 14. Februar 1950; **Knopp**, Guido: Der Sturm. Kriegsende im Osten. Berlin 2004.

Abbildungsverzeichnis

Gemeinde Lindlar:

Bauamt: Abb. S. 161; 212 oben;
– **Gebäudemanagement**: Abb. S. 200;
– **Gemeinschaftshauptschule Lindlar**: Abb. S. 152 oben, 153;
– **Rathaus**: Abb. S. 216–217, 285 unten;
– **Standesamt**: Abb. S. 227 unten;

GAL: Abb. S. 136 oben, 137, 142 unten, 148 unten, 162, 183 oben li., 187 oben, 216–217, 231 unten;
– **Fotoarchiv**: Abb. S. 54, 55 oben, 88, 89 oben, 118 unten, 125 oben, 126, 127 unten, 139 oben, 152 unten, 172, 173, 181 unten, 183 unten, 196, 197, 198, 197, 198 unten, 201, 202, 2 unten 250 unten, 260 unten, 287;
– **Josef Külheim**: Beiträge in der Bergischen Landeszeitung, Verlag Heider, Bergisch Gladbach in der Zeit zwischen 1949 und 1957, Bd. 15: 1. Jan. 1956 bis 25. Jul. 1956, Beitrag v. 27. Apr. 1956): Abb. S. 191 oben re.;
– **Sonderarchiv Ursula Homberg**: Abb. S. 24, 223 oben, 224, 226;
– **Zeitungsarchiv**: KR/BLZ v. 27.04.1977: Abb. S. 89 unten. Bergischer Agent. Halbmonatsschrift für das bergische Land. Verlag Gebr. Oedekoven Lindlar, 2 Jg. Nr. 21 v. 1. März 1905: Abb. S. 232 oben;
– **Zwischenarchiv** Nr. 7347: Abb. S. 286 oben und Mitte.

Fotograf E. Nolden:

Abb. S. 20–21, 30 unten, 34 oben, 36, 38, 39, 40 oben, 41 oben, 47, 48 unten, 60–61, 69, 71, 74, 96 unten, 97 oben, 98 re. oben u. unten, 100–101, 103 re. unten, 110 unten, 114, 115, 116 oben, 128, 131, 138 oben, 139 unten, 140, 143, 168, 170, 171, 175 oben, 176 unten, 198 oben, 199, 227 oben li. u. re., 237, 241, 242 oben, 244 unten, 255 oben, 256 oben, 262 oben, 263.

Autoren:

E. Broich: Abb. S. 138 unten (Zeichnung); Smlg: Abb. S. 240 oben, 243, 245; **G. Emrich**: Abb. S. 33, 36, 65, 66, 81 oben, 98 Mitte, 99, 102, 103 Mitte, 111 unten, 112 oben, 113, 116 unten, 119, 124, 125 unten, 129 oben, 133 re., 151 oben u. unten re., 158, 169 unten, 174 oben, 181 oben, 200, 218 unten, 222 oben u. Mitte, 224 oben re.; **M. Kamp**: Abb. S. 208 unten, 215; **A. Scherer**, Smlg: Abb. S. 103 oben; **B. Schiffarth**: Abb. S. 26, 27 oben u. li. unten, 28 li, 30; **G. Schwarz**: Abb. S. 129 unten, 130, 132, 203, 266, 267, 268, 269, 270, 271, 273, 274, 275; **R. Wagner**: Abb. S. 219; **D. Wenig**: Abb. S 204 oben; **A. Witt**: Abb. S. 255 unten (Tabelle), 258 oben.

Öffentliche Leihgeber:

BezK: Abb. S. 50–51 (Zeichnung: Th. Becker), 288, 289; **BPK** Nr. 194, 1.984, 1.986, 10.817, 20.002.052, 20.004.291, 30.022.814, 50003661: Abb. S. 18, 95 oben, 106, 112 unten (Gutenbergmuseum Mainz), 56 oben und 1110 oben (Venedig, Bibliotheca Nazionale Marciana, Fotos: Hermann Buresch), 127 unten (Versailles: Gerard Francois Pascal Simon: »Joachim Murat, Grand-duc de Cleves et de Berg«), 147 (Foto: M. Skladanowsky); **Fotoarchiv Marburg**: Abb. S. 19; **GNN**: Abb. S. 94–95 unten (HB 27588), 104 unten (HB 647), 231 oben (HB 3880); **GVR**, Bildarchiv: (Fotos: F. Zapp, Hoffnungsthal): Abb. S. 142 oben, 194, 195, 212 unten, 213; **HAEK**, Urkunde Pfarrarchiv St. Severin, Köln, Best. Stift St. Severin A I 5: Abb. S. 53; **HASK**: Abb. S. 53 unten; **HuGVW**: Abb. S. 213 oben; **KMS**: Abb. S. 103 oben; **LAVK**, J-B Heudorf 1: Abb. S. 45 unten; **LAVR**: Abb. S. 72 oben (Kartenbestand Nr. 2556), 184 Mitte (Bestand LAW Nr. 489, Bl. 59) Wegekarte, Innenseite vorne (Bestand Ghzgt. Berg Nr. 11312 Bl. 54a), 230 oben (Reg. K. Nr. 1334); **LVR/RLMB**: Abb. S. 46 (Foto: St. Taubmann); **LVR-AB Ast. Ov.**: Abb. S. 48 oben li (Foto: Chr. Schwabroh); **LVR-AB**: Abb. S. 48 oben re (Zeichnung: Th. Becker), S. 80 (Foto: W. Wegener); **LVR-AD**: Abb. S. 70, 111 oben (Renier Roidkin, Ansicht der Ruinen Neuenberg und Eibach, Foto: Andreas Liebl), 122 unten (Schloss Burg, Solingen, Rittersaal, Foto: J. Gregori); **LVR-FML**: Abb. S. 149, 150, 151 Mitte, 211; **LVR-Inst.LR**: Abb. S. 232 unten; **MRD**, NR: 024.16J-000131 SN: Abb. S. 37. **Oberbergischer Kreis** Gummersbach:
– **Heimatbildarchiv**: Abb. S. 45, 86 oben;
– **Katasterarchiv Gummersbach**: Abb. S. 44 unten, 72 Mitte, 73, 75, 123, 170 oben (Fotos: G. Emrich); **MARW**: Abb. S. 209; **PfASL**: Abb. S. 32; **Rheinisch-Bergischer-Stadtplanverlag**, Horst Rosenauer, Odenthal: Abb. Innenseite hinten (Ortsplan); **RBAK** Nr. 53536, 59663, 87145, 87482, 58678, 216184: Abb. S. 16, 17, 94 oben, 146; **SASchwH**: Abb. S. 58 oben (Franciscus Petrarca: Hülff, Trost und Rath in allem Anligen des Menschen, Frankfurt 1559, Bl. 119V) und unten (Cicero: De officiis, RB 2-231, Bl. 046 RS); **SLD**, Nr. 3448: Abb. S. 59 (Montecassino, Bibliothek: Hrabanus Maurus, De universo Lib. XIX, Cap. I »De cultura agrorum«); **SAD**: Abb. S. 35; **UBH**, Cod. Pal. Germ. 164 [Sachsenspiegel], fol. 9r, 15r: Abb. S. 56 unten; **UBK**: Abb. S. 81 unten (K. A. v. Cohausen: Die Befestigungsweisen der Vorzeit und des Mittelalters, Wiesbaden, 1898); **Projektgruppe Messelager Köln**: Abb. S. 251; **Zentralbibliothek Zürich**, Ms. Rh. 15, fol. 6v, Umzeichnung nach der Handschrift: G. Binding. Abb. S. 34.

Lindlarer Firmen, Vereine und Institutionen:

Restaurant Altes Amtshaus, Inh. Sulejman Gurmani: Abb. S. 286 unten; **Fa. BGS-Bergische Grauwacke Steinbruch Betriebsgesellschaft mbH**, Brungerst, Fotos Walter Lob: Abb. S. 25, 31, 40; **Fa. Chr. Höver & Sohn**, Oberleppe: 174 unten, 175 unten, **Evangelische Kirchengemeinde Lindlar**: Abb. S. 262 unten; **Fa. Flemming Automationstechnik GmbH**: Abb. S. 291 oben re., Mitte und unten re.; **Fa. Gebr. Ahle GmbH & Co.**, Karlsthal: 176 oben, 177; **Gemischter Chor Kemmerich e.V.**: Abb. S. 236 (Foto: H. Grünhage); **Fa. Holz-Richter GmbH**: Abb. S. 290 oben, li. und unten li.; **Fa. Gebr. Höver GmbH + Co. (Kind + Co., Edelstrahlwerk, KG)**: Abb. S. 164; **Fa. Lang AG**: Abb. S. 290 Mitte und 290–291 unten Mitte, 291 oben li.; **Partnerschaftskomitee**, Bildarchiv: Abb. S. 282, 283, 284; **Fa. Johann Peffeköver GmbH & Co. KG**: Abb. 187 unten, 188 oben; **Fa. Heinrich Quirrenbach Steinbruch GmbH**, Eremitage, Abb. S. 41; **Fa. Otto Schiffarth Steinbruch GmbH & Co.**, Eremitage, Abb. S. 40–41 Mitte; **Fa. Schmidt + Clemens GmbH + Co. KG**, Kaiserau: Abb. S. 164, 165, 166, 167; **Spiel- und Schreibwaren Pfeifer**, Lindlar: Abb. S. 180; **Schützenverein Lindlar e.V.**: Abb. S. 233, 234.

Literatur:

Adreßbuch der Kreise Gummersbach, Waldbröl und Wipperfürth: Teil 3,2 Kreis Wipperfürth. Siegburg 1911: Abb. S. 181 oben re., **Bergischer Geschichtsverein** Rhein-Berg. e. V. (Hrsg.): Heimat zwischen Sülz und Dhünn 14 (2007): Abb. 218 oben; **Bergischer (Heimat-) Kalender** 16 (1936): Abb. S. 240 unten; 27 (1957): Abb. S. 182 oben li. u. re.; **Bergisches Freilichtmuseum Lindlar** (Hrsg.): Karte »Grundris des Guhtes zu der Wiedenhoff und des zu hiesiger Pastorat gehörigen Zehnten« von 1807, Lindlar 1987: Abb. S. 136 unten, 148 oben; **Callot, Jacques**: Die großen Schrecken des Krieges. Achtzehn Radierungen nach den Originalen von 1633. Mit Berichten und Dokumenten aus der Zeit des Dreißigjährigen Krieges. Bremen 1936: Abb. S. 105 unten, 107; **Duby, Georges**: Unseren Ängsten auf der Spur. Vom Mittelalter zum Jahr 2000. Köln 1996: Abb. S. 96 oben, 97 unten; **Duncker, Alexander** (Hrsg.): Rheinlands Schlösser und Burgen, 1857–1883, neu hrsgg. und komment. von Wilfried Hansmann und Gisbert Knopp. Düsseldorf 1981 (= Publ. der Ges. f. Rhein. Geschichtskunde, Bd. 62): Abb. S. 117; **Gronewald, Josef**: Landgericht, Friedensgericht, Amtsgericht Lindlar. Lindlar 1990: Abb. S. 67; **Haselbeck, Karl**: Frielingsdorfer Heimat. Engelskirchen o. J., Nachdr. d. d. Treffpunkt Bücherwurm e. V. o. J.: Abb. S. 132 li.; **Kolodziej, Axel**: Herzog Wilhelm von Berg 1380–1480. (= Bergische Forschungen 39) Neustadt/Aisch 2005, Abb. 5: Abb. S. 68; **Landesvermessungsamt NRW** (Hrsg.): Abb. S. 44 (Kartenaufnahme der Rheinlande unter v. Müffling 1825, Bonn 1987), Abb. S. 210 (Karte des Kreises Wipperfürth 1862, Bonn 1991, Zeichnung: M. Kamp), Abb. 254 oben (Uraufnahme 1844 Nr. 4910); **Pomykaj, Gerhard**: Gummersbacher Geschichte Bd. 1. Von den Anfängen bis zum Beginn der Napoleonischen Herrschaft 1806. Gummersbach 1993: Abb. S. 230 unten; **Scotti, J. J.**: Sammlung der Gesetze und Verordnungen … [des Herzogtums Berg]. Düsseldorf 1821: Abb. S. 105 oben; **Schmidt, Charles**; Das Großherzogtum Berg 1806–1813. (= Bergische Forschungen 27) Neustadt/Aisch 1999, Tafel VIII: Abb. S. 122 oben; **Rheinisch Bergischer Kalender** 45 (1975) S. 9: Abb. S. 90 oben, 38 (1968) vor S. 17: Abb. S. 90 unten / Beilage zu 52 (1982): Abb. S. 78–79; **Schweitzer, Hans-Joachim**: Pflanzen erobern das Land. (Kleine Senckenberg-Reihe 18) Frankfurt a. M. 1990, S. 52: Abb. S. 27 re. unten; **Viollet-Le-Duc, M.**: Dictionnaire Raisonné de L'Architecture Francaise du XIe au XVIe Siècle. Paris 1874, Bd. 2 S. 119: Abb. S. 80 oben; **Werke und Tage**. Zwölf Monatsblätter mit handkolorierten Holzschnitten zu den »Georgica«-Gedichten nach der Straßburger Vergil-Ausgabe von 1502. Berlin 1974, Monat Dezember: Abb. S. 57.

Andere Leihgeber:

Marita Blumberg, Lindlar-Frielingsdorf: Abb. S. 244 oben; **Anna Bosbach**, Lindlar: Abb. S. 184; **Dennis Börsch**, Hannover: Abb. S. 293; **Eva Maria Börsch**, Lindlar: Abb. S. 246 oben; **Erika Bremer**, Bergisch Gladbach, Abb. S. 204 unten, 205; **Johann Burger**, Lindlar-Linde: Abb. S. 182 unten; **Hedwig Bürger**, Lindlar-Frielingsdorf: Abb. S. 246 unten; **Bernd Dahl**, Lindlar-Burg: Abb. S. 189, 190, 191 li., 250 oben; **Ellen Dobenecker**, Lindlar-Hartegasse: Abb. S. 185 unten, 186; **Erich Eschbach**, Lindlar-Schönenborn: Abb. S. 87, 256 unten, 257, 261; **Richard Fabritius**, Lindlar: Abb. S. 86; **Ute Glaser**, Kürten: Abb. S. 141; **Hans D. Hilden**, Bergisch Gladbach: Abb. S. 29 oben; **Olga Klemke**, Lindlar-Hohbusch: Abb. S. 259; **Wolfgang P. Klinkhammer**, Odenthal: Abb. S. 64; **Willi Kremer**, Lindlar-Schwarzenbach: Abb. S. 223 unten, 225; **Cheryl Leist-Randall**, Bergisch Gladbach: Abb. S. 155; **Dieter Lob**, Lindlar-Remshagen: Abb. S. 82–83; **Annele Meinerzhagen**, Lindlar: Abb. S. 248 oben und 249; **Herta Mirbeth**, Lindlar-Hartegasse: Abb. S. 258 Mitte; **Ulrike Portmann**, Lindlar: Zeichnung d. Lindlarer Kapellenkranzes S. 100–101; **Hedwig Pretz**, Lindlar-Frielingsdorf: Abb. S. 247; **Martin Rosswog**, Lindlar-Kurtenbach: Abb. S. 272; **Helmut Schmal**, Lindlar-Eichholz: Abb. S. 235 unten; **Martha Schmitz**, Lindlar: Abb. S. 247; **Bernd Steinbach**, Lindlar: Abb. S. 184 oben und Mitte; **Katharina Stiefelhagen**, Lindlar-Böhl: Abb. S. 154, 156, 157; **Paul Josef Stiefelhagen**, Lindlar: Abb. S. 118 oben; **Hans-Josef Ries**, Lindlar: Abb. S. 242; **Alexander Rothkopf**, Gummersbach: Abb. S. 46 oben; **Frank Rottländer**, Lindlar-Remshagen: Abb. S. 84–85; **Ulrich Werner**, Lindlar-Eichholz: Abb. S. 214, 235 unten.

Autorenverzeichnis

Thomas Becker M.A., geb. 1971 in Münster / Westf., studierte Archäologie, Frühgeschichte, Alte Geschichte und Anthropologie in Freiburg, Basel und Münster, 2002–2008 Volontär und wiss. Mitarbeiter beim Rheinischen Amt für Bodendenkmalpflege (Overath / Bonn), seit 2008 Sachgebietsleiter Limes beim Landesamt für Denkmalpflege Hessen in Wiesbaden, lebt in Wiesbaden.

Lutz Blumberg, geb. 1980 in Lindlar, freier Autor und Fotograf, begann seine journalistische Tätigkeit während der Schulzeit am Wipperfürther St.-Angela-Gymnasium bei der Bergischen Landeszeitung (BLZ), Ausgabe Wipperfürth / Lindlar. Er arbeitet als Reporter für die Regionalausgaben der BLZ in Wipperfürth und Bergisch Gladbach sowie für die Bonner Rundschau, lebt in Köln.

Albrecht Brendler M.A., geb. 1968 in Bonn, studierte Geschichte, Politologie und Iberoromanische Philologie in Bonn und Toulouse, danach Mitarbeiter am Institut für Geschichtliche Landeskunde der Rheinlande der Universität Bonn und an der Universität Koblenz-Landau, Veröffentlichungen u. a. zur Stadt- und Regionalgeschichte des Bergischen Landes, lebt und arbeitet als freier Historiker in Bonn.

Elisabeth Broich, geb. 1942 in Lindlar, studierte Geschichte und Französisch in Köln, Staatsexamina als Realschullehrerin, 1968 bis 2004 Realschullehrerin in Lindlar, ehrenamtliche Einsatzleitung von Hospizgruppe Lindlar und Annele-Meinerzhagen-Stiftung, diverse heimatkundliche Forschungen und Veröffentlichungen, lebt in Lindlar.

Anka Dawid M.A., geb. 1976 in Singen, studierte Empirische Kulturwissenschaft und Romanistik in Tübingen, absolvierte 2005–2007 ein volkskundliches Volontariat im LVR-Freilichtmuseum Lindlar, arbeitet seit Januar 2008 als wiss. Mitarbeiterin im Oberschwäbischen Museumsdorf Kürnbach bei Bad Schussenried, lebt in Eberhardzell.

Petra Dittmar M.A., geb. 1961 in Guxhagen, studierte Europäische Ethnologie und Kulturwissenschaft, Sozial- und Wirtschaftsgeschichte sowie Kunstgeschichte in Marburg, mehrjährige Tätigkeit im Museumsbereich und in der Erwachsenenbildung, seit 2001 Referentin beim Landschaftsverband Rheinland – LVR-Freilichtmuseum Lindlar, Lehrbeauftragte an der Universität Marburg, lebt in Köln.

Dr. Alois Döring, geb. 1949 in Miltenberg a. M., studierte Volkskunde, Germanistik und Geschichte in Würzburg, seit 1980 Referent beim LVR, Amt für rheinische Landeskunde Bonn (jetzt: LVR-Institut für Landeskunde und Regionalgeschichte), forscht zu Brauch und Fest, Wallfahrt und Frömmigkeit, Heimatforschung, NS-Forschung, Autor heimatkundlicher Filme, lebt in Alfter.

Gabriele Emrich M.A., geb. 1956 in Mönchengladbach, studierte Mittlere und Neuere Geschichte, Kunstgeschichte, Alte Geschichte und Bibliothekswissenschaften in Köln, freiberufliche Tätigkeit als Historikerin, Veröffentlichungen zum Protestantismus des 18. Jh. in Österreich sowie zur lokalen und regionalen Geschichte des Bergischen Landes, lebt in Lindlar.

Konrad Heimes, geb. 1946 in Nettetal, Ausbildung zum Samtweber, Abitur über den zweiten Bildungsweg, studierte Rechtswissenschaften in Köln, war nach der Referendarzeit vier Jahre Rechtsrat beim Oberberg. Kreis, sodann 1981–1997 Gemeindedirektor und 1997–2004 hauptamtlicher Bürgermeister der Gemeinde Lindlar, ist seit 2005 als Rechtsanwalt tätig, lebt in Lindlar.

Christa Joist M.A., geb. 1962 in Düren, studierte Volkskunde und Kunstgeschichte in Regensburg, 1990–1996 wiss. Mitarbeiterin am Kreisfreilichtmuseum Kürnbach, 1997 bis 2000 Neugestaltung des Heimatmuseums Nattheim, seit 2000 wiss. Mitarbeiterin der Museen der Stadt Kempten, Veröffentlichungen zu Kultur-, Kunstgeschichte und zeitgenössischer Kunst, lebt in Gummersbach.

Michael Kamp M.A., geb. 1959 in Krefeld-Uerdingen, studierte Volkskunde und Kunstgeschichte in Regensburg. 1988–1996 wiss. Mitarbeiter eines Planungsbüros und eines Freilichtmuseums. 1997–2004 Museumsleiter in Immenstadt im Allgäu. Seit 2004 Leiter des LVR-Freilichtmuseums Lindlar, Veröffentlichungen zur Kulturgeschichte und zur historischen Hausforschung, lebt in Gummersbach.

Ulrike Marski, Dipl.-Soziologin, geb. 1955 in Büren-Wewelsburg, studierte Soziologie mit dem Schwerpunkt Sozialgeschichte in Berlin, lokale und regionale Forschungen und Publikationen zu einem vielfältigen Themenspektrum, lebt in Rosengarten bei Schwäbisch Hall.

Michaela Paus M.A., geboren 1971 in Köln, studierte Germanistik, Kunstgeschichte und Philosophie, volontierte beim Medienfachmagazin INSIGHT, arbeitete dort anschließende als Redakteurin und ist heute als freie Journalistin tätig, unter anderem für den Kölner Stadt-Anzeiger, lebt in Köln.

Anne Scherer, geb. 1946 in Köln, Lehrerin i. R., Veröffentlichungen von Büchern und Beiträgen zur Ortsgeschichte von Hohkeppel / Lindlar, Ortsführungen, Trägerin des Rheinlandtalers seit 2008, lebt in Lindlar-Hohkeppel.

Bernd Schiffarth, Dipl.-Geologe, geb. 1964 in Lindlar, studierte Geologie und Paläontologie in Bonn, seit 1993 als Gutachter bei TÜV Rheinland, Bereich Boden- und Grundwasserschutz, seit 2003 Projektleiter bei TÜV Rheinland, Bereich Chemische Produktanalytik, lebt in Lindlar.

Veronika Schmidt, geb. 1937 in Lindlar, studierte Sprachwissenschaften in Köln, Lehrbefähigung für Deutsch und Englisch an Realschulen, Anstellungen als Lehrerin in Wiehl, Bergisch Gladbach und Lindlar, lebt – wie viele Generationen ihrer Familie vor ihr – in Lindlar.

Gisela Schwarz, geb. 1948 in Duisburg, Volontariat bei Schwann-Verlag Düsseldorf, Fotofachjournalistin für Fach- und Publikumszeitschriften, seit 1992 Journalistin für Wort und Bild beim Kölner Stadt-Anzeiger, lebt in Gummersbach.

Guido Wagner, geb. 1972 in Bergisch Gladbach, studierte Geschichte und Theologie auf Lehramt in Köln, volontierte bei der »Bergischen Landeszeitung / Kölnischen Rundschau« und ist heute Redaktionsleiter der Lokalredaktion in Bergisch Gladbach, seit 2004 Lehraufträge zur Pressefotografie an der Universität Bonn, lokal- u. regionalgeschichtliche Veröffentlichungen, lebt in Overath.

Robert Wagner, geb. 1946 in Köln, in Hommerich aufgewachsen, seit 1970 Lehrer an der GHS Lindlar, ab 1988 Schulleiter. Mitarbeit im Förderverein des Bergischen Freilichtmuseums in der Aufbauphase, Gründung der Geschichtswerkstatt Lindlar, Vorsitzender des Geschichtsvereins Rösrath und des Partnerschaftskomitees Lindlar, lebt in Rösrath.

Dieter Wenig M.A., geb. 1960 in Nürnberg, studierte Kunstgeschichte, Archäologie und Denkmalpflege in Erlangen und Bamberg, seit 1991 Referent für Bauforschung am LVR-Freilichtmuseum Lindlar, lebt in Lindlar.

Andreas Witt, geb. 1972 in Recklinghausen, studierte Biologie, Geschichte und Pädagogik in Münster, 2001–2004 wiss. Hilfskraft an der Universität Duisburg-Essen in einem Projekt zu ethischen Problemen der globalen Energieversorgung, 2003 Erweiterungsprüfung Philosophie, 2004–2006 Referendariat, seit 2006 Lehrer am Gymnasium Lindlar, lebt in Köln-Höhenberg.

Als Fotograf:

Ernst Nolden, geb. 1937 in Engelskirchen, Ausbildung zum Friseurmeister, langjährige Selbständigkeit und Mitgliedschaft im Meisterprüfungsausschuss der Handwerkskammer, seit Anfang der 1960er Jahre vermehrte Hinwendung zur Fotografie, wiederholt Auszeichnungen in Fotowettbewerben, fotografische Gestaltung von Kalendern und Büchern, lebt in Lindlar.

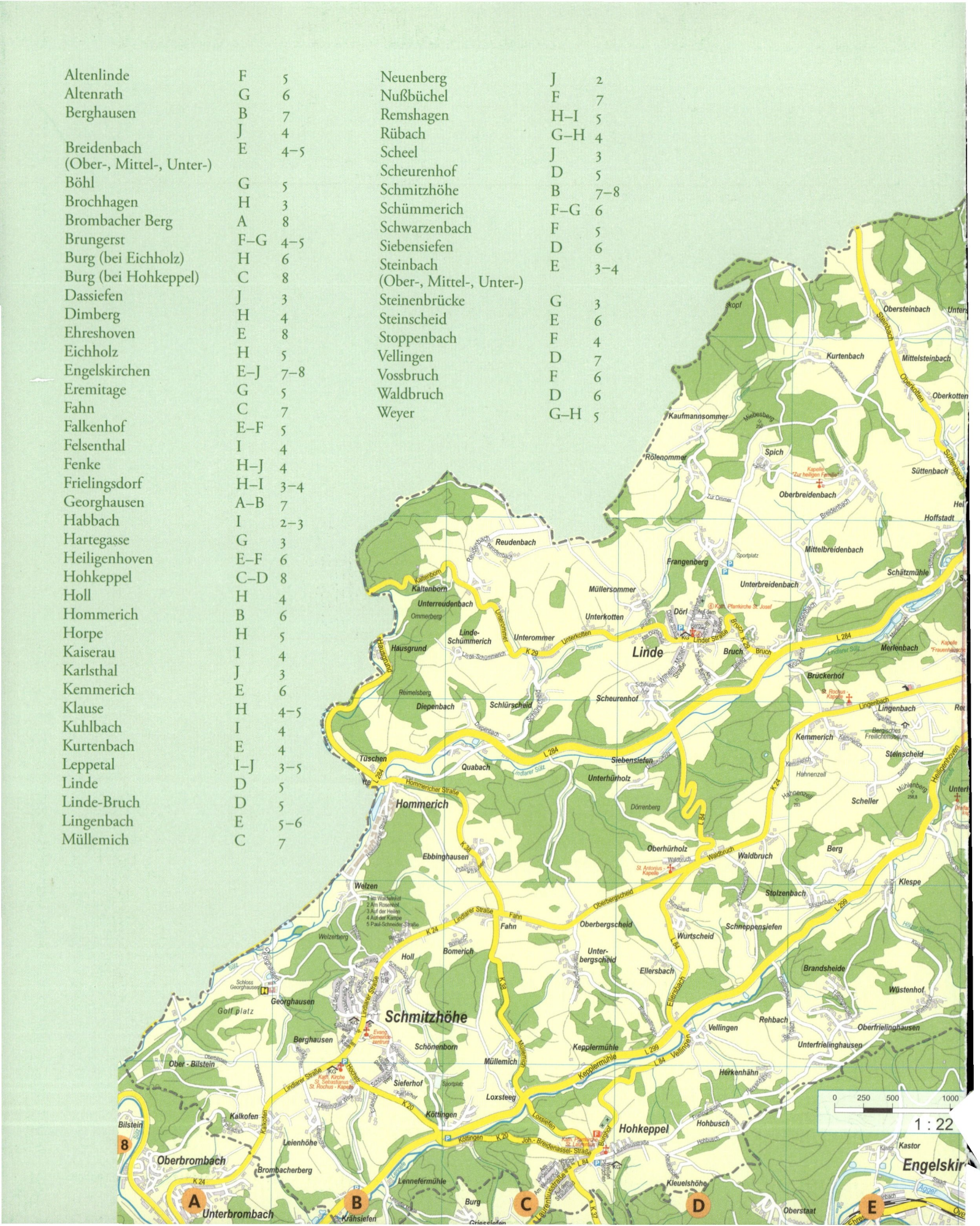

Name	Col	Row
Altenlinde	F	5
Altenrath	G	6
Berghausen	B	7
	J	4
Breidenbach (Ober-, Mittel-, Unter-)	E	4–5
Böhl	G	5
Brochhagen	H	3
Brombacher Berg	A	8
Brungerst	F–G	4–5
Burg (bei Eichholz)	H	6
Burg (bei Hohkeppel)	C	8
Dassiefen	J	3
Dimberg	H	4
Ehreshoven	E	8
Eichholz	H	5
Engelskirchen	E–J	7–8
Eremitage	G	5
Fahn	C	7
Falkenhof	E–F	5
Felsenthal	I	4
Fenke	H–J	4
Frielingsdorf	H–I	3–4
Georghausen	A–B	7
Habbach	I	2–3
Hartegasse	G	3
Heiligenhoven	E–F	6
Hohkeppel	C–D	8
Holl	H	4
Hommerich	B	6
Horpe	H	5
Kaiserau	I	4
Karlsthal	J	3
Kemmerich	E	6
Klause	H	4–5
Kuhlbach	I	4
Kurtenbach	E	4
Leppetal	I–J	3–5
Linde	D	5
Linde-Bruch	D	5
Lingenbach	E	5–6
Müllemich	C	7
Neuenberg	J	2
Nußbüchel	F	7
Remshagen	H–I	5
Rübach	G–H	4
Scheel	J	3
Scheurenhof	D	5
Schmitzhöhe	B	7–8
Schümmerich	F–G	6
Schwarzenbach	F	5
Siebensiefen	D	6
Steinbach (Ober-, Mittel-, Unter-)	E	3–4
Steinenbrücke	G	3
Steinscheid	E	6
Stoppenbach	F	4
Vellingen	D	7
Vossbruch	F	6
Waldbruch	D	6
Weyer	G–H	5